新时期领导干部管理丛书

现代物流管理

XIANDAI WULIU
GUANLI

吴　琼◎主编

全国百佳图书出版单位
时代出版传媒股份有限公司
安徽人民出版社

图书在版编目（CIP）数据

现代物流管理/吴琼主编 . -- 合肥：安徽人民出版社，2023.2

ISBN 978-7-212-11579-1

Ⅰ.①现… Ⅱ.①吴… Ⅲ.①物流管理 Ⅳ.① F252.1

中国国家版本馆 CIP 数据核字 (2023) 第 015435 号

现代物流管理

吴　琼　主编

出 版 人：杨迎会　　　　　　　　　　　　　　责任印制：董　亮
责任编辑：黄　刚　胡小薇　　　　　　　　　装帧设计：宋文岚

出版发行：安徽人民出版社 http://www.ahpeople.com

地　　址：合肥市政务文化新区翡翠路 1118 号出版传媒广场八楼

邮　　编：230071

电　　话：0551-63533258　0551-63533259（传真）

印　　刷：合肥创新印务有限公司

开本：710mm×1010mm　1/16　　　印张：26.25　　　字数：430 千

版次：2023 年 2 月第 1 版　　　　　2023 年 2 月第 1 次印刷

ISBN 978 - 7 - 212 - 11579 - 1　　　　　　　　　定价：78.00 元

目　录
Contents

第一篇　现代物流基础篇

第一章　现代物流概述 /003

第一节　物流的基本概念…………………………………………003

第二节　物流的基本分类…………………………………………010

第三节　现代物流及其特征………………………………………015

第二章　现代物流管理的形成与发展 /019

第一节　物流管理的概念…………………………………………019

第二节　物流管理的理论学说……………………………………020

第三节　中国物流发展现状………………………………………024

第四节　中国现代物流业高质量发展趋势展望…………………030

第三章　现代物流组织与管理 /035

第一节　物流企业组织管理………………………………………035

第二节　物流战略管理……………………………………………041

第三节　物流成本管理……………………………………………047

第四节　物流质量管理……………………………………………053

第五节　物流标准化管理…………………………………………057

第二篇　现代物流职能篇

第四章　包装 /071

第一节　包装概述 …………………………………………………………… 071

第二节　包装材料 …………………………………………………………… 074

第三节　包装技术 …………………………………………………………… 076

第四节　包装合理化 ………………………………………………………… 080

第五章　运输管理 /083

第一节　运输概述 …………………………………………………………… 083

第二节　现代运输方式 ……………………………………………………… 089

第三节　运输合理化 ………………………………………………………… 103

第六章　装卸搬运 /116

第一节　装卸搬运概述 ……………………………………………………… 116

第二节　装卸搬运作业 ……………………………………………………… 118

第三节　装卸搬运合理化 …………………………………………………… 121

第七章　仓储保管 /126

第一节　仓储保管概述 ……………………………………………………… 126

第二节　库存及其控制方法 ………………………………………………… 138

第三节　储存合理化 ………………………………………………………… 150

第八章　流通加工 /161

第一节　流通加工概述 ……………………………………………………… 161

第二节　流通加工类型和方式 ……………………………………………… 164

第三节　流通加工合理化 ·· 167

第九章　配送 /171

第一节　配送概述 ·· 171

第二节　配送中心及其分类 ·· 193

第三节　配送合理化 ·· 205

第十章　物流信息管理 /215

第一节　信息与物流信息 ·· 215

第二节　物流信息技术 ·· 222

第三节　物流信息系统 ·· 241

第三篇　现代物流应用篇

第十一章　第三方物流与第四方物流 253

第一节　第三方物流的概念 ·· 253

第二节　第三方物流的运作 ·· 262

第三节　第三方物流的分化与第四方物流 ································ 266

第十二章　企业物流 /278

第一节　企业物流概述 ·· 278

第二节　供应物流 ·· 283

第三节　生产物流 ·· 288

第四节　销售物流 ·· 290

现代物流管理
XIANDAI WULIU GUANLI

第十三章　供应链物流 296

第一节　供应链与供应链管理概述……………………………………296

第二节　供应链管理与物流管理……………………………………300

第三节　供应链管理下的物流管理……………………………………306

第十四章　国际物流 /310

第一节　国际物流概述………………………………………………310

第二节　国际物流的基本流程与业务…………………………………314

第三节　国际货物运输………………………………………………317

第四节　国际货物储存………………………………………………327

第十五章　物流发展新理念 /332

第一节　精益物流……………………………………………………332

第二节　绿色物流……………………………………………………337

第三节　智慧物流……………………………………………………343

第四节　应急物流……………………………………………………348

第五节　冷链物流……………………………………………………351

参考文献 /357

附录　一 /359

附录　二 /380

后　记 /412

第 一 篇

现代物流基础篇

第 一 章
现代物流概述

通过本章学习，掌握物流概念的来源和发展，了解物流的价值，物流的分类，理解现代物流与传统物流的区别。

第一节　物流的基本概念

一、物流的概念

（一）物流概念的来源与发展

物流其实古已有之，只是未有专业说法而已，并非现代社会的发明创造。自从人类社会有了商品交换，就有了运输、仓储、装卸、搬运等物流活动。

"物流"一词最早出现于美国。1915 年阿奇·萧在《市场流通中的若干问题》一书中提出了"物流"（Physical Distribution of Goods）一词，并提出物流是与创造需求不同的一个问题，物资经过时间或空间的转移会产生附加价值。这里的时间和空间的转移指的就是销售过程的物流。

第二次世界大战期间，美国及其盟国为了战争，需要在横跨欧洲、美洲、

大西洋的广大空间范围内进行军需物品的补充调运。美国及其盟国围绕战争期间军需物资的生产、采购、运输、配给等建立了军事后勤理论，开始使用后勤管理（Logistics Management）这一术语对战时物资进行全面管理。军事后勤管理的成效为人们对综合物流的认识以及战后物流的发展提供了重要的实证依据，使得战后实业界对物流活动极为重视。

第二次世界大战以后，西方经济进一步发展，生产力水平进一步提高，市场竞争进一步加剧，进入大量生产、大量销售时期。为了进一步扩大市场占有率，降低流通成本，企业界和理论界更加关注"物流"，军事后勤管理的方法被引入商业活动（生产、流通）中，应用于流通领域和生产经营管理全过程中所有与物品获取、运输、库存控制、储存、分销等有关的活动，取得了很好的效果。特别是 20 世纪 50 年代的日本，面对经济的高速发展带来的大量生产、大量流通局面，发现美国人讲的"Physical Distribution"涉及大量的流通技术，对提高流通的劳动生产率很有好处。日本随后把"Physical Distribution"译为"物的流通"，1965 年更进一步简化为"物流"。1965 年，日本行政管理厅统计审议会议指出，物的流通是与商品的物理性流动相关联的经济活动，包括物资流通和情报流通。物资流通由运输、保管、装卸、包装、流通加工以及运输基础设施活动组成。同年，日本财团法人机械振兴协会也指出，所谓物的流通，就是把制品从生产者手里物理性地转移到最终需要者手里所必要的诸种活动。具体讲，即包装、装卸、运输、通信等诸种活动。1981 年日本日通综合研究所出版的《物流手册》指出，物流是物质资料从供给者向需要者的物理性移动，是创造时间性、场所性价值的经济活动。从物流的范畴来看，包括：包装、装卸、保管、库存管理、流通加工、运输、配送等诸种活动。如果不经过这些过程，物就不能移动。在"物流"理论的指导下，日本加强道路、港口等物流基础设施建设，实现运输手段的大型化、专用化和高速化。建设物流中心、配送中心，提高了货物的处理能力和商品供应效率，降低了商品的流通成本，扩大了市场，提高了服务水平，取得了显著效果。

20 世纪 50 年代到 70 年代期间，人们研究的对象主要是狭义的物流，是与商品销售有关的物流活动，是流通过程中的商品实体运动。因此，这一时期通常采用的是 Physical Distribution 一词，简写为 PD。

到了 20 世纪 80 年代末，人们对"物流"概念逐步有了较全面深刻的认识，认为原来的"Physical Distribution"作为"物流"概念已经不够确切。因为，"Physical Distribution"的领域较窄，只能描述分销物流，而实际上物流不仅包括分销物流，而且包括购进物流、生产物流、回收物流、废弃物流、再生物流等。物流应该是一个闭环的全过程，就像军事后勤管理所包含的内容一样广泛，用"Logistics"作为物流的概念更加合适一些。最具代表性的是 1985 年美国物流管理协会的更名，即由 National Council of Physical Distribution Management，NCPDM 改名为 the Council of Logistics Management，CLM，它标志着现代物流 (Logistics) 观念的确立。20 世纪 80 年代末 90 年代初，人们逐渐正式把"Logistics"作为物流的概念。此后，"Logistics"逐渐取代 PD，成为"物流"的概念和英文名词，这是物流科学走向成熟的标志。

（二）中国物流概念的引入

中国的物流概念是从国外引入的，主要通过两条途径：一是"Physical Distribution"从欧美传入日本，日本人将其译为日文"物流"，而中国于 20 世纪 70 年代末从日本直接引入"物流"这一概念，这是对日文汉字的直接引用。1979 年 6 月，中国物资经济学会派代表团参加了在日本举行的第二届国际物流会议，并首次对日本的物流进行了考察。在代表团回国后撰写的考察报告中，首次出现了"物流"一词。由于该考察报告由中国物资经济学会以简报形式发往全国物资系统，"物流"一词也首次以文字形式在中国流传。1979 年 10 月，赴日代表团秘书长——原国家物资总局储运局副局长桓玉珊向在京的 1700 名物资工作者作了题为《国外重视物流研究》的学术报告，第一次在公开场所介绍了日本物流现状。同年 11 月 20 日，中国物资经济学会筹备组的刊物《物资经济研究通讯》刊载了该学术报告全文，这是中国内部专业刊物上第一次出现的"物流"用语。尔后，随着国内外物流交流的增多，"物流"用语和知识进一步在中国传播开来。二是 20 世纪 80 年代初，随欧美"市场营销"理论的引入

而传入中国。在欧美"市场营销"理论中，都要介绍"Physical Distribution"。这两个单词直译为中文是"实体分配""实物流通"的意思。所谓"实体分配"，指商品实体从供给者向需要者进行的物理性移动。需要指出的是，中国最早从国外接受的物流概念也是"Physical Distribution"，因此中国许多文献中也是按PD的概念来阐述物流的，一直沿用到20世纪90年代初。中国90年代初之后，虽然中文仍然叫"物流"没变，但译成英文时都用"Logistics"，一般不再使用"Physical Distribution"了。

（三）中国物流的定义

《中华人民共和国国家标准物流术语》（以下简称《物流术语》）（GB／T 18354-2021）将物流定义为："根据实际需要，将运输、储存、装卸、搬运、包装、流通加工、配送、信息处理等基本功能进行有机结合，使物品从供应地向接收地进行实体流动的过程。"理解物流定义需要把握以下几点。

第一，物流中的"物"是一切可以进行物理位置移动的实体物质资料。它不仅包括有形的物，还包括无形的物，如管道煤气；不仅包括有用的物，如原材料，还包括无用的物，如废弃物；不仅包括最终产品，还包括各种中间产品，如半成品。

第二，物流起点是"供应地"，终点是"接收地"，只要符合这个条件的实体的流动过程都是物流，因而物流是广泛存在的。

第三，物流中的"流"泛指一切运动形态，具有移动、运动、流动的含义，物流环节中的静止（如储存）可以看成是物流中"流"的一种特殊形态。

第四，物流的运输、储存、装卸、搬运、包装、流通加工、配送、信息处理等基本功能不是彼此孤立的，而是有机结合的，物流是系统化的产物。

（四）商流、物流、信息流、资金流的关系

在流通活动的全部过程中通常伴随着的四个流（即商流、物流、信息流、资金流）产生和交替过程，它们合则形成一个完整的流通过程，分则具有彼此独立的运动形式和客观规律。将商流、物流、信息流和资金流作为一个整体来考虑和对待，会产生更大的能量，创造更大的经济效益。在流通过程中，商流是动机和目的，物流是过程，资金流是条件，信息流是手段。"四流"之间有时是互为因果关系。它们的关系如图 1-1 所示。

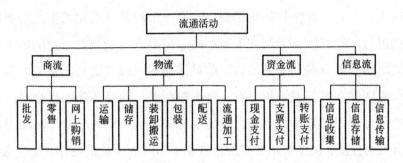

图 1-1　流通活动的主要过程

商流是物流、资金流和信息流的起点，也可以说是后"三流"的前提，一般情况下，没有商流就不太可能发生物流、资金流和信息流。反过来，没有物流、资金流和信息流的匹配和支撑，商流也不可能达到目的。没有资金的支付，商流不成立，物流也不会发生。没有及时的信息流，就没有顺畅的商流、物流和资金流。

二、物流的价值

物流不创造价值，却可以实现价值增值，所创造的主要价值增值包括时间价值、场所价值和加工附加价值。

（一）时间价值

"物"从供给者到需要者之间有一段时间差，因为改变这一时间差所创造的价值增值称为"时间价值"。时间价值通过物流获得的形式有以下几种：

1.缩短时间创造价值增值。缩短物流时间，可获得多方面的好处，如减少物流损失，降低物流消耗，加速物的周转，节约资金等。现代物流学着重研究的一个课题，就是如何采取技术的、管理的、系统的方法来尽量缩短物流的宏观时间和有针对性地缩短微观物流时间，从而取得高的时间价值。例如，物流中的高速自动分拣技术缩短了物流中心入库出库时间，快递实现了物品配送的快速响应，智能化物流系统缩短了生产物流时间从而提高了劳动生产率等。

2.弥补时间差创造价值增值。经济社会中，需求和供给普遍地存在着时间

性差异。例如，粮食生产有严格的季节性和周期性，这就决定了粮食的集中产出，但是人们的粮食消费是一年365天天天有所需求的，因而供给和需求之间就出现了时间差。又如，农作物的化肥消耗是有季节性的，而化肥生产企业的生产必须连续进行，每时、每天都在生产产品，但是其消费带有一定的集中性。再如，凌晨磨制的鲜豆浆在上午出售，前日采摘的果蔬在次日出售等，都说明供给与需求之间存在时间差。正是有了这个时间差，商品才能取得自身的最高价值，才能获得理想的效益。但是，商品本身是不会自动弥合这个时间差的，如果没有有效的方法，集中生产出来的粮食除了当时的少量消耗外，就会腐烂掉，而在非产出时间人们则会找不到粮食吃。同样，农作物施肥季节就可能会出现化肥供给不足的现象，影响收成。物流便是以科学的系统方法来弥补（或改变）这种时间差，实现"时间价值"。

3.延长时间差创造价值增值。前面介绍了缩短物流时间差来创造价值增值。但是，在某些具体实践中也存在人为地、能动地延长物流时间来创造价值增值的情况。例如，白酒、普洱茶以及未来市场价格预期上涨的生产资料的存储便是一种有意识地延长物流时间、有意识地增加时间差来创造价值增值的活动。仓库的重要价值之一就是通过物料储备的时间延迟来产生价值增值，如当国际大宗商品由于某种突发因素出现价格暴跌时，某些企业进行低位收储，就获得了非常高的价值增值。

（二）场所价值

"物"从供给者到需求者之间有一段空间差异。供给者和需求者之间往往处于不同的场所，因为改变这一场所的差别创造的价值增值被称作"场所价值"。物流创造场所价值是由现代社会产业结构、社会分工所决定的，主要原因是供给和需求之间的空间差，商品在不同的地理位置有不同的价值，通过物流将商品由低价值区转到高价值区，便可获得价值差，即"场所价值"。场所价值有以下几种具体形式：

1.从集中生产场所流入分散需求场所创造价值增值。现代化大生产的特点之一就是通过集中的、大规模的生产来提高生产效率、降低成本，使在一个小范围集中生产的产品可以覆盖大面积的需求地区，有时甚至可以覆盖一个国家乃至若干个国家。通过物流将产品从集中生产的低价位区转移到分散于各处的高价位区有时可以获得很高的利润。例如，现代生产中钢铁、水泥、煤炭等原材料的生产往往以几百万吨甚至几千万吨的大规模聚集在一个地区，汽车产量有时也有百万辆以上，这些产品都需通过物流方式流入分散的需求地区，物流的"场所价值"也依此决定。

2.从分散生产场所流入集中需求场所创造价值增值。这是一种与上面正好相反的情况，在现代社会中也不少见。例如，粮食是分散生产出来的，而一个大城市的需求却相对大规模集中；一个大汽车厂的零配件生产也分布得非常广，但却集中在一个大厂中装配，这也形成了分散生产和集中需求，物流便因此取得了场所价值。

3.从生产的甲地流入需求的乙地创造价值增值。现代社会中供应与需求的空间差比比皆是，十分普遍，除了大生产所决定的之外，有不少是由自然地理和社会发展因素决定的。例如，农村生产粮食、蔬菜却与城市消费不在同一地点，南方生产荔枝却与各地消费不在同一地点，北方生产高粱却与各地消费不在同一地点等。现代人每日消费的物品几乎都是在相距一定距离甚至十分遥远的地方生产的，这么复杂交错的供给与需求空间差都是靠物流来调节的，物流也从中获得了利益。

（三）加工附加价值

物流可以根据客户需要提供各种延伸业务活动，即为客户提供其他服务性的物流增值项目，如流通加工、第三方物流、第四方物流、物流金融、供应链管理，等等。以流通加工为例，物流可以创造加工附加价值。加工是生产领域常用的手段，并不是物流的本来职能。但是，现代物流的一个重要特点就是根据自己的优势从事一定补充性的加工活动，这种加工活动不是创造商品的主要实体、形成商品主要功能和使用价值，而是带有完善、补充、增加产品需求便利性的特点，这种活动必然会形成劳动对象的附加价值。例如，某些企业在钢材物流中对钢材进行剪切、加工、配送，因而获得了六倍以上的经济效益；某地将莱

莉花加入云南的普洱茶，成为中国最大的茉莉花茶生产基地等。

第二节 物流的基本分类

由于物流对象不同，物流目的不同，物流范围、范畴不同，形成了不同类型的物流。尽管目前还没有统一的物流分类标准，但为便于研究，按照物流系统的作用、属性及作用的空间范围，可以从不同角度对物流进行分类。

一、按照物流研究范围的大小分类

（一）宏观物流

宏观物流是社会再生产总体的物流，是从经济社会整体上认识和研究物流。宏观物流如果从空间位置来讲，一般是指大的空间范围。例如，一个国家的国民经济物流，称之为国内物流，或社会物流；国与国之间在贸易过程中所产生的物流，称之为国际物流。

（二）中观物流

中观物流是区域性社会再生产过程中的区域性物流，它是从区域上的经济社会来认识和研究物流。从空间位置来看，一般是较大的空间。例如，一个国家的经济区的物流，称之为特定经济区物流；一个国家的城市经济社会的物流，称之为城市物流。

（三）微观物流

微观物流带有局部性，一个生产者企业物流的某一具体职能、某一具体物流实务、某一种物质资料的物流问题等，都属于微观物流。微观物流的最大特点表现为具体性、实务性和局部性的特征。

二、按照物流活动的空间范围分类

（一）地区物流

地区有不同的划分原则。例如，按省区划分，可划分为北京、天津等三十多个省、自治区和直辖市；按地理位置划分，可划分为长江三角洲地区、珠江三角洲地区、环渤海地区等。

地区物流指一个特定地区内进行的物流活动。地区物流系统对提高该地区内企业物流活动的效率、保障当地居民的生活环境具有重要作用。研究地区物流应根据地区的特点，从本地区的利益出发组织好物流活动。例如，某城市建设一个大型物流中心，显然对提高当地物流效率、降低物流成本、稳定物价是很有作用的。但是这也会引起由于供应点集中、货车来往频繁而产生废气、噪声、交通事故等问题。所以，物流中心的建设不单是物流问题，还要从城市建设规划、地区开发计划等方面统一考虑、妥善安排。

（二）国内物流

国内物流指在一个国家或相当于国家的政治经济实体内进行的物流活动。国家或相当于国家的拥有自己的领土和领空权力的政治经济实体，所制定的各项计划、法令和政策都应该是为其自身的整体利益服务的。所以，物流作为国民经济的一个重要方面，应该纳入国家的总体规划。全国物流系统的发展必须从全局着眼，对于部门分割、地区分割造成的物流障碍应该清除。在物流系统的建设投资方面也要从全局考虑，使一些大型物流项目能尽早建成，为经济建设服务。

国家整体物流系统的推进，必须发挥政府的宏观调控作用。一是加强物流基础设施的建设，如公路、港口、机场、铁路的建设及大型物流基地的配置等。二是制定各种交通政策法规，如铁路运输、卡车运输、海运、空运的价格规定以及税收标准等。三是遵照先进的"物流模数"——物流系统各个要素的基准尺寸，将与物流活动有关的各种设施、装置、机械及相关票据标准化、规格化。四是开发引进新的物流技术，培养物流技术专门人才。

（三）国际物流

国际物流是指当生产和消费在两个或两个以上的国家（或地区）独立进行

的情况下，为了克服生产和消费之间的空间距离和时间距离，而对物资（货物）所进行的物理性移动的一项国际经济贸易活动。国际物流是不同国家之间的物流。它是伴随和支撑国际经济交往、贸易活动和其他国际交流所发生的物流活动，是国际贸易的一个必然组成部分。各国之间的相互贸易最终通过国际物流来实现。

三、按照物流系统的性质分类

（一）社会物流

社会物流一般是指流通领域发生的物流，是全社会物流的整体，带有宏观性和广泛性，所以也称之为大物流或宏观物流。社会物流的一个标志是，它是伴随商业活动发生的，也就是说社会物流的过程与所有权的更迭有关。

就物流学的整体而言，可以认为其研究对象主要就是社会物流。社会物流的流通网络是国民经济发展的命脉，流通网络分布的合理性、渠道是否畅通等对国民经济的运行有至关重要的影响。所以，宏观规划和管理部门应该对社会物流进行科学的管理和有效的控制，采用先进的物流技术和手段，以保证社会物流的高效能和低成本运行。社会物流的优化不仅可以带来良好的经济效益，更重要的是可以产生巨大的社会效益。

（二）行业物流

在一个行业内部发生的物流活动被称为是行业物流。同一行业中的企业虽然在产品市场上是竞争对手，但在物流领域中却可以互相协作，共同促进行业物流的合理化。行业物流系统化的结果是使行业内的各个企业都得到相应的利益，实现真正意义上的"共赢"。

例如，在日本的建筑机械行业内，行业物流系统化的具体内容有：各种运输工具的有效利用；建设共同的零部件仓库，实行共同集中配送；建立新旧车辆、设备及零部件的共同流通中心；建立技术中心，共同培训操作人员和维修人员；统一建设机械设计标准和规格等。在大量消费品方面，他们还倡导采用统一的发票、统一的商品规格、统一的法规政策、统一的托盘规格、统一的陈列柜和包装模数等，也有利于行业物流活动的系统化。目前，中国许多行业协会也正在根据本行业特点，提出自己的行业物流系统化标准。

（三）企业物流

在一个企业的范围内，由于生产经营活动的需要而发生的物流称为企业物流。《物流术语》（GB／T 18354-2021）对企业物流的定义是：生产和流通企业围绕其经营活动所发生的物流活动。

四、按照物流的作用分类

（一）供应物流

为生产企业提供原材料、零部件或其他物品时，物品在提供者与需求者之间的实体流动称为供应物流。对于工厂而言，供应物流是指生产活动所需要的原材料、备品备件等物资的采购、供应活动所产生的物流；对于流通领域而言，供应物流是指交易活动中，从买方角度出发的交易行为中所发生的物流。企业的流动资金大部分是被购入的物资材料及半成品等所占用的。供应物流的严格管理及合理化对于企业的成本高低有重要影响。

（二）销售物流

生产企业、流通企业出售商品时，货品在供方与需方之间的实体流动称为销售物流。对于工厂而言，销售物流是指售出产品；对于流通领域而言，销售物流是指交易活动中从卖方角度出发的交易行为中所发生的物流。

通过销售物流，企业得以回收资金，并进行再生产活动。销售物流的效果关系到企业的存在价值能否得到社会认可。销售物流的成本在产品及商品的最终价格中占有一定的比例，因此，在市场经济中，销售物流的合理化可以收到立竿见影的效果，能够为企业增加利润，增强企业的竞争力。

（三）生产物流

生产过程中，原材料、在制品、半成品、产成品等在企业内部的实体流动，称为生产物流。生产物流是制造产品的企业所特有的，它和生产流程同步。原材料、半成品等按照工艺流程在各个加工点之间不停地移动、流转，形成了生产物流，如果生产物流中断，生产过程也将随之停滞。生产物流合理化对企业的生产秩序、生产成本有很大影响。生产物流均衡稳定，可以保证在制品的顺

畅流转，缩短生产周期。在制品库存的压缩、设备布局的均衡化，也都和生产物流的管理和控制有关。

（四）回收物流

不合格货品的返修、退货以及周转使用的包装容器从需方返回到供方所形成的物品实体流动，叫回收物流。在生产及流通活动中有一些物资是要回收并加以利用的，如作为包装容器的纸箱、塑料筐、酒瓶等，建筑行业的脚手架也属于这一类物资。另外，可用杂物也可以回收分类和再加工，如旧报纸、书籍通过回收、分类可以再制成纸浆。回收物资品种繁多，流通渠道也不规则且多有变化，因此，回收物流的管理和控制难度较大。

（五）废弃物物流

将在经济活动中失去原有使用价值的物品，根据实际需要进行收集、分类、加工、包装、搬运、储存等，并分送到专门处理场所所形成的物品实体流动，叫废弃物物流。生产和流通系统中所产生的无用的废弃物，如开采矿山时产生的土石，炼钢生产中的钢渣、工业废水，以及其他一些无机垃圾等，已经没有再利用价值，就地堆（排）放势必占用生产用地、妨碍生产，不妥善处理还会污染环境。对这类物资处理的过程就产生了废弃物物流。废弃物物流看似没有经济效益，但具有不可忽视的社会效益。为了减少资金消耗、提高效率，更好地保障社会生活和生产的正常秩序，研究对废弃物资的综合利用很有必要。

五、按照物流的内容分类

（一）一般物流

一般物流是指适用于社会经济需要的、具有普遍性的物流活动及其系统。一般物流研究的出发点是物流的一般规律和共同特点。例如：研究具有普遍适用性的物流系统的建立和发展，研究物流的共同功能，研究物流管理的一般规律，以及研究物流与社会其他系统的协调发展，研究物流信息系统及管理体制等。

（二）特殊物流

特殊物流是指专门范围、专门领域、特殊行业，在遵循一般物流规律基础上，带有特殊制约因素、特殊应用领域、特殊管理方式、特殊劳动对象、特殊机械装备特点的物流。特殊物流活动的产生是社会分工深化、物流活动合理化和精细化的产物，在保持通用的、一般的物流活动前提下，能够有特点并能形成规模，能产生规模经济效益的物流便会形成本身独特的物流活动和物流方式。

特殊物流可以进一步细分：按物流对象划分，可分为水泥物流、汽车物流、煤炭物流、农产品物流、原油物流、化学品物流、危险品物流等；按物流对象的数量、物理形态划分，可分为多品种小批量物流、少品种大批量物流、长件物品物流和重（大）件物品物流等；按物流服务方式划分，可分为配送物流、快递物流、电子商务物流、物流网物流等；按物流的装备技术划分，可分为集装箱物流、托盘物流等；其他物流，如军事物流、废弃物流、回收物流、流通加工物流、冷链物流等。

第三节　现代物流及其特征

一、现代物流

现代物流（Modern Logistics）是相对于传统物流而言的。它是在传统物流的基础上，引入高科技手段，即运用计算机进行信息联网，并对物流信息进行科学管理，从而使物流速度加快、准确率提高、减少库存、降低成本，以此延伸和放大传统物流的功能。2001 年 3 月，当时的国家六部委（国家经贸委、铁道部、交通部、信息产业部、外经贸部、民航总局）在《加快物流发展若干意见》的通知中，对现代物流的定义是这样表述的："原材料、产成品从起点至终点及相关信息有效流动的全过程。它将运输、仓储、装卸、加工、整理、配送、信息等方面有机结合，形成完整的供应链，为用户提供多功能、一体化的综合性服务。"

二、现代物流的基本特征

（一）物流过程一体化

现代物流体现了系统综合和总成本控制的思想，它将经济活动中所有供应、生产、销售、运输、库存及相关的信息流动等活动视为一个动态的系统总体，关心的是整个系统的运行效能与费用。物流一体化的一个重要表现是供应链概念的出现。供应链把物流系统从采购开始经过生产过程和货物配送到达用户的整个过程，看作一个环环相扣的"链"条，物流管理以整个供应链为基本单位，而不再是单个的功能部门。在采用供应链管理时，世界级的公司力图通过增加整个供应链提供给消费者的价值、降低整个供应链的成本的方法来增强整个供应链的竞争力，其竞争不再仅仅是单个公司之间的竞争，而上升为供应链与供应链的竞争。

（二）物流技术专业化

物流技术专业化表现为现代技术在物流活动中得到了广泛的应用。例如，条形码技术、射频识别技术、EDI 技术、自动化技术、网络技术、智能化和柔性化技术等都得到了广泛的应用。运输、装卸、仓储等也普遍采用专业化、标准化、智能化的物流设施设备。这些现代技术和设施设备的应用大大提高了物流活动的效率，扩大了物流活动的领域。

（三）物流过程信息化

物流信息化是整个社会信息化的必然需求。现代物流高度依赖于对大量数据、信息的采集、分析、处理和即时更新。在信息技术、网络技术高度发达的现代社会，从客户资料取得和订单处理的数据库化、代码化，物流信息处理的电子化和计算机化，到信息传递的实时化和标准化，信息化渗透至物流的每一个环节。为数众多的无车船和无固定物流设备的第三方物流从业者正是依赖其信息优势展开全球经营的。从某种意义上来说，现代物流竞争已成为物流信息的竞争。

（五）物流服务社会化

物流服务社会化突出表现为第三方物流与物流中心的迅猛发展。随着社会分工的深化和市场需求的日益复杂，生产经营对物流技术和物流管理的要求也越来越高。众多工商企业逐渐认识到依靠企业自身的力量不可能在每一个领域都获得竞争优势。它们更倾向于采用资源外取的方式，将本企业不擅长的物流业务交由专业的物流公司，或者在企业内部设立相对独立的物流专业部门，而将有限的资源集中于自己真正的优势领域。专业的物流部门由于具有人才优势、技术优势和信息优势，可以采用更为先进的物流技术和管理方式，取得规模经济效益，从而达到物流合理化——在产品从供方到需方的全过程中做到环节最少、时间最短、路程最短、费用最省。

（六）物流活动国际化

在产业全球化的浪潮中，跨国公司普遍采取全球化战略，在全世界范围内选择原材料、零部件的来源，选择产品和服务的销售市场。因此，其物流的选择和配置也超出国界，着眼于全球大市场。大型跨国公司普遍的做法是选择一个适应全球分配的分配中心以及关键供应物的集散仓库；在获得原材料以及分配新产品时使用当地现存的物流网络，并且把这种先进的物流技术推广到新的地区市场。例如，耐克公司通过全球招标采购原材料，然后在中国台湾或东南亚生产（中国大陆也有生产企业），再将产品分别运送到欧洲、亚洲的几个中心仓库，然后就近销售。同样，全球采购原材料和零部件，大大降低了汽车的成本，改变了汽车生产线的位置。

案例分析

值得骄傲的中国古代物流

回顾世界物流史，中国古代物流的辉煌令中国当代物流人为之振奋。比如，曾经对中国乃至世界产生深远影响的丝绸之路，就是一条国际物流通道。广义上的丝绸之路包括陆上丝绸之路和海上丝绸之路。其中，陆上丝绸之路始于西汉时期，繁盛于汉唐时期，结束于12世纪。陆上丝绸之路以西安为起点，向南通往印度，向北通往中亚各国，向西通往地中海和北非地区。海上丝绸之路始于秦汉，兴起于隋唐，繁荣于宋元，鼎盛于明朝初期，受海禁影响衰落于明朝

中叶。海上丝绸之路的东洋航线通往朝鲜和日本，南洋航线通往东南亚各国，西洋航线通往南亚、阿拉伯以及东非沿岸各国。丝绸之路促进了当时沿途 36 个国家的商品和文化交流。

此外，还有国内的物流通道——京杭大运河。自隋唐开始，以当时世界著名的经济文化中心洛阳为起点开凿的这条东达大海、南下苏杭、西到关陇、北至幽燕、全长 1800 多千米的大运河，贯通海河、黄河、淮河、长江、钱塘江五大水系，满足了当时粮、盐和工程物资跨区域物流的需要。

值得我们骄傲的，除了丝绸之路和大运河，中国古代还有当时世界上最先进的运载工具和物流组织、物流布局。明代郑和下西洋，曾率领 62 艘大船和 2.7 万人纵横太平洋和印度洋。自隋朝开始，历代都非常重视漕运。明代从事漕运的有 12 万人，1 万多艘商船，说明当时的造船技术、航海技术达到了顶峰。从汉代开始，仓储建设兴起，隋朝有义仓，宋朝有惠民仓、广惠仓，明朝有预备仓，在全国布局"积于不涸之仓，藏于不竭之府"，俗称"天下之大命"。

［资料来源：丁俊发．改革开放 40 年中国物流业发展与展望［J］．中国流通经济，2018（4）．］

案例讨论：

1.中国古代物流为什么比较发达？

2.查阅资料，了解中国物流发展的历史阶段。

思考题：

1.物流的定义是什么？

2.物流的价值体现在哪些方面？

3.什么是现代物流？

4.现代物流的基本特征是什么？

第 二 章

现代物流管理的形成和发展

通过本章的学习，了解现代物流管理的内涵，掌握物流管理理论的几大主流学说观点，了解中国物流业发展的现状及趋势。

第一节　物流管理的概念

一、物流管理的概念

在《物流术语》（GB／T 18354-2021）中，物流管理是指为达到既定的目标，从物流全过程出发，对相关物流活动进行的计划、组织、协调与控制。

物流管理包括对物流活动诸环节（运输、包装、储存、装卸、流通加工、配送和信息处理）的管理，对物流系统诸要素（人、财、物、设备、方法、信息）的管理，对物流活动中具体职能（计划、质量、技术、经济等）的管理。

二、物流管理的特点

（一）物流管理是战略管理的重要方面

从企业的市场需求和经济效益出发，通过合理的、科学化的管理达到降低

成本、提高物流效率的目的，是对再生产过程中的资源的整体配置和利用，是考虑到企业总体价值增长的长远大计，所以它也是企业可持续发展的根本问题之一。通过物流管理解决这一问题具有战略意义。

（二）物流管理是系统化管理

物流管理是从生产到销售的一体化管理，要对生产、仓储、运输、销售等不同过程中的物流、商流、信息流进行统一组织和构建，使它们之间有机衔接和匹配，形成一个有计划、有目的的大系统。

（三）物流管理是运用现代化的手段和工具的管理

随着现代化大生产的发展和企业经营的全球化，物流的规模和空间也在迅速发生变化，物流所传递的内容日益复杂化，仅仅靠原始的联系工具，如人搬肩扛、手工记录等方式已经远远不能适应现代物流的需要，必须使用现代化的技术手段。信息编码和电子商务等新技术、新方法已经成为物流管理中被广泛使用的工具和手段。随着科学技术的发展，新的技术与方法还将不断地被应用于物流管理领域。

第二节　物流管理的理论学说

从人们认识物流活动的发展过程看，人们尝试从不同的角度认识物流，由此形成了关于物流的学说与观点。这些学说与观点概括起来主要有商物分离说、"黑大陆"说、"冰山"说、"森林"说、"第三利润源"说、效益背反说等。

一、商物分离说

商物分离说是马克思主义流通理论的一项内容。现代物流是现代商品流通的主要内容。马克思在论述资本主义商品流通的过程中，系统地阐述了商物分离的思想和物流要素的作用。

商品从生产领域到消费领域的转移过程称为商品流通。在这个过程中，商流和物流的活动表现为：一是商品价值的转移，即商品所有权转移；二是商品使用价值的转移，即商品实体的转移。前者称为商流，后者称为物流。商流和物流的统一，构成了商品流通。

随着商品经济的发展，商流与物流产生了分离，即商业流通和实物流通各自按照自己的规律和渠道独立运动。商流与物流产生分离究其根本原因是商流运动的基础——资金流和实物移动具有相对独立性。实物的运动是通过资金的运动来实现的，也就是说资金的分配是实物运动的前提，两者的运动渠道、运动形态不同。商物分离实际是商品流通中的专业分工、职能分工的产物，是通过这种分工实现大生产式的社会再生产的产物，这是物流科学中重要的新概念。物流科学正是在商物分离的基础上才得以对物流进行独立的科学考察，进而形成的专门科学。

总之，商流和物流构成了商品流通的两个支柱。商流搞活了，能加速物流的速度，给物流带来活力。而物流的畅通无阻能使商品源源不断地被送到消费者手中。商流与物流分离的积极意义是充分发挥资金运动和实物运动的各自规律性和有效性，从而推动商品流通向更现代化的方向发展。

二、"黑大陆"说

美国著名的管理学权威彼得·德鲁克（Peter F. Drucker）在1962年的《财富》杂志发表了题为《经济的黑大陆》一文，他强调应高度重视流通，指出"流通是经济领域里的黑暗大陆"。德鲁克泛指的是流通。但是，由于流通领域中物流活动的模糊性尤其突出，是流通领域中人们更认识不清的领域，所以"黑大陆"说法现在转向主要针对物流而言。"黑大陆"说认为物流这个领域未知的东西太多，理论和实践都不成熟，这也意味着物流可以产生的利润空间极大。从某种意义上讲，"黑大陆"说是一种未知学的研究结论，是战略分析的结果，带有哲学的抽象性。这一学说对研究物流这一领域起到了启迪和动员的作用。

三、"冰山"说

物流的"冰山"说是日本早稻田大学西泽修教授提出来的。他在专门研究物流成本时发现，当时的财务会计和会计核算方法（由于其分门别类设立账目）不可能掌握物流费用的实际情况，因此，人们对物流费用的了解是一片空白，甚至有很大的虚假性，很像沉在水面下的冰山一样，露出水面的那部分仅仅是冰山的一小部分，而沉在水面下的是我们所看不到的、很有挖掘潜力的部分。如图 2-1 所示。

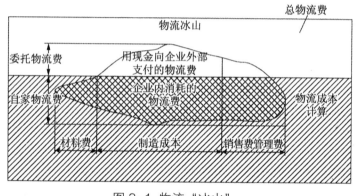

图 2-1 物流"冰山"

西泽修教授用物流成本的具体分析，论证了德鲁克的"黑大陆"说，用以说明物流领域的方方面面对我们来说不清楚和未知的东西太多。黑大陆的未知区域和冰山的水下部分，正是物流需要开发的领域，也是物流的潜力和吸引人之处。

四、"森林"说

物流的"森林"说是美国学者提出来的，该学说认为，物流的整体效应如同森林，包括一系列活动，如运输、储存、包装、配送、流通加工，等等，在物流过程中不应单纯地追求各项功能要素的优化，更主要的是追求整体效果的有机联系，即追求总体效果最优。

美国学者提出"物流是一片森林而非一棵棵树"，用物流森林的结构概念来表述物流的整体观点，指出物流是一种"结构"，对物流的认识不能只见功能要素不见结构要素，即不能只见树木不见森林，物流的总体效果是森林的效果。

物流"森林"说强调的是总体观念。在物流理论中，还有很多提法也反映了类似的观点，如物流系统论、物流一体化观念、综合物流观念和物流供应链理论等。

五、"第三利润源"说

"第三利润源"的说法来自日本早稻田大学西泽修教授，是对物流潜力及效益的描述。

第一利润源是利用物质资源获得利润，这里的资源起初是指廉价的原材料、燃料，其后则是指依靠科技进步、节约消耗、使用代用品、综合利用、回收利用乃至大量使用人工合成资源而获得高额利润。

第二利润源是利用人力资源获得利润，这里的人力资源最初是指廉价劳动力，其后是指依靠科技进步提高生产率、降低人力消耗或采用机械化、自动化来降低劳动消耗，从而降低成本、增加利润。

第三利润源是利用劳动工具、劳动对象和劳动者潜力获得利润，即物流利润。

随着经济的发展，第一、第二利润源潜力越来越小，利润增长越来越困难，而物流领域的潜力日益为人们所重视。三者的差别在于关注的生产力要素不同。第一利润源的挖掘对象是生产力中的劳动对象；第二利润源的挖掘对象是生产力中的劳动者；第三利润源则主要挖掘生产力要素中的劳动工具的潜力，同时，也挖掘劳动对象和劳动者的潜力，因而更具有全面性。

第三利润源不仅将物流看成直接谋利手段，而且还强调它的战略意义，特别强调它是在经济领域中潜力将尽的情况下的新发现，是经济发展的新思路，将会对今后的经济发展起到推动作用。

六、效益背反说

效益背反指的是物流的若干功能要素之间存在着损益的矛盾，即在某一个功能要素的优化和利益发生的同时，可能会存在另一个或另几个功能要素的利益损失；反之也如此。这是一种此消彼长、此盈彼亏的现象，虽然在许多领域中这种现象都是存在的，但物流领域中这个问题似乎尤其明显。

在这个整体中，部分的合理化或最优化并不代表整体的合理化或最优化。

物流系统作为一个有机整体，其要素之间存在着效益背反的关系。换言之，效益背反原理体现的是对一方利益的追求要以牺牲另一方的利益为代价的相互排斥的状态，这种状态在物流系统中随处可见。例如，提高物流服务水平要以增加物流成本为代价；仓库里货物的高层堆码能够提高保管效率，却降低了货物拣选等作业的效率。掌握效益背反原理，对于正确理解和把握物流系统各个部分之间的关系十分重要。认识效益背反规律后，物流学的理论研究正在不断寻求解决和克服各功能要素的效益背反现象，寻求物流的整体最优。

第三节　中国物流发展现状

中国 20 世纪 70 年代末从国外引入"物流"概念，20 世纪 80 年代开展物流启蒙和宣传普及，20 世纪 90 年代物流起步，21 世纪初期物流"热"开始升温。尤其是党的十八大以来，中国现代物流领域坚持以习近平新时代中国特色社会主义思想为指导，全面落实党中央、国务院决策部署，大力推进现代物流体系建设，努力夯实物流基础设施网络，着力培育具有国际竞争力的现代物流企业。截止到 2021 年，中国社会物流总额超过 300 万亿元，物流业总收入近 12 万亿元，物流市场主体超过 600 万、从业人员超过 5000 万人、A 级物流企业接近 8000 家、规模以上物流园区超过 2000 个、综合立体交通网突破 600 万千米、快递业务量超过 1000 亿件。现代物流在构建现代流通体系、促进形成强大国内市场、维护产业链供应链稳定、建设现代化经济体系中发挥着先导性、基础性、战略性作用。

一、现代物流实现跨越式发展，产业地位不断提升

党的十八大以来，中国现代物流业进入发展快车道，产业地位稳步提升，成为现代服务业的重要组成部分。中国社会物流总额由 2012 年的 177.3 万亿元增长到 2021 年的 335.2 万亿元，年均增长达到 7.2%，已经成为全球最大物流市

场。社会物流需求扩张、中国制造迈向价值链中高端与人民群众对美好生活的向往相适应，持续保持较快增长。工业品物流总额占社会物流总额的九成左右，总体保持平稳增长，支撑中国连续 12 年位居世界第一制造业大国。其中，装备制造业、高技术制造业物流需求正在成为工业物流增长重要动力。单位与居民物流总额持续保持较高增长速度，保障消费成为经济增长第一拉动力。网上零售、电子商务持续带动快递物流高速增长。快递业务量从 2012 年的 57 亿件增长到 2021 年的 1083 亿件，已连续 8 年位居世界第一。近三年来，面对新冠疫情等诸多不确定因素挑战，物流行业企业迎难而上，冲锋在前，充分发挥抗疫保供、稳产稳链主力军作用，为统筹疫情防控和经济社会发展做出了突出贡献，促进物流业地位和作用进一步巩固提升。

二、社会物流成本稳步降低，物流服务能力大幅增强

党的十八大以来，国务院先后印发《物流业发展中长期规划（2014—2020年）》（国发〔2014〕42号）、《物流降本增效专项行动方案（2016—2018年）》（国办发〔2016〕69号）、《关于进一步推进物流降本增效促进实体经济发展的意见》（国办发〔2017〕73号）、《关于进一步降低物流成本的实施意见》（国办发〔2020〕10号）等政策文件，出台了简政放权、减税降费、补短强基、互联互通等一系列政策措施，引导实体经济降低物流成本水平。中国社会物流总费用与 GDP 的比率由 2012 年的 18% 下降到 2021 年的 14.6%，10 年累计下降 3.4 个百分点。在物流成本稳步下降的同时，物流服务能力逐步提升。中国铁路、公路、水运、民航货运量、港口货物吞吐量、邮政快递业务量等主要指标连续多年位居世界前列。中国在全球货物和集装箱吞吐量规模排名前十的港口中占据七席。铁路货运量占比不断提升，铁海联运等多式联运货运量保持 20% 以上的较高增速。高标仓、立体仓、前置仓快速发展，仓储结构逐步优化。物流区域发展不平衡状况有所改善，中西部地区物流规模增速超过全国平均水平。

三、物流基础设施受到重视，"通道＋枢纽＋网络"运行体系初具规模

党的十九大报告首次将物流与公路、铁路等国家重大基础设施并列，确立

了物流基础性和准公益性的地位。党的十八大以来，中国加大物流基础设施建设，搭建了以国家物流枢纽为核心，多种运输方式为通道，骨干冷链物流基地、示范物流园区、多式联运场站、城市配送中心、物流末端网点等为支撑的物流基础设施网络，初步形成了"通道＋枢纽＋网络"的物流运行体系。国家物流枢纽是物流体系的核心基础设施。按照《国家物流枢纽布局和建设规划》（发改经贸〔2018〕1886号），要在127个承载城市规划布局212个国家物流枢纽。国家"十四五"规划《纲要》再次明确，推进120个左右国家物流枢纽建设。截止到2021年底，国家发展改革委等部门已牵头确认布局建设70个国家物流枢纽。根据中国物流与采购联合会调查显示，规模以上物流园区超过2000个。按照国务院工作部署，国家发展改革委会同国土资源部（现自然资源部）、住房和城乡建设部开展国家级示范物流预期建设工作，已先后遴选三批78家示范物流园区。为贯彻落实党中央、国务院关于城乡冷链物流设施补短板和建设国家骨干冷链物流基地的决策部署，国家发展改革委公布了首批17个国家骨干冷链物流基地建设名单。为支撑国家综合立体交通网主骨架建设，财政部、交通运输部下发通知，计划用3年左右时间择优支持30个左右城市实施国家综合货运枢纽补链强链。中国综合运输体系规模初具，综合立体交通网已经突破600万千米。"八纵八横"高速铁路主通道、"71118"国家高速公路主线、世界级港口群、世界级机场群加快建设。为推进多式联运发展，交通运输部联合国家发展改革委开展了3批共70个多式联运示范工程，有力支持国内国际物流大通道建设。

四、助力产业链供应链安全稳定，现代供应链成为新增长点

党中央、国务院积极推进中国产业链供应链安全稳定，持续推进补链稳链固链强链，提升产业链供应链现代化水平。党的十九大报告提出，要在现代供应链等领域培育新增长点、形成新动能。2017年，国务院办公厅印发《关于积极推进供应链创新与应用的指导意见》（国办发〔2017〕84号），全面部署供应链创新与应用有关工作。2018年，商务部、中物联等八部门（单位）公布首批全国供应链创新与应用55个试点城市和266家试点企业，并开展了优秀成果展

示推广工作。2021 年，在试点基础上推出首批全国供应链创新与应用 10 个示范城市和 94 家示范企业，引领提升产业链供应链现代化发展。现代物流连接生产与消费，贯穿一、二、三产业，是现代供应链的重要组成部分。国家发展改革委等部门推进物流业制造业深度融合创新发展，推选出一批物流业制造业深度融合创新发展案例名单，激发制造业释放服务需求带动物流业效率提升，促进物流业以专业服务助力制造业价值链攀升，起到良好行业示范作用。

五、物流市场主体活力旺盛，现代物流企业群体加快涌现

党的十八大以来，中国物流市场营商环境持续改善，物流市场主体蓬勃发展。根据第四次经济普查数据，中国交通运输、仓储和邮政业法人单位近 60 万家，个体经营户 580 多万个，物流相关市场主体超过 600 万，就业人数超过 5000 万人。总体来看，中国物流相关法人单位中大部分为中小微企业，是吸纳就业的主要渠道。近年来，规模化集约化市场主体不断涌现。截止到 2021 年底，中国 A 级物流企业接近 8000 家，其中，代表国内最高水平的 5A 级物流企业超过 400 家。中国物流 50 强企业收入合计，已由 2012 年 7274 亿元升到 2022 年的 2 万多亿元，比 2012 年翻一番，一批千亿级规模的企业开始出现。50 强物流企业门槛提高到 61.6 亿元，是 2012 年的三倍多。随着中国产业迈向价值链中高端，对物流交付、时效、品质都提出了更高要求，倒逼物流企业转型升级。物流企业间通过兼并重组、联盟整合等多种方式不断做大做强，快递快运、国际航运、冷链物流等细分市场集中度稳步提升，一批龙头企业纷纷上市发展。传统物流企业逐步从物流提供商向物流整合商和供应链服务商转变，物流企业竞争力显著增强。

六、新技术新模式新业态不断涌现，智慧物流引领行业创新发展

党的十八大以来，国务院积极推进"互联网＋"行动，"互联网＋"高效物流纳入重点行动之一。国家发展改革委等有关部门深入推进"互联网＋"高效物流发展。根据意见部署，国家发展改革委联合有关部门组织开展了"国家智能化仓储物流示范基地"和"骨干物流信息平台试点"申报工作，确定了 10 家示范基地和 28 家试点平台。一批骨干平台企业开发推广物流数字化转型产品、服务、工具，助力中小微企业"上云用数赋智"。交通运输部联合有关部门开展

了无车承运人试点工作，共筛选确定了 283 个无车承运试点企业。2020 年 1 月，无车承运人试点结束，《网络平台道路货物运输经营管理暂行办法》正式实施。截至 2021 年底，全国共有 1968 家网络货运企业，整合社会运力 360 万辆，完成运单量近 7000 万单，车货匹配逐步向承运经营转变，平台经济新模式新业态激发新动力。物联网、云计算、大数据、人工智能、区块链等新一代信息技术与传统物流融合。无人仓、无人码头、无人配送、物流机器人、智能快件箱等技术装备加快应用；数字货运、数字园区、数字仓库等新基建推广建设；高铁快运动车组、大型货运无人机、无人驾驶卡车等装备设施起步发展；快递电子运单、铁路货票电子化、航运与道路货运电子订单得到普及。截至 2021 年底，中国安装北斗导航动态监控系统的重型货车已超 700 万辆，物流全流程全面拥抱互联网，万物互联的物流互联网逐步形成，新技术对物流产业升级的带动作用持续增强。

七、"一带一路"深化互联互通，国际物流加快拓展延伸

目前，中国已与 147 个国家、32 个国际组织签署 200 多份共建"一带一路"合作文件，与日本、意大利、瑞士等 14 国签署第三方市场合作文件。自 2013 年至 2021 年，中国与"一带一路"合作伙伴货物贸易额累计达 10.4 万亿美元，带动"一带一路"物流稳步发展。2021 年，中欧班列全年开行 1.5 万列、运送 146 万标箱，同比分别增长 22%、29%，通达欧洲 23 个国家、180 个城市。中欧班列开通 10 年来，累计开行 4.9 万列、运送货物 443.2 万标箱。随着中国在国际贸易中的占比持续提升，国际物流网络不断延伸拓展。中国国际航运、航空物流通达全球主要贸易合作伙伴。中国远洋航运与世界 100 多个国家、600 多个港口实现通航，拥有国际航线 100 多条。中国与 120 多个国家和地区签署了双边航空运输协定，开通国际航线 800 多条，通达全球 52 个国家的 100 多个城市。铁路国际合作深入推进，中老铁路、亚吉铁路、蒙内铁路开通运营，西部陆海新通道成效显著。2021 年，西部陆海新通道班列开行 6117 列、发送货物 57 万标箱，同比分别增长 33% 和 57.5%，呈现强劲增长态势。班列目的地已覆盖新加坡、德国等 100 多个国家和地区的 300 多个港口，实现了与中欧班列的无缝

对接。海外物流节点设施投入加大，海外仓、境外合作区加快布局，2021 年海外仓数量超过 2000 个，总面积超过 1600 万平方米，海外物流网络服务能力显著提升。

八、物流基础性工作稳步推进，成为推进高质量发展的重要支撑

党的十八大以来，中国物流与采购联合会围绕行业高质量发展需要，统筹推进标准、统计、培训、学术等行业基础性工作提档升级。物流标准化工作有新进步。党的十八大以来，已制定并发布物流国家标准 67 项、行业标准 79 项、团体标准 34 项。中物联还承担了托盘、冷链物流、废旧物运输等国际标准技术委员会的国内技术大对口单位，发起或参与多项国际标准项目。统计调查工作有新发展。党的十八大以来，中物联已形成社会物流统计、制造业采购经理指数（PMI）、物流业景气指数、公路运价指数、仓储指数、电商指数、快递指数、大宗商品指数等指数系列。其中，制造业采购经理指数（PMI）已成为国内知名、影响世界的观察中国经济走向的风向标。教育培训工作有新亮点。全国已有 726 个本科物流类专业点、1229 个高职物流类专业点和 560 多个中职物流类专业点，已有 70 万人参加了物流、采购等职业能力等级培训与认证。物流管理、物流工程、供应链管理列入教育部本科专业目录，物流管理等五个专业列入教育部首批"1+X"证书制度试点项目。物流学术科研有新成果。中国物流学术年会征集论文、课题成果上万项。产学研结合工作走向深入，涌现一批产学研基地，"日日顺创客训练营"等创新创业平台成效显著。供应链专业与物流学术期刊《供应链管理》《物流研究》先后创立，推动现代物流与供应链理论研究深化发展。

第四节　中国现代物流业高质量发展趋势展望

2022 年是全面实施"十四五"规划的关键期，也是现代物流体系建设的攻坚期。由于新冠肺炎疫情持续、长期的供应链挑战和通胀不断增加，全球经济将面临较大复苏压力。中国经济发展面临需求收缩、供给冲击、预期转弱的三重压力，经济下行压力有所累积。但是中国经济韧性较强，长期向好的局面不会改变。国家"十四五"规划多处提到物流和供应链，涉及国民经济的方方面面，全方位、多角度勾画出现代物流体系建设蓝图，现代物流日益成为支撑实体经济发展的先导性、基础性、战略性产业。在稳中求进工作总基调下，中国物流业有望延续稳中有升态势，社会物流总额增速全年预计将保持在 6% 左右。

面临新的形势，现代物流高质量发展是必由之路。当前，现代物流高质量发展将重点体现五个新变化。

一、新阶段：从粗放式规模扩张向精益化提质增效转变

中国物流业规模连续多年居世界第一位，物流业收入增速也保持了相对较高的水平，但是企业盈利能力总体不高。随着中国产业加快迈向价值链中高端，对物流交付、时效、品质都提出更高要求，倒逼物流业转型升级，进入追求高品质、高效率、高效益的精益化新发展阶段。产业升级、结构优化、创新驱动助力提质增效，将成为现代物流高质量发展的重要特征。

二、新任务：从单纯降低物流企业成本向降低供应链全流程物流成本转变

当前，中国社会物流总费用与 GDP 的比率维持在 14.6% 左右已经有较长一

段时期，下一步单纯依靠降低运输、仓储、配送等单环节成本的下降空间较小。未来，国家间的竞争就是供应链之间的竞争，现代物流贯穿一、二、三产业，随着物流与制造业、商贸业、农业等深度融合，通过资源整合、流程优化、组织协同、生态共建，来降低供应链全流程物流成本，进一步推进物流运行水平提升的潜力巨大。

三、新模式：从传统物流模式向数字经济、枢纽经济、低碳经济新模式转变

随着新一代信息技术与物流业深度融合，推动传统物流模式向数字化、智能化、网联化为特点的智慧物流模式转变。随着区域重大战略和区域协调发展战略的实施，畅通国内大循环带动原来以沿海布局为主的物流设施向全国延伸，将加快形成内外联通、安全高效的物流网络，助力产业升级和梯度转移，构建区域经济新增长极。随着"碳达峰、碳中和"任务推进，传统高碳经济向低碳经济转变，产业绿色转型预期更加明确。

四、新动力：从劳动力、土地等要素驱动向创新驱动转变

中国传统物流业靠投入劳动力、土地等要素，提供单环节基础性服务为主，同质化程度高，附加价值偏低，存在"低端锁定"问题。随着产业链供应链升级，现代物流一体化、集成化、高端化要求日益迫切，物流业进入以创新和人力资本为主要驱动的时代，技术创新、流程创新、模式创新日益活跃。物流业将由原来的同质化、低成本竞争向差异化的质量竞争、效率竞争、效益竞争转变，逐步向微笑曲线两端延伸。

五、新机制：营商环境优化和体制机制改革是重要保障

现代物流作为以人为本的产业，与政府监管等营商环境息息相关。可以说，没有高质量的营商环境就没有高质量的物流产业。随着改革逐步进入深水区，更需要通过深层次的体制机制改革，破除阻碍高质量发展的政策瓶颈，逐步由监管缺位、越位、错位向综合监管、协同监管、数字监管转变，形成有利于现代物流高质量发展的公平竞争、规范有序、开放稳定的营商环境，充分激发起市场主体的活力，为推动现代物流供需适配、经济高效、开放协同、安全可靠和可持续发展奠定制度基础。

下一步，紧扣发展变化趋势，依托自身资源禀赋，坚持守正创新，推进现代物流高质量发展重点有五个战略路径。

一是以深度融合为主线的价值链升级路径。适应产业链升级趋势，物流业与制造业、商贸业、农业等产业将深化融合。企业主体之间、业务流程之间、信息数据之间、设施资产之间、标准规范之间融合的程度将逐步加深，逐步从简单外包向战略合作伙伴关系转变，加强客户黏性和供应链稳定性。从提供基础性服务向增值服务再到供应链一体化服务转变，提升附加价值和企业效益。从基础服务商向物流服务商再向物流整合商转变，增强价值创造能力，推动产业迈向价值链中高端。

二是以智慧物流为方向的数字化、智能化、绿色化发展方式变革路径。抓住新一轮科技革命和产业变革的机遇，智慧物流发展方式将成为物流业演进的重要方向。传统线下物流将全面触网，"上云用数赋智"，加快向业务在线化、数据业务化和流程可视化转型，提升资源配置效率和物流运行质量。物流企业边界将全面打开，产业链上下游相互赋能，加快向共享化、绿色化和平台化转型，培育协同共生的物流生态圈。新一代信息技术与基础设施深化融合，新基建将带动新一代智能物流弯道超车，开辟物流竞争新赛道，万物互联的物流互联网有望形成。

三是以做大做强和专精特新为重点的能力提升路径。现代物流高质量发展最终需要企业来推进。随着营商环境逐步改善，将充分激发大中小型物流市场主体的活力。一方面，物流龙头企业通过兼并重组、联盟合作等多种方式推高市场集中度，着力向标准化、品牌化、高端化转型，构建物流资源集聚平台，优化资源配置效率、发挥规模效应，将涌现一批具有国际竞争力的现代物流企业。另一方面，中小企业聚焦专业领域和细分市场，充分利用社会化平台赋能，深化专业分工合作，坚持走专精特新发展道路，加快向专业化、利基化、定制化转型，提升附加价值和经营效益，仍将是最具活力和灵活性的市场主体。

四是以网络优化为着眼点的"枢纽＋通道＋网络"的布局规划路径。一体化运作、网络化经营是物流业的基本运作规律。畅通国内大循环需要内外联通、安全高效的物流网络支撑。随着区域重大战略和区域协调战略实施，将带动物流资源向城市群、都市圈和中西部等地区集中和转移，形成以国家物流枢纽为核心，多种运输方式为通道，国家骨干冷链物流基地、示范物流园区、多式联运场站、城市配送中心、物流末端网点等为支撑的"枢纽＋通道＋网络"的物流运行体系。物流资源集聚逐步形成枢纽战略支点，枢纽经济将推动区域经济转型升级，打造区域新增长极。

五是以高水平开放为支撑的全球市场拓展路径。后疫情时代，随着全球产业链供应链加快重组，国内物流网络将进一步融入全球物流网，促进国内国际双循环。中国企业全球竞争的短板是一体化全球物流交付能力，优势是区域化产业链、供应链的市场规模和组织能力。通过国内需求牵引全球供给，国内供给服务全球需求，开辟物流大通道和经济大走廊，将改变原有国际市场格局。通过与供应链上下游强强合作，与战略客户抱团出海，搭建全球供应链物流集成平台，提供一站式、多通道、稳定性的全球物流交付服务，推动构建自主可控、安全稳定的产业链、供应链，将进一步增强产业链韧性，助力"中国制造"扬帆出海。

案例分析

物流"跑得快"也要"跑得好"

现代化经济体系离不开物流的高质量发展。20世纪90年代中后期，受生产经营成本上升、市场竞争加剧等多种因素影响，一些企业为降低物流成本、提高物流效率，开始寻求物流业务外包，由此启动了中国物流的社会化进程。进入21世纪，由于国家政策的推动，新兴的物流业发展迅速。近年来，中国每年派送的包裹量占全球总量近四成，成为名副其实的物流大国。2017年，全国快递业务量完成了400.6亿件，连续4年位居世界第一，对全球包裹快递量的增长贡献率超过了50%。

然而，中国物流业"大而不强"也是一个客观事实。"有没有"的问题已经解决，"好不好"的矛盾日趋凸显。以提质增效而言，物流业还有不少短板需要补齐。

硬件跟软件比，软件是短板；生产端跟消费端比，生产端是短板；乡村和城市比，乡村是短板；国际和国内比，国际是短板……存在这些短板，主要不是基础设施问题，而是能不能有效地进行物流的组织和运营的问题。目前，多数物流资源是分割的，同质化、单一化还相当普遍，需要推进资源整合、要素联动，实现互利共赢。从这个角度看，我们需要打造一个国家智能物流骨干网，让它成为一个开放平台，以网络化整合分散的物流资源，以数据化让物流跑得更有效率，并将物流嵌入整个经济社会和世界经贸的生态链中，进行规模化、高效化运行。

打造国家智能物流骨干网，需要把握物流未来发展的趋势。当前，互联网与物流业深度融合，人工智能快速迭代，"智能革命"正在重塑物流行业新生态。但我们研究发现，很多物流领域的创新，包括新技术、新模式，都不是在物流领域产生的，比如，精益物流管理源自有关汽车企业的准时生产制。这也从侧面说明，流通模式演变将成为未来物流发展变革的重要力量，而技术只是实现手段。这就要求我们在关注新技术发展的同时，更要关注未来整体经济运行格局、生产组织模式、生活消费形态等。换句话说，物流高质量发展一定要建立和生产消费模式相协同、标准相通的物流新模式。国家正在搭建的骨干物流信息平台、正在构建的国家物流枢纽，都与此密切相关，这也是物流高质量发展的基础。

（资料来源：谢雨蓉. 物流"跑得快"也要"跑得好"［N］. 人民日报，2018-08-13.）

案例讨论：

1. 为什么说现代化经济体系离不开物流的高质量发展？

2. 查阅资料并思考，当前中国物流业发展中面临哪些制约因素？

思考题：

1. 什么是物流管理？它有哪些特点？

2. 物流管理的理论学说主要有哪些观点？

3. 如何进一步推动中国现代物流高质量发展？

第 三 章

现代物流组织与管理

　　通过本章学习，要求了解物流企业的基本类型和组织结构，掌握物流战略的基本内涵及战略选择的主要方法，掌握物流成本的构成内容和物流成本控制的基本方法，了解物流质量的主要内容，掌握物流标准化管理内涵、分类和方法。

第一节　物流企业组织管理

　　物流企业是物流市场的主体，物流服务主要由物流企业提供。物流企业要想生存和发展，需要合理选择企业组织形态，重视物流战略管理，强化物流成本控制，提升物流服务质量，加强物流标准化建设。

一、物流企业的概念

　　《物流术语》（GB／T 18354-2021）将物流企业（Logistics Service Provider）定义为：物流企业是指从事物流基本功能范围内的物流业务设计及系统运作，具有与自身业务相适应的信息管理系统，实行独立核算，独立承担民事责任的经济组织。

二、物流企业的类型

物流企业的产权结构、经营方向、服务方式、组织形式、技术基础、资本规模等方面具有多样性，按照不同的标准，可以把物流企业划分为不同的类型。

（一）国有物流企业和非国有物流企业

根据产权结构划分，物流企业可以划分为国有物流企业和非国有物流企业。国有物流企业根据国有产权占有情况，还可以进一步划分为国有独资物流企业和国有控股物流企业；非国有物流企业也可以细分为私营物流企业、外商独资物流企业和中外合资物流企业。作为企业，国有物流企业和非国有物流企业一样要追求经济效益，但国有物流企业在维护整个社会物流秩序、保障社会物流基本需求、推动经济社会发展、促进社会物流进步方面需要发挥更多的积极作用。

（二）功能性物流企业和综合性物流企业

按企业功能划分，物流企业可以划分为功能性物流企业和综合性物流企业。功能性物流企业仅仅承担和完成某一项或几项物流功能，具有专业化优势，运输企业、仓储企业、流通加工企业等都是功能性物流企业；综合性物流企业能够承担多项甚至所有物流功能，为客户提供一揽子物流服务，具有多元化优势。这些企业一般规模大、资金雄厚，物流服务信誉度比较高。中国远洋海运集团有限公司就是一个超大规模的综合性物流企业。

（三）重资产物流企业和轻资产物流企业

按资产基础划分，物流企业可以划分为重资产物流企业和轻资产物流企业。重资产物流企业的实物资产比较多，主要是利用自己的实物资产为客户提供物流服务，如运输设备、仓储设施等，且这些企业资产专用性强，客户信任度比较高，物流服务风险比较小；轻资产物流企业的实物资产比较少，主要是整合利用社会物流资源为客户提供物流服务，且这些企业在个性化物流服务提供方面具有优势，但客户信任度相比重资产物流企业一般要低。在当前社会发展转型期，轻资产物流企业在充分利用社会物流资源、降低社会物流成本、防止物流重复建设方面具有重要作用。

（四）其他类型物流企业

还可以根据业务内容不同，将物流企业划分为物流作业企业和物流信息企业；根据企业经营形式不同，将物流企业划分为实体物流企业和虚拟物流企业；根据物流业务的承担者不同，将物流企业划分为物流自理企业和物流代理企业；等等。

三、物流企业的结构

（一）直线式结构

直线式结构又称为"单线制"或"军队式结构"，这是一种早期的组织结构形式，如图3-1所示。这种组织的特点是组织的各级行政单位，从上到下进行垂直领导，各级领导者直接行使对下级的统一指挥与管理职能，对所属单位的一切问题负责，一般由一人承担或者配备若干职能管理人员协助工作，不另设单独的职能管理机构。

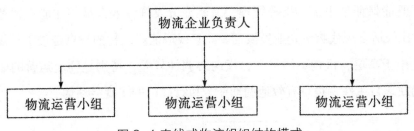

图3-1 直线式物流组织结构模式

直线式结构对各级管理者在管理知识、能力及专业技巧等方面都有较高的要求。其优点是简单灵活，职权明确，决策迅速，指挥统一，缺点是领导需要处理的事情太多，精力受牵制，不利于提高企业的经营管理水平。直线式结构适用于经营规模小、服务比较简单、业务复杂程度低的物流企业，也适用于业务相对简单、规模相对较小或者新创建的小型货代企业、货运企业、仓储服务企业和小型物流企业。直线式结构在许多企业物流管理部门及许多小型物流企业中也普遍存在。但是，这种结构比较脆弱，如果组织规模扩大，管理任务繁重复杂，这种模式显然不能适应。

（二）直线职能式结构

直线职能式结构的主要特点是设置两套系统。一套是直接参与和负责组织物流经营业务的业务执行机构，它包括从事物流活动的各个业务经营机构，担负着整个物流活动过程的作业实现，如直接从事商品物资的购销、仓储、运输、整理加工、品质检验、配送等部门。另一套是按专业管理的职责和权限设置的职能管理机构，它是专门为物流经营业务活动服务的管理工作机构，直接担负着物流活动的计划、指导、信息服务、监督调节及其他配套管理服务，如计划统计、财务会计、劳动工资、信息支持、市场开发等部门。

物流运营的业务执行机构是物流组织机构的主体，它们的主要任务、职责和权限是直接从事物流的运营作业，其机构的规模和分工程度直接影响着其他部门的设置以及职能的划分。物流运营的职能管理机构不直接参与物流作业，而作为物流运营的参谋和保障机构。

典型的直线职能式物流组织结构模式如图 3-2 所示。直线职能式结构的优点在于既能保证集中统一指挥管理，又能充分发挥专业人员的才能、智慧和积极性，比较适合现代物流企业发展需要。直线职能式结构的缺点是过于正规化，权力集中于高层，机构不够灵活，横向协调性较差，特别是物流运营的业务执行部门缺乏自主性，很难有效地调动业务执行部门的主观能动性。

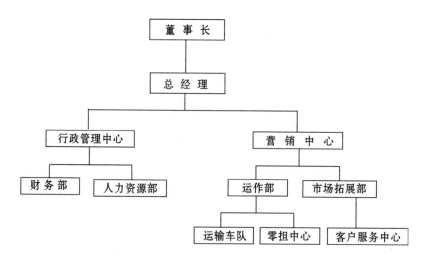

图 3-2 直线职能式物流组织结构模式

直线职能式结构在企业规模相对不大、物流服务业务范围相对稳定及市场

不确定性相对较小的情况下，能够显示出其优点。随着企业规模的扩大，业务
范围的拓展，市场不确定性的增加，这种结构适应性会不断下降。

（三）事业部制结构

事业部制结构的特点是"集中政策、分散经营"。企业一般按物流服务类
别分别成立若干个事业部，这些事业部具有相对独立的市场、相对独立的利益
和相对独立的自主权。各事业部在公司的统一领导下实行独立经营、单独核算、
自负盈亏。各事业部具有相对独立的充分自主权，高层管理部门则实行有限的
控制，以便摆脱行政管理事务，集中力量研究和制订经营方针，并通过规定的
经营方针，控制绩效和统一调度资金，对各事业部进行协调管理。事业部制物
流组织机构模式如图3-3所示。

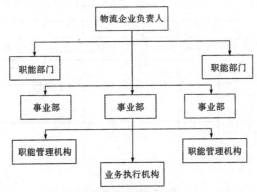

图 3-3 事业部制物流组织结构模式

事业部制结构是直线职能式结构中分权趋势的一种体现。实际上，随着企
业规模的扩大，直线职能式结构过分集权的劣势就会体现出来。事业部制结构
可以弥补这种缺陷，同时有利于提高各个事业部门（分公司）的主观能动性。
因此，事业部制结构正被越来越多的大中型物流企业所采用。

事业部制结构的主要优点在于各事业部职权分明，拥有相当的自主权，可
以有权及时应对市场或内部环境的变化，积极灵活地开展物流经营管理业务；
企业总部也可以摆脱事务性的行政管理，而专心致力于企业重大经营方针和重
大决策。这种结构也存在一定的缺点，主要体现在当各个事业部是一个利益中
心时，往往会只考虑自己的利益而影响相互协作，同时，由于各事业部的权力

增大,如果事业部经理不适当地运用权力,有可能削弱整个企业职能机构的作用,不利于企业统一决策和领导。

（四）矩阵式结构

矩阵式结构一般是为了达到一定的目标或完成一个项目,在已有的直线职能结构中,从各个职能部门中抽调专业人员,组成临时的或者长期的专门机构。这种专门机构领导人有权指挥参与机构的成员,并与有关部门进行横向联系和协调,如图3-4所示。参与专门机构的成员与自己原来的部门保持隶属关系,即各部门既与垂直的指挥系统保持联系,又与按服务项目划分的小组保持横向联系,形成一个矩阵形式,借用数学术语,称之为"矩阵式结构"。

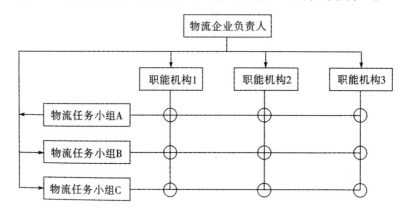

图3-4 矩阵式物流组织结构模式

矩阵式组织结构的优点在于把不同部门、不同专业的人员汇集在一起,密切协作,互相配合,有利于解决问题,同时它是集权和分权的很好结合,机动性和适用性强,能适应市场竞争所带来的服务市场的不稳定性,以及组织规模庞大、服务复杂、技术要求高的物流服务业务。其缺点是如果纵横向关系处理不当,就会造成意见分歧,当工作上出现问题时也难以分清责任,并且人员工作的不断流动使得管理上出现困难。

在物流组织管理中,矩阵结构往往适用于货代企业承接大规模货代业务,物流企业承接临时性重要物流业务的运营组织,以及工商企业物流部门组织临时性的重大采购供应或销售物流业务。如果物流企业的业务受市场变化的影响而不确定，也可以采用这种组织结构。

以上介绍的几种组织结构形式是在实践中逐步形成发展起来的，也是比较典型的形态。在实际应用中，它们也常常是相互交叉的。例如，一个物流系统中，可能同时存在事业部制和直线职能式，或直线职能式与矩阵式等。各种组织结构各有优缺点，不存在适应一切环境条件的最佳组织模式。为了适应复杂多变的内外部环境，企业应根据需要组织自身的物流运营组织体系，也可以在这些基本模式的基础上，创造出更好地适合自身需求的结构。当然，物流组织的形式一旦确定，也不是一成不变的，随着市场环境的变化以及内部运营的发展，要对已有的组织结构进行适时的调整，这对于物流的运营管理来说也是非常重要的。

第二节　物流战略管理

一、物流战略管理的内涵

（一）物流战略管理的定义

在快速变化的环境下，面对激烈的市场竞争，物流企业要想发展壮大，就需要运筹帷幄，制定物流战略。物流战略是物流企业为寻求可持续发展，就物流体系的发展目标及达成目标的途径与手段而制定的具有长远性和全局性的规划与谋略。《物流术语》（GB／T 18354-2021）对物流战略管理（Logistics Strategy Management）的定义是："通过物流战略设计、战略实施、战略评价与控制等环节，调节物流资源、组织结构等最终实现物流系统宗旨和战略目标的一系列动态过程的总和。"

（二）物流战略管理的目标

1. 降低成本

降低成本指物流战略实施的目标是将与运输、储存等相关的可变成本降到最低。要达到这一目标，通常要有备选的行动方案，然后评价选择。例如，在不同仓库选址中进行选择或在不同运输方式中进行选择，以形成最优战略。在保持服务水平不变的情况下，找出成本最低的方案。如果企业战略是服务大众市场，并以价格作为竞争武器，那么，该企业的物流战略最好将目标定位于成本最低。物流成本的高低与物流活动的效率密切相关，所以，降低成本即意味着提高效率。

2. 改进服务

一般来说，企业收入取决于所提供的物流服务的水平。尽管提高物流服务水平将可能大幅提高成本，但收入的增长可能会超过成本的增长。改进服务不仅体现在服务水平的提高，而且体现在提供与竞争对手完全不同的服务，即服务的差异化。

3. 物流合理化

就是使一切物流活动和物流设施趋于合理，以尽可能低的成本获得尽可能好的物流服务。追求物流的合理化，就需要站在战略的层次上对物流的实际流程进行全盘设计、规划，而不是单纯强调短期内某些环节和功能的合理、有效、节省成本。

4. 减少投资

指战略实施的目标是使物流系统的投资最少化。其根本出发点是投资回报率最大化。例如，将产品直接配送到客户而不经过仓储，选择公共仓库而非建设自有仓库，选择 JIT 供应方式而非储存方式，利用第三方物流而非由自己承担物流活动。由于投资减少，可变成本则可能增加，投资回报率可能提高，投资回收期则缩短，且柔性增加，使企业能集中于核心业务领域。

5. 提高响应能力

响应能力是指当客户的需求发生变化后，迅速调整计划、调动资源应对变化、满足需求的能力。在一个较稳定的物流市场，这种能力似乎不那么重要，但在一个竞争激烈的不确定性市场，是否拥有这种能力，将决定企业能否保持、赢得市场份额。如果企业的战略是服务于某一细分市场，并以客户快速响应为竞争武器，那么，该企业建立响应能力强的物流系统将有助于获得竞争优势。响应与效率之间常常需要权衡。如在运输中，响应与效率的权衡主要体现在运输方式的选择上。快捷的运输方式，如空运，虽然响应很快，但成本也高。较慢的运输方式，如水路运输和铁路运输，虽然成本效率高，但响应速度慢。由于运输成本可占到一条供应链运营成本的三分之一，因此运输方式的选择尤为重要。再如，在选址决策中，响应与效率之间的权衡就是要决定是将活动集中在少数地点以获取规模经济和效率，还是将活动分散在多个靠近客户和供应商的地点以提高运作的响应速度。选址决策对于物流的成本与绩效特性有很大影响。一旦确定了设施的规模、数量和地点，那么，流向终端客户的产品运输线路数也就确定了。选址决策反映了一个企业制造产品并将其送达市场的基本战略。

二、物流战略的选择——SWOT 分析法

SWOT 分析法是将与企业战略制定相关的各种主要内部优势（Strengths）与内部劣势（Weakness）、外部机会（Opportunities）与外部威胁（Threats），通过调查列举出来，并依照矩阵形式排列，然后用系统分析的思想，把各种因素相互匹配起来加以分析，为企业制定相应战略提供依据。

内部优势（S），如企业在物流人才、物流成本、技术创新、物流管理、物流设备、物流规模、财务资源、物流策略和市场口碑等方面的优势所在。

内部劣势（W），如没有明确的物流政策，物流设备老化，缺乏专业物流人才，技术创新乏力，竞争地位下降，管理不善，服务范围狭窄，营销能力低下，物流成本明显高于主要竞争者等。

外部机会（O），如市场增长迅速，有进入新的市场或市场面的可能，能够争取到新的客户群，可以拓展服务空间满足客户其他需要，在同行业中业绩优良，对手企业的裹足不前等。

外部威胁（T），如市场增长缓慢，不利的政府政策，竞争压力增大，成本较低的国外物流服务商的介入，主要竞争对手物流成本的大幅度下降，整个市场的不景气，客户需求和兴趣的改变等。

这里以一家电子商务物流公司 SWOT 分析法的应用为例。该公司隶属于中国网通 A 省物流公司 B 分公司，是规模最大的物流配送运营企业。主营业务有电子商务呼叫中心、数据业务、互联网业务、物流配送业务。B 物流公司通过对自己所处的竞争环境的分析，对其优势（S）、劣势（W）、机会（O）、威胁（T）进行了概括，如表 3-1 所示。

表 3-1 B 物流公司内外环境对照分析

	优势（S）	劣势（W）
内部环境	（1）是本地区最先进入、最大的物流公司，客户量大，品牌知名度高； （2）拥有比较完善、可控性强的纵向组织物流营销系统； （3）技术基础好； （4）员工敬业精神强，获荣誉称号。	（1）历史包袱沉重，需要养起来的退休人员多，在职冗员多； （2）在计划经济期间遗留下来的以及不断改组积成的不良资产多； （3）员工紧迫感、危机感不足，市场观念淡薄； （4）营销方式不灵活，物流营销网络体系不太健全； （5）在主要经营的物流业务上，定价缺乏自主权。
	机会（O）	威胁（T）
外部环境	（1）A 省物流业务发展迅速，在全国位居前列； （2）公司地区 GDP 连年来按两位数增长，人们的可支配收入增长快； （3）公司地区物流业增长高于当地的 GDP 增长； （4）当地政府出台了加快物流业发展的政策； （5）随着人均收入的提高，物流配送需求日益增加； （6）随着物流新技术的发展，电子商务物流信息、宽带数据等业务在大中型企业有可观的潜在需求。	（1）当地竞争对手依托中国物流的品牌、技术资源、资金优势和邮政网，采用价格竞争方式，大量抢占公司固定物流业务，尤其是大客户； （2）竞争对手依托信息技术，大力建设物流信息网，发展物流信息，吸引高端用户； （3）竞争对手依托更先进的物流配送网络体系发展 JIT 配送，吸引了高端用户。

B 物流公司通过对照分析，进行 WO、SO、WT、ST 组合，从而提出了可供选择的多种组合战略方案，其组合战略方案如图 3-5 所示。

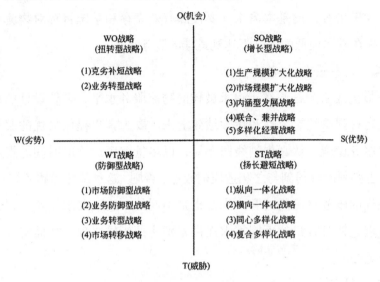

图 3-5 B 物流公司的 SWOT 战略组合

由这个实例可以看出，SWOT 分析法的主要优点是简便、实用和有效，主要特点是通过对照，把企业外部环境中的机会和威胁，企业内部环境中的优势和劣势，联系起来进行综合分析，有利于开拓思路，正确地制定经营战略。

三、物流战略的制定

迈克尔·波特将企业竞争战略分为成本领先、差异化和专一经营三种一般性战略。与此相类似，物流战略可划分为成本最低、服务最优、利润最高、竞争力最强和资产占用最少五种一般性物流战略。

（一）成本最低战略

成本最低战略的核心是要设计一个固定成本与可变成本最低的物流系统。采用成本最低战略有利于形成行业进入障碍，增强物流企业的讨价还价能力，降低替代服务的威胁，保持自身领先的竞争地位。实施成本最低战略必须将目标确定为满足较为集中的客户需求，向客户集中的地区提供快速服务，通过储运资源和库存政策的合理搭配使物流成本达到最小化。物流系统的基本服务能

力受到系统中的仓库数目、工作周期、运营速度或协调性、安全库存政策等诸多因素的影响，其中，安全库存政策和仓库与客户的距离决定了物流系统的基本能力。为满足客户的基本需求，要按照有效库存和系统目标对物流系统进行整合，以求在成本最低的条件下达到最佳的服务水平。

（二）服务最优战略

服务最优战略的核心在于追求最佳的物流服务水平，系统设计的重点要从成本优化转移到系统有效性和运输绩效上来。要为客户提供最优的服务就必须充分利用服务设施，认真规划线路布局，以尽量缩短运输的时间。提供最优服务的同时也必须能够得到与之相适应的收益，否则，这种战略就得不偿失。另外，什么是最优的服务对不同的客户来说也是不同的，这就要求企业必须认真分析客户的需求，针对客户的不同需求提供差别化的优质服务，从而构筑起企业的差别竞争优势。

（三）利润最高战略

利润最高是大多数物流企业制定战略的最终目标。这种战略需要对每一种物流设施所带来的利润进行认真的分析，构建起能够以最低成本得到最高利润的物流系统。以仓库为例，每一个仓库的服务区域是由向距仓库不同距离的客户提供服务所得到的最小利润所决定的，客户距离服务区域中心越远，物流成本就越高。其原因不仅在于距离远，还在于距仓库越远的地区客户密度越低。如果在某一位置上，服务于周围客户的成本已是最小可接受的毛利，那么进一步延伸服务区域就无利可图，服务能力就达到了极限。如果为客户提供附加的服务可能使客户购买更多的产品进而带来更多的利润，就可以对附加服务进行成本和利润的分析。如果这将带来更多的收益，就可以为此增加服务设施。

（四）竞争力最强战略

竞争力最强战略是对以上几种战略的优化，它不是单纯追求某一方面的最优，而是力争达到整体的竞争力最强，寻求最大的竞争优势，这种优势可以采用针对性的服务改进和合理的市场定位两种方法来获得。

一种获得竞争优势的方法是服务改进。企业管理层必须保证最能为企业带来利润的客户能得到最好的服务，如果发现有重要的客户没有得到优质服务，就必须改进服务水平或增加服务能力来适应这些客户。另一种获得竞争优势的方法是确立更加合理的市场定位，这特别适合小企业。大公司僵化的运营机制和价格政策使它们易于忽视地域性市场上的个性化需求，也几乎不可能调整市场营销和物流系统去适应这些需要。但小公司的灵活性使它们能够调整市场定位，在物流服务能力上进行重要投资去占领本地市场，从而提供个性化的服务。

（五）资产占用最少战略

资产占用最少战略是追求以最少的资产投入物流系统，以此降低物流系统风险，增加总体的灵活性。这种战略更有利于企业集中优质资产开展主业经营，提高运营效率和资产回报。

一个要保持最大灵活性的企业可能不愿自行投资建设物流设施或设立物流部门，因为这些资产一旦成为实物形态就难以灵活变现，大大降低了企业资产的灵活性。为此，企业经常利用外界的物流服务和资源，如公共仓库、运输、配送服务等。但企业也必须考虑自行满足关系企业正常运营的关键性物流需求，完全依赖外界服务有可能在环境急剧变化或竞争空前激烈时威胁企业的经营稳定性，造成竞争的被动或成本的上升。

第三节　物流成本管理

一、物流成本的概念及构成

（一）物流成本的概念

根据《物流术语》（GB／T 18354-2021），物流成本可定义为"物流活动中所消耗的物化劳动和活劳动的货币表现"，是指物品在时间和空间的位移（含

静止）过程中所耗费的各种劳动和资源的货币表现。具体地说，它是物品在实物劳动，如包装、运输、存储、装卸搬运、流通加工等各种活动过程中所支出的人力、财力和物力的总和。

（二）物流成本的构成

从不同的角度对物流成本进行观察和分析，由于考虑的角度不同，对物流成本的认识也就不同，物流成本的含义也不同。按照人们进行物流成本管理和控制的不同视角，可以把物流成本分成社会物流成本、货主企业（包括制造企业和商品流通企业）物流成本和物流企业物流成本三个方面。社会物流成本是宏观意义上的物流成本，而货主企业物流成本以及物流企业物流成本是微观意义上的物流成本。

1. 社会物流成本。社会物流成本是核算一个国家在一定时期内发生的物流总成本，是不同性质企业微观物流成本的总和，人们往往用社会物流成本占国内生产总值（GDP）的比重来衡量一个国家物流管理水平的高低。

2. 货主企业物流成本。制造企业物流是物流业发展的原动力，而商品流通企业是连接制造业和最终客户的纽带，制造企业和商品流通企业是物流服务的需求主体。人们常说的物流成本往来主要是指货主企业（制造企业和商品流通企业）物流成本，因此，在进行企业物流成本分析时，本节着重于货主企业物流成本的分析。

3. 物流企业物流成本。物流企业物流成本是指提供功能性物流服务业务的物流企业（如仓储服务企业、运输服务企业等）和提供一体化物流服务的第三方物流企业在运营过程中发生的各项费用。

（三）物流成本的特性

从当今企业的物流实践中反映出来的物流成本的特征如下：

1. 物流成本的隐藏性。物流活动是企业生产经营管理活动的组成部分，大多数的物流成本都隐藏在其他费用之中，很难掌握其全貌。西泽修教授提出的物流成本"冰山说"认为，物流成本就像冰山一样，看到的只是其很小的部分，更大的部分隐藏在海面之下。企业的物流活动除了委托外部物流企业完成的部分以外，还有企业自己从事的部分，如利用企业自有运输工具运货，设置自有仓库和由本企业职工进行包装和装卸作业等，此外，还有配备物流管理人员和进行大量的物流信息处理的业务，这些业务都是有成本的，根据目前企业的财务会计报表，其所反映出来的物流成本确实只是"冰山"的一角。企业大多数物流成本根据现有成本核算制度没有被反映出来，而是混在其他费用科目之中。

2.物流成本削减的乘法效应。物流成本削减的乘法效应，是指物流成本的增减不仅带来直接的收益增减，还带来间接的收益增减。例如，如果销售额为100万元，物流成本为10万元，那么物流成本削减1万元，不仅直接产生了1万元的利益，而且因为物流成本占销售额的10%，所以间接增加了10万元的销售额。可见，物流成本的下降会产生极大的效益。

3.物流成本的效益背反性。"效益背反"，即改变系统中任何一个要素就会影响其他要素的改变的现象。也就是说，系统中任何一个要素的增益，必将会对系统中其他要素产生减损作用。物流成本的效益背反性主要表现在两个方面：

（1）物流成本与服务水平的效益背反。在一定技术条件下，高水平的物流服务需要较高的物流成本来保证。如果技术没有取得较大进步，企业很难在提高物流服务水平的同时降低物流成本。因此，一般情况下，提高物流服务水平，物流成本也会上升。

（2）物流业务活动的成本效益背反。任何物流活动都是运输、仓储、搬运、装卸、包装、流通加工、物流信息等物流业务活动的集合，企业要想降低其中某项物流业务的成本，往往会增加另外某项物流业务的成本。如减少库存，库存成本降低了，但却会使库存补充更频繁，运输频次增加，运输成本会上升；简化包装，包装成本降低，但包装强度可能下降，在运输和装卸中的破损率可能会增加，同时，低强度的包装在仓库中不能堆放过高，保管效率也会下降，等等。

物流成本的效益背反性，要求企业对物流成本的管理应该从全局角度，综合各方面因素通盘考虑。追求物流总成本的最低才是企业物流成本管理的目标。

二、物流成本管理的含义、目的及作用

（一）物流成本管理的含义

《物流术语》（GB／T 18354-2021）将物流成本管理（Logistics Cost Control）定义为："对物流活动发生的相关成本进行计划、组织、协调与控制。"

许多人提到物流成本管理时，常常会认为就是"管理物流成本"。其实不然，物流成本管理是通过成本去管理物流活动，管理的对象不是成本而是物流。因此，物流成本管理属于管理成本范畴，是物流管理的手段与方法。

（二）物流成本管理的目的

1.通过掌握物流成本现状，发现企业物流中存在的主要问题。

2.对各个物流相关部门进行比较和评价。

3.依据物流成本计算结果，制定物流系统规划、确立物流管理战略。

4.通过物流成本管理，发现降低物流成本的环节，强化总体物流管理。

（三）物流成本管理的作用

物流成本管理的作用主要体现在两个方面：

从宏观角度看，如果全行业的物流效率普遍提高，物流费用平均水平降低到一个新的水平，那么，该行业在国际上的竞争力将会得到增强。对于一个地区的行业来说，可以提高其在全国市场的竞争力；全行业物流成本的普遍下降，将会对产品的价格产生影响，导致物价相对下降，这有利于保持消费物价的稳定，相对提高国民的购买力水平。物流成本的下降，对于全社会而言，意味着创造同等数量的财富在物流领域所消耗的物化劳动和活劳动得到节约，以尽可能少的资源投入，创造出了尽可能多的物质财富，减少了资源消耗。

从微观角度看，物流成本在产品成本中占有较大比重，在其他条件不变的情况下，降低物流成本意味着扩大了企业的利润空间，有利于提高利润水平。物流成本的降低，增强了企业在产品价格方面的竞争优势，从而提高产品的市场竞争力、扩大销售，并以此为企业带来更多的利润。

三、物流成本管理的内容

物流成本管理的内容包括：物流成本预测、物流成本决策、物流成本计划、物流成本控制、物流成本核算、物流成本分析、物流成本考核等。

（一）物流成本预测

物流成本预测是根据已有的相关成本数据，结合企业具体的发展情况，运用一定的预测技术与方法，对企业未来的物流成本水平及其变动趋势做出估计。物流成本预测是物流成本管理工作的基础，能够提高物流成本管理的科学性和预见性。物流成本预测在物流成本管理的许多环节都存在，如采购供应环节的进货价格预测、运输环节的货物周转量预测、仓储环节的库存预测等。

（二）物流成本决策

物流成本决策是在成本预测的基础上，结合其他相关资料，运用一定的科学方法，从若干个物流成本管理方案中选择一个满意的方案的过程。从整个物流流程来看，物流成本决策包括配送中心的新建、改建和扩建的投资决策，装卸搬运设备、设施投资的决策，运输配送成本最小化决策等。物流成本决策是物流成本计划的基础，因此物流成本决策就是明确物流成本管理的目标，而确定成本目标是编制成本计划的前提，同时也是实现成本事前控制、提高经济效益的重要途径。

（三）物流成本计划

物流成本计划是根据成本决策所确定的方案、计划期的生产任务、降低成本的要求以及有关资料，通过一定的程序，运用一定的方法，以货币形式规定计划期物流各环节耗费水平和成本水平，并提出保证成本计划顺利实施所采取的措施。通过成本计划管理，可以在降低物流各环节成本方面给企业提出明确的目标，推动企业加强成本管理责任制，增强企业的成本意识，控制物流环节费用，挖掘降低成本的潜力，保证企业降低物流成本目标的实现。

（四）物流成本控制

物流成本控制是根据计划目标，对成本发生和形成过程以及影响成本的各种因素和条件施加主动的影响，以保证实现物流成本计划的工作。通过成本控制，可以及时发现存在的问题，采取纠正措施，保证成本目标的实现。

（五）物流成本核算

物流成本核算是根据企业确定的成本计算对象，运用相应的计算方法，按照规定的成本项目，通过一系列的物流费用提取、汇集与分配，最后计算出各物流活动成本计算对象的实际总成本和单位成本。物流成本核算能够如实地反映物流活动中的实际耗费，同时也是控制各种活动费用实际支出的过程。

（六）物流成本分析

物流成本分析是在成本核算及其他有关资料的基础上，运用一定的方法，揭示物流成本水平的变动，进一步分清影响物流成本变动的各种因素。通过物流成本分析，提出积极的建议，采取有效的措施，合理地控制物流成本。物流成本分析过程同时也是对前一阶段物流成本管理业绩的评估过程。

（七）物流成本考核

物流成本考核是把成本的实际完成情况与应承担的成本责任进行对比，考核、评价目标成本计划的完成情况。其作用是对每个成本责任单位和责任人，在降低成本上所做的努力和贡献给予肯定，并根据贡献的大小，给予相应的奖励，以提升员工进一步努力的积极性；同时对于因缺少成本意识、成本控制不到位造成浪费的单位和个人，给予处罚，以促其改进改善。

上述各项成本管理的内容是互相配合、相互依存的一个有机整体。成本预测是成本决策的前提；成本计划是成本决策所确定目标的具体化；成本控制是对成本计划的实施进行监督，以保证目标的实现；成本核算与分析是对目标是否实现的检验。其中，物流成本核算是物流成本管理的前提。物流成本决策和物流成本控制主要是针对企业在已经确定的竞争战略下如何建立与竞争战略相适应的物流成本管理战略所必须实施的两个关键程序。

第四节　物流质量管理

一、物流质量管理概述

（一）物流质量的概念

物流质量（Logistics Quality）是物流活动本身固有的特性满足物流客户和其他相关要求的能力。它不仅是现代企业根据物流运作规律所确定的物流工作的量化标准，而且体现物流服务的客户期望满足程度的高低。

（二）物流质量管理的内涵

《物流术语》（GB／T 18354-2021）将物流质量管理（Logistics Quality Management）定义为：对物流全过程的物品质量及服务质量进行计划、组织、协调与控制。

二、物流质量管理的内容

（一）物流商品质量管理

物流商品，物流服务所承载的商品，即物流服务对象，其质量在生产企业严格的质量保证条例的要求下，一出厂即具有本身的质量标准。物流过程中，必须采用一定的技术手段，保证产品的质量（包括外观质量和内在质量等）不受损坏，并且通过物流服务，提高客户的愉悦性和满意度，实质上是提高了客户对产品质量的满意度。另外，有的产品，在交给用户使用后，需要持续提供服务，只有高质量的服务，才能让用户用得放心、用得开心，才能留住用户，如汽车销售 4S 店就是产品服务延续的一种组织。

（二）物流服务质量管理

物流服务质量，指物流企业为用户提供服务、使用户满意的程度。

物流活动本身并不是目的，而是为了达到某种生产或流通目的而进行的一项服务性附属活动。产业化的物流即第三方物流属于第三产业范畴，它的主要作用就是通过提供物流服务、满足客户要求来获取相应的报酬和利润。无论内部还是外部的客户，他们要求的服务质量都各不相同，因此，物流服务的过程中需要掌握和了解客户的需求，如商品质量的保持程度、流通加工对商品质量的提高程度、批量及数量的满足程度、配送额度、间隔期及交货期的保证程度、配送和运输方式的满足程度、成本水平及物流费用的满足程度、相关服务（如信息提供、索赔及纠纷处理等）的满足程度等方面现实的和潜在的需求，以最大限度地满足客户的需求为导向。此外，物流服务质量是变化发展的，随着物流领域绿色物流、柔性物流等新的服务概念的提出，物流服务也会形成相应的新的服务质量要求。

（三）物流工作质量管理

物流工作质量是指物流服务各环节、各工种、各岗位具体的工作质量。

这是将物流服务的质量总目标分解成各个工作岗位可以具体实现的质量，是提高服务质量所做的技术、管理、操作等方面的努力。为实现总的服务质量，要确定具体的工作要求，以质量指标形式确定下来作为工作质量目标。

提高物流系统各组成要素的工作质量，是确保物流服务质量的基础。物流工作质量包括物流各环节、各工种、各岗位具体工作的质量。为实现总的服务质量，要确定具体的工作要求，形成日常的工作质量指标。由于物流系统庞杂，工作质量内容也十分复杂，但它对物流服务质量的提高起直接作用。所以，提高物流服务质量要从工作质量入手，把物流工作质量作为物流质量管理的主要内容及工作重点。通过强化物流管理，建立科学合理的管理制度，充分调动员工积极性，不断提高物流工作质量，由此，物流服务质量也就有了一定程度的保证。

物流工作质量与物流服务质量虽不相同但又相互联系。物流服务质量水平取决于各个工作质量的总和。物流工作质量是物流服务质量的保证和基础，抓好工作质量，物流服务质量就在一定程度上有了保证。

（四）物流工程质量管理

物流工程质量是指把物流质量体系作为一个系统来考察，用系统论的观点和方法，对影响物流质量的诸要素进行分析、计划，并进行有效控制。

物流工程是支撑物流活动的工程系统，它受到物流技术水平、管理水平、技术装备、工程设施等因素的影响。物流工程支撑着物流活动总体，任何物流企业的物流运作，都必须依靠有效的工程系统来实现。工程系统既包括自建仓库、配送中心、机场等工程设施，也包括国家建设的物流设施基础平台。

三、物流质量管理的特点

1. 全员参与。物流质量管理的全员性，正是物流的综合性、物流质量问题的重要性和复杂性所决定的。

2. 全程控制。物流质量管理是对货品的包装、储存、运输、配送、流通加工等若干过程进行的全过程管理。

3. 全面管理。影响物流质量的因素具有综合性、复杂性，加强物流质量管理就必须全面分析各种相关因素，把握内在规律。

四、物流企业质量管理体系要素

当 ISO 9000–1994 将产品的定义扩大为包括服务、硬件、流程性材料、软件或它们的组合后，流通企业可以通过 ISO9000 认证来提高流通企业的服务质量，因为以 ISO9000 为指导性标准将具有可操作性。物流企业的质量管理体系要素包括：物流服务需要的调研和评定、物流服务设计、物流服务提供过程和物流服务绩效的分析与改进。

（一）物流服务需要的调研和评定

物流服务需要的调研和评定是指运用设置顾客意见本、召开顾客座谈会等方式了解顾客的服务需要，特别是要针对市场供需，经常地研究分析现在的、潜在的市场变化和客户需求，以及物流服务需要层次。例如，征询顾客还需要哪些额外服务，希望得到哪些目前还没有提供的服务，订单传送的方法是否需要改进，确定哪方面的物流服务对顾客最为重要，目前的订货速度可否接受，为了得到较高水平的服务，顾客是否愿意支付较多的费用，等等。

（二）物流服务设计

物流服务设计的任务是将服务大纲中的内容与要求策划设计为服务规范、服务提供规范和服务质量控制规范，确定开展预定服务项目的时间表，确保一切必要的资源、设施和技术支持，并对服务项目进行适当的、切合实际的宣传。

服务规范规定了所提供服务的特性、内容、要求及验收标准，比如各岗位服务规范规定了服务职责、上岗条件、服务程序、服务内容与要求。

服务规范涉及物流企业业务管理的各个领域，如仓库管理规范等。

（三）物流服务提供过程和物流服务绩效的分析与改进

物流服务的提供过程一般涵盖了下面的各阶段：集货进货—运输—装卸—搬运—储存—盘点—订单处理—拣货—补货—出货—运输配送等。

在物流服务过程中，物流企业应采取行政、经济、教育等各种手段确保各类规范的实施，不断地对服务过程的质量进行评定和记录，识别和纠正不规范服务，把影响服务过程质量的各方面因素置于受控状态。例如，检查所有订单信息是否完全、准确，顾客的信誉程度如何，各部门对每笔交易的记录是否完整，是否有延误订单处理的情况，订单的分拣和集合情况如何，备货和运货的方式是否合理，企业是否建立起一定的程序对退货的处理、检查和准许等事项制定出规则，是否定期走访顾客，有无明文规定以检查服务人员同顾客之间的联系。

此外，还应十分重视顾客对服务质量的投诉和评价，不断提高顾客的满意度，力争实现无缺陷服务。为此，要建立一个服务质量信息的反馈和管理系统，对服务业绩进行定量的数据收集和统计分析，以寻求质量改进的机会，提高物流服务质量水平。

物流企业还应参照 ISO 9004-2 标准，结合企业人员、设施等实际情况，建立一个文件化的质量管理体系，即编制一套科学、实用、有效的质量管理体系文件，其中包括质量管理手册、管理规范、质量计划、服务规范、质量记录。

第五节　物流标准化管理

一、标准和标准化概述

标准是对重复性事物和概念所做的统一规定，它以科学、技术和实践经验的综合成果为基础，经有关方面协商一致，由主管机构批准，以特定的形式发布，作为共同遵守的准则和依据。

物流标准化事关物流业发展大计。随着中国物流业的迅速发展，物流标准化已成为使用频率极高的一个词语。标准化是一个不断制定、发布和实施标准的发展过程。物流标准化是物流服务过程依据客户的货物特性和服务要求，采用标准的设备、标准的工具、标准的流程、标准的技能等手段为客户提供增值的差别化服务。物流标准化工作面对的是潜在的和无形的物流服务问题，所以建立物流产业标准化体系的工作难度可能比预期的要大得多。

物流标准化，指的是以物流为对象，制定、发布和实施物流系统内部设施、机械装备、专用工具等各个分系统的技术标准；制定、发布和实施物流系统内各分领域如包装、装卸、运输等方面的工作标准；以系统为出发点，研究各分系统与分领域中技术标准与工作标准的配合性要求，统一整个物流系统的标准；研究物流系统与相关其他系统的配合性，进一步谋求物流大系统的标准统一的过程。由此可看出物流标准化具有以下含义：

1.制定物流标准是物流标准化的起点。标准的酝酿、制定是随着发展的需要而产生、修订的过程，是一个不断循环、螺旋式上升的过程。每完成一个循环，标准的水平就提高一步。尽管标准实施后，制定标准的部门会根据科学技术的发展和经济建设的需要适时进行复审，以确认现行标准是否继续有效或需予以

修订或者废止，但是没有标准也就没有标准化，这是不言自明的。

2.物流标准的执行是物流标准化活动的基本任务和主要内容。物流标准化的效果只有通过在物流活动中实施标准才能表现出来。在标准化的全部活动中，贯彻标准是一个关键环节，是建立最佳秩序、取得最佳效益的落脚点。如果每一项物流标准都能够得到贯彻实施，就可以加快运输、装卸的速度，降低暂存费用，减少中间损失，提高工作效率，获得显著的经济效益。

3.物流标准化是一个相对的概念。从深度上讲，无论是单个标准还是标准系统，随着客观情况的变化都要经过不断调整。每经过一次调整，它的结构就更趋合理，功能水平就相应提高，并逐步向深层次发展。从广度上看，一项孤立的标准，即使很完整、水平很高，标准化的目的也是不容易实现的，必须把与之相关的一系列标准都建立起来，形成一个系统，这个系统再与其他系统相结合、配套，形成更大的系统，才能发挥系统的整体作用。物流标准化的过程就是系统的建立和系统之间协调发展的过程。

二、物流标准化的形式

标准化的形式是标准化内容的表现形态。标准化有多种形式，每种形式都表现不同的标准化内容。研究标准化形式及其特点，是为了便于在实际工作中根据不同的标准化任务选用适宜的标准化形式，达到既定的目标。在标准形式中运用较多的有简化、统一化、系列化、通用化和组合化。

（一）简化

简化是在一定范围内缩减物流标准化对象的类型数目，使其在一定时间内满足一般需要的标准化形式。

（二）统一化

统一化是把同类事物两种以上的表现形态归并为一种或限定在一个范围内的标准化形式。统一化的目的是消除混乱，为人类的正常活动建立共同遵循的秩序。在物流中，对于各种编码、符号、代号、标志、名称、单位、包装运输中机具的品种规格系列和使用特性等，必须实现统一。如铁路宽度，中国过去有多种，极大地妨碍了运输，现在统一轨距为1435mm。这样，凡按标准建造的铁路，火车都可通过，提高了运输速度和经济效益。

（三）系列化

系列化是对一类产品中的一组产品同时进行标准化的一种形式，是标准化的高级形式，它按照用途和结构将同类型产品归并在一起，使产品品种典型化，又把同类型的产品的主要参数、尺寸，按优先数理论合理分级，以协调同类产品和配套产品与包装之间的关系。比如按国际标准化组织（ISO）标准确定并制造集装箱系列，不仅广泛适用于各类货物，极大地提高了运输能力，而且为计算船舶载运量和港口码头吞吐能力、公路与桥梁的载荷能力提供了依据。

（四）通用化

通用化是指在互相独立的系统中，选择和确定具有功能互换性或尺寸互换性的子系统或者功能单元的标准化形式。互换性是通用性的前提，互换性有两层含义，一是指产品的功能可以互换；二是指尺寸互换性。通用化的目的在于最大限度地减少重复劳动。通用化程度越高，对市场的适应性越强。

（五）组合化

组合化是按照标准化的原则，设计制造出若干组通用性较强的单元，再根据需要进行拼合的标准化形式。活字印刷术是组合化的典型创造。对于物品编码系统和相应的计算机程序也同样可以通过组合化使之更加合理化。

三、物流标准化的分类

（一）基础标准

基础标准是制订其他物流标准应遵循的、全国统一的标准，是制订物流标准必须遵循的技术基础与方法指南。主要包括专业计量单位标准、物流基础模数尺寸标准、物流专业名词标准等。

1. 专业计量单位标准

物流标准是建立在一般标准化基础之上的专业标准化系统，除国家规定的统一计量标准外，物流系统还要有自身独特的专业计量标准。

2. 物流基础模数尺寸标准

基础模数尺寸是指标准化的共同单位尺寸，或系统各标准尺寸的最小公约

尺寸。在制订各个具体的尺寸标准时，要以基础模数为依据，选其整数倍为规定的尺寸标准，这样，可以大大减少尺寸的复杂性，使物流系统各个环节协调配合，并成为系列化的基础。基础模数尺寸一旦确定，设备的制造、设施的建设、物流系统中各环节的配合协调、物流系统与其他系统的配合就以其为依据。目前，国际标准化组织（ISO）认定的物流基础模数尺寸是：600mmx400mm。

3. 集装基础模数尺寸

集装基础模数尺寸是最小的集装尺寸，它是在物流基础模数尺寸基础上，按倍数推导出来的各种集装设备的基础尺寸。在物流系统中，由于集装尺寸必须与各环节的物流设施、设备相配合，在对整个物流系统设计时，通常以集装尺寸为核心进行设计。集装模数尺寸是物流系统各个环节标准化的核心，它决定和影响着其他物流环节的标准化。

4. 物流建筑基地模数尺寸

它主要是指物流系统中各种建筑物所使用的基础模数，在设计建筑物的长、宽、高尺寸，门窗尺寸以及跨度、深度等尺寸时，要以此为依据。

5. 物流专业术语标准

包括物流专业名词的统一化、专业名词的统一编码以及术语的统一解释等。物流专业术语标准化可以避免由于人们对物流词汇的不同理解而造成物流工作的混乱。

6. 物流核算、统计标准化

物流核算、统计的标准化是建立系统情报网、对系统进行统一管理的重要前提条件，也是以系统进行宏观控制与微观监测的必备前提。这一标准包含下述内容。

（1）确定共同的、能反映系统及各环节状况的最少核算项目；

（2）确定能用以对系统进行分析并可为情报系统收集、储存的最少的统计项目；

（3）确定核算、统计的具体方法，确定共同的核算统计计量单位；

（4）制定核算、统计的管理、发布及储存规范等。

7. 标志、图示和识别标准

物流中的货物、工具、机具都在不断运动，因此识别和区分工作十分重要。对于物流对象，需要设置既容易识别又容易区分的标记，有时还需要自动识别用复杂的条形码来代替用肉眼识别。标记、条形码的标准化是物流系统中重要的标准化内容。

（二）分系统技术标准

1. 运输车船标准

对象是物流系统中从事物品空间位置转移的各种运输设备，如火车、货船、拖挂车、卡车、配送车等。从各种设备有效衔接、货物及集装的装运与固定设施的衔接等角度制订的车厢、船舱尺寸标准，载重能力标准，运输环境条件标准等。此外，从物流系统与社会关系角度出发，制定的噪声等级标准、废气排放标准等。

2. 作业车辆标准

对象是物流设施内部使用的各种作业车辆，如叉车、台车、手车等。包括尺寸、运行方式、作业范围、作业重量、作业速度等方面的技术标准。

3. 传输机具标准

包括水平、垂直输送的各种机械式或气动式起重机、传送机、提升机的尺寸，传输能力等技术标准。

4. 仓库技术标准

包括仓库尺寸、建筑面积、有效面积、通道比例、单位储存能力、总吞吐能力、温湿度等技术标准。

5. 站台技术标准

包括站台高度、作业能力等技术标准。

6. 包装、托盘、集装箱标准

包装、托盘、集装箱系列尺寸标准，包装物强度标准，包装、托盘、集装箱荷重标准以及各种集装、包装材料、材质标准等。

7. 货架、储罐标准

包括货架净空间、载重能力、储罐容积尺寸标准等。

（三）工作标准及作业规范

工作标准是指对工作的内容、方法、程序和质量要求所制定的标准。物流工作标准是对各项物流工作制定的统一要求和规范制度，主要包括：各岗位的职责及权限范围；完成各项任务的程序和方法以及与相关岗位的协调、信息传递方式；工作人员的考核与奖罚方法；物流设施、建筑的检查验收规范；吊钩、索具的使用、放置规定；货车和配送车辆运行时刻表、运行速度限制以及异常情况处理方法等。

物流作业标准是指在物流作业过程中，物流设备运行标准，作业程序、作业要求等标准。这是实现作业规范化、效率化及保证作业质量的基础。

四、物流标准化的方法

（一）确定物流基础模数尺寸

物流基础模数尺寸的作用和建筑模数尺寸的作用大体是相同的，考虑的基点主要是简单化。基础模数尺寸一旦确定，设备的制造、设施的建设、物流系统中各环节的配合协调、物流系统与其他系统的配合就有所依据。

由于物流标准化系统较之其他标准化系统建立较晚，所以确定基础模数尺寸主要考虑了目前对物流系统影响最大而又最难改变的事物，即输送设备。采用"逆推法"以及由输送设备的尺寸来推算最佳的基础模数。同时，在确定基础模数尺寸时要考虑现在已通行和已使用的集装设备，并从行为科学的角度研究人及社会的影响。从与人的关系看，基础模数尺寸是适合人体操作的高限尺寸。目前ISO中央秘书处及欧洲各国已基本认定600mmx400mm为基础模数尺寸，如图3-6所示。模数尺寸的配合关系如图3-7所示。

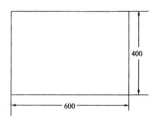

图3-6 物流基础模数尺寸（单位：mm）

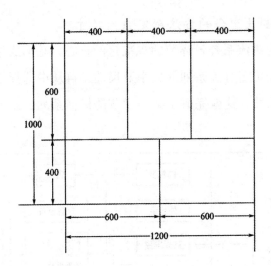

图 3-7 模数尺寸的配合关系（单位：mm）

（二）确定集装基础模数尺寸

集装基础模数尺寸是物流设施与设备的尺寸基准。物流标准化的基点应建立在集装的基础之上，所以，在基础模数尺寸之上，还要确定集装的基础模数尺寸（即最小的集装尺寸）。

集装基础模数尺寸可以从 600mmx400mm 按倍数系列推导出来，也可以在满足 600mmx400mm 的基础模数尺寸的前提下，从卡车或大型集装箱的分割系列推导出来。目前，ISO 确定的集装基础模数尺寸：以 1200mmx1000mm 为主，也允许 1200mmx800mm 及 1100mmx1100mm。如图 3-8 所示。

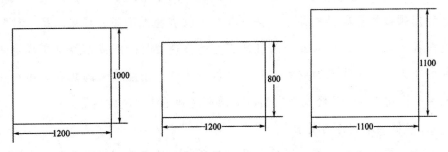

图 3-8 物流集装模数尺寸（单位：mm）

（三）以分割及组合的方法确定系列尺寸

物流模数作为物流系统各环节的标准化的核心，是形成系列化的基础。依据物流模数进一步确定有关系列的大小及尺寸，再从中选择全部或部分确定为定型的生产制造尺寸，这就完成了某一环节的标准系列。系列尺寸的推导关系如图3-9所示。

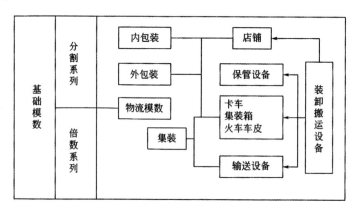

图3-9 系列尺寸的推导关系

案例分析

中国汽车物流降低成本的方略

什么是汽车物流？通俗地讲，汽车物流就是汽车生产企业从原材料采购到整车发运的一系列流程。例如，高速公路上满载数十辆小轿车的加长货车、海港内停泊的装有数千辆汽车的巨型货轮，都是汽车物流中的一些片段。汽车物流是物流领域的重要组成部分，具有与其他物流种类不同的特点，是一种复杂程度极高的物流活动。随着中国汽车工业的飞速发展，在成本控制变得越来越重要的今天，汽车物流的成本控制也日益成为汽车企业关注的焦点，通过成本控制来降低物流成本已经成为它们所必须面对和亟待解决的问题。

1. 降低成本的迫切要求

随着汽车业竞争加剧，降价已是大势所趋，从汽车制造商的角度来看，由于利润空间的缩小，降低生产成本的要求已经显得越来越迫切。作为企业营运成本的组成部分，中国汽车企业的物流成本占据了相当大的比重。有数据显示，欧美汽车制造企业的物流成本占销售额的比例是8%左右，日本汽车厂商只有5%，而中国汽车生产企业这一数字普遍在15%以上，物流成本明显偏高。

造成中国汽车物流成本居高不下的原因很多，其中，物流资源配置效率低下是重要的一个方面。由于物流资源不能有效配置，中国汽车物流效率低下，资源浪费严重，特别是在公路运输方面，公路汽车物流的空驶率很高。据悉，中国车辆的运输成本是欧洲和美国的8倍，全国运输汽车的空驶率约37%，其中汽车物流企业车辆空驶率高达39%，存在回程空驶、资源浪费、运输成本高等问题。

由于目前大部分汽车生产企业的物流活动以公路运输为主，运输成本的偏高大大加重了企业的负担，使企业物流成本所占比例过高，企业竞争能力也因此而受到影响。一汽丰田有关人士曾指出，产品物流成本在一汽丰田的产品中占的比例很大，由于是单向运输，第一方运输企业的优势没有体现，空驶回程浪费的成本太多，而只能让厂家倒贴。

事实上，过高的物流成本最终损害的还是消费者的利益。由于物流成本在全部生产成本中所占的比例达到了百分之十几，直接导致消费者的购车金额中有相当一部分是"冤枉钱"。在目前车价整体下跌的情况下，厂家不可能通过价格因素来转嫁物流成本，就可能会在产品质量和服务质量上打折扣，这样，最终受损失的还是消费者。

2. 整合运力是关键

造成汽车物流资源浪费和影响汽车物流效率的一个重要因素是区域壁垒。目前，各汽车生产企业内部基本上已实现了信息化管理，尤其是以三大汽车集团为代表的汽车制造企业信息化程度更高。但企业间的信息化，特别是汽车生产企业间的横向沟通少之又少，基本上处于相对封闭状态，它们在汽车物流方面实行"各自为政"的运作方式，生产企业之间、物流企业之间实施壁垒及保护，汽车物流资源的共享缺少综合信息平台的支持。各大物流企业也自成体系，信息保密，未能进行有效合作。有的地方汽车产销量大，但物流能力不足；而

有些地方汽车产销量小，物流资源过剩。这种资源分配的不平衡，在一定程度上阻碍了汽车市场的发展。

大众中国运输部有关人士表示，由于历史的原因，一汽大众和上海大众都建立了完全独立的物流体系，各自为政，缺乏协调与合作。在整车运输方面，两家企业都存在空驶率偏高的问题。如果能将南北大众的运力加以综合利用，实现信息和资源的共享，能大大节约运输成本。

在整车物流方面，有的企业为了满足市场需求，自建运输网络，投资仓储设施、船舶、铁路专用线和公路运输队伍，呈现出重复建设现象。为保障峰值物流需要，自营物流还需要储备一定的物流能力，据估计中国几大汽车生产基地每家的过剩运力为20%，造成运力资源分散、发展不均衡、闲置和浪费。而国外汽车制造商普遍采用第三方物流总承包的方式，有效地解决了这一问题。

虽然目前已有一些运输公司相互开展了运力资源共享与合作，但这种合作很多都是中小微的公司层面上的合作，真正掌控资源的几家大单位交流得非常少，这与它们的封闭保护意识有关，它们担心通过交流被对方窃取资源、商机及客户，以致造成资源外流、运力被抢。但是，这种封闭最终损害的还是物流企业自身的利益。在资源不能有效利用的情况下，大型物流企业会在同中小企业的竞争中失去资源优势，导致成本增加，竞争力减弱，逐渐在市场中处于不利的位置。因此，与其闭关自守丧失发展机会，不如广开渠道、资源共享，拓展更广阔的市场空间。

3. 调整水陆运输比例

在汽车物流领域，水运的成本要比陆路运输低20%～30%，国内四大航运集团之一的长江航运集团提供的数据表明：从长春运输到广州的轿车，每辆车的陆路运输成本为3800～4000元，而海运只需要2500～2800元，比陆路运输节省了30%的成本。

然而，在目前中国汽车工业每年轿车产量超过500万辆的背景下，只有不到10%的汽车运输通过水路完成。有关数据表明，广州本田目前几乎全部依靠陆路运输，一汽大众只有不到10%的部分通过水路运输，东南汽车也只有不到

15%的部分通过长江航运进入西南。

既然水路运输比陆路运输便宜，汽车厂家为何还有便宜不选呢？深圳长航实业发展有限公司有关人士道破了其中的奥妙："由于合资公司的汽车运输业务都属于国内汽车企业的下属分公司，涉及各方利益，虽然水运的成本远远低于陆路运输，但目前汽车运输份额的90%仍然要靠陆路运输来完成。"

诚然，这种"肥水不流外人田"的做法在一定程度上维系了企业的团结，但从另外一个角度来看，由于运输成本居高不下，企业的整体竞争能力也必然会受影响，长此以往，不利于企业的长远发展。当然，水路运输的成本优势也是在一定范围之内的，在短途和小量的运输中，陆路运输仍然具有水路运输所无法比拟的优势。因此，根据企业货物的多少和运输距离来调整水路和陆路运输比重，使其达到一个合理的比例对于许多汽车企业来说是当务之急。

中国汽车水运物流市场拥有巨大的潜力，在中国绵延的海岸线上，长春、北京汽车制造基地有大连港、天津港，上海、江浙汽车制造基地有上海港等，而日系盘踞的汽车制造基地广州有黄埔港，海运互通，并沿着长江深入西南市场，这是一个顺畅廉价的运输系统。相信随着成本压力的不断增大，势必有越来越多的汽车企业采用水路运输来降低物流成本。

（资料来源：根据网络资料编辑。）

案例讨论：

1.结合案例材料，汽车物流成本的节约能对中国汽车行业的发展带来哪些影响？

2.查阅相关资料，思考如何进一步地降低中国物流成本？

思考题：

1.物流企业的组织结构有哪些类型？它们各有哪些优点和不足？

2.物流战略管理有哪些一般性战略？

3.物流成本的构成有哪些？降低物流成本有哪些内容？

4.物流质量管理有哪些主要内容?

5.简述物流标准化的形式。

第 二 篇

现代物流职能篇

第 四 章

包　装

本章主要从包装材料、包装技术等基础知识出发，通过包装在现代物流中的功能作用，来阐明现代物流中包装的种类和改进要点。

第一节　包装概述

包装是现代物流的起点，既是物流的重要环节之一，也是国民经济的一个重要产业部门。包装对物流成本与效率会产生较大影响，也会影响到装卸、搬运、运输的便捷与安全。在物流的流通加工中有相当多的活动也是属于包装的范畴，因此包装在物流工程中具有非常重要的作用和地位。

一、包装的概念

（一）包装的定义

包装是在流通过程中保护产品、方便储运、促进销售，按一定技术方法而采用的容器、材料及辅助物等的总体名称。也指为了达到上述目的而采用容器、材料和辅助物的过程中施加一定技术方法等的操作活动。

（二）包装的功能

包装的功能主要表现在三个方面：

1.保护产品。物品在物流作业中，会经过运输、储存、装卸、搬运等各种操作，有可能会经受颠簸、挤压、振动、跌落等，包装可以减少外力对物品的直接作用，防止物品受到机械的、物理的损坏。此外，物品在物流过程中往往会经受温度、湿度变化，有时为了防止光照、污染，阻隔鼠咬、虫蛀，也需要采用合适的包装形式阻隔水分、光线及异物混入，防止物品发生变质、发霉、生锈、挥发、熔化等各种化学变化，从而有效地保护商品。

2.方便储运。物品经过包装，特别是标准化包装，能够为仓储和运输提供各种方便，有了合适的包装，物品在储存时可以叠加，能够节约储存空间。在包装上印制明显的标记，也能够指导物品储存和运输的流向。尤其是物品在包装后易于装卸、搬运，可以加快作业速度，节省流通费用。

3.促进销售。包装上的文字、图案能够向消费者传递商品的性能、作用以及如何使用等方面的信息，起到指导消费的作用。在物品质量相同的情况下，包装大方、美观的物品可以增强商品的吸引力，抓住人们的"眼球"，从而刺激人们产生购买的愿望，起到推销商品的作用。从这个意义上说，包装是商品"无声的推销员"。

二、包装的种类

（一）运输包装和销售包装

根据包装的不同目的，包装可以分为运输包装和销售包装。

1.运输包装。运输包装又称工业包装或外包装。其目的是保护商品安全输送，满足储存要求，提高运输效率。它具有保障产品的运输安全，方便装卸、加速交接、点验等作用。运输包装的结构设计和材料选择非常重要，外径尺寸和外部结构必须有抵抗外界因素损害的能力。运输包装上一般印制有储运标志，如"小心轻放""切勿倒置""易燃易爆"等，同时还要有如发运地、到达地，以及商品名称、规格、件数、重量、体积、生产厂家等标志，便于对物品的识别，加速流转，准确无误地运往目的地。

2.销售包装。销售包装又称内包装、商品包装，是直接接触商品并随商品进入零售网点和消费者或用户直接见面的包装。其主要目的是促进商品销售。在物流中商品越接近到达用户手中，就越要求包装有促进销售的功能，这就要求包装具有鲜明的个性。销售包装的设计应外形美观大方，富有感染力和吸引力，以便于用户识别商品；同时，包装上要有简单和必要的文字说明，介绍商品的性能和使用方法；要方便顾客携带。销售包装在满足以上要求的基础上应注意经济实用，以减少用户在包装上的支出。

（二）集合包装和传统包装

根据包装的不同方式，包装可以分为集合包装和传统包装。

集合包装是实现物流标准化和批量化的前提和基础，发展集装化包装有利于实现运输和装卸的机械化和快速化，加速物品周转。在实现货物集装化包装时应该遵循通用化、标准化、系统化的原则。托盘和集装箱是现代集合包装的两种典型包装方式。

1.现代托盘是随集装箱和集合包装而出现的一种新的物流技术。托盘是一种特殊的包装形式，是目前普遍采用的一种搬运货物的工具，它是为了便于装卸、搬运、运输、保管等而使用的，由可以盛载单位数量的负荷面和叉车插口构成的装卸用垫板。使用托盘可以有效地保护商品，减少包装材料的使用，降低包装成本，同时可以适应港口、机械化的要求，大大提高劳动生产率。

托盘按材料可以划分为木托盘、钢托盘、铝托盘、胶合板托盘、塑料托盘、复合材料托盘，按结构可以划分为平托盘、柱式托盘、箱式托盘、轮式托盘等。

2.集装箱是一种用于货物运输、便于使用机械装卸的组合包装容器，具有1m³及以上的容积。集装箱的规格尺寸由国际标准化组织（ISO）104技术委员会统一制定，共分3个系列，13种箱型。

集装箱结构坚固，能够长期反复使用；能够使用机械作业，方便装卸；能够减少货物的损坏率，并能充分利用容积；适于一种或多种运输方式运送，途中转运时，箱内货物不需换装；具有快速装卸和搬运的装置，特别便于从一种运输方式转移到另一种运输方式；能减少仓储设备，降低仓储成本。

集装箱按用途分类可分为通用集装箱和专用集装箱，按结构形式分类可分为保温集装箱、冷藏集装箱、罐式集装箱、散装货集装箱等。近年来，集装箱得到了迅速发展，并逐渐向规格化、标准化、大型化发展。

第二节　包装材料

一、包装材料的要求

包装材料常常是包装改革的新内容，新材料往往导致新的包装形式与包装方法的出现。对于包装材料的要求是：比重轻，机械适应性好；质量稳定，不易腐蚀和生锈；能大量生产便于加工；价格低廉。

二、包装材料的分类

包装材料主要包括纸质包装、木质包装、塑料包装、金属包装、纤维包装、陶瓷和玻璃包装，以及复合包装等。

纸质包装是最常见的包装材料，商品的内包装、外包装、中包装都可以使用，一般占包装材料的30%~40%。纸质的成本相比较金属、陶瓷和玻璃等偏低；具有隔离、抗震、堆码等作用；纸质加工成包装所需要的形状，如纸箱、纸杯、纸筒、纸袋等工艺相对简单，成本也相对较低。

木质包装也是常见的包装材料，它的主要特性是能抗弯曲破裂，同时便于商品在运输和储存中垛码，充分利用运输工具和仓库容积。木质包装的形状有桶、箱、框架等，一般用于外包装。

塑料包装是随着科学技术的发展、新型材料的使用而出现的一种现代包装材料，如低密度聚乙烯、高密度聚乙烯、聚丙烯、聚氯乙烯、聚苯乙烯、热塑性聚酯等。与木质包装、金属包装及陶瓷玻璃等包装相比，塑料包装成本较低，适应性较强，有较好的防水、防潮、防霉，及耐药性、耐油性、耐热、耐寒等性能，这是它迅速取代其他包装的主要原因。

金属包装具有机械强度高，抗冲击能力强，不易破碎等优点。金属包装最常见的是马口铁包装，这是一种很薄的镀锡薄钢板（俗称白铁皮）。金属包装的最大优点就是能够有效地隔绝空气，能防止产品氧化、受污和变质，所以是其他包装所不可取代的。

纤维包装是充当包装材料历史最久的材料，比如最早的由植物纤维做成的草袋、麻袋等。如今，合成树脂纤维、玻璃纤维等纺织而成的织物袋大量取代了传统植物纤维的包装。纤维包装主要包装粉状、粒状和个体小的物品。

陶瓷和玻璃包装也是历史悠久的包装。陶瓷与玻璃的性能稳定，具有耐风化、不变形、耐热、耐碱、耐酸、耐磨等优点。陶瓷、玻璃制作的包装容器，容易洗刷、清毒、灭菌，能保持良好的清洁状态。同时它们可以回收复用，有利于降低包装成本。许多液体的包装离不开陶瓷和玻璃。陶瓷、玻璃包装的最大弱点是在一定外力的冲击下容易破碎。

单一的包装材料很难满足现代物流的要求，因此人们常常将两种及以上的、具有不同特性的材料复合在一起作为包装材料，构成复合包装。复合包装有利于发挥各种单一包装材料的优点，更好地实现包装的功能。常见的复合材料有三四十种，使用较广泛的是金属与塑料复合、纸与塑料复合，玻璃或陶瓷与纸复合，塑料与塑料复合等。

第三节　包装技术

包装技术是指使用包装设备并运用一定的包装方法，将包装材料附着于物流对象，使其更便于物流作业。对其研究主要包括包装设备、包装方法和包装材料三部分。

一、防震保护技术

在任何环境中都会有力作用在产品之上，并使产品发生机械性损坏。为了防止产品遭受损坏，就要设法减小外力的影响，所谓防震包装就是指为减缓内装物受到冲击和振动，保护其免受损坏所采取的一定防护措施的包装。防震包装主要有以下三种方法：

1. 全面防震包装方法。全面防震包装方法是指内装物和外包装之间全部用防震材料填满进行防震的包装方法。

2. 部分防震包装方法。对于整体性好的产品和有内装容器的产品，仅在产品或内包装的拐角或局部地方使用防震材料进行衬垫即可。所用包装材料主要有泡沫塑料防震垫、充气型塑料薄膜防震垫和橡胶弹簧等。

3. 悬浮式防震包装方法。对于某些贵重易损的物品，为了有效地保证在流通过程中不被损坏，应使用比较坚固的外包装容器，然后用绳、带、弹簧等将被装物悬吊在包装容器内。在物流中，无论是什么操作环节，内装物都被稳定悬吊而不与包装容器发生碰撞，从而减少损坏。

二、防破损保护技术

缓冲包装有较强的防破损能力，因而是防破损包装技术中常见的一类。此外，还可以采取以下几种防破损保护技术：

1.捆扎及裹紧技术。捆扎及裹紧技术的作用，是使杂货、散货形成一个牢固整体，以增加整体性，便于处理及防止散堆来减少破损。

2.集装技术。利用集装，减少外界环境与货物的接触，从而防止破损。

3.选择高强度的保护材料。通过外包装材料的高强度来防止内装物因受外力作用而破损。

三、防锈包装技术

大气锈蚀是空气中的氧、水蒸气及其他有害气体等作用于金属表面引起电化学作用的结果。如果使金属表面与引起大气锈蚀的各种因素隔绝（即将金属表面保护起来），就可以达到防锈蚀的目的。比如，防锈油包装技术就是根据这一原理将金属涂封防止锈蚀的。用防锈油封装金属制品，要求油层要有一定厚度，油层的连续性好，涂层完整。不同类型的防锈油要采用不同的方法进行复涂。

在物流实践中，还有一种气相防锈包装技术。气相防锈包装技术就是用气相缓蚀剂（挥发性缓蚀剂），在密封包装容器中对金属制品进行防锈处理的技术。气相缓蚀剂是一种能减慢或完全停止金属在侵蚀性介质中的破坏过程的物质，它在常温下即具有挥发性，在密封包装容器中，在很短的时间内挥发或升华出的缓蚀气体，迅速充满整个包装容器内的每个角落和缝隙，同时吸附在金属制品的表面上，从而起到抑制大气对金属锈蚀的作用。

四、防霉腐包装技术

在运输包装内装运食品和其他有机碳水化合物货物时，在流通过程中如遇潮湿，霉菌生长繁殖极快，货物表面可能生长霉菌，甚至伸延至货物内部，使其腐烂、发霉、变质，因此要采取特别防护措施。运用包装防霉烂变质，通常是采用冷冻包装、高温灭菌方法或真空包装。

1.冷冻包装。冷冻包装的原理是减慢细菌活动和化学变化的过程，以延长储存期，但不能完全消除食品的变质；高温杀菌法可消灭引起食品腐烂的微生物，可在包装过程中用高温处理防霉。有些经干燥处理的食品包装，应防止水汽浸入以防霉腐，可选择防水汽和气密性好的包装材料，采取真空和充气包装。

2.真空包装。真空包装法也称减压包装法或排气包装法。真空包装是将物品装入气密性容器后，在容器封口之前抽真空，使密封后的容器内基本没有空气的一种包装方法。这种包装可阻挡外界的水汽进入包装容器内，也可防止在密闭的防潮包装内部存有潮湿空气，在气温下降时结露。一般的肉类商品、谷物加工商品以及某些容易氧化变质的商品都可以采用真空包装。真空包装不但可以避免或减少脂肪氧化，而且抑制了某些霉菌和细菌的生长。同时在对其进行加热杀菌时，由于容器内部气体已排除，因此加速了热量的传导。提高了高温杀菌效率，也避免了加热杀菌时，由于气体的膨胀而使包装容器破裂。采用真空包装法，要注意避免过高的真空度，以防损伤包装材料。

防止运输包装内货物发霉，还可使用防霉剂。防霉剂的种类甚多，用于食品的必须选用无毒防霉剂。机电产品的大型封闭箱，可酌情开设通风孔或通风窗等相应的防霉措施。

五、防虫包装技术

防虫包装技术，常用的是使用驱虫剂，即在包装中放入有一定毒性和刺鼻味的药物，利用药物在包装中挥发气体杀灭和驱除各种害虫。常用驱虫剂有茶、对位二氯化苯、樟脑精等。也可采用真空包装、充气包装、脱氧包装等技术，使害虫无生存环境，从而防止虫害。这种包装在农产品的运输和仓储中应用较多。

六、危险品包装技术

危险品有上千种，按其危险性质、交通运输及公安消防部门的规定可分为十大类，即爆炸性物品、氧化剂、压缩气体和液化气体、自燃物品、遇水燃烧物品、易燃液体、易燃固体、毒害品、腐蚀性物品、放射性物品等，有些物品同时具有两种以上危险性能。

1.对有毒商品的包装。对有毒商品的包装要明显地标明有毒的标志。防毒的主要措施是包装严密不漏、不透气。例如重铬酸钾（红矾钾）和重铬酸钠（红矾钠），为红色带透明结晶，有毒，应用坚固附桶包装，桶口要严密不漏，制桶的铁板厚度不能小于1.2mm。对有机农药一类的商品，应装入沥青麻袋，缝口严密不漏。如用塑料袋或沥青纸袋包装的，外面应再用麻袋或布袋包装。用作杀鼠剂的磷化锌有剧毒，应用塑料袋严封后再装入木箱中，箱内用两层牛皮纸、防潮纸或塑料薄膜衬垫，使其与外界隔绝。

2.对有腐蚀性商品的包装。对有腐蚀性的商品，要注意商品和包装容器的材质发生化学变化。金属类的包装容器，要在容器壁涂上涂料，防止腐蚀性商品对容器的腐蚀。例如，存放合成脂肪酸的铁桶内壁要涂有耐酸保护层，防止铁桶被商品腐蚀，从而商品也随之变质。再如，氢氟酸是无机酸性腐蚀物品，有剧毒，能腐蚀玻璃，不能用玻璃瓶做包装容器，应装入金属桶或塑料桶，然而再装入木箱。甲酸易挥发，其气体有腐蚀性，应装入良好的耐酸坛、玻璃瓶或塑料桶中，严密封口，再装入坚固的木箱或金属桶中。

3.对易自燃商品的包装。对黄磷等易自燃商品的包装，宜将其装入壁厚不少于1mm的铁桶中，桶内壁需涂耐酸保护层，桶内盛水，并使水面浸没商品，桶口严密封闭，每桶净重不超过 50 kg。对于遇水易引起燃烧的物品，如碳化钙遇水即分解并产生易燃乙炔气，应使用坚固的铁桶包装，桶内充入氮气。如果桶内不充氮气，则应装置放气活塞。

4.对易燃易爆炸商品的包装。对于易燃、易爆商品，例如，有强烈氧化性的物品遇有微量不纯物或受热会急剧分解、引起爆炸。防爆炸包装的有效方法是采用塑料桶包装，然后将塑料桶装入铁桶或木箱中，每件净重不超过 50 kg，并应有自动放气的安全阀，当桶内达到一定气体压力时，能自动放气。

七、特种包装技术

1.充气包装。充气包装是采用二氧化碳气体或氮气等不活泼气体置换包装容器中空气的一种包装技术方法，因此也称为气体置换包装。这种包装方法是通过在密封的包装容器中改变气体的组成成分，降低氧气的浓度，抑制微生物的生理活动、酶的活性和鲜活商品的呼吸强度，达到防霉、防腐和保鲜的目的。

2.收缩包装。收缩包装就是用收缩薄膜裹包物品（或内包装件），然后对薄膜进行适当加热处理，使薄膜收缩而紧贴于物品（或内包装件）的包装技术方法。收缩薄膜是一种经过特殊拉伸和冷却处理的聚乙烯薄膜，由于薄膜在定向拉伸时产生残余收缩应力，这种应力受到一定热量后便会消除，从而使其横向和纵

向均发生急剧收缩，同时使薄膜的厚度增加，收缩率通常为30% ~ 70%，收缩力在冷却阶段达到最大值，并能长期保持。

3. 拉伸包装。拉伸包装是20世纪70年代开始采用的一种新包装技术，它是由收缩包装发展而来的，拉伸包装是依靠机械装置在常温下将弹性薄膜围绕被包装件拉伸、紧裹，并在其末端进行封合的一种包装方法。由于拉伸包装不需进行加热，所以消耗的能源只有收缩包装的二十分之一。拉伸包装可以捆包单件物品，也可用于托盘包装之类的集合包装。

4. 脱氧包装。脱氧包装是继真空包装和充气包装之后出现的一种新型除氧包装方法。脱氧包装是在密封的包装容器中，使用能与氧气起化学作用的脱氧剂与之反应，从而除去包装容器中的氧气，以达到保护内装物的目的。脱氧包装方法适用于某些对氧气特别敏感的物品，使用于那些即使有微量氧气也会促使品质变坏的食品包装中。

第四节 包装合理化

包装合理化，是指在包装过程中使用适当的材料和适当的技术，采用与物品相适应的容器，以节约包装费用、降低包装成本，既要满足包装保护商品、方便储运、有利销售的要求，又要提高包装的经济效益的包装综合管理活动。

一、包装合理化的具体要求

合理的包装需要兼顾生产者、运输者、消费者等各方面的利益。合理的包装应满足以下要求：包装应妥善保护内装的商品，使其质量不受损伤；包装材料和包装容器应当安全无害；包装的容量要适当，便于装卸和搬运；包装的标志要清楚、明显；包装尺寸空间不应过大；包装费用要与内装商品相适应。具体来说，主要表现在六个方面：

1. 包装的轻薄化。包装只是起保护作用，对产品使用价值没有任何意义，因此在强度、寿命、成本相同的条件下，更轻、更薄、更短、更小的包装，可以提高装卸搬运的效率，更能够节约运输空间和成本。

2. 包装的单纯化。为了提高包装作业的效率，包装材料及规格应力求单纯化，包装形状和种类也应单纯化。

3. 符合集装单元化和标准化的要求。包装的规格与托盘、集装箱关系密切。应考虑到包装与运输车辆、搬运机械的匹配，从系统的观点制定包装的尺寸标准。

4. 包装的机械化与自动化。为了提高作业效率和包装现代化水平，各种包装机械的开发和应用是很重要的。

5. 注意与其他环节的配合。包装是物流系统组成的一部分，需要和装卸搬运、运输、仓储等环节一起综合考虑、全面协调。

6. 有利于环保。包装是产生大量废弃物的环节，处理不好可能造成环境污染。包装材料最好可反复多次使用并能回收再生利用；在包装材料的选择上，还要考虑不对人体健康产生影响，对环境不造成污染，即所谓的"绿色包装"。

7. 防止过度包装。过度包装的问题有：过度包装必然会造成商品成本的上升，有统计资料表明，商品价格的 10% 是包装的成本构成，这些成本都得由消费者来买单，加重了消费者经济负担；过度包装加大了包装材料的损耗，不利于可持续发展，违背了建设资源节约型社会的发展目标；过度包装消耗的不仅是包装材料，而且使包装之后各物流环节，如仓储、运输、装卸等相应加大了人力和物力的支出。

二、包装合理化的策略

要实现包装合理化，需要从以下几方面采取措施：

1. 广泛采用先进包装技术。包装技术的改进是实现包装合理化的关键。要推广诸如缓冲包装、防锈包装、防湿包装等包装方法，使用不同的包装技法，以适应不同商品的包装、装卸、储存、运输的要求。

2. 由一次性包装向反复使用的周转包装发展。

3.采用组合单元装载技术，即采用托盘、集装箱进行组合运输。托盘、集装箱是包装—输送—储存三位一体的物流设备，是实现物流现代化的基础。

4.推行包装标准化。

5.采用无包装的物流形态。对需要大量输送的商品（如水泥、煤炭、粮食等）来说，包装所消耗的人力、物力、资金、材料是非常大的，若采用专门的散装设备，则可获得较高的技术经济效果。散装并不是不要包装，它是一种变革了的包装，即由单件小包装向集合大包装的转变。

案例分析

布鲁克林啤酒

布鲁克林酿酒厂在美国分销布鲁克林啤酒，并且已经经营了十几年。H贸易公司建议布鲁克林酿酒厂将啤酒航运到日本。这是一个营销战略，也是一种物流作业。布鲁克林酿酒厂改变了自己在美国一贯的包装，通过小桶装啤酒而不是瓶装啤酒的包装形式来降低运输成本，减少了玻璃破碎而使啤酒损毁的概率。

思考题：

1.简述集装箱的使用优点。

2.简要说明防霉腐包装技术。

3.为什么要防止过度包装？

第 五 章

运输管理

通过本章的学习，理解物流运输的定义、特点、功能；掌握现代运输方式的优缺点；掌握运输合理化的措施。

第一节 运输概述

在现代物流中，运输是在不同地域范围内，对物品进行空间位移，以改变物品的空间位置为目的的活动。生产领域的运输活动，一般是在生产企业内部进行，因此称为厂内运输。它是作为生产过程中的一个组成部分，是直接为物质产品的生产服务的。其内容包括原材料、在制品、半成品和成品的运输，这种厂内运输有时也称为物料搬运。流通领域的运输活动，则是作为流通领域里的一个环节，是生产过程在流通领域的延续。其主要内容是对物质产品的运输，是以社会服务为目的，是完成物品在空间位置上从生产领域向消费领域的转移过程。它既包括物品从生产所在地直接向消费所在地的移动，也包括物品从生产所在地向物流网点和从物流网点向消费（用户）所在地的移动。

一、运输定义

运输（Transportation）是指使用一定的运输工具，实现物质资料的空间移动，解决物质资料的生产与消费在地域上的矛盾，创造商品的场所效用。与搬运不同，运输的范围一般较大，而搬运往往发生在同一区域。运输是一项极为重要的物流活动，在物流活动中处于中心地位，是物流的一个支柱。正是由于运输在物流活动中具有的这种重要地位，不少人将运输等同于物流，甚至今天持此观点者仍不乏其人。

《物流术语》（GB/T18354-2021）对于运输的定义是：利用载运工具、设施设备及人力等运力资源，使货物在较大空间上产生位置移动的活动。包括了集货、分配、中转、搬运、装入、卸下等一系列活动。

对运输问题进行研究的内容主要有运输方式及其运输工具的选择、运输线路的确定，为了实现运输安全、迅速、准时、价廉的目的所施行的各种技术措施和合理化问题的研究等。

二、运输的功能

（一）物品移动

运输的主要功能就是将商品在价值链中不断移动。由于运输要利用包括时间、资金、环境在内的各种资源，所以，只有运输确实能提高商品价值时，这样的移动才是有价值的、重要的。运输的主要目的就是要以最短的时间、最低的成本，将商品从供应地点转移到需要地点。此外，还要保证商品完好。

（二）短时储存

把运输工具作为临时储存商品的场所，这是成本相当高的储存。然而，在有些特殊情况下，这种临时储存还是有实际意义的。例如，送往中转站的商品，在短时间后又要送往另一个地点，我们就可以将商品在仓库卸下来和再装上去的成本与储存在运输工具中的成本进行比较，也许储存在运输工具上的成本会更低。

虽然利用运输工具作为临时储存设施是高成本的，但如果考虑到装卸成本、固定设施的有限的储存能力、营销机会、交付时间等约束条件，从总成本的角度来看这样的做法是正确的。

三、运输原理

（一）规模经济原理

规模经济的特点是随装运规模的增长，单位重量的运输成本降低。例如整车运输的每单位成本低于零担运输，就是说诸如铁路和水路之类的运输能力较大的运输工具，它每单位的费用要低于汽车和飞机等运输能力较小的运输工具。运输规模经济的存在是因为与"转移一批货物有关的固定费用"按整批货物的重量分摊。所以一批货物越多就越能分摊费用。

另外，通过规模运输还可享受运价折扣，也可使单位产品的运输成本下降。总之，规模经济使得产品的批量运输显得经济、合理。

（二）距离经济原理

运输的距离经济亦称递减原理，其特点是每单位距离的运输成本随运输距离的增加而减少。运输距离经济的合理性类似于规模经济，尤其体现在运输装卸费用上的分摊。运输成本与一次运输的距离有关：第一，在运输距离为零时，运输成本并不为零，这是因为存在一个与货物提取和交付有关的固定费用；第二，运输成本的增长随着运输距离的增长而降低，即递减原理，这是因为货物提取和交付有关的固定费用随着运输距离增加，分摊到单位运输距离上的运输成本而降低。如1000km的一次装运成本要低于500km的二次装运。

根据距离经济原理，长途运输的单位运输距离成本低，短途运输的单位运输距离成本高。配送一般属于短途运输，而且受多批次、少规模需求的限制，运量不可能大，运输工具的装载率也较低，因此单位运输距离的成本肯定高于一般运输。配送可以通过优化配货和运输路线，尽可能降低本身的运输成本，更重要的是配送可以降低库存、降低存储费用，以及为用户提供更多的服务来降低整个物流系统的成本和提高社会效益。

四、运输的原则

（一）及时

在指定的时间内完成运输过程，最大限度地缩短在途时间，加速商品流通，

确保商品的市场供给。

（二）准确

在运输过程中防止各种差错的发生，准确无误地将物品送达收货人。

（三）经济

在满足"及时""准确"的前提下通过合理的运输手段、运输线路及配货方案，降低物流运输费用，提高运输效率。

（四）安全

在运输过程中保证物品不发生霉烂、碰撞、挤压、残损及丢失。

五、运输的特点

运输是一个特殊的产业部门，按其在社会再生产中的地位，运输生产过程和产品的属性而言，运输与其他产业部门有很大区别。其主要特点如下：

（一）运输不改变对象的性质

运输生产是在流通过程中进行的，是为满足把产品从生产地运往下一个生产地或消费地的需要。因而，运输生产过程不像工农业生产那样改变劳动对象的物理、化学性质和形态，而只是改变运输对象（客，货）的空间位置，并不创造新的实物产品。对用户来说，其产品直接为人们所消费；对运输对象来说，它把价值追加到被运输的货物身上。所以，在满足社会运输需要的条件下，多余的运输产品和运输支出对社会是一种浪费。

（二）运输创造产品的特殊性

在运输过程中，劳动工具（运输工具）和劳动对象（客，货）是同时运动的，它创造的产品是一种位移运动，不同于实体物产品及非实体物的信息类产品，在运输生产进行的同时即被消费掉。因此，运输产品既不能储存，也无法调拨，只有在运输能力上保有后备，才能满足运量的波动和特殊的运输需要。

（三）运输需要综合服务体系

人和物的运输过程往往要由几种运输方式共同完成，旅客旅行的起讫点，货物的始发地和终到地遍及全国。因此，必须有一个干支相连、互相衔接的交通运输网与之相适应。同时，运输业的生产场所分布在有运输联系的广阔的空间里，而不像工农业生产那样可以在比较有限的地区范围内完成它们的生产过程。由此可见，如何保证运输生产的连续性，以及根据运输需要，按方向、按分工形成综合运输服务体系，具有重要意义。

（四）运输产品具有同质性

各种运输方式虽然使用不同的技术装备，具有不同的技术经济性能，但生产的是同一种产品，对社会具有同样的效用。运输产品具有同质性，不同于工农业生产部门提供的产品，工农业产品由于其生产工艺不同，导致其产品有很大的差异。

五、运输与物流各环节的关系

（一）运输与包装的关系

货物的包装材料、包装规格、包装方法等都不同程度地影响着物流运输。

（二）运输与装卸的关系

物流运输活动必然伴随有装卸活动。一般来说，物流运输发生一次，往往伴随两次装卸活动，即物流运输前后的装卸作业。

（三）运输与储存的关系

储存保管是货物暂时停滞的状态，是货物投入消费前的准备。货物的储存量虽然直接取决于需要量，但货物运输的可靠性也会给储存带来重大影响。

（四）运输与配送的关系

将货物大批量地从生产工厂直接送达客户或配送中心称为运输；货物再从配送中心就近发送到地区内各客户手中称为配送。

六、运输系统的构成

（一）运输节点

运输节点是指以连接不同运输方式为主要职能、处于运输线路上的、承担货物的集散、运输业务的办理、运输工具的保养和维修的基地与场所。

（二）运输线路

运输线路是供运输工具定向移动的通道，也是运输赖以运行的基础设施，是构成运输系统最重要的要素。

（三）运输工具

运输工具是指在运输线路上用于载重货物并使其发生位移的各种设备装置，它们是运输能够进行的基础设备。运输工具根据从事运送活动的独立程度可以分为三类：一是仅提供动力，不具有装载货物容器的运输工具，如铁路机车、牵引车、拖船等；二是没有动力，但具有装载货物容器的从动运输工具，如车皮、挂车、驳船集装箱等；三是既提供动力，又具有装载货物容器的独立运输工具，如轮船、汽车、飞机等。

（四）运输的参与者

运输交易受到五方面影响：货主、承运人、运输经纪人、政府和公众。考察这五方面的作用和影响有助于理解运输环境的复杂性和运输决策机制的复杂性。

1.货主。货主是货物的所有者，包括托运人（或委托人）和收货人。托运人是指货物托付承运人按照合同约定的时间运送到指定地点，向承运人支付相应报酬的一方当事人。有时托运人和收货人是同一主体，有时不是同一主体。

2.承运人。本人或者委托他人以本人名义与托运人订立货物运输合同的人。

3.运输经纪人。运输经纪人指替托运人、收货人和承运人协调运输安排的中间商；协调的内容包括装运装载、费率谈判、结账和跟踪管理。经纪人也属于非作业中间商。

4.政府。政府比一般企业要更多地干预承运人的活动，这种干预往往采取法律、法规、规章制度、政策促进等形式。政府通过限制承运人所能服务的市场或确定他们所能收取的价格来规范他们的行为。

5.公众。公众关注运输的可达性、费用和效果以及环境上和安全上的标准。

七、运输在物流中的作用

运输是物流过程各项业务的中心活动，物流过程中的其他各项活动，如包装、装卸搬运、物流信息等，都是围绕着运输而进行的。搞好运输工作对企业物流的意义体现在以下几方面：

（一）运输是物流系统功能的核心。

（二）运输影响着物流的其他构成因素。

（三）运输费用在物流费用中占有很大比重。

（四）运输合理化是物流系统合理化的关键。

第二节　现代运输方式

一、公路运输

从广义上来说，公路是指利用一定载运工具（汽车、拖拉机、畜力车、人力车等）沿公路实现旅客或货物空间位移的过程。从狭义来说，就是指汽车运输，物流运输中的公路运输专指汽车货物运输。它服务的范围主要是两方面：一是近距离、小批量的货运；一是水运、铁路运输难以到达地区的长途、大批量货运。

（一）公路运输的特点

1.机动灵活，适应性强，可实现"门到门"运输

公路运输网一般比铁路、水路网的密度要大很多，分布面也广，因此公路运输车辆可以"无处不到、无时不有"。由于汽车体积较小，中途一般也不需要换装，除了可沿分布较广的路网运行外，还可离开路网深入工厂企业、农村田间、城市居民住宅等地，即可以把货物从始发地门口直接运送到目的地门口，实现"门到门"直达运输。

公路运输在时间方面的机动性也比较大，车辆可随时调度、装运，各环节之间的衔接时间较短。公路运输对货运量的多少具有很强的适应性，汽车的载重吨位有小（0.25～1t）有大(200～300t)，既可以单个车辆独立运输，也可以由若干车辆组成车队同时运输。

2.全程速度快，货损小，对包装要求低

由于公路运输可实现"门到门"运输，故可减少转换运输工具所需要的等待时间与装卸时间。对于限时运送货物，或为适应市场临时急需货物，公路运输服务优于其他运输工具，尤其是短途运输，其整个运输过程的速度，较任何其他运输工具都为迅速、方便。并且随着中国高速公路网的普及，汽车运输时速普遍可以达到120km以上，这也提高了公路运输的速度。由于没有中途换装的麻烦，以及汽车加速减速平稳，减少了碰撞带来货损的可能，因此对货物包装要求较低。

3. 原始投资少，资金周转快，技术改造容易

从事公路运输服务，只需要拥有汽车和停车场所即可，而每辆货运汽车的购置费用从十几万元到几十万元不等，与铁路运输和水路运输的巨额投资相比，这些投资要小得多。美国有关资料表明，公路货运企业每收入1美元，仅需投资0.72美元，而铁路则需投资2.7美元。另外，公路运输原始投资回收期短，资金周转快。按照中国法律规定，每辆汽车的折旧期限为7～10年。公路运输的资本每年可周转3次，而铁路则需3～4年周转1次。这样，如果认为现有车辆不适应运输需要，可以很容易地更换新车。

4. 运量小，运输成本高，适合中短途运输

常见货运汽车载货量为5～10t。虽然集装箱运输车功率较大，单车载运量也仅可达30t。目前，世界上最大的汽车是美国通用汽车公司生产的矿用自卸车，长20多m，自重610t，载重350t左右，但其同动辄上千吨的火车、上万吨的轮船运能相比，这个运力仍然小多了。而且，由于汽车运输载重量小，行驶阻力比铁路大9～14倍，能源消耗多，所消耗的燃料又是价格较高的液体汽油或柴油，造成汽车长途运输成本较高，适合50～200km的中短途运输。

5. 安全性差，污染环境较大

汽车沿公路行驶，由司机完全控制行车。由于司机的疏忽，容易造成交通事故；路面上车种复杂，普通道路上路面状况参差不齐，偶尔还有行人穿越马路等，这些因素都会造成公路交通事故，因此公路运输安全性最差。此外，汽车所排出的尾气和引起的噪声也严重地威胁着人类的健康，是大城市环境污染

的最大污染源之一。

（二）公路运输的功能

1.主要担负中、短途货物运输。通常运距为 50km 以内；中途运输运距为 50 ~ 200km。

2.衔接其他运输方式的运输。即由其他运输方式（如铁路、水路或空路）担任主要（长途）运输时，由汽车运输担任其起、终点处的客货集散运输。

3.独立担负长途运输。即当需要运输的运距超过经济半径 200km 时，主要是基于国家或地区的政治与经济建设等方面需要，也常由汽车担负长途运输，如对边远地区或少数民族地区的长途运输，或因救灾工作的紧急需要而组织的长途运输，以及公路超限货物的"门到门"长途直达运输等。

（三）公路运输的技术装备与设施

1.公路货物运输工具

公路运输车辆是指具有独立原动机与载运装置，能自行驱动行使，专门用于运送旅客和货物的非轨道式车辆。汽车由车身、动力装置、底盘三部分组成。车身包括驾驶室、车厢两部分；动力装置是驱动汽车行驶的动力源；底盘是车身和动力装置的支座。

2.公路是一种线型构造物，是汽车运输的基础设施，由路基、路面、桥梁、涵洞、隧道、防护工程、排水设施与设备以及山区特殊构造物等基本部分组成，此外还需设置交通标志、安全设施、服务设施及绿化种植等。

二、铁路运输

铁路运输指利用机车、车辆等技术设备沿铺设轨道运行的货物运输方式。铁路运输主要承担中、长距离，大批量的货运，在没有水运条件地区，几乎所有大批量货物都是依靠铁路，是在干线运输中起主力运输作用的运输形式。

（一）铁路运输的特点

1.适应性强

铁路运输受地理、气候条件的限制较少，基本可以实现全年和全天候运行。铁路列车在轨道上沿轨道运行，只要铁轨不被掩埋，基本不会影响列车的运行。

2.运输能力大

铁路的运输能力通常以铁路通过能力和铁路输送能力来表达。铁路通过能力指一条铁路线路在单位时间（一昼夜或一小时）内所能通过的最大行车量（列车数或列车对数）。铁路输送能力指一条线路一年内所能完成的最大货运量（以百万吨计）。通常，复线铁路每昼夜通过货物列车的数量百余对，每年单方向的货物运输能力可超过1亿t。

3.运输速度快

铁路运输速度的快慢决定于牵引动力的种类和型号、列车重量、列车全阻力及运行区段的线路断面、停站时间等情况。严格地讲，列车运行速度又与列车组成的车辆种类（客车、货车、超长、超限、集重等）和辆数、车载货物品种、空重车情况以及司机操纵方法等情况有关。但一般说来，由于铁路运输基本可以走直线，且现代机车的速度提高了很多，货运火车速度一般都能达到100km/h左右。目前国际上最高的铁路持续运行时速是320km，而中国修建的总长1318km的京沪高速铁路的持续运行时速将达到350km，比法国的TGV和日本的新干线的运行速度都要高，将是世界上速度最快的铁路线。中国修建的青藏铁路的客车时速也达到了100km，创造了世界冻土铁路列车运行速度最高纪录。

4.安全程度高

铁路运输由于具有高度计划性，列车按照事前制定的行车计划行驶，因此可以采用列车自动控制方式控制列车行驶，实现车辆自动驾驶，减轻司机劳动强度。而列车自动停车、自动控制、自动操纵、设备故障和道口故障报警等先进技术在铁路运输中的应用，进一步有效防止了列车运行事故，大大提高了运输安全。在各种运输方式中，按所完成的货物吨千米计算的事故率，铁路运输是最低的。

5.环境污染小

铁路的污染性比公路低。在噪声方面，铁路所带来的噪声污染，比公路低，而且是阶段性的，而城市道路则是持续性的高噪声污染。铁路机车由于功率大，对能源的消耗量少，而且燃烧充分，因此带来的废气及烟尘污染也少，尤其是电力机车根本不排放废气及烟尘。

6.灵活性差

铁路运输的灵活性差表现在：一是火车的运行时刻、配车、编列等都是事先规定好的；二是铁路线路及其货站分布是固定的，铁路列车只能沿着固定的轨道行驶，在固定的铁路货站装卸货；三是对于大多数没有专用铁路线的客户，则无法直接实现"门到门"运输，需要使用汽车进行二次运输。

7.货损较高

铁路由于列车行驶时的振动，容易造成货物损坏。而且由于铁路运输量大，运输过程需经多次中转之故，也常造成货物遗失或装卸不当造成损坏，这就使得货主不敢将贵重或者易碎货物交铁路承运。

8.短途运输费用高

铁路运输的费用依照距离的不同而有所不同。一般说来，距离越远费用越低，短途运输费用较高。铁路运输的经济里程一般在 200km 以上。

（二）铁路运输的功能

铁路运输主要承担长距离，大批量的货运，在没有水运条件的地区，几乎所有大批量货物都是依靠铁路运输。铁路运输是在干线运输中起主力运输作用的运输形式。

（三）铁路运输的设备与设施

1.铁路运输线路：由路基、桥隧与轨道组成。铁路线分为正线、站线、段管线、岔线及特别用途线等。

2.机车，即火车头，是牵引铁路列车的动力。根据动力源的不同可分为蒸汽机车、内燃机车和电力机车。机车上设置列车运行监控记录装置和自动停车装置。

3.铁路车辆。在物流领域中，所使用的铁路车辆主要有：

（1）平车。平车是铁路上大量使用的通用车型，无车顶和车厢挡板，自重较小、装运吨位较高，装卸也较为方便。必要时可装运超宽、超长的货物。这

种车辆主要用于装运大型的机械、集装箱、钢材和大型的建材等。在这种平车基础上，采用相应的技术措施，可发展为集装箱车、车载车、袋鼠车等。

（2）敞车。敞车也是铁路上的一种主要车型，无车厢顶，但设有车厢挡板（低挡板、高挡板）。主要装运建材，木材，钢材和袋装、箱装的杂货，以及散装矿石、煤炭等货物。

（3）棚车。该车是铁路上主要的封闭式车型，比较多地采用侧滑开门式，便于小型叉车、手推车进入车厢内装卸；也有车顶设滑动顶棚式，拉开后和敞车类似，可采用吊车从上部装卸。主要用于装运防雨、防潮和防止丢失、散失较贵重的货物。

（4）罐车。罐车是在铁路上专门用于装运气、液、粉等货物的主要车型。有横卧圆筒型、立置筒型、槽型和漏斗型等，可分为装载轻油用罐车、黏油用罐车、酸类罐车、水泥罐车和压缩气体罐车等。

（5）漏斗车。漏斗车主要适用于散装货物的机械化装卸。

（6）保温及冷藏车。保温及冷藏车是能保持一定的温度、进行温度调控，以及能够进行冷冻运输的车辆，从而适应冬夏季节生鲜食品的运输。

（7）特种车。特种车是指装运特殊货物的车辆，如长大件货物车、牲畜装运车、木材装运车和甘蔗装运车等。

4.铁路车列

车列是按有关规定而编挂在一起的若干车辆。车列挂上机车，并配备列车乘务员和列车标志，就是列车。由大功率机车或多机牵引编成5000t以上的列车，称为重载列车。为了提高运输能力，将两列或两列以上的普通列车合并运行以节省运行线路，此种列车称为组合列车。

5.信号，通信设备

铁路信号设备是信号、联锁设备与闭塞设备的总称，是列车运行的指挥控制设备。按信号形式分为视觉信号和听觉信号两大类。红色表示停车，黄色表示注意或减速行驶，绿色表示按规定速度运行；听觉信号指号角、口笛、响墩发出的音响和机车，轨道车的鸣笛声。按设备形式分固定信号、移动信号与手信号三大类。

6.站场设备

铁路货运站场是铁路系统的基层生产单位，是办理客货运输的场所。此外还办理与列车运行有关的各项工作，如列车的接发、会让与越行，车站列车解体与编组，机车的换挂与车辆的检修等。

三、水路运输

水路运输是指由船舶、航道和港口等组成的交通运输系统，使用船舶运送客货的一种运输方式。按其航行区域，可分为远洋运输、沿海运输和内河运输三种类型。远洋运输通常指无限航区的国际运输；沿海运输指在国内沿海区域各港口间进行的运输；内河运输则指在江、河、湖泊及人工水道上从事的运输。前两种又统称为海上运输。水路运输是中国综合运输体系中的重要组成部分。

（一）水路运输的特点

1.运输能力大

超过20万t的油轮被称为超大型油轮。VLCC是超大型油轮"Very Large Crude Carrier"的英文缩写，载重量一般为20万t至30万t，相当于200万桶原油的装运量，全世界有400多条。中远(Cosco)的超大型油轮总载重接近30万t，而其超巴拿马型集装箱船可载10000TEU在海洋运输中，超巨型油轮的载重量可达55万t，矿石船的载重量可达35万t，集装箱船可达7万t，这么大的运输能力是火车、汽车没法比的。

2.单位运输成本低

水路运输由于船舶航行速度低，因而受到阻力较小；运行速度小，对于内燃机转速没有过高要求，可以提高燃油燃烧率；轮船的自重与货物重量之比最小，使得动能利用效率高；而且轮船可以使用劣质柴油，加之运输能力大，所以水路运输的单位运输成本是所有运输方式中最低廉的，适合于大宗货物远距离运输。据美国测算，美国沿海运输成本仅为铁路运输的1/8，密西西比河干流的运输成本只有铁路运输的2/5。

公路运输需要修公路，铁路运输需要修铁路，而轮船行驶在大海上，大海

则天然存在：即使内河航道需要时常疏浚维护，但其维护成本远低于铁路、公路的建设维护成本。

据测算，开发内河航道每千米投资仅为铁路旧线改造投资的1/5或新线建设的1/8。

3.运输速度慢，且航行时间无保证

水路运输是所有运输方式中速度最慢的。轮船中，运行速度最快的集装箱船最大速度为25节，约合45km/h，杂货船的最大速度约为15节，比汽车与火车运输慢得多。而且，轮船加速慢，需要较长时间才能达到最大航行速度。由于运输能力大，轮船在码头装船卸船时间较长；由于轮船发船时间间隔较长，造成货物在码头等候时间较长；遇到台风等恶劣天气，轮船就要靠港躲避，也会延长航行时间；各种原因造成水路运输的运输周期长且不确定。因此，在中短途运输中，水路运输比重很小，且呈日益萎缩之势。

4.投资额大，回收期长

航运企业订造或购买船舶需巨额资金，10000TEU的超大型集装箱船造价约为1亿美元。船舶作为固定资产，折旧期较长，一般多以20年为准。购置船舶投资额巨大、回收期长，且船舶没有移作其他用途的可能，增加了投资风险。

5.受自然条件的限制与影响大，运输风险大

水路运输受海洋与河流的地理分布及其地质、地貌、水文与气象等条件和因素的明显制约与影响。远洋运输行驶在大海上，有时遇到台风或者暴雨等恶劣天气，又暂时无处躲避，就会造成货物被水泡坏的风险，甚至为了保证轮船的安全而将货物抛入水中。内河航运中，时常会遇到因为水位下降引起的航道阻塞，造成货物长时间无法交付而影响生产经营。而这些损失都属于自然不可抗力因素，船公司不需赔付，由货主自行承担损失。

（二）水路运输的功能

水运主要承担大批量，长距离的运输，是在干线运输中起主力作用的运输形式。在内河及沿海，水运也常作为小型运输工具使用，担任补充及衔接大批量干线运输的任务。

（三）水路运输的设施

水路运输技术设施主要是指港口及其附属设施。

1.港口

港口通常是指水港，是由水域和陆域两大部分组成。水域是供船舶进出港以及在港内运转、锚泊和装卸作业使用的。因此，要求水域有足够的深度和面积，水面基本平静、流速和缓，以使船舶安全操作。陆域是供货物装卸、堆存和转运使用的，主要包括码头和泊位、仓库和堆场、铁道专用线和汽车线、装卸机械和辅助生产设施等部分。因此，要求陆域要有适当的岸线长度和纵深。港口是运输网络中水陆运输的枢纽，是货物的集散地，船舶与其他运输工具的衔接点；它可提供船舶靠泊、旅客上下船、货物装卸、储存、驳运以及其他相关业务，并具有明确的水域和陆域范围。

2.水运航线

水运航线是指船舶在两个或多个港口之间从事客货运输的路线。水运航线由航道、航标和灯塔构成。航道是以水上运输为目的所规定或设置（包括建设）的船舶航行通道，是具备一定深度和宽度的适用于航行的长条水体。航道的航运条件由深度、宽度、曲度、流速、流向和流态 6 个因素组成。航标是河流、湖泊、运河和水库等水域中的导航设施，是供准确标示航道的方向、界限、航道内其他附近的水上或水下障碍物和建筑物，揭示出航道的最小深度及供船舶测定方位之用。灯塔是航标中功能最为丰富的一种，一般有人看守，主要用于海上航运，起到船舶测定方位及向船舶提供及时的航运环境信息的作用。

3.港界

港界是港口范围的边界线。根据地理环境、航道情况、港口设备以及港内工矿企业的需要等进行规定。一般利用海岛、山角、河岸突出部分、岸上显著建筑物，或者设置灯标、灯桩、浮筒等，作为规定港界的标志，也有按经纬度划分的。

4.港区

港区指港界范围以内经当地政府机关划定的由港务部门管理的区域（包括

陆域和水域）。一般不包括所属小港、站、点。

5. 港口作业区

将港口划分为几个相对独立的装卸生产单位，称为港口作业区。划分作业区可使同一货种最大限度地集中到一个作业区内进行装卸，因而可以提高机械化、自动化程度和充分发挥机械设备的效率。

6. 码头。供船舶靠泊、货物装卸和旅客上下的水上建筑物。

7. 泊位。泊位指供一艘船舶靠泊的一定长度的码头。

四、航空运输

航空货物运输也叫航空货运，是使用飞机或其他航空器进行运输的一种形式，是现代物流中的重要组成部分，主要提供安全、快捷、方便和优质的服务。

（一）航空运输的特点

1. 速度快，时间效益好。从航空业诞生之日起，航空运输就以快速而著称。到目前为止，飞机仍然是最快捷的运输工具。普通的喷气飞机速度可达 900km/h，比火车或轮船的速度要快得多，这是航空运输的最大优点。大大提高了运输效率，节约了运输时间。但是，正点率的高低、进出港手续的快慢，对于总体实际运输时间影响很大。

2. 路程最短，路线灵活。一般来讲，飞机在空中飞行路线为直线，不易受地面地形影响，相较于其他运输方式，其运输路程最短；由于在空中，相对于需要道路的铁路、公路、需要水路的轮船，飞机受路线制约要小得多，有较多的空域路线可供选择。

3. 舒适度高。喷气式飞机的飞行高度可达 1000m，超越对流层，平稳无颠簸。现代化的飞机设备齐全，舒适度更是大大提高。

4. 安全度高。按照单位运输量衡量，航空运输的事故发生率是最低的。

5. 载运能力低，单位运输成本高。因飞机的机舱容积和载重能力较小，因此，单位运输周转量的能耗较大。除此之外，机械维护及保养成本也很高。

6. 受气候条件限制。因飞行条件要求很高（保证安全），航空运输在一定程度上受到气候条件的限制，从而影响运输的准点性与正常性。

7.可达性差。通常情况下，航空运输都难以实现客货的"门到门"运输，必须借助其他运输工具（主要为汽车）转运。

（二）航空运输的功能

航空运输的单位成本很高，因此，主要适合运载的货物有两类，一类是价值高，运费承担能力较强的货物，如贵重设备的零部件、高档产品等；另一类是紧急需要的物资，如救灾抢险物资等。

（三）航空运输的设备与设施

1.航线

民航从事运输飞行，必须按照规定的线路进行，这种线路叫作航空交通线，简称航线。空运航线是地球表面的两个点之间的连线相对应的空中航行线路，是对飞机飞行规定的线路，也称为航空交通线，它规定了飞机飞行的具体方向、起讫与经停地点以及所使用的航路。航路是一条特别规划的飞行通道，即以空中走廊形式划定的飞行管制区，它有一定的宽度（一般为15km）和飞行高度层，其中设有无线电导航设备。每架飞机都是在自己专用的空中走廊飞行，与其他的飞机保持一定的空间间隔。

2.航空港

航空港是航空运输的经停点，又称航空站或机场，是供飞机起降、停放及组织保障的场所。

航空港按照所处的位置不同，分为干线航空港和支线航空港。按业务范围，可分为国际航空港和国内航空港。

3.航空器

航空器是指在大气层中飞行的飞行器，物流运输中的航空器主要是指飞机。窄体飞机的机身宽约3m，旅客座位之间有一条走廊，这类飞机一般只能在下货舱装运散货。用于物流领域的飞机主要有货机和客货机两类。客货机以运送旅客为主，运送货物为辅。货机专门用于运送各类货物。现役货机多由客机改装而来，目前世界上最大的货机是B747F，该机可载货100t，拥有56m³的载货容积或29个航空标准箱舱位。

五、管道运输

管道运输是通过一定的压力差以管道输送流体货物的一种现代运输方式，而货物通常是液体和气体，是传统运输网络中干线运输的特殊组成部分。就液体与气体而言，凡是在化学上稳定的物质都可以用管道运送。因此，废水、泥浆、水甚至啤酒都可以用管道传送。

另外，管道对于运送石油与天然气十分重要，它随着石油工业的发展而发展，并随着石油、天然气等流体燃料需求的增加而迅速发展，逐渐形成沟通能源产地、加工场所及消费者的输送工具。管道不仅可以修建在一国之内，还可连接国际甚至洲际，成为国际、洲际能源调剂的大动脉。

（一）管道运输的特点

1.运量大，耗能少，运输费用低

由于管道能够进行不间断地输送，输送连续性强，不产生空驶，运输量大。管径529mm的一条输油管道，可年输已凝高黏原油1000万t以上；630mm的输油管道，可年输已凝高黏原油1500万t以上；720mm的输油管道，可年输已凝高黏原油2000万t以上，相当于一条铁路的运量；管径1220mm的管道，年输量亿吨以上。而且，管道运输费用很低。例如：输送每吨千米轻质原油的能耗大约只有铁路的1/17～1/2，成品油运费仅为铁路的1/6～1/3，接近于海运，且无须装卸、包装、无回程空驶问题。

2.占地少，损耗低，对环境保护影响小

运输管道可以通过河流、湖泊、铁路、公路甚至翻越高山、横跨沙漠、穿过海底走捷径，从而缩短起讫点的运输距离。例如，中国西气东输管道途经戈壁、沙漠、干旱半干旱、黄土高原、草原林地、晋豫土石山区及黄淮、江淮平原耕地，共穿越大中型河流68次，其中3次穿越黄河，1次穿越长江，1次穿越淮河，12次穿越古长城。除泵站、首末站占用一些土地外，运输管道多埋于地下，其埋入地下部分通常占管道总长度的95%以上，其永久占用土地很少。同时，管道运输不产生噪声，输送的油、气等密闭于管道中，损耗少，货物漏失污染小。据西欧石油管道的统计，漏失污染量仅为输送量的4%。

3.稳定性强，便于管理

管道埋于地下，不受外界气候变化的影响，并且很少出现故障，可以长期稳定运行。管道运输自动化运行，易于远程监控，维修量小，劳动生产率较高。

4.投资大，灵活性差，对输送货物有特定要求

初期管道建设投资较大，且只能输送气态、液态或浆状的物品，只有接近管道的用户才能使用，输送量范围狭窄，适用于长期定向、定点输送。输送量变化幅度过大，则管道的优势难以发挥。

（二）管道运输的发展状况

截至 2021 年底，中国输油气管道总里程 15 万 km。中俄东线天然气管道正式投产通气，标志着中国四大油气进口通道全部建成。该线路起自俄罗斯东西伯利亚，由布拉戈维申斯克进入中国黑龙江省黑河，满负荷运行后，每年供气能力将高达 380 亿 m^3。

六、运输方式的决策

选择运输方式时，通常是在保证运输安全的前提下再衡量运输时间和运输费用，当到货时间得到满足时再考虑费用低的运输方式。当然，计算运输费用不能单凭运输单价的高低，而应对运输过程中发生的各种费用以及对其他环节费用的影响进行综合分析。

（一）考虑各种运输方式的技术经济特征

根据上述分析，各种运输方式的技术经济特征可以概括为主要包括运输速度、运输工具的容量及线路的运输能力、运输成本、经济里程、环境保护五个方面，如表5-1所示。

表 5-1 各种运输方式的技术经济特征

技术经济特征	详　　述
运输速度	物流运输的产品是货物的空间位移,以什么样的速度实现它们的位移是物流运输的一个重要技术经济指标。决定各种运输方式运输速度的一个主要因素是各种运输方式载体能达到的最高技术速度
运输工具的容量及线路的运输能力	由于技术及经济的原因,各种运输方式的运载工具都有其适当的容量范围,从而决定了运输线路的运输能力
运输成本	物流运输成本主要由四项内容构成:基础设施成本、转运设备成本、营运成本和作业成本
经济里程	运输的经济性与运输距离有紧密的关系,不同运输方式的运输距离与成本之间的关系有一定的差异
环境保护	运输业是污染环境的主要产业部门,运输业产生环境污染的直接原因有以下几个方面:空间位置的移动;交通设施的建设;载运的客体

(二)影响运输方式选择的因素分析

影响运输方式选择的因素包括:

1.货物的特性:货物的价值、形状、单件的重量、容积,危险性,变质性等都是影响运输方式选择的重要因素。

2.可选择的运输工具:对于运输工具的选择,不仅要考虑运输费用,还要考虑仓储费用以及营运特性等。

3.运输成本:是指为两个地理位置间的运输所支付的费用以及与运输管理、维持运输中存货有关的总费用。

4.运输时间:是指从货源地发货到目的地接受货物之间的时间。运输时间的度量是货物如何快速地实现发货人和收货人之间"门到门"的时间,而不仅仅是运输工具如何快速移动,货物从运输起点到终点的时间。

5.运输的安全性:运输的安全性包括所运输货物的安全和运输人员的安全,以及公共安全。对运输人员和公共安全的考虑也会影响到货物的安全措施,进而影响到运输方式的选择。

第三节 运输合理化

运输合理化就是按照商品流通规律、交通运输条件、货物合理流向、市场供需情况、行驶最短里程，经最少环节、用最合适的动力、花最低费用、以最快速度，将货物从生产地运到消费地。即用最少的劳动消耗，运输更多的货物，取得最佳的经济效益。

一、不合理运输方式

物流中的运输不合理是指不注重经济效果，造成运力浪费，运费增加，货物流通速度降低，货物损耗增加的运输现象，从业人员应在实际工作中尽量避免。

物流运输不合理的表现主要有以下几种类型：

（一）空驶

机动车辆等没有载货或载客而空着行驶，这是不合理运输中最严重的现象。造成这种现象的主要原因有：

1. 能利用社会化的运输体系而不利用，却依靠自备车送货提货，导致出现单程空驶的不合理运输；

2. 由于工作失误或计划不周，造成货源不实，车辆空去空回、形成双程空驶；

3. 车辆过分专用，无法搭运回程货，只能单程实车，单程回空周转。

（二）运能利用不充分

不根据承运货物数量及重量选择，而盲目决定运输工具，造成过分超载、损坏车辆及货物不满载、浪费运力的现象。尤其是"大马拉小车"现象发生较多。

其次装载工具配载不充分，轻重搭配是配载的最简单的原则。装车时注意货物摆放顺序、堆码时的方向，是横摆还是竖放，要最大限度的利用车厢的空间。

（三）对流运输

是指同一种物资或两种能够相互代用的物资，在同一运输线或平行线上，作相对方向的运输，与相对方向路线的全部或一部分发生对流。对流运输又分两种情况：一是明显的对流运输，即在同一运输线上对流。如一方面把甲地的物资运往乙地，而另一方面又把乙地的同样物资运往甲地，产生这种情况大都是由于货主所属的地区不同，企业不同所造成的。二是隐蔽性的对流运输，即把同种物资采用不同的运输方式在平行的两条路线上朝着相反的方向运输，见图5-1所示。

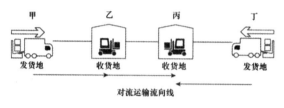

图5-1 对流运输

（四）倒流运输

是指物资从产地运往销地，然后又从销地运回产地的一种回流运输现象。倒流运输有两种形式：一是同一物资由销地运回产地或转运地；二是由乙地将甲地能够生产且已消费的同种物资运往甲地，而甲地的同种物资又运往丙地，见图5-2所示。除非是退货或者返厂重修而引发的倒流运输，否则倒流运输纯粹是一种运力的浪费，其不合理程度要高于对流运输。其原因在于，往返两程的运输都是不必要的，形成了双程的浪费。

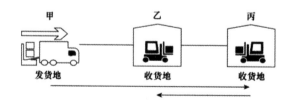

图5-2 倒流运输

（五）迂回运输

是指物资运输舍近求远绕道而行的现象。物流过程中的计划不周，组织不善或调运差错都容易出现迂回现象，如图5-3所示。只有当计划不周、地理不熟、组织不当而发生的迂回，才属于不合理运输，如果最短距离有交通阻塞、道路情况不好或有对噪声、排气等特殊限制而不能使用时发生的迂回，不能称不合理运输。

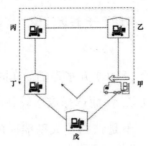

图 5-3 迂回运输

（六）重复运输

是指某种物资本来可以从起运地一次直运到达目的地，但由于批发机构或商业仓库设置不当，或计划不周人为地运到中途地点（例如中转仓库）卸下后，又二次装运的不合理现象，重复运输增加了一道中间装卸环节，增加了装卸搬运费用，延长了商品在途时间，如图5-4所示。

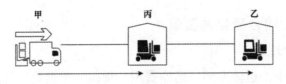

图 5-4 重复运输

（七）过远运输

过远运输是指选择进货单位或调运物资时，可以采取近程运输而未选取，舍近求远而造成的拉长货物运距的浪费现象。过远运输往往是由于厂商信息不对称造成的，或是厂商供应端过于单一造成的。如图5-5所示。

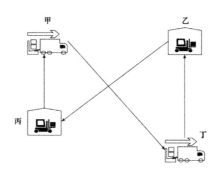

图 5-5 过远运输

（八）运力选择不当

未选择各种运输工具优势：（1）弃水走陆。在同时可以利用水运及陆运时，不利用成本较低的水运或水陆联运，而选择成本较高的铁路运输或汽车运输。（2）铁路、大型船舶的过近运输。不是铁路及大型船舶的经济运行里程却利用这些运力进行运输的不合理做法。

（九）托运方式选择不当

如可以选择整车运输却选择了零担，应当直达却选择了中转运输，应当中转却选择了直达等，没有选择最佳托运方式。

（十）超限运输

忽略了超限货物的长宽高、重量对桥梁、公路等设施造成的危害，造成"祸从货起"的局面。

二、影响运输合理化的要素

（一）运输距离

在运输过程中，运输时间、运输费用、货损、车辆周转等运输若干经济指标都与运输距离有一定比例关系，运输距离长短是运输是否合理的一个最基本因素。因此物流公司在组织运输时，首先要考虑运输距离，尽可能实现运输最优路径。

（二）运输环节

每增加一个运输环节势必要增加运输附属活动及相关费用。如装卸、包装等。各项技术经济指标也会因此发生变化。因此合理减少运输环节，尤其是同类运输工具的运输环节，将对合理运输有一定的促进作用。

（三）运输时间

在全部物流时间中，运输时间占绝大部分，尤其是远程运输，"时间就是金钱，速度就是效益"，运输不及时容易失去销售机会，造成商品积压和脱销。所以运输时间的缩短有利于运输工具加速周转，充分发挥运力作用，争取更多效益。

（四）运输工具

各种运输工具都有其使用的优势领域，对运输工具进行优先选择，要根据不同的商品特点，分别利用汽车、火车、轮船、飞机、管道等不同运输工具。选择最佳的运输路线、合理使用运力、最大限度地发挥所用运输工具的作用，是运输合理化的重要一环。

（五）运输费用

运输费用是衡量物流经济效益的一项重要指标，也是组织合理运输的主要目的之一。运费在全部物流费用中占近乎50%比例，所以，运费高低不仅直接关系到物流企业的经济效益，决定了整个物流系统的竞争能力，而且还影响到货主企业的生产和销售。尽可能地降低运输费用，无论对于企业还是货主都是一个重要目标，也是判断各种运输合理化措施是否行之有效的重要依据。

上述五个要素既相互联系，又相互影响，甚至是相互矛盾的，有时运输时间短了费用却不一定省。这就要求进行综合分析寻找最佳方案，因为运输时间和运输费用这两项要素集中体现了运输的经济效益。

三、物流运输合理化的有效措施

（一）合理选择运输方式

各种运输方式都有各自的使用范围和不同的技术经济特征，选择时应进行比较和综合分析。首先，要考虑运输成本的高低和运行速度的快慢，甚至还要考虑商品的性质、数量的大小、运距的远近、货主需要的缓急及风险程度。

开展中短距离铁路公路分流，采取"以公代铁"的运输。这一措施的要点，是在公路运输经济里程范围内，或者经过论证、超出通常平均经济里程范围，也尽量利用公路。这种运输合理化的表现主要有两点：一是对于比较紧张的铁

路运输，用公路分流后，可以得到一定程度的缓解，从而加大这一区段的运输通过能力；二是充分利用公路从门到门和在中途运输中速度快且灵活机动的优势，实现铁路运输服务难以达到的水平。

（二）合理选择运输工具

根据不同商品的性质、数量，选择不同类型、额定吨位及对温度、湿度等有要求的运输车辆。

（三）正确选择运输线路

运输线路的选择，一般应尽量安排直达、快速运输，尽可能简化运输系统，减少中间环节，缩短运输时间，降低运输成本。在通常情况下，单位商品的运输成本与运输距离成正比，与运输商品的数量成反比。因此，理想的运输服务系统应该是在运输距离固定的情况下，追求运输商品数量的最大化。而在运输商品数量不足的情况下，追求运输距离的最小化。理想的运输服务系统的解决方案是将长距离、小批量、多品种的商品运输整合起来，统一实施调度分配，并按货物的密度分布情况和时间要求，在运输过程的中间环节适当安排一些货物集散地，用以进行货运的集中、分装、组配。实行小批量、近距离运输和大批量、长距离干线运输相结合的联合运输模式，并通过线路优化和有效配载降低物流运输成本。

在长距离的运输中，回程配载可以极大地降低运输成本。如果长途货物运输回程实现有效配载，则单位商品的运输距离由往返减为单程。距离减半，运输成本降低50%。

（四）直达运输

就是在组织货物运输过程中，越过仓库环节或铁路、公路等中转环节，把货物从产地或起运地直接运到销地或用户，以减少环节。直达运输是追求运输合理化的重要形式，其对合理化的追求要点是通过减少中转、换载来提高运输速度，节省装卸费用，降低中转货损。直达的优势，尤其是在一次运输批量和用户一次需求量达到了一整车时表现最为突出。近年来，直达运输的比重逐步增加，它为减少物流中间环节创造了条件。特别值得一提的是，如同其他合理化运输一样，直达运输的合理性也是在一定条件下才会有所表现，如果从用户需求来看，批量大到一定程度，直达是合理的，批量较小时中转是合理的。

（五）提高货物包装质量并改进配送中的包装方法

货物运输线路的长短、装卸次数的多少都会影响到商品的完好，所以，应合理地选择包装物料，以提高包装质量。另外，有些商品的运输线路较短，且要采取特殊放置方法（如烫好的衣服应垂挂），则应改变相应的包装。货物包装的改进，对减少货物损失、降低运费支出、降低商品成本有明显的效果。

（六）提高运输工具的实载率

实载率的含义有两个：一是单车实际载重与运距之乘积和标定载重与行驶里程之乘积的比率，在安排单车、单船运输时，它是判断装载合理与否的重要指标；二是车船的统计指标，即在一定时期内实际完成的货物周转量（吨千米）占载重吨位与行驶千米乘积的百分比。

提高实载率如进行配载运输等，可以充分利用运输工具的额定能力、减少空驶和不满载行驶的时间、减少浪费，从而求得运输的合理化。

组织轻重配装。提高运输工具实载率，充分利用运输工具的额定能力，可以减少车船空驶和不满载行驶的时间，减少浪费，从而求得运输的合理化。例如，把实重货物和轻泡货物组装在一起，既可以充分利用车船装载容积，又能达到装载重量，以提高运输工具的使用效率。

实行解体运输。对一些体大笨重、不易装卸又容易碰撞致损的货物，例如，自行车、缝纫机、科学仪器、机械等，可将其拆卸装车，分别包装，以缩小所占空间，并易于装卸和搬运，以提高运输装载效率、降低运输成本。

高效的堆码方法。根据车船的货位情况和不同货物的包装形状，采取各种有效的堆码方法，譬如多层装载、骑缝装载、紧密装载等，以提高运输效率。当然，推进物品包装的标准化，逐步实行单元化、托盘化，是提高车船装载技术的一个重要条件。

（七）减少劳力投入，增加运输能力

运输的投入主要是能耗和基础设施的建设，在运输设施固定的情况下，应

尽量减少能源动力投入，从而大大节约运费、降低单位货物的运输成本，达到合理化的目的。如在铁路运输中，在机车能力允许的情况下，多加挂车皮；在内河运输中，将驳船编成队行，由机运船顶推前进；在公路运输中，实行汽车甩挂运输，以增加运输能力等。

（八）发展社会化的运输体系

运输社会化的含义是发展运输的大生产优势，实行专业化分工，打破物流企业自成运输体系的状况。单个物流公司车辆自有，自我服务，难以形成规模，且运量需求有限，难以自我调剂，因而经常容易出现空缺、运力选择不当、不能满载等浪费现象，且配套的接、发货设施，装卸搬运设施也很难有效地运行，因此浪费颇大。

实行运输社会化，可以统一安排运输工具，避免多种不合理运输现象，不但可以追求组织效益，而且可以追求规模效益。社会化运输体系中，各种运输方式的联运是社会化运输体系中水平较高的方式，这种方式充分利用面向社会的各种运输系统，进行合理的运输网络的优化，减少不必要的运输环节，或通过协议进行一票到底的运输，有效打破了一家一户的小生产，提高了规模效益，降低了成本。发展共同运输或共同配送。参加共同运输计划，通常意味着一家货运代理、共同仓储或运输公司为在相同市场中的多个货主安排集运。提供共同输送的公司通常具备大批量送货目的地的长期送货约定。在这种安排下，集运公司通常为满足客户的需要而完成增加附加值的服务，诸如分类、排序、进口货物的单据处理。

（九）进行必要的流通加工

有不少产品由于本身形态及特性问题，很难实现运输的合理化。如果进行适当加工，针对货物本身的特性进行适当的加工，就能够有效解决合理运输的问题，例如，将造纸材料在产地先加工成纸浆后压缩体积。

四、物流运输合理化的意义

物流运输合理化就是在保证物资流向合理的前提下，在整个运输过程中，确保运输质量，以适宜的运输工具、最少的运输环节、最佳的运输线路、最低的运输费用使物资运至目的地。其意义体现在以下三个方面。

1.首先，物流运输合理化，可以充分利用运输能力，提高运输效率，促进各种运输方式的合理分工，以最小的社会运输劳动消耗，及时满足国民经济的运输需要。

2.其次，物流运输合理化，可以使货物走最合理的路线，经最少的环节，以最快的时间，取最短的里程到达目的地，从而加速货物流通，既可及时供应市场，又可降低物资部门的流通费用，加速资金周转，减少货损货差，取得良好的社会效益和经济效益。

3.再次，物流运输合理化，可以消除运输中的种种浪费现象，提高商品运输质量，充分发挥运输工具的效能，节约运力和劳动力。否则，不合理运输将造成大量人力、物力、财力浪费，并相应地转移和追加到产品中去，人为地加大了产品的价值量，提高产品价格，从而加重需求方的负担。

运输合理化的影响因素很多，起决定作用的有运输距离、运输环节、运输时间、运输工具、运输费用等五个因素，称作合理运输的"五要素"。由于运输是物流中最重要的功能要素之一，物流合理化在很大程度上依赖于运输合理化。

案例分析

中欧班列助力"一带一路"

中欧班列是由中国铁路总公司组织，按照固定车次、路、班期和全程运行时刻开行运行于中国与欧洲以及"一带一路"沿线国家间的铁路集箱国际联运列车，是中国深化与沿线国家经贸合作的重要载体和推进"一带一路"建设的重要抓手。2017年底，依托西伯利亚大陆桥和新亚欧大陆桥，已初步形成西、中、东三条中欧班列运输通道。自2011年首次开行以来，中欧班列发展势头迅猛，辐射范围快速扩大，货物品类逐步拓展，开行质量大幅提高。

中欧铁路运输通道布局

中欧班列包含西、中、东3条运行通道：西部通道由中国中西部经阿拉山

口（霍尔果斯）出境，中部通道由中国华北地区经二连浩特出境，东部通道由中国东南部沿海地区经满洲里（芬河）出境。

西部通道。一是由新疆阿拉山口（霍尔果斯）岸出境，经哈萨克斯坦与俄罗斯西伯利亚铁路相连，途经白俄罗斯、波兰、德国等，通达欧洲各国。二是由霍尔果斯（阿拉山）岸出境，经哈萨克斯坦、土库曼斯坦、伊朗、土耳其等国，通达欧洲各国；或经哈萨克斯坦跨里海，进入阿塞拜疆、格鲁吉亚、保加利亚等国，通达欧洲各国。三是由伊尔克什坦，与规划中的中吉乌铁路等连接，通向吉尔吉斯斯坦、乌兹别克斯坦、土库曼斯坦、伊朗、土耳其等国，通达欧洲各国。

中部通道。由内蒙古二连浩特口岸出境，途经蒙古国与俄罗斯西伯利亚铁路相连，通达欧洲各国。

东部通道。由内蒙古满洲里（黑龙江绥芬河）口岸出境，接入俄罗斯西伯利亚铁路，通达欧洲各国。

中欧班列通道不仅连通欧洲及沿线国家，也连通东亚、东南亚及其他地区；不仅是铁路通道，也是多式联运走廊。

三大通道主要货源吸引区分别为：

西部通道：西北、西南、华中、华南等地区，经陇海、兰新等铁路干线运输。

中部通道：华北、华中、华南等地区，经京广、集二等铁路干线运输。

东部通道：东北、华东、华中等地区，经京沪、哈大等铁路干线。

"渝新欧"国际铁路联运大通道

"渝新欧"国际铁路联运大通道是首条开通的中欧班列，也是"丝绸之路经济带"中国货运专列中发展最好的国际货运专列。"渝新欧"国际铁路联运大通道利用南线欧亚大陆桥国际铁路通道，从重庆出发，经西安、兰州、乌鲁木齐，向西过北疆铁路，到达边境口岸阿拉山口，进入哈萨克斯坦，再经俄罗斯、白俄罗斯、波兰，至德国的杜伊斯堡，全长 11179 km，由沿途 6 个国家铁路、海关部门共同协调建立。"渝"指重庆，"新"指新疆阿拉山口，"欧"指欧洲，合称"渝新欧"。重庆出发的货物，通过渝新欧铁路线运输，沿途通关监管互认，信息共享，运输全程只需一次报，一次查验，一次放行，共需 12 天，较海运节约近 30 天，价格为空运的五分之一。

依托铁路集箱中心为始发点的中欧班列——"渝新欧"，将笔记本电脑、服装鞋帽、机电设备等产品从重庆输送到欧洲，再从欧洲将名牌汽车、红酒、牛奶等产品运回到中国。因其运输比海运快、较空运便宜，加上保税带来的资金沉淀，"渝新欧"班列为中外企业带来了诸多的实惠和便利。

中欧班列建设问题

中欧班列近两年的快速发展得益于国家的"一带一路"倡议，更离不开相关地方政府的努力推动。然而，与"中欧班列"繁荣发展同时出现的是各条线路运营情况参差不齐特征日渐明显。客观来看，中欧班列的未来发展须解决以下突出问题。

首先，政府角色问题。中欧班列作为"一带一路"建设的重点，其发展离不开中央和地方政府的规划、支持和参与，但是，从根本上看，只有企业与市场的力量扮演真正的主角才具有长远的前景。各级政府在中欧班列建设和运营过程中应起规划与调控、引导与规范、监管和服务等作用，而不能代替企业承担经营管理工作。

其次，运输成本问题。成本居高不下是各条中欧班列线路普遍面临的突出问题。与当前国际贸易的主要货物运输方式海运相比，陆地铁路通道的优势和劣势同样明显。与海运相比，铁路运输的显著优势是运输时间短，约为海运的 1/3；劣势是运输成本高，约高出海运 2 倍甚至更多。导致中欧班列成本居高不下的原因多种多样，比如物料及建设成本问题、通关问题、换轨问题、极端气候问题、货源不足问题等。因此，如何节约和降低成本关系中欧班列的未来。

最后，统筹协调问题。中国相关地方政府在中欧班列开通过程中发挥关键作用。这导致全国已经开通的各条中欧班列基本处于各自为政的状态。但是，随着中欧班列开通的数量不断增加，地区间的统筹协调更利于中欧班列的发展和国家利益的实现。2016 年 4 月，"一带一路"中欧国际货运联盟成立，联盟选定乌鲁木齐作为中欧国际货运班列西部方向的集结中心，开展对全国各地中欧国际货运班列及其返程班列集结班组作业。乌鲁木齐集结中心的运营经验将

为整个中欧班列的国内统筹优化提供借鉴。

中欧班列创新举措

中欧班列的运行将完善国际陆路贸易规则。陆路贸易是指以火车和卡车为主要运输工具进行的贸易。由于过去中国和欧洲的贸易主要是通过海运完成，贸易规则并不适应西部地区以铁路为主的方式。因此，陆上贸易规则的建立，是以中欧班列为基础，探索中欧陆路贸易立法体系的建立。

第一，海关方面实施舱单合并。以往舱单管理办法为一单一核，若不采用舱单归并模式，过关单"一单一核"，录入报关与报关程序需占用不少时间，此期间班列只能停留在外。以"长安号"为例，"长安号"回程班列43个车皮，原本要报43票，此举极为影响通关效率。"长安号"回程班列采取舱单归并，将43个舱单按照货物种类归并为2个，大大减少了申报时间。

第二，在检验、检疫环节也实施了革新。此前，进口货物需在入境口岸检验检疫，待检验检疫完备后才决定是否放行，而该程序一般需要数日。货运涉及粮食和食品，口岸的检验、检疫将多达数十项，若停在过境口岸，企业的物流时间和成本都会大大增加。一旦货物停留在阿拉山口，会增加物流成本。以"长安号"回程班列为例，班列在阿拉山口取样后即放行，并同时在口岸实施检验，待班列抵达目的地，检验检疫结果也会出来，陕西方面则负责后续监管。车辆不必在边境口岸等检验结果，班列可节省大量停留时间。

中欧班列发展展望

随着"一带一路"建设不断推进，中国与欧洲及沿线国家的经贸往来发展迅速，物流需求旺盛，贸易通道和贸易方式不断丰富和完善，为中欧班列带来了难得的发展机遇。但是也要看到，中欧班列仍处于发展初期，还存在综合运输成本偏高、无序竞争时有发生、供需对接不充分、通关便利化有待提升，以及沿线交通基础设施和配套服务支能力不足等问题，迫切需要加以规范和发展完善。《中欧班列建设发展规划（2016—2020年）》明确提出了完善国际贸易通道、加强物流枢纽设施建设、加大货源整合力度、创新服务模式、建立完善价格机制、构建信息服务平台、推进便利化大通关的七大任务，着力优化运输组织及集疏运系统，提高中欧班列运行效率和效益。总之，中欧班列是"一带一路"建设的国家重点，也是"一带一路"的品牌形象。其推进不仅关系"一带一路"整合国家发展资源，也关系中国与沿线国家的互联互通。尽管中欧班列起点在中国、终点在欧洲，但它形成的物流网、信息网、价值网将把中欧之间广大沿线国家和地区凝聚在一起共创、共享发展成果。在优化整合期，中欧班列应着重机制建设，应重点考虑建立各级政府的有序退出机制和严格监管机制，在全国范围内形成有效的协调机制，政企各负其责，培育中欧班列的核心竞争力，从而为"一带一路"建设提供坚实支撑。

思考题：

1. 请举例说明不合理运输的各种表现形式。

2. 降低运输成本的措施有哪些？

3. 简述各种运输方式的特点。

4. 什么是运输合理化？实现运输合理化的措施有哪些？

第 六 章

装卸搬运

本章主要从装卸搬运与物流其他环节的相关性出发，阐明装卸搬运在现代物流中的功能地位和改进要点。

第一节　装卸搬运概述

一、装卸搬运的概念

在日常生活中装卸和搬运两者相伴随而产生，一般不加以区分。在物流学中，装卸和搬运却是两个概念。在同一地域范围内（如车站范围、工厂范围、仓库内部）以改变物的存放、支撑状态的活动称为装卸；以改变物的空间位置的活动称为搬运。根据《物流术语》（GB/T18354-2021）的定义，物品在指定的地点以人力或机械方式对物品进行载上、载入或卸下、卸出的作业过程，称为装卸；在同一场所内，以人力或机械方式对物品进行空间移动的物流作业称为搬运。当然，由于两者相伴产生，在物流实践中并不过分强调两者的差别。

搬运的"运"与运输的"运"的区别之处在于，搬运是在同一地域的小范围内发生的，而运输则是在较大范围内发生的，两者是从量变到质变的关系，中间并无绝对的界限。

二、装卸搬运与物流其他环节的相关性

装卸搬运是"物品从供应地到使用地的实体流动过程"中的有机构成，无论是生产领域的加工、组装、检测，还是流通流域的包装、运输、储存，装卸搬运都是必不可少的作业环节。装卸搬运过程中要付出大量的时间成本及机械力与人力成本，因此，减少物流装卸搬运的成本、提高作业效率是现代物流中研究装卸搬运的要旨。

三、装卸搬运的特点及其在物流中的功能地位

（一）装卸搬运的特点

与物流环节的其他活动相比，装卸搬运活动一般呈现出以下特点：

1.装卸搬运是服务性活动。装卸搬运不产生有形的产品，不消耗作业对象，不排放废弃物，不占用大量流动资源；装卸搬运不改变作业对象的物理、化学、几何、生物等方面的性质，也不改变作业对象的相互关系（指零件组装成部件或机器、机械设备拆解为零、部件等），没有提高作业对象的价值和使用价值的功能。

2.装卸搬运是附属性、伴生性的活动。装卸搬运是物流作业中每一项活动开始及结束时必然发生的活动，因而时常被人忽视，常常被人们看作是其他物流操作时的必然组成部分。例如，一般而言的铁路运输，实际包含了相随的装卸搬运；仓库保管中的劳动，也含有装卸搬运劳动。

3.装卸搬运是复杂性、保障性活动。货物装卸搬运改变物料存放状态和几何位置者居多，作业比较单纯，但由于它经常和运输、存储紧密衔接，除装卸搬运外，还要同时进行堆码、装载、加固、计量、取样、检验、分拣等作业，以保证充分利用载运工具、仓库的载重能力与容量，因此作业是比较复杂的。装卸搬运的科学与否决定了其他物流活动的质量和速度。例如，装车不当，会引起运输过程中的损失；卸放不当，会导致货物转换成下一个环节时的困难。简而言之，物流其他环节的活动在装卸搬运有效的支持下，才能实现高水平运转。

4.装卸搬运是衔接性的活动。在任何其他物流活动互相过渡时，都是以装

卸搬运来衔接，因而，装卸搬运往往成为整个物流"瓶颈"，是物流各功能之间能否形成有机联系和紧密衔接的关键。

（二）装卸搬运在现代物流中的功能地位

在物流过程中，装卸活动是不断出现和反复进行的，它出现的频率甚至高于其他各项物流活动。由于每次装卸活动都要消耗相当的人力和物力，同时也要花费较长时间，所以往往成为决定物流速度和物流成本的重要因素。例如，中国铁路运输的始发和到达环节的装卸作业费占运费的 20% 左右，水运则占 40% 左右。火车货运以 500km 为节点，运距超过 500km，运输在途时间多于起止的装卸时间；运距低于 500km，装卸时间则超过实际运输时间。

此外，进行装卸操作时往往需要接触货物，因此，这是在物流过程中造成货物破损、散失、损耗、混合等损失的主要环节。例如，袋装水泥纸袋破损和水泥散失主要发生在装卸过程中，玻璃、机械、器皿、煤炭等产品在装卸时最容易造成损失。

由此可见，装卸活动是影响物流效率、决定物流质量及经济效益和社会效益的重要环节。

第二节　装卸搬运作业

一、装卸搬运作业的构成

装卸搬运作业主要包括：

装卸活动：将物品装上运输设备或由运输设备卸下。

搬运活动：实现物品距离的水平移动。

存取活动：在保管场所将物品存入或取出。

分类活动：将物品按品种、规格、发货方向、顾客需要等进行分类。

堆码活动：将物品按分类进行码放或堆垛。

理货活动：将物品备齐，以便随时装货。

在物流现实运作中，以上活动往往是连贯进行的。

二、装卸搬运作业的分类

装卸搬运作业可以分为许多类型，不同的类型的成本和效率不同，与物流其他环节的关联性强弱也不同。

（一）根据装卸搬运施行的物流设施、设备对象分类

可分为仓库装卸、铁路装卸、港口装卸、汽车装卸、飞机装卸等。

仓库装卸以配合出库、入库、维护保养等活动进行，并且以堆垛、上架、取货等操作为主。

铁路装卸是对火车车皮的装进及卸出，一次作业就实现一车皮的装进或卸出，很少有像仓库装卸时出现的整装零卸或零装整卸的情况。

港口装卸包括码头前沿的装船，也包括后方的支持性装卸，有的港口装卸还采用小船在码头与大船之间"过驳"的办法，其装卸流程较为复杂，往往经过几次的装卸及搬运作业才能最后实现船与陆地之间货物的过渡。

汽车装卸一般一次装卸批量不大，由于汽车的灵活性，在实践中可以减少或根本减去搬运活动，而单纯利用装卸作业达到车与物流设施之间货物过渡的目的。

（二）根据装卸搬运的机械及机械作业方式分类

可分成吊车的"吊上吊下"方式，使用叉车的"叉上叉下"方式，使用半挂车或叉车的"滚上滚下"方式，"移上移下"方式及"散装散卸"方式等。

"吊上吊下"方式。采用各种起重机械从货物上部起吊，依靠起吊装置的垂直移动实现装卸，并在吊车运行的范围内或回转的范围内实现搬运。由于吊起及放下属于垂直运动，这种装卸方式属垂直装卸。

"叉上叉下"方式。采用叉车从货物底部托起货物，并依靠叉车的运动进行货物位移，搬运完全靠叉车本身，货物可不经中途落地直接放置到目的处。这种方式垂直运动不大而主要是水平运动，属水平装卸方式。

"滚上滚下"方式。主要指港口装卸的一种水平装卸方式。利用叉车或半挂车、汽车承载货物，连同车辆一起开上船，到达目的地后再从船上开下，称"滚上滚下"方式。利用叉车的"滚上滚下"方式，在船上卸货后，叉车必须离船；利用半挂车、平车或汽车，则拖车将半挂车、平车拖拉至船上后，拖车开下离船而载货车辆连同货物一起运到目的地，再原车开下或拖车上船拖拉半挂车、平车开下。"滚上滚下"方式需要有专门的船舶，对码头也有不同要求，这种专门的船舶称"滚装船"。

"移上移下"方式。主要指在两车之间（如火车及汽车）进行靠接，然后利用各种方式，不使货物垂直运动，而靠水平移动从一个车辆上推移到另一车辆上，称"移上移下"方式。"移上移下"方式需要使两种车辆水平靠接，因此，需要对站台或车辆货台需进行改变，并配合移动工具才能够实现这种装卸。

"散装散卸"方式。对散装物进行装卸。一般从装点直到卸点，中间不再落地，这是集装卸与搬运于一体的装卸方式。

（三）根据被装物的主要运动形式分类

可分垂直装卸、水平装卸两种形式。

垂直装卸采用垂直升降电梯、巷道起重机、电动传输装置以及吊车等作业方式。

水平装卸搬运方式采用辊道输送机、链条输送机、悬挂式输送机、皮带输送机以及手推车、无人搬运车等作业方式。

（四）根据装卸搬运对象分类

可分成散装货物装卸、单件货物装卸、集装货物装卸等。

散装货物装卸，是指对煤炭、矿石、粮食、化肥等块、粒、粉状物资，采用重力法（通过筒仓、溜槽、隧洞等方法）、倾翻法（铁路的翻车机）、机械法（抓、舀等）、气流输送法（用风机在管道内形成气流，利用压差来输送）等方法进行装卸。

单件货物装卸，是指单件、逐件装卸搬运的方法，这是以人力作业为主的作业方法。对于体积过大，形状特殊，即使有机械也不便于采用集装化作业的货物，或是出于安全考虑不便于利用机械的情况下，需使用单件货物装卸的方法。

集装货物装卸，是指先将货物化零为整，再进行装卸搬运的方法。包括集装箱作业法、托盘作业法、货捆作业法、网装作业法以及挂车作业法等。

（五）根据装卸搬运的作业特点分类

可分成连续装卸与间歇装卸两类。

连续装卸主要是同种大批量散装或小件杂货通过连续输送机械，连续不断地进行作业，中间无停顿，货间无间隔。

间歇装卸有较强的机动性，装卸地点可在较大范围内变动，主要适用于货流不固定的各种货物，尤其适于包装货物、大件货物，散粒货物也可采取此种方式。

第三节　装卸搬运合理化

装卸搬运合理化是指以尽可能少的人力和物力消耗，高质量、高效率地完成仓库的装卸搬运任务，保证供应任务的完成。装卸搬运合理化，是针对装卸不合理而言的。合理与不合理是相对的，由于各方面客观条件的限制，不可能达到绝对合理。

一、装卸搬运作业合理化的要求

装卸搬运合理化是指以尽可能少的人力和物力消耗，高质量、高效率地完成仓库的装卸搬运任务，保证供应任务的完成。装卸搬运合理化的具体要求包括：

（一）装卸搬运次数最少

比如与运输一体化考虑时，采用何种运输工具运输会影响到装卸搬运的次数。一般来说汽车运输物品的装卸搬运次数少于火车运输的装卸搬运次数。

（二）装卸搬运距离最短

比如与包装一体化考虑时，用什么方法包装会影响到装卸搬运的距离。一般来说小包装在转运时要入库，以防丢失，而集装箱包装省略了仓储的环节，就不存在物品从仓库入口到仓位之间的搬运了。

（三）各作业环节衔接要好

比如火车站台与火车车厢之间的距离，就是运输与装卸之间的衔接问题。在站台上进行装卸，火车分管运输，当站台与火车车厢在一个水平线上时，装卸搬运可以省力，而火车也可以提高运营效率。

（四）库存物品的装卸搬运活性指数较高、可移动性强

比如在仓库笼下安装方向轮，大大减少搬运动力支出，提高活性指数，提高搬运效率。

二、实现装卸搬运合理化的途径

装卸搬运的合理化主要有四大途径：实现装卸搬运的高效化、实现装卸搬运的省力化、实现装卸搬运的机械化、实现装卸搬运的组合化。

（一）实现装卸搬运的高效化

1.防止和消除无效作业。所谓无效作业是指在装卸作业活动中超出必要的装卸、搬运量的作业。装卸本身不会提高物品的价值，而且还会因破损、污损等原因降低价值，所以无效的搬运和装卸应尽量避免；无效装卸作业还直接降低装卸搬运的经济效益，为了有效地防止和消除无效作业，要尽量减少装卸次数；要使装卸次数降低到最小，要避免没有物流效果的装卸作业。

2.提高被装卸物料的纯度。物料的纯度，指物料中含有水分、杂质与物料本身使用无关的物质的多少。物料的纯度越高则装卸作业的有效程度越高。反之，则无效作业就会增多。

3.包装要合理。包装的轻型化、简单化、实用化会不同程度地减少作用于包装上的无效劳动。

4.尽量缩短搬运作业的距离。物料在装卸、搬运当中，要实现水平和垂直两个方向的位移，选择最短的路线完成这一活动，就可避免无效劳动。

5.提高装卸搬运的灵活性。商品存放的状态不同，商品的装卸搬运难易程

度也不一样。商品从静止状态转变为装卸搬运运动状态的难易程度称之为装卸搬运活性，用活性指数表示。活性指数分为 0 ~ 4，共 5 个等级。

0 级——物料杂乱地堆在地面上的状态。

1 级——物料装箱或经捆扎后的状态。

2 级——箱子或被捆扎后的物料，下面放有枕木或其他衬垫后，便于叉车或其他机械作业的状态。

3 级——物料被放于台车上或用起重机吊钩钩住，即刻移动的状态。

4 级——被装卸、搬运的物料，已经被启动、直接作业的状态。

从理论上讲，活性指数越高越好，但也必须考虑到实施的可能性。例如，物料在储存阶段中，活性指数为 4 的输送带和活性指数为 3 的车辆，在一般的仓库中很少被采用，这是因为大批量的物料不可能存放在输送带和车辆上的缘故。

（二）实现装卸搬运的省力化

所谓省力，就是节省动力和人力。省力是提高物流效率和效益的重要内容。

省力化装卸搬运的原则是：能往下则不往上；能直行则不拐弯；能用机械则不用人力；能水平则不要上坡；能连续则不间断；能集装则不分散。

在装卸作业中应尽可能地消除重力的不利影响，在有条件的情况下利用重力进行装卸，利用物品本身的重量和落差的原理，减少从下往上的搬运，多利用斜坡，减少摩擦阻力等，都可减轻劳动强度和能量的消耗。例如，将设有动力的小型运输带（板）斜放在货车、卡车或站台上进行装卸，使物料在倾斜的输送带（板）上移动，这种装卸就是靠重力的水平分力完成的。在搬运作业中，不用手搬，而是把物资放在运输工具上，由器具承担物体的重量，人们只要克服滚动阻力，使物料水平移动，这无疑是十分省力的。利用重力式移动货架也是一种利用重力进行省力化的装卸方式之一。重力式货架的每层格均有一定的倾斜度，利用货箱或托盘可自己沿着倾斜的货架层板自己滑到输送机械上。为了使物料滑动的阻力越小越好，通常货架表面均处理得十分光滑，或者在货架层上装有滚轮，也可以在承重物资的货箱或托盘下装上滚轮，这样将滑动摩擦变为滚动摩擦，物料移动时所受到的阻力会更小。在物流作业中，将车站站台与

火车车厢设计在同一水平面上，使货物通过水平的搬运活动就可以进入车厢。在卡车后面设置尾板升降机、在仓库作业月台设装卸升降装置，采用集装化装卸、多式联运、托盘一贯制物流等，也都是省力的有效途径。

（三）实现装卸搬运的机械化

运用装卸搬运设备能够提高装卸设备的生产率、装卸质量和降低装卸搬运作业成本。实现装卸搬运的机械，要综合考虑以下三个因素：

1. 符合装卸商品种类及特性的要求。不同种类的商品的物理、化学性质及其外部形状是不一样的，因此，在选择装卸机械时必须符合商品的品种及其特性要求，以保证作业的安全和商品的完好。

2. 适应运量的需要。运量的大小直接决定了装卸的规模和装卸设备的配备、机械种类以及装卸机械化水平。因此，在确定机械化方案前，必须了解商品的运量情况。对于运量大的，应配备生产率较高的大型机械；对于运量不大的，宜采用生产率较低的中小型机械；对于无电源的场所，则宜采用一些无动力的简单装卸机械。这样，即能发挥机械的效率，又使方案经济合理。

3. 适合运输车辆的类型。装卸作业与运输是密切相关的，因此，在考虑装卸机械时，必须考虑装载商品所用的运输工具的特性，包括车船种类、载重量、容积、外形尺寸等，同时要了解运输组织的情况，如运输取送车（船）次数、运行图、对装卸时间的要求、货运组织要求、短途运输情况等。如，在港口码头装卸商品和在车站装卸商品，所需要的装卸机械是不同的。即使是构造相同的同一运输工具，也要采取不同的装卸机械。例如，用于铁路敞车作业和用于铁路棚车作业的装卸机械是不一样的。

（四）实现装卸搬运的组合化

在装卸搬运作业过程中，应当根据不同物料的种类、性质、形状、重量的不同来确定不同的装卸作业方式。处理物料装卸搬运的方法有三种形式：普通包装的物料逐个进行装卸，叫作"分块处理"；将颗粒状物资不加小包装而原样装卸，叫作"散装处理"；将物料以托盘、集装箱、集装袋为单位进行组合后进行装卸，叫作"集装处理"。对于包装的物料，尽可能进行"集装处理"，实现单元化装卸搬运，充分利用机械进行操作。

案例分析

ZY 公司改进装卸搬运作业

装卸搬运是物流过程中重要的一环。合理分解装卸搬运活动，对于改进装卸搬运各项作业、提高装卸搬运效率有着重要的意义。ZY 公司在改进作业方法上，采用现代化管理方法和手段，如排队论的应用、网络技术的应用、人机系统等，实现装卸搬运的连贯、顺畅、均衡。为了合理组织装卸搬运设备，ZY 公司致力于提高装卸搬运作业的机械化水平，开展了以提高装卸设备的生产率、装卸质量和降低装卸搬运作业成本为中心的技术组织活动。它包括下列内容：

确定装卸任务量。根据物流计划、经济合同、装卸作业不均衡程度、装卸次数、装卸车时限等，来确定作业现场年度、季度、月、旬、日平均装卸任务量。同时，装卸作业组织工作还要把装卸作业的物资对象的品种、数量、规格、质量指标以及搬运距离尽可能地做出详细的规划。

根据装卸任务和装卸设备的生产率，确定装卸搬运设备需用的台数和技术特征。

根据装卸任务、装卸设备生产率和需用台数，编制装卸作业进度计划。它通常包括：装卸搬运设备的作业时间表、作业顺序、负荷情况等详细内容。

统计和分析装卸作业成果，评价装卸搬运作业的经济效益。

随着 ZY 公司装卸搬运的机械化程度的不断提高，不仅把工人从繁重的体力劳动中解放了出来。尤其对于危险品的装卸作业，机械化能保证人和货物的安全，这也是装卸搬运机械化程度不断得以提高的动力。

思考题：

1.搬运的"运"与运输的"运"的区别主要表现在什么方面？

2.简述装卸搬运的特点。

3.装卸搬运作业合理化的要求有哪些？

第 七 章

仓储保管

通过本章的学习，理解仓储的含义，掌握仓储的基本功能；理解仓储管理的含义，掌握仓储管理的内容及任务以及在物流中的作用；了解库存的含义、功能及控制方法；掌握仓储合理化的实施要点。

第一节　仓储保管概述

一、仓库的概念及其功能

（一）仓库的含义

仓库是保管存储物品的建筑物和场所的总称。仓库由储存物品的库房、运输传送设施（如吊车，电梯，滑梯等）、出入库房的输送管道和设备以及消防设施、管理用房等组成。从社会经济活动看，无论生产领域，还是流通领域都离不开仓库。

（二）仓库的功能

1.储存和保管功能

仓库具有一定的空间用于储存物品，并根据储存物品的特性配备相应的设备，以保持储存物品完好性。例如：储存挥发性溶剂的仓库，必须设有通风设备，以防止空气中挥发性物质含量过高而引起爆炸。储存精密仪器的仓库，需防潮、防尘、恒温，因此，应设立空调等恒温设备。在仓库作业时，还有一个基本要求，就是防止搬运和堆放时碰坏、压坏物品，从而要求搬运器具和操作方法的不断改进和完善，使仓库真正起到储存和保管的作用。

2. 调节供需的功能

创造物质的时间效用是物流的两大基本职能之一，物流的这一职能是由物流系统的仓库来完成的。现代化大生产的形式多种多样，从生产和消费的连续来看，每种产品都有不同的特点，有些产品的生产是均衡的，而消费是不均衡的；还有一些产品生产是不均衡的，而消费却是均衡不断地进行的。要使生产和消费协调起来，这就需要仓库来起"蓄水池"的调节作用。

3. 调节货物运输能力

各种运输工具的运输能力是不一样的。船舶的运输能力很大，海运船一般是万吨级，内河船舶也有几百吨至几千吨的。火车的运输能力较小，每节车皮能装运 30 ~ 60 吨，一列火车的运量最多几千吨。汽车的运输能力很小，一般每辆车装 4 ~ 10 吨。他们之间的运输衔接是很困难的，这种运输能力的差异，也是通过仓库进行调节和衔接的。

4. 流通配送加工的功能

现代仓库的功能已处在由保管型向流通型转变的过程之中，即仓库由储存、保管货物的中心向流通、销售的中心转变。仓库不仅要有储存、保管货物的设备，而且还要增加分拣、配套、捆绑、流通加工、信息处理等设备。这样，既扩大了仓库的经营范围，提高了物质的综合利用率，又方便了消费，提高了服务质量。

5. 信息传递功能

随着以上功能的改变，仓库对信息传递的要求越来越高。在处理仓库活动有关的各项事务时，需要依靠计算机和互联网，通过电子数据交换（EDI）和条形码技术来提高仓储物品信息的传输速度，及时而又准确地了解仓储信息，如

仓库利用水平，进出库的频率等。

6.产品生命周期的支持功能

现代物流包括了产品从"生"到"死"的整个生产、流通和服务的过程。因此，仓储系统应对产品生命周期提供支持。随着强制性质量标准的贯彻和环保法规约束力度加大，很多国家都规定了制造商和配送商要负责进行包装材料的回收，必然导致退货和再循环回收等逆向物流的产生。逆向物流与传统供应链方向相反，是要将最终顾客持有的不合格产品、废旧物品回收到供应链上的各个节点。作为供应链中的重要一环，在逆向物流中仓库又承担了退货管理中心的职能，负责及时准确定位问题商品，通知所有相关方面和发现退回商品的潜在价值，为企业增加预算外或抢救性收入；改进退货处理过程，控制可能发生的偏差；评估并最终改善处理绩效等。

二、仓库的分类

（一）根据仓库隶属关系的不同分类

1.自用仓库

自用仓库就是指某个企业建立的供自己使用的仓库，企业为了保管本公司的物品（原料，半成品，产成品）而建设的仓库，这种仓库一般由企业自己进行管理，如图7-1所示。

图7-1企业自有（零配件）仓库

2.营业仓库

按照仓库业管理条例取得营业许可，保管他人物品的仓库称营业仓库。营业仓库是社会化的一种仓库，面向社会以经营为手段，以盈利为目的。与自有仓库相比，营业仓库的使用效率要高。第三方物流企业所建的仓库属于营业仓库，如图7-2所示。

图 7-2 第三方物流企业的营业仓库

3.公用仓库

国家或公共团体为了公共利益而建设的仓库称为公共仓库，即为公共事业配套服务的仓库。这是一种专业从事仓储经营管理的，面向社会的，独立于其他企业的仓库。

（二）按保管物品的种类分类

1.专业仓库

专业仓库是用于存放一种或某一大类物品的仓库。如药品专业仓库，烟草专业仓库；

2.综合仓库。综合仓库是用于存放多种不同属性物品的仓库。

（三）按保管条件分类

1.普通仓库

普通仓库是常温保管，自然通风，无特殊功能的仓库。可用于存放无特殊保管要求的物品，如图 7-3 所示。

图 7-3 普通仓库

2.冷藏仓库

冷藏仓库是用来储藏那些需要进行冷藏储存的货物，一般多是农副产品，特殊药品等对于储存温度有要求的物品，如图7-4所示。

图 7-4 冷藏仓库

3.保温、恒温仓库

保温、恒温仓库是能调节温度并能保持某一温度或湿度的仓库。恒温仓库和冷藏仓库一样也是用来储存对于储藏温度有要求的产品的。

4.特种危险品仓库

特种危险品仓库是用于存放易燃、易爆、有毒、有腐蚀性或有辐射性物品的仓库。危险品由于可能对人体以及环境造成危险，因此在此类物品的储存方面一般会有特定的要求，例如许多化学用品就是危险品，它们的储存都有专门的条例，如图7-5所示。

图 7-5 危险品仓库

（四）按照仓库的构造来分类

1. 单层仓库

单层仓库是最常见的，也是使用最广泛的一种仓库建筑类型，这种仓库只有一层，高度一般不超过6m，也就不需要设置楼梯，造价低，适合人工操作，如图7-6所示。

它的主要特点如：

（1）单层仓库设计简单，所需投资较少；

（2）由于仓库只有一层，因此在仓库内搬运、装卸货物比较方便；

（3）各种附属设备（如通风设备，供水，供电等）的安装，使用和维护都比较方便；

（4）由于只有一层，仓库全部的地面承压能力都比较强。

图7-6 单层仓库

2. 多层仓库

多层仓库一般占地面积较小，它一般建在人口稠密、土地使用价格较高的地区。由于是多层结构，因此一般是使用垂直输送设备来搬运货物，如图7-7所示。总结起来，多层仓库有以下几个特点。

（1）多层仓库可适用于各种不同的使用要求，例如可以将办公室和库房分处两层，在整个仓库布局方面比较灵活。

（2）分层结构将库房和其他部门自然地进行隔离，有利于库房的安全和防火。

（3）多层仓库作业需要的垂直运输重物技术已经日趋成熟。

（4）多层仓库一般建在靠近市区的地方，因为它的占地面积较小，建筑成本可以控制在有效范围内，所以，多层仓库一般经常用来储存城市日常用的高附加值的小型商品。使用多层仓库存在的问题在于建筑和使用中的维护费用较大，一般商品的存放成本较高。

图 7-7 多层仓库

3. 立体仓库

立体仓库又被称为高架仓库，一般高度在 12m 以上，它也是一种单层仓库，但与一般单层仓库的不同在于它利用高层货架来储存货物，而不是简单地将货物堆积在库房地面上，在立体仓库中，由于货架一般比较高，所以货物的存取需要采用与之配套的机械化、自动化设备，一般在存取设备自动化程度较高时也将这样的仓库称为自动化仓库，见图 7-8 所示。

图 7-8 立体仓库

4. 筒仓

筒仓就是用于存放散装的小颗粒或粉末状货物的封闭式仓库，一般这种仓库被置于高架上。筒仓经常用来存储粮食、水泥和化肥等，见图7-9所示。

图 7-9 筒仓

5. 罐式仓库

罐式仓库主要储存石油、天然气和液体化工产品等，见图7-10所示。

图 7-10 罐式仓库

三、仓储的概念

（一）含义

仓储：利用仓库及相关设施设备进行物品的入库、储存、出库的活动。

在物流体系中，仓储是最重要的组成部分之一。仓储业是随着物资储备的产生和发展而产生并逐渐发展起来的。仓储是商品流通的重要环节之一，也是物流活动的重要支柱。在社会分工和专业化生产的条件下，为保持社会再生产过程的顺利进行，必须储存一定量的物资，以满足一定时期内社会生产和消费

的需要。

在微观的生产活动中，仓储是集中反映工厂物资活动状况的综合场所，是连接生产、供应、销售的中转站，对促进生产、提高效率起着重要的辅助作用。仓储是产品生产、流通过程中因订单前置或市场预测前置而使产品、物品暂时存放。同时，围绕着仓储实体活动，清晰准确的报表、单据账目、会计部门核算的准确信息也时时进行着，因此仓储是物流、信息流、单证流的合一。

（二）仓储的功能

从物流角度看，仓储功能可以按照经济利益和服务利益加以分类。

1. 经济利益

仓储的基本经济利益有 4 个：堆存、拼装、分类和交叉、加工 / 延期

（1）堆存。仓储设施最明显的功能就是用于保护货物及整齐地堆放产品。其经济利益来源于通过堆存，克服商品产销在时间上的矛盾（如季节生产，但需全年消费的大米），克服商品生产在地点上的矛盾（如甲地生产，乙地销售），克服商品产销量的不平衡（如供过于求）等来保证商品流通过程的连续性。

（2）拼装。拼装是仓储的一项经济利益，通过这种安排，拼装仓库接收来自一系列制造工厂指定送往某一特定顾客的材料，然后把它们拼装成单一的一票装运。其好处是有可能实现最低的运费率，并减少在某一顾客的收货站台处发生拥塞的现象。该仓库可以把从制造商到仓库的内向转移和从仓库到顾客的外向转移都拼装成更大的装运。图 7-11 说明了仓库的拼装流程。

拼装的主要利益是，把几票小批量装运的物流流程结合起来联系到一个特定的市场地区。拼装仓库可以由单独一家厂商使用，也可以由几家厂商联合起来共同使用出租方式的拼装服务。通过这种拼装方案的利用，每一个单独的制造商或托运人都能够享受到物流总成本低于其各自分别直接装运的成本。

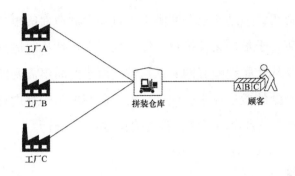

图 7-11 拼装作业

（3）分类和交叉

分类的仓库作业与拼装仓库作业相反。分类作业接收来自制造商的顾客组合订货，并把它们装运到个别的顾客处去。图 7-12 说明了这种分类流程。分类仓库或分类站把组合订货分类或分割成个别的订货，并安排当地的运输部门负责递送。由于长距离运输转移的是大批量装运，所以运输成本相对比较低，进行跟踪也不太困难。

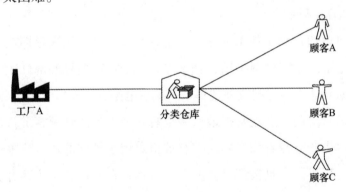

图 7-12 分类作业

除涉及多个制造商外，交叉站台设施具有类似的功能。零售连锁店广泛地采用交叉站台作业来补充快速转移的商店存货。图 7-13 说明的就是零售业对交叉站台的应用。在这种情况下，交叉站台先从多个制造商处运来整车的货物；收到产品后，如果有标签的，就按顾客进行分类；如果没有标签的，则按地点进行分配；然后，产品就像"交叉"一词的意思那样穿过"站台"装上指定去

适当顾客处的拖车；一旦该拖车装满了来自多个制造商的组合产品后，它就被放行运往零售店。于是，交叉站台的经济利益中包括从制造商到仓库的拖车的满载运输，以及从仓库到顾客的满载运输。由于产品不需要储存，所以降低了在交叉站台设施处的搬运成本。此外，由于所有的车辆都进行了充分装载，因而更有效地利用了站台设施，使站台装载利用率达到最大。

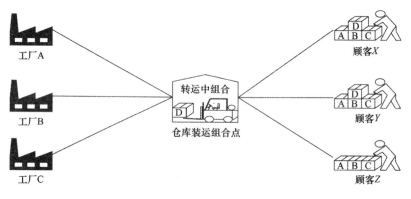

图7-13 交叉作业

（4）加工/延期

仓库还可以通过承担加工或参与少量的制造活动，用来延期或延迟生产。例如，戴尔笔记本电脑的网络销售就是先将电脑各个型号的部件生产好，大家通过网络根据自己的喜好配置并选择某款戴尔电脑，一般2～14天这款定制的电脑就可以送货上门，这就是把最后的组装和加工延期到顾客下订单后再来完成。因此延迟生产意味着该产品还没有被指定用于具体的顾客，零部件配置还在制造商的工厂里，一旦接到具体的顾客订单，仓库就能够按顾客要求完成最后一道加工。

加工/延期提供了两个基本经济利益：第一，风险最小化，因为最后的加工要等到敲定具体的订单才完成，不存在产成品的滞销；第二，通过对基本产品和零部件的配置，可以降低存货水平。于是，降低风险与降低存货水平相结合，往往能够降低物流系统的总成本。

2.服务利益

在物流系统中通过仓储获得的服务利益应该从整个物流系统来分析。例如，在一个物流系统中安排一个仓库来服务于某个特定的市场可能会增加成本，但也有可能增加市场份额、收入和毛利。

通过仓库实现的5个基本服务利益分别是：现场储备、配送分类、组合、生产支持，以及市场形象。

（1）现场储备

在实物配送中经常使用现场储备，尤其是那些产品品种有限或产品具有高度季节性的制造商偏好这种服务。例如，农产品供应商常常向农民提供现场储备服务，以便在销售旺季把产品堆放到最接近关键顾客的市场中去；销售季节过后，剩余的存货就被撤退到中央仓库中去。

（2）配送分类

提供配送分类服务的仓库为制造商，批发商或零售商所利用，按照对顾客订货的预期，对产品进行组合储备。配送分类仓库可以使顾客减少其必须打交道的供应商数目，并因此改善了仓储服务。此外，配送分类仓库还可以对产品进行拼装以形成更大的装运批量，并因此降低了运输成本。

（3）组合

除了涉及几个不同的制造商的装运外，仓库组合类似于仓库分类过程。当制造工厂在地理上被分割开来时，通过长途运输组合，有可能降低整个运输费用和仓库需要量。在典型的组合运输条件下，从制造工厂装运整卡车的产品到批发商处，每次大批量的装运可以享受尽可能低的运输费率。一旦产品到达了组合仓库时，卸下从制造工厂装运来的货物后，就可以按照每一个顾客的要求或市场需求，选择每一种产品的运输组合。

通过运输组合进行转运，在经济上通常可以得到特别运输费率的支持，即给予各种转运优惠。组合之所以被分类为服务利益，是因为存货可以按照顾客的精确分类进行储备。

（4）生产支持

生产支持仓库可以向装配工厂提供稳定的零部件和材料供给。由于较长的

前置时间，或使用过程中的重大变化，所以对向外界采购的项目进行安全储备是完全必要的。对此，大多数总成本解决方案都建议，经营一个生产支持仓库，以经济而又适时的方式，向装配厂供应加工材料、零部件和装配件。

（5）市场形象

尽管市场形象的利益也许不像其他服务利益那样明显，但是它常常被营销经理看作是地方仓库的一个主要优点。市场形象因素基于这样的见解和观点，即地方仓库比起距离更远的仓库来说，对顾客的需求反应更敏感，提供的递送服务也更快。因此认为地方仓库将会提高市场份额，并有可能增加利润。

第二节　库存及其控制方法

库存有广义和狭义之分。狭义的库存指的是仓库中处于暂时停滞状态的物资。这里要明确两点：其一，物资所停滞的位置，不是在生产线上，不是在车间里，也不是在非仓库中的任何位置，如汽车站、火车站等类型的流通节点上，而是在仓库中。其二，物资的停滞状态可能由任何原因引起，而不一定是某种特殊的停滞。这些原因大体有：（1）能动的各种形态的储备；（2）被动的各种形态的超储；（3）完全的积压。

广义的库存指处于储存状态的物品，其停滞的位置不局限于仓库，而可能是加工制造或物流领域的任何地点，如车站、码头等。

一、库存的含义

《物流术语》（GB/T18354-2021）对库存的定义是：库存（Inventory）储存作为今后按预定的目的使用而处于备用或非生产状态的物品。注：广义的库存还包括处于制造加工状态和运输状态的物品。

二、库存的作用

由于库存不能马上为企业产生经济效益,同时企业为库存物资承担资金、场地、人员占用而产生的库存成本存在需要控制的一面。另一方面,由于运作中存在着不可避免的不确定因素,库存同时也是企业经营中所必备的,具有积极的一面。因此,控制库存量是企业管理工作中的经常性工作。

(一)库存的积极作用

1. 维持销售产品的稳定

销售预测型企业对最终销售产品必须保持一定数量的库存,其目的是应付市场的销售变化。这种方式下,企业并不预先知道市场真正需要什么,只是按对市场需求的预测进行生产,因而产生一定数量的库存是必需的。但随着供应链管理的形成,这种库存也在减少或消失。

2. 维持生产的稳定

企业按销售订单与销售预测安排生产计划,并制订采购计划,下达采购订单。由于采购的物品需要一定的提前期,这个提前期是根据统计数据或者是在供应商生产稳定的前提下制订的,但存在一定的风险,有可能会拖后而延迟交货,最终影响企业的正常生产,造成生产的不稳定。为了降低这种风险,企业就会增加材料的库存量。

3. 平衡企业物流

企业在采购材料、生产用料、在制品及销售物品的物流环节中,库存起着重要的平衡作用。采购的材料会根据库存能力(资金占用等),协调来料收货入库。同时对生产部门的领料应考虑库存能力、生产线物流情况(场地、人力等)、平衡物料发放,并协调在制品的库存管理。另外,对销售产品的物品库存也要视情况进行协调(各个分支仓库的调度与出货速度等)。

4. 平衡流通资金的占用

库存的材料、在制品及成品是企业流通资金的主要占用部分,因而库存量的控制实际上也是讲行流通资金的平衡。例如,加大订货批量会降低企业的订

货费用，保持一定量的在制品库存与材料会节省生产交换次数，提高工作效率，但这两方面都要寻找最佳控制点。

（二）库存的消极作用

库存的消极作用主要表现在以下几个方面。

1.占用企业大量资金。

2.增加了企业的产品成本与管理成本。

库存材料的成本增加直接增加了产品成本，而相关库存设备、管理人员的增加也加大了企业的管理成本。

3.掩盖了企业众多管理问题

例如，过量的库存掩盖了经常性的产品或零部件的制造质量问题。当废品率和返修率很高时，一种很自然的做法就是加大生产批量和在制品、产成品库存，从而掩盖了供应商的供应质量、交货不及时问题等。

三、库存的分类

按照不同标准，库存可以分成不同类别。

（一）按其在生产加工和配送过程中所处的状态划分

1.原材料、零部件库存

原材料、零部件库存是指等待进入生产作业的原料与组件。企业从供应商处购进原材料和零部件，首先要进行质量检查，然后入库，生产需要时，发货出库进入生产流程。原材料、零部件库存也可以放在两个存储点：供应商处或生产商处。

2.在制品库存

当原材料出库后，依次通过生产流程中的不同工序，每经过一道工序，附加价值都有所增加，在完成最后一道工序之前，都属于在制品，工序之间的暂存就是在制品库存。

3.产成品库存

在制品在完成最后一道工序后，成为产成品。产成品经质量检查后会入库等待出售，形成产成品库存。产成品可以有多个储存点：生产企业内、配送中心、零售店等，最后转移到最终消费者手中。

上述三种库存分别处在一条供应链上的不同位置。例如，对于一个加工工艺复杂的产品来说，由于生产工序较多，就会大量存在各种在制品，使库存包括多种不同加工程度的中间产品。甚至有些大型制造业企业还拥有自己的配送中心，产成品的库存也大量地存在，这样，整个物流和库存系就会相当复杂。对于一个零售业企业来说，其库存只有产成品一种形态，相对简单一些。

（二）按作业和功能划分

1.经常性库存

经常性库存又称周转库存，是指在正常的经营环境下，企业为满足日常需要而建立的库存，仓库一般通过经常库存保证一定时期的供应能力，这种库存随着陆续的出库需要不断地减少，当库存降低到某一水平时，就要进行订货来补充库存。这种库存补充是按照一定的数量界限或时间间隔来反复进行的。

经常性库存的高低与库存补充的采购批量有密切关系，而采购批量是采购与保管两个矛盾因素平衡的结果。从采购角度来考虑，大批量采购可以得到数量折扣，并节省订货费用和作业费用。因此，采购批量越大越好。但从保管角度出发为减少存货的资金占用和管理费用支出，采购批量越小越好。因此，如何在两者之间进行权衡选择，要根据企业实际情况加以考虑。

2.安全库存

安全库存是指用于缓冲不确定性因素（如大量突发性订货、交货期突然延期等）而准备的库存。

在实际经营中，常发生难以预测的情况，消费需求多多少少会超过预计数量而库存的补充也会因交通等方面的影响造成交货延期；甚至还会发生如火灾、水灾、供应商因生产设备故障停工等导致供应中断的异常事件。这些情况一发生，就会造成企业经济上和信誉上的损失，而设立安全库存可作为经常库存的后备以防不时之需。所以，安全库存又称后备库存或波动库存。

安全库存的数量除了受需求和供应的不确定因素影响外，还与企业希望达到的顾客服务水平有关，这些都是制定安全库存决策时主要考虑的因素。

3.生产加工和运输过程的库存

生产加工过程的库存指在处于加工状态以及为了生产的需要暂时处于储存状态的零部件、半成品或制成品。运输过程的库存是指处于运输状态或为了运输的目的而暂时处于储存状态的物品。

4.投机性库存

投机性库存又称屏障库存，指企业为了预防商品（或物料）的涨价，在低价时进行额外数量的购进而形成的库存。例如，企业生产中使用的煤、石油、水泥或羊毛、谷类等价格易于波动的原材料，常常采取投机性库存，在价低时采购，以在高价时保证产品的价格稳定销售利润。获利性和风险性的双重特点决定了这类库存的投机色彩。

5.季节性库存

季节性库存是指为了满足特定季节中出现的特定需要（如夏天对冷饮的需要）而建立的库存，或指季节性出产的原材料（如大米、棉花、水果等农产品）在收获的季节大量收购所建立的库存。

6.积压库存

积压库存是指因品质变坏不再有效用的商品的库存或因滞销而卖不出去的商品的库存。

（三）按客户对库存的需求特性划分

1.独立需求库存

所谓独立需求，是指某物品自身的需求状况与其他物品无关的特性，例如，商场中的绝大多数商品。独立需求的特征是直接满足企业外部客户市场消费的需求，需求数量是随机的、零散的，只能有限地进行预测。从库存管理的角度来说，独立需求库存是指那些随机的、企业自身不能控制而是由市场需求所决定的库存，这种库存与企业对其他库存产品所做的生产决策没有关系。

2.相关需求库存

所谓相关需求，是指直接由生产某商品的生产计划的确定而带来的对其他商品的需求。例如，用户订购一辆汽车之后，相应地要配置若干个轮胎、反光镜、车用座椅等，它们是由汽车的需求状况所决定或派生出的需求。相关需求的特征是：企业内部为满足生产制造的需求，可以根据企业性质和生产周期准确计算，是种确定性的需求。由相关需求形成的库存，就是相关需求库存。

四、库存管理及其目标

库存是企业的一种资产，它也同其他资产一样，追求投资的最优化。库存过多会造成积压，增加企业不必要的储存成本，库存过少又会造成脱销，影响企业的正常生产经营活动。因此，企业既不应在库存上投资过多，又不应该过少，而应保持一个最优值，这要求企业进行库存控制。

库存管理也称库存控制，是指对生产、经营全过程的各种物品、产成品及其他资源进行预测、计划、执行、控制和监督，使其储备保持在经济合理水平上的行为，库存管理是企业管理的一个重要环节。生产中需要适量的库存来保证产品生产过程的稳定；营销中需要适量的库存来保证及时向客户提供所需要的产品以及调节生产与消费在时间上、空间上的不一致；财务方面则需要合理控制库存的资金占用水平。由此形成了一种情况，即财务部门要求库存尽量少，减少资金占用，生产营销部门要求有充足的库存，保证提供及时的服务。对于仓储企业来说，还要增加收入、提高盈利、扩大市场。因此，库存管理的作用就在于协调企业各部门的需求，力求寻找一个使企业整体效益最优的均衡点。

需要注意的是，库存管理并不等于仓库管理。仓库管理主要针对仓库或库房的布置、物料运输和搬运以及存储自动化等的管理。而库存管理针对库存项目的数量和质量等方面进行管理和控制，库存项目即企业中的所有物料，包括原材料零部件、在制品、半成品及产品，以及辅助物料等。

（一）库存管理的基本内容

一般来说，库存管理包括以下三个方面内容

1.需求分析

库存的直接目的是满足需求，需求分析是库存控制理论的基础和前提。物资需求由于各种条件和环境影响，其规律是不同的。例如，连续性需求和离散性需求，确定性需求和随机性需求。需求分析的重点是研究不同的需求规律，

一般采用统计分析和预测理论对需求规律进行研究。

2.补充库存

库存由于客户的需求而不断输出、减少，因此必须对库存进行及时补充。补充相当于储存的输入，它可以通过向供应商订货来补充，也可以由企业自己组织生产来补充。库存补充的过程具有时间性。采购一项物资从发出订单起到货物入库，需要一段准备货物和运输货物的时间，称之为提前期。提前期有长有短，可以是确定性的，也可以是随机性的。库存补充研究的重点是决定多长时间补充次及每次补充的量。

3.费用分析

主要是运用优化理论，将总费用最小作为优化准则，找出各费用在总费用最小时的平衡点，从而在优化的基础上确定最优的库存策略。库存相关费用主要包括采购订货费用、库存维持费用、库存短缺费用等。

随着科学技术的发展和全球经济一体化的推进，现在的库存管理已经展现出了向计算机化、网络化、系统化和零库存方向发展的趋势。

（二）库存管理的目标

1.成本最低

这是企业需要通过降低库存成本以降低生产总成本、增加盈利和增加竞争能力所选择的目标。

2.保证程度最高

企业有很多的销售机会，相比之下压低库存意义不大，这就特别强调库存对其他经营、生产活动的保证，而不强调库存本身的效益。企业通过增加生产以扩大经营时，往往选择这种控制目标。

3.不允许缺货

企业由于技术、工艺条件决定不允许停产，则必须以不缺货为控制目标，才能起到不停产的保证作用。企业某些重大合同必须以供货为保证，否则会受到巨额赔偿的惩罚时，可制定不允许缺货的控制目标。

4.限定资金

企业必须在限定资金预算前提下实现供应，这就需要以此为前提进行库存的一系列控制。

5.快捷

库存控制不依本身经济性来确定目标，而依大的竞争环境系统要求确定目标，这常常出现以最快速度实现进出货为目标来控制库存。

（三）库存成本构成

库存成本是和库存系统的经营活动有关的成本，主要由以下几部分组成：购买成本、订货成本、储存成本、缺货成本。

1.购买成本

购买成本指单位购入价格，包括购价和运费。

2.订货成本

订货成本指向外部供应商发出采购订单的成本，包括提出请购单、分析供应商、填写采购订货单、来料验收、跟踪订货以及完成交易所必需的各项业务费用。

3.储存成本

储存成本也叫持有成本，是指为保持存货而发生的成本，可分为固定成本和变动成本。固定成本与库存数量的多少无关，包括仓库折旧、仓库职工的固定工资等。变动成本与库存数量的多少有关，主要包括以下四项：资本占用成本、存储空间成本、存货服务成本和存货风险成本。

4.缺货成本

缺货成本是指由于库存供应中断所造成的损失，包括原材料供应中断造成的停工损失、产成品库存缺货造成的延迟发货损失和丧失销售机会的损失（还包括商誉损失）；如果企业以紧急采购代用材料来解决库存材料的中断之急，那么缺货则表现为紧急额外购入成本（紧急采购成本大于正常采购成本的部分）。

五、库存控制方法

（一)ABC 分类法

ABC 分类法的基本思想

"关键的少数和一般的多数"是普遍存在的，可以说是比比皆是。例如：在社会结构上，少数人领导多数人；在一个集体中，少数人起左右局势的作用，在市场上，少数人进行大量购买，几百种商品中，少数商品是大量生产的；在销售活动中，少数销售人员的销售量占绝大部分，成千上万种商品中少数几种取得大部分利润；在工厂方面，少数品种占生产量的大部分；在成千上万种储存物品中，少数几种储存量占大部分，少数几种占用了大部分资金；在影响质量的许多原因中，少数几个原因带来大的损失；在成本方面，少数因素占成本的大部分。

可以做出这样归纳，一个系统中，少数事物具有决定性的影响。相反，其余的绝大部分事物却不太有影响。很明显，如果将有限的力量主要用于解决这具有决定性影响的少数事物上，和将有限力量平均分摊在全部事物上，两者比较，当然是前者可以取得较好的成效，而后者成效较差。ABC 分类法就是在这一思想的指导下，通过分析，将"关键的少数"找出来，并确定与之适应的管理方法。

所谓 ABC 分类法是为了使有限的时间、资金、人力、物力等企业资源能得到更有效的利用，将库存物品按品种和占用资金的多少分为特别重要的库存 (A 类)、一般重要的库存 (B 类) 和不重要的库存 (C 类) 三个等级，将管理的重点放在重要的库存物资上，进行分类控制和管理，即依据库存物资的重要程度不同，分别进行不同的管理。A 类库存物资一般采用定量订货法，重点管理。B 类与 C 类库存物资一般采用定期订货法或"双堆法"库存管理方式，一般管理。

ABC 分类法的分类标准为，如表 7-1 所示。将物资品种占全部物料品种比重为 5% ~ 10%，而资金占库存资金比重为 70% ~ 80% 左右的物品，确定为 A 类。将物资品种占全部物料品种比重为 15% ~ 20% 而资金占库存资金比重也为 20% ~ 25% 的物品，确定为 B 类。其余为 C 类，C 类情况正好和 A 类相反，其物资品种占全部物料品种比重为 70% ~ 80%，而资金占库存资金比重仅为 5% ~ 10%。

表 7-1 库存物资 ABC 分类标准

类　别	物资品种占全部物料品种比重	资金占库存资金比重
A	5% ~ 10%	70% ~ 80%
B	15% ~ 20%	20% ~ 25%
C	70% ~ 80%	5% ~ 10%

综上所述，建立在 ABC 分类法基础上的库存策略包括以下内容：

1.A 类商品：每件商品皆做编号；尽可能慎重、正确地预测需求量；少量采购，尽可能在不影响需求下减少库存量；请供货单位配合，力求出货量平稳化，以降低需求变动，减少库存量；与供应商协调，尽可能缩短前置时间；采用定期订货的方式，对其存货必须连续记录必须严格执行盘点，每天或每周盘点一次，以提高库存精确度；对交货期限必须加强控制，在制品及发货也必须从严控制；货品放至易于出入库的位置；实施货品包装外形标准化，增加出入库单位；A 类商品的采购需经高层主管审核。

2.B 类商品：一般采用定期订货方式，但对经营中比较关键的 B 类商品宜采用定量订货方式，随时掌握库存情况。

3.C 类商品：采用定期订货或"双堆法"库存管理方式，尽量简化手续，降低库存管理成本；大量采购，可以在价格上获得优惠；简化库存管理手段；安全库存量可以大些，以免发生库存短缺；可交现场保管使用；每月盘点一次；采购仅需基层主管核准。

（二）CAV 管理法

ABC 分类法也有不足之处，表现为 C 类商品得不到应有重视。例如，经销鞋的企业，会把鞋带列入 C 类物资，但是鞋带缺货将会严重影响鞋的销售。汽车制造厂会把螺钉列入 C 类物资，但缺少一个螺钉往往导致整个装配线的停工。因此，有些企业在库存管理中引用了关键因素分析法。CAV 的基本思想是把存货按照关键性分成 3 ~ 5 类：

1.最高优先级。这是经营的关键性商品，不允许缺货。

2.较高优先级。这是指经营活动中的基础性商品，但允许偶尔缺货。

3.中等优先级。多属于比较重要的商品，允许合理范围内的缺货。

4.较低优先级。经营中需要这些商品，但可替代性高，允许缺货。

CAV 管理法比起 ABC 分类法有更强的目的性。在使用中要注意，人们往往倾向于制定高的优先级，结果高优先级的商品种类很多，最终哪一种商品也得不到应有的重视。CAV 管理法和 ABC 分析法结合使用，可以达到分清主次、抓住关键环节的目的。在对成千上万种商品进行优先级分类时，也不得不借用 ABC 分类法进行归类。

（三）经济订货批量法

经济订货批量 (Economic Order Quantity，EOQ) 是为了平衡订货成本和持有成本之间的关系，使得库存总成本最小的订货批量。也就是通过平衡采购进货成本和保管仓库成本核算，实现总库存成本最低的最佳订货量。

1.简单 EOQ 模型介绍

在简单 EOQ 模型里，我们只考虑采购成本、年保管成本和订货准备成本。即：
年库存总成本 = 年采购成本 + 年保管成本 + 订货成本

$TC = D \times P + (Q/2) \times K + (D/Q) \times C$，其中：

Q：经济订货批量；

D：年总需求量；

C：单次订货费；

K：单位物料单位时间 (通常为年) 保管费；

P：单位购买价格；

TC：年库存总成本。

2.模型假设

存储某种物资，不允许缺货，其存储参数如下所示 T 指存储周期或订货周期，单位为年、月或日；此处假设 T 为零，即订货后瞬间全部到货。

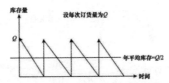

图 7-14 整批间隔进货的 EOQ 模型存储量变化状态图

3.建立模型

显然，单位时间的订货费用随着订购批量的增大而减小，而单位时间的存储费用随着订购批量 Q 的增大而增大。如图 7-15 可见，年总成本曲线是一条向上的凹曲线，当保管成本与订货成本相等时，年总成本达到最小值，此时对应的订货批量则为最优订货批量，即经济订货批量。

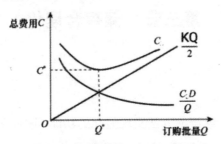

图 7-15 订购批量与存储系统费用关系

因此，要使年总成本为最小值，需将上式对订货批量 Q 求导数，并令一阶导数为 0，得到经济订货批量的计算公式为：

$$EOQ = \sqrt{\frac{2CD}{K}}$$

当订货批量取经济订货批量时，订货次数 N 为 D/Q，订货周期 T 为 365/N，年总成本为 TC=D×P+（Q/2）×K+（D/Q）×C。

例：某企业每年需要购买 8000 套儿童服装，每套服装的价格是 100 元，其年储存成本是服装价格的 3%，每次订购成本为 30 元。问：最优订货数量，年订购次数为多少（每年按 360 天计算）？库存总费用是多少？

解：D=8000 件，C=30 元 / 次，K=3 元 / 件·年，采用经济订货批量公式

$$EOQ = \sqrt{\frac{2CD}{K}} = \sqrt{\frac{2 \times 30 \times 8000}{3}} = 400（件）$$

$$年订购次数 = \frac{D}{EOQ} = \frac{8000}{400} = 20（次）$$

$$年度库存总费用 = 8000 \times 100 + \frac{8000}{400} + \frac{400 \times 3}{2} = 801200（元）$$

即每次订购批量为 400 件时年库存总费用最小，最小费用为 801200 元。

第三节　储存合理化

储存合理化是用最经济的办法实现储存的功能，这是合理化的前提或本质。如果不能保证储存功能的实现，其他问题便无从谈起。但是，储存的不合理又往往表现在对储存功能实现的过分强调，因而是过分投入储存力量和其他储存劳动所造成的。所以，合理储存的实质是，在保证储存功能实现的前提下尽量少投入，也是一个投入产出的关系问题。

一、不合理储存主要表现

（一）储存时间过长

储存时间从两个方面影响储存这一功能要素的效果，两者彼此消长的结果形成了储存的一个最佳时间区域。一方面，经过一定的时间，被储物资可以获得时间效用；另一方面，随着储存时间的增加，有形及无形损耗加大，是时间效用的一个逆反因素。从时间效用角度来考察，储存一定时间，效用可能增大，时间继续增加，效用可能降低。时间效用甚至可能出现周期性波动，因而储存的总效果是确定储存最优时间的依据。虽然储存时间与储存总效益之间有着复杂的关系，各种物资不能一概而论。但是，绝大多数物资过长的储存时间都会影响总效益，因而都是不合理储存。

（二）储存数量过大

储存数量主要从两方面影响储存这一功能要素的效果。这两方面利弊的消长，使储存数量有一个最佳区域。超过这个数量区域的储存量就是不合理的储存。储存数量对储存效果的影响是：一方面，储存以一定数量形成保证供应、保证生产、保证消费的能力。一般而言，单就保证的技术能力而言，数量大可以有效地提高这一能力，但是保证能力的提高不是与数量成比例，而是遵从边际效用的原理，每增加一单位储存数量，总能力虽会随之增加，但所增加的保证供应能力（边际效用）却逐渐减少。另一方面，储存的损失是随着储存数量的增加而基本上成比例地增加，储存量越大，损失量也越大；如果管理力量不能也按比例增加的话，甚至还可能出现储存量增加到一定程度，损失陡增的现象。

（三）储存数量过低

储存数量过低，会严重降低储存对供应、生产、消费的保证能力，储存量越低，储存的各种损失也会越降低。两者彼此消长的结果是，储存数量降低到一定程度，由于保证能力的大幅度削弱会引起巨大损失，其损失远远超过由于减少储存量，在防止库损、减少利息支出损失等方面带来的收益。所以，储存量过低也是会大大损害总效果的。

当然，如果能够做到降低储存数量而不降低保证能力的话，数量的降低也是绝对好的现象。在储存管理中，可以利用现代信息技术所提供的及时、准确的信息，建立有效的供应链和配送系统，在网络经济时代是完全可以做到这一点的，网络经济时代普遍追求的零库存就是出于这个道理。

（四）储存条件不足或过剩

储存条件也从两个方面影响储存这一功能要素的效果，这两方面利弊消长的结果，也决定了储存条件只能在恰当范围内，条件不足或过剩，都会使储存的总效益下降，因而是不合理的。

储存条件不足，指的是储存条件不足以为被储存物提供良好的储存环境及必要的储存管理措施，因此往往造成被储物的损失。储存条件不足主要反映在

储存场所简陋、储存设施不足以及维护保养手段及措施不力，不足以保护被储物。

储存条件过剩，指的是储存条件大大超过需要，从而使被储物过高负担储存成本，使被储物的实际劳动投入大大高于社会平均必要劳动量，从而出现亏损。

（五）储备结构失衡

储备结构失衡包括几个方面：

1.品种、规格、花色失调

储存物存在总量正常，但不同品种、规格、花色存在此有彼无的现象。

2.储存期、储存量失调

不同品种、规格、花色的储存物，存在此长彼短或此多彼少的失调现象。

3.储存地域失调

储存物在大范围地理位置上或局部的范围内储存多少、有无失调，这对于地域辽阔的大国而言，将会是严重的问题。

二、储存合理化的标志

（一）质量标志

保证被储存物的质量，是完成储存功能的根本要求，只有这样，商品的使用价值才能通过物流之后得以最终实现。在储存中增加了多少时间价值或是得到了多少利润，都是以保证质量为前提的。所以，储存合理化的主要标志中，为首的应当是反映使用价值的质量。

现代物流系统已经拥有很有效的维护物资质量、保证物资价值的技术手段和管理手段，也正在探索物流系统的全面质量管理问题，即通过物流过程的控制，通过工作质量来保证储存物的质量。

（二）数量标志

在保证功能实现前提下有一个合理的数量范围。管理科学的方法已能在各种约束条件的情况下，对合理数量范围做出决策。

（三）时间标志

在保证功能实现前提下，寻求一个合理的储存时间，这是和数量有关的问题，储存量越大而消耗速率越慢，则储存的时间必然长，相反则必然短。在具体衡量时往往用周转速度指标来反映时间标志，如周转天数、周转次数等。

在总时间一定前提下，个别被储物的储存时间也能反映合理程度。如果少量被储物长期储存，成了呆滞物或储存期过长，虽反映不到宏观周转指标中去，也标志储存存在不合理。

（四）结构标志

是从被储物不同品种、不同规格、不同花色的储存数量的比例关系对储存合理性的判断。尤其是相关性很强的各种物资之间的比例关系更能反映储存合理与否。由于这些物资之间相关性很强，只要有一种物资出现耗尽，即使其他种物资仍有一定数量，也会无法投入使用。所以，不合理的结构影响面并不仅局限在某一种物资身上，而是有扩展性。结构标志重要性也可由此确定。

（五）分布标志

指不同地区储存的数量比例关系，以此判断和当地需求比，对需求的保障程度，也可以此判断对整个物流的影响。

（六）费用标志

仓租费、维护费、保管费、损失费、资金占用利息支出等，都能从实际费用上判断储存的合理与否。

三、储存合理化的具体措施

（一）将静态储存变为动态储存

1.加快储存的周转速度

周转速度一快，会带来一系列的好处，即资金周转快、资本效益高、货损降低、仓库吞吐能力增加、成本下降等。具体做法诸如采用单元集装存储，建立快速分拣系统都有利于实现快进快出、大进大出。在网络经济时代，信息技术和现代管理技术、现代科技手段可以有效地支持库存周转的加快。

2.视野从仓库储存放大到整个物流系统

在整个物流系统的运行中，许多物资动态地存在于运输车辆、搬运装卸的过程之中，也可以把它看成是一种动态的储存。只要有有效的信息管理技术的支撑，这些动态的储存完全可以起到一般储存的作用，取代静态库存。

（二）进行储存物的 ABC 分类法

ABC 分类管理方法就是将库存物资按重要程度分为特别重要的库存（A 类）、一般重要的库存（B 类）和不重要的库存（C 类）三个等级，然后针对不同等级分别进行管理和控制。ABC 分类管理法是实施储存合理化的基础，在此基础上可以进一步解决各类储存物品的结构关系、储存量、重点管理和技术措施等合理化问题。而且，通过在 ABC 分析的基础上实施重点管理，可以决定各种物品的合理库存储备数量及经济地保有合理储备的办法，乃至实施零库存。

储存是一个相当繁杂的经济活动。对于工业企业而言，要处理上万种供应品和销售品的物流问题，这么庞杂的体系，其对于企业供应、企业经营和企业销售的影响是不同的，对于企业经济效益的贡献也是不同的。任何一个企业，即使采取最先进的信息技术和计算机管理手段，管理的力量出于管理成本的约束，也是有限的。所以，采取重点管理的方法是使复杂物流系统实现合理化的手段之一。

（三）适中储存

适度集中储存是合理化的重要内容，所谓适度集中储存是利用储存规模优势，以适度集中储存代替分散的小规模储存来实现合理化。集中储存是面对两个制约因素，在一定范围内取得优势的办法。两个制约因素为储存费、运输费。过分分散，每一处的储存保证的对象有限，互相难以调度调剂，则需分别按其保证对象要求确定库存量。而集中储存易于调度调剂，集中储存总量可大大低于分散储存之总量。过分集中储存，储存点与用户之间的距离拉长，储存总量虽降低，但运输距离拉长，运费支出加大，在途时间长，又迫使周转储备增加。所以，适度集中的含义是要在这两方面取得最优集中程度。

（四）合理选择自建仓库和租用公共仓库

自建仓库对于企业来说可以使企业更大程度地控制库存。并且，它拥有更大的灵活性，企业可以根据自己的需要对仓储做出合理的调整。当进行长期的存储时，一般来说，仓储的费用比较低。因为租用公共仓库使得企业无须为建造仓库投入大建资金，所以，可以节省企业宝贵的资金。租用公共仓库可以减少企业的风险，因为当商品在储存期间出现问题时仓库会予以解决。所以，在短期看来，公共仓库因为其规模性租金比较低廉。而且，企业在租用公共仓库的时候，可以根据待储存商品的数及决定储存的规模，这样也防止了资金的浪费。因此，企业应根据自身的特点，在自建仓库和租用公共仓库之间做出合理的选择。

一般来说，当企业的存货量较大，对商品的需求比较稳定，且市场密度比较大时，可以考虑自建仓库。反之，则应选择租用公共仓库。

（五）注重应用第三方仓储

第三方仓储就是企业将仓储活动转包给外部公司，由外部公司为企业提供一体化、全方位的仓储服务。第三方仓储因为具有专业性、高质量、低成本等优点，因此可以给企业提供优质的服务。第三方仓储可以有效地利用仓储资源，扩大市场的地理范围，降低运输的成本。

（六）采用有效的先进先出方式

先进先出是一种有效的方式，也是储存管理的准则之一。有效的先进先出方式主要有：

1.贯通式货架系统

利用货架的每层，形成贯通的通道，从一端存入物品，从另一端取出物品，物品在通道中自行按先后顺序排队，不会出现越位等现象。贯通式货架系统能非常有效地保证先进先出。

2.“双仓法”储存

给每种被储物都准备两个仓位或货位，轮换进行存取，再配以必须在一个货位中取尽才可补充的规定，则可以保证实现先进先出。

3.计算机存取系统

采用计算机管理，在存时向计算机输入时间记录，编入一个简单地按时间顺序输出的程序，取货时计算机就能按时间给予指示，以保证先进先出。这种计算机存取系统还能将先进先出保证不做超长时间的储存和快进快出结合起来，即在保证一定先进先出的前提下，将周转快的物资随机存放在便于存取之处，以加快周转，减少劳动消耗。

（七）提高储存密度和仓容利用率

主要目的是减少储存设施的投资，提高单位存储面积的利用率，以降低成本、减少土地占用。有以下三类方法：

1.采取高垛的方法，增加储存的高度

如采用高层货架仓库、采用集装箱等都可比一般堆存方法大大增加储存高度。

2.缩小库内通道宽度以增加储存有效面积

采用窄巷道式货架，配以轨道装卸机械，以减少机械运行宽度要求；采用侧叉车、推拉式叉车，以减少叉车转弯所需的宽度。

3.减少库内通道数量以增加储存有效面积

具体方法有采用密集型货架，采用可进车的可卸式货架，采用各种贯通式货架，采用不依靠通道的桥式吊车装卸技术等。

（八）采用有效的储存定位系统

储存定位的含义是被储物位置的确定。如果定位系统有效，能大大节约寻找、存放、取出的时间，节约不少物化劳动及活劳动，而且能防止差错，减少空位的准备量，提高储存系统的利用率。

采取计算机储存定位系统，尤其对于存储品种多、数量大的大型仓库而言，已经成了必不可少的手段。

（九）采用有效的监测清点方式

对储存物资数量和质量的监测不但是掌握基本情况之必需，也是科学库存控制之必需。实际工作差错，就会使账务不符，所以，必须及时且准确地掌握实际储存情况，经常与账卡核对，这无论是人工管理或是计算机管理都是必不可少的。此外，经常的监测也是掌握被存物质量状况的重要工作。

监测清点的有效方式主要有：

1."五五化"堆码法

"五五化"堆码法是中国手工管理中采用的一种科学方法。储存物堆垛时，以"五"为基本计数单位，堆成总量为"五"的倍数的垛形。堆码后，有经验者可过目成数，大大加快了人工点数的速度，且少差错。即使在网络经济时代，也不可避免有一些临时的存储需求，例如建筑工地的临时仓库、开发前期的用料准备仓库和出于各种原因暂时无法建立计算机管理系统的仓库，都需要对人工管理实行科学化。所以，在长期实践中，根据中国人的计数习惯所形成的"五五化"方式，仍是需要掌握的。

2. 光电识别系统

在货位上设置光电识别装置，该装置对被存物扫描，并将准确数目自动显示出来。这种方式不需人工清点就能准确地掌握库存的实有数量。

3. 电子计算机监控系统

用电子计算机指示存取，可以防止人工存取容易出现的差错，如果在被存物上采用条形码认寻技术，使识别计数和计算机连接，每存取一件物品时，识别装置自动将条形码识别并将其输入计算机，计算机会自动做出存取记录。这样只需向计算机查询，就可了解所存物品的准确情况，而无须再建立一套对实有数的监测系统。

（十）采用现代储存保养技术

现代储存保养技术是防止储存损失、实现储存合理化的重要方面。

1. 气幕隔潮

在潮湿地区或雨季，室外湿度高且持续时间长，仓库内若想保持较低的湿度，就必须防止室内外空气的频繁交换。一般仓库打开库门作业时，便自然形成了空气交换的通道，由于作业的频繁，室外的潮湿空气会很快进入库内，一般库门、门帘等设施隔绝潮湿空气效果不理想。在库门上方安装鼓风设施，使之在门口处形成一道气流，由于这道气流有高压力和流速，在门口便形成了一道气墙，可有效阻止库内外空气交换，防止湿气浸入，而不能阻止人和设备出入。气幕还可起到保持室内温度的隔热作用。

2. 气调储存

调节和改变环境空气成分。抑制被储物的化学变化和生物变化，抑制害虫生存及微生物活动，从而达到保持被储物质量的目的。调节和改变空气成分有

许多方法，可以在密封环境中更换配合好的气体，可以充入某种成分的气体，可以除去或降低某种成分气体等。气调方法对于有新陈代谢作用的水果、蔬菜、粮食等物品的长期、保质、保鲜储存有很有效的作用。例如，粮食可长期储存，苹果可储存三个月。气调储存对防止生产资料在储存期的有害化学反应也很有效。

3.塑胶薄膜封闭

塑胶薄膜虽不完全隔绝气体，但能隔水隔潮，用塑胶薄膜封垛、封袋、封箱，可有效地造就封闭小环境，阻缓内外空气交换，完全隔绝水分。在封闭环境内如水果置入杀虫剂、缓蚀剂，注入某种气体，则内部可以长期保持该种物质的浓度，长期形成一个稳定的小环境。所以，可以用这个方法来进行气调储存，比气调仓储要简便易行且成本较低，也可以用这个办法对水泥、化工产品、钢材等做防水封装，以防变质和腐蚀。热缩性塑胶薄膜在对托盘货物封装后再经热缩处理，则可基本排除封闭体内部之空气，塑胶膜缩贴到被封装物上，不但有效与外部环境隔绝，而且还起到紧固作用，防止塌垛、散垛。

（十一）采用集装箱、集装袋、托盘等运储装备一体化的方式

这种方式通过物流活动的系统管理，实现了储存、运输、包装、装卸一体化，不但能够使储存合理化，更重要的是促使整个物流系统的合理化。

案例分析

京东物流打造辐射全球仓储网络将缩短全球商品的"距离"

在跨境电商产业的不断发展之下，消费者购买进口商品已经变得稀松平常，从而对跨境物流服务提出了更高的要求。在原产地设仓成为许多跨境电商走向海外的第一步。目前，京东物流国际供应链已在五大洲设立超过110多个海外仓，原产地覆盖达到100%。通过海外仓进行供应链前置，能够避免增加商品不必要的物流成本，在原产地即开启商品的溯源追踪，也为打击假货和用户的购物安全提供了保障。

除了全球各地的自营商品通过海外仓发送到消费者手上，京东物流海外仓还对外开放，帮助商家全球备货。以京东物流香港仓为例，沃尔玛、莎莎、屈臣氏等品牌先后入驻，各大品牌通过京东物流香港仓进行统一存储、调拨、分抹。对于各大品牌来说，将香港仓作为主要集散地，不仅可以将商品送往内地，还可以使欧美来的商品通过香港仓转运发送至东南亚等地，形成国际供应链网络。有商家表示："使用京东物流海外仓，不仅可以销售一个原产地的货，比如日本产品可以通过日本仓进行订单生产，法国品牌可以直接在法国仓备货直邮，通过京东物流的海外仓服务，在线上还可以做到全球品牌一盘货，给消费者更多进口商品选择的同时，也更便于库存管理。"

据了解，目前京东物流香港仓面积近 1 万 m²，并内设恒温区、高值区，以及针对奢侈品的专业打包台等。仓内操作、管理和系统完全按照京东国内仓储标准进行仓内的生产管理，SKU 数超过 10 万，涵盖了母婴、个护、3C、家居、时尚、食品等品类。

如果说海外仓是"点"，国际运输是"线"，那么信息系统就是链接点和线形成"网"的关键。与传统仓储不同的是，跨境电商商品实时流动，需要对货物进行更快捷、准确、实时化的管理，因而需要更高水平的信息技术来实现。

自去年京东物流提出对外开放以来，它对海外仓进行了全面升级，即采用京东物流自主研发的"智慧"大脑 WMS5.0 海外版系统，对入库、在库、库存、出库、资料等进行管理。这也是目前国内最先进的仓储系统首次在全球范围内大规模使用。统一的语言、统一的操作、统一的算法，将全球海外仓信息链通，不管商家在哪里，都能便捷地管理全球商品的库存、分拣和配送，这大大提高了国际供应链的管理效率，降低了管理的成本。

此外，京东物流强大的电商属性也赋予海外仓数据分析与挖掘、精准预测市场需求、智慧路由分配最优运输线路等功能，以此提升海外仓备货、运货的效率。目前，京东物流依靠覆盖全球的海外仓、十余个保税仓及跨境口岸、近千条全球运输链路以及中国全境的配送网络、强大的信息系统，使海外直邮的进口商品平均时效提升至 3.9 天，核心城市隔日达。而在"全球售"、中国品

牌出口的大形势下，京东物流海外仓还将承担目的地最后辐射全球的合储物流网络。

（资料来源：根据网络资料编辑。）

思考题：

1.仓储保管在物流系统中有哪些作用？

2.不合理储存的表现形式及如何实现储存合理化？

3.简述 ABC 分类法的基本思想及策略。

4.简述 EOQ 的基本假设。

第 八 章

流 通 加 工

本章主要从流通加工的概念与特点出发，阐明流通加工在现代物流中的功能作用和改善途径。

第一节　流通加工概述

流通加工作为物流的一个环节，体现了社会分工的进步和细化。流通加工一般不改变商品的性质，但却能够给运输、储存、保管、配送以及消费等各环节、各方面带来效益。

一、流通加工的概念

流通加工指物品在从生产地到使用地的过程中，根据顾客的需要施加包装、分割、计量、分拣、刷标志、拴标签、组装等简单作业的总称。流通加工既不同于一般商品流通，与一般生产型加工也有着显著的区别。

（一）流通加工与一般商品流通不同

流通加工是流通中的一种特殊形式，商品流通是以货币为媒介的商品交换。

因此，商品流通一般不改变流通对象的形态，而是通过完成流通对象的空间转移，实现其"时间效益"及"空间效益"。流通加工则是通过改变或完善流通对象的原有形态，在物品从生产领域向消费领域流动的过程中，对其进行加工，使物品发生物理、化学或形状的变化，增加物品的附加价值。

（二）流通加工和一般生产型加工不同

其区别主要表现为：

1.从加工对象看，流通加工的对象是进入流通过程的商品，具有商品的属性；生产型加工的对象不是最终产品，而是原材料、零配件、半成品。

2.从加工程度看，流通加工程度大多是简单加工，不是复杂加工。一般来讲，如果必须进行复杂加工才能形成人们所需的商品，那么，这种复杂加工应专设生产加工过程，生产过程理应完成大部分加工活动，流通加工对生产型加工仅是一种辅助及补充。特别需要指出的是，流通加工绝不是对生产型加工的取消或代替。

3.从价值和使用价值看，生产型加工的目的在于创造价值及使用价值，而流通加工的目的则在于完善其使用价值。

4.从加工的组织者看，流通加工的组织者是商业或物流企业；而生产型加工的组织者是生产企业。

二、流通加工的功能作用

流通加工的功能作用主要是促进销售、维护产品质量和提高物流效率。

（一）提高原材料利用率

利用流通加工环节进行集中下料，将生产厂直运来的简单规格产品，按使用部门的要求进行下料。例如，将钢板进行剪板、切裁，将木材加工成各种长度及大小的板材等。集中下料有助于优材优用、合理套裁，有很好的技术经济效果。

（二）方便用户和消费者

一些使用量小或临时需要的物品或物料使用单位，缺乏进行高效率初级加工的能力。流通加工可以帮助这些单位省去进行初级加工的投资、设备及人力，方便用户和消费者。

（三）提高加工效率及设备利用率

建立集中流通加工点，可以采用效率高、技术先进、加工量大的专门机具和设备。在物流作业中进行流通加工，能够提高物品或物料的加工质量，提高设备利用率和加工效率，从而降低加工费用及原材料成本。

（四）为配送的实施准备了条件

流通加工是配送的前一个环节，而配送是现代物流网络化、专业化、柔性化、精益化的重要实现环节。许多物品必须经过流通加工，才有配送的可能。

（五）流通加工是转变经济发展方式的一种体现

一般来说，流通加工低污染，低消耗，劳动相对密集，资金投入相对较少，是中国建设环境友好型、资源节约型社会的要求，对推动中国经济发展、优化产业结构具有积极的作用。

综上所述，在物流领域中，流通加工是一种高附加价值的活动。这种高附加价值的形成，是用户思维的具体体现，其在本质上是着眼于满足用户的个性化需要，为提高服务功能而出现的物流环节，这是贯彻物流战略思想的表现，是一种低投入、高产出的加工形式。

三、流通加工在现代物流中的地位

流通加工不是物流的主要功能要素。一方面，流通加工在实现时间、场所两个重要效用方面，不能与运输和储存相比；另一方面，流通加工不是所有物流中必然会出现的环节。

然而，流通加工是提高物流水平的重要因素。流通加工是物流中起着补充、完善作用的功能要素，它能起到运输、储存等其他功能要素无法起到的独特作用。更重要的是，流通加工是物流中的重要利润源。流通加工是一种低投入、高产出的加工方式，能够以简单加工解决大问题。通过流通加工，能够使商品档次跃升，充分表现和实现其价值。根据中国近年的实践，流通加工所创造的利润不亚于从运输和储存中所挖掘的利润。

第二节　流通加工类型和方式

目前，流通加工在中国发展很快，存在的形式多种多样。了解流通加工的类型和方式，有益于我们进一步理解现代物流。

一、流通加工的类型

（一）为满足需求多样化进行的服务型流通加工

生产部门为了实现高效率、大批量的生产，其产品形式往往比较单一，不能完全满足用户所需。流通加工将生产出来的单调品种进行多样化的改制、多样化的包装，这是服务型的流通加工。

（二）延伸生产领域加工不足的生产型流通加工

现代生产要求生产者能尽量减少流程，尽量集中力量从事较复杂的技术性较强的劳动，而不愿意将大量初级加工包揽下来。这种初级加工由流通加工来完成，生产型用户便可以缩短自己的生产流程，使生产技术密集程度提高。这种流通加工实际是生产的延续，是生产加工的深化，对弥补生产领域加工不足有重要意义。

（三）为保护产品所进行的保护型流通加工

在物流过程中始终存在对产品的保护问题，保护型流通加工能够防止产品在运输、储存、装卸、搬运、包装等过程中遭到损失，使使用价值能顺利实现。和前两种加工不同，这种加工并不改变进入流通领域的"物"的外形及性质，主要采取稳固、改装、冷冻、保鲜、涂油等方式。

（四）为提高物流效率和方便物流的效率型流通加工

有一些产品本身的形态使之难以进行物流操作。如鲜鱼的装卸、储存操作困难；过大设备搬运、装卸困难；气体物运输、装卸困难等。通过流通加工，可以使物流各环节易于操作，如鲜鱼冷冻、过大设备解体、气体液化等。这种加工往往改变"物"的物理状态，但并不改变其化学特性，并最终仍能恢复原物理状态。

（五）为促进销售的促销型流通加工

流通加工可以从若干方面起到促进销售的作用。例如，将过大包装或散装物分装成适合一次销售的小包装的分装加工，或将原以保护产品为主的运输包装改换成以促进销售为主的装潢性包装，以起到吸引消费者、指导消费的作用；将零配件组装成用具、车辆，以便于直接销售；将蔬菜、肉类洗净切块，以满足消费者的要求等。这种流通加工一般不改变"物"的本体，只进行简单的改装加工，也有许多是组装、分块等深加工。

（六）为提高原材料利用率的节约型流通加工

流通加工利用其综合性强、用户多的特点，可以对原材料裁切进行合理规划，以有效提高原材料利用率，减少损失浪费。例如，对玻璃的合理套裁、集中下料。

（七）衔接不同运输方式的衔接型流通加工

在干线运输及支线运输的节点，设置流通加工环节，可以有效解决大批量、低成本、长距离的干线运输与多品种、少批量、多批次的末端运输和集货运输之间的衔接问题。

（八）生产和流通统筹的一体型流通加工

依靠生产企业与流通企业的联合，或者生产企业涉足流通，或者流通企业涉足生产，形成生产与流通加工的统筹安排，这就是生产和流通一体化的流通加工形式。这种形式可以促成产品结构及产业结构的调整，充分发挥企业集团的经济技术优势，是目前流通加工领域的新事物。

二、流通加工的方式

（一）钢卷剪切流通加工

汽车、冰箱、冰柜、洗衣机、机械制造等生产制造企业每天需要大量的钢板，除了大型汽车制造企业之外，一般规模的企业如果自己单独剪切，难以解决因

用料高峰和低谷的差异而导致设备忙闲不均和人员浪费的问题。专业钢板剪切加工企业能够利用专业剪切设备，按照顾客要求的规格尺寸和形状进行套裁加工，精度高、速度快、废料少、成本低；在钢铁生产基地设立流通加工环节，还可以将切割下来的边角料就近运回钢铁生产部门，减轻了钢铁回收的运输重量。

（二）木材流通加工

将原木加工成板材，或按用户需要加工成各种形状的材料，供给家具厂、木器厂。木材进行集中流通加工、综合利用，出材率可提高到72%，原木利用率达到95%，经济效益相当可观。

（三）水泥流通加工

建设水泥流通中心，将水泥、沙石、水以及添加剂按比例进行初步搅拌，然后水泥搅拌车，事先计算好时间，卡车一边行走，一边搅拌，到达工地后，搅拌均匀的混凝土直接进行浇注。设立统一的水泥搅拌中心，还便于对水泥质量进行监督，防范豆腐渣工程。

（四）水产品、肉类流通加工

深海渔船出海，有时一个月回来一次，这期间从海中打捞上来的鱼、虾等海产品，在船上开膛、去尾、剔骨，不仅能节省轮船舱容，而且利于保管。牛肉、猪肉、鸡肉等肉类食品，在屠宰厂进行分割、去骨，便于冷冻运输和保管。

（五）服装、书籍流通加工

这里的服装流通加工，主要指的是在批发商的仓库或配送中心进行改换小件包装以及缝商标、贴标签等。书籍的流通加工作业主要包括简单的装帧、套书壳、配书签以及退书的重新整理、复原等。

（六）自行车、助力车流通加工

自行车和助力车如果采用整车运输、保管和包装，不仅费用多、难度大，而且装载率低。这类产品装配简单，不必进行精密高度和检测，所以可以将同类部件装箱，批量运输和存放，在商店出售前再组装。

（七）玻璃流通加工

平板玻璃的运输货损率较高，玻璃运输的难度比较大。在消费比较集中的地区建玻璃流通加工中心，按照用户的需要对平板玻璃进行套裁和开片，可使玻璃的利用率从 62% ～ 65% 提高到 90% 以上，大大降低玻璃的破损率，增加了玻璃的附加价值。

（八）液体饮料流通加工

对于酒、果汁、奶液等液体饮料，从产地批量地将原液运至消费地配制、装瓶、贴标签，包装后出售，既节约运费，又安全保险，附加值将大大增加。

（九）名著、名画及工艺品流通加工

名著、名画及工艺品通过流通加工，装帧更加精美，档次得以提升，能够大大提高商品的欣赏性和附加价值。

第三节　流通加工合理化

流通加工合理化的含义是实现流通加工的最优配置，避免各种不合理的流通加工作业，使流通加工有存在的价值。

一、不合理流通加工的表现形式

流通加工是在流通领域中对生产的辅助性加工，从某种意义来讲，它不仅是生产过程的延续，实际是生产本身或生产工艺在流通领域的延续。这个延续可能有正反两方面的作用，即一方面可能有效地起到补充完善的作用，但是，也必须估计到另一个可能性，即对整个过程的负效应。各种不合理的流通加工都会产生抵消效益的负效应。

（一）流通加工地点设置的不合理

流通加工的地点设置即布局状况是决定整个流通加工是否有效的重要因素。一般来说，为衔接单品种大批量生产与多样化需求的流通加工，加工地点设置在需求地区，才能实现大批量的干线运输与多品种末端配送的物流优势。如果将流通加工地设置在生产地区，一方面，为了满足用户多样化的需求，会出现多品种、小批量的产品由产地向需求地的长距离的运输；另一方面，在生产地增加了一个加工环节，同时也会增加近距离运输、保管、装卸等一系列物流活动。所以，在这种情况下，不如由原生产单位完成这种加工而无须设置专门的流通加工环节。

另外，一般来说，为方便物流的流通加工环节应该设置在产出地，设置在进入社会物流之前。如果将其设置在物流之后，即设置在消费地，则不但不能解决物流问题，又在流通中增加了中转环节，因而也是不合理的。

即使是产地或需求地设置流通加工的选择是正确的，还有流通加工在小地域范围内的正确选址问题。如果处理不善，仍然会出现不合理。比如说交通不便，流通加工与生产企业或用户之间距离较远，加工点周围的社会环境条件不好等。

（二）流通加工方式选择不当

流通加工方式包括流通加工对象、流通加工工艺、流通加工技术、流通加工程度等。流通加工方式的确定实际上是与生产加工的合理分工有关。分工不合理，把本来应由生产加工完成的作业错误地交给流通加工来完成，或者把本来应由流通加工完成的作业错误地交给生产过程去完成，都会造成不合理。

流通加工不是对生产加工的代替，而是一种补充和完善。所以，一般来说，如果工艺复杂，技术装备要求较高，或加工可以由生产过程延续或轻易解决的，都不宜再设置流通加工。如果流通加工方式选择不当，就可能会出现流通与生产争夺利益的后果。

（三）流通加工作用不大，形成多余环节

有的流通加工过于简单，或者对生产和消费的作用都不大，甚至有时由于流通加工的盲目性，未能解决品种、规格、包装等问题，相反却增加了作业环节，这也是流通加工不合理的重要表现形式。

（四）流通加工成本过高，效益不好

流通加工的一个重要优势就是能够形成较大的投入产出比，因而能有效地起到补充、完善的作用。如果流通加工成本过高，则不能实现以较低投入实现更高使用价值的目的，势必会影响它的经济效益。

二、流通加工合理化的措施

为避免各种流通加工的不合理现象，对是否设置流通加工环节，在什么地点设置选择什么类型的加工，采用什么样的技术装备等，都需要做出正确的抉择。节约能源、节约设备、节约人力、节约耗费是流通加工合理化最重要的考虑因素，也是设置流通加工、考虑其合理化的原则。

（一）流通加工与包装相结合

流通加工的许多形式都是为了促进商品销售而进行的。为了方便消费者购买，可以在物流作业中对商品进行再包装。例如，把大包商品改为小包装，把便于运输的商品包装改为介绍商品的销售包装，给商品贴标签等。

（二）流通加工与仓储相结合

流通加工与仓储相结合，就可以充分利用物品仓储的时间进行加工，不影响商品周转时间，可以更好地利用仓库空间，提高仓库有效利用率。

（三）流通加工与配送相结合

流通加工与配送相结合是指将流通加工设置在配送中心，这样既可以按照配送的需要及时进行加工，又可以使流通加工成为配送流程中与分货、拣货、配货密切相连的一环，保证经过加工的产品直接投入配货作业。这种方式广泛应用于净菜、水泥、煤炭等生产资料和生活资料的流通加工中，是流通加工合理化的重要方式之一。

（四）流通加工与运输相结合

流通加工与运输相结合，一方面，在干、支线运输转运点设置流通加工，既充分利用了干、支线转换本来就必须停顿的环节，又可以大大提高运输效率和运输转载水平；另一方面，通过流通加工使产品的体积相应缩小，可以提高车船运输中的实载率。

（五）流通加工与供应链管理相结合

如果企业生产加工产品的所需要的原材料和零部件往往来自多个生产单位，

那么在生产单位和需求单位之间设置流通加工环节就可以帮助企业做好原材料和零部件的配套工作，提高了物流的精益程度。

实现流通加工的合理化，最能体现现代物流的特点，它充分表现了物流中各个环节之间的有机联系。认识这种有机联系，做好流通加工能带来物流效益的最大化。

此外，流通加工有很重要的作用，但不等于流通加工越多越好。因为流通加工不创造使用价值，只提高商品的附加值，所以对商品进行流通加工应当控制在适当的范围内。

案例分析

阿迪达斯的组合式鞋店

阿迪达斯公司在美国的一家超级市场设立了组合式鞋店。店铺内摆放的不是做好了的鞋子，而是各种做鞋用的半成品，款式花色多样，有数种鞋跟、鞋底、鞋面、搭带等，组合的颜色和款式可以达到百余种。顾客进店来可任意挑选自己所喜欢的各个部件，然后交给店员当场进行组合。这样，一双崭新的鞋便立等可取了。

这家鞋店昼夜营业，店员技术熟练，鞋子的售价与成批制造的价格差不多，有的还稍便宜些。由于鞋子可以自选式组合，顾客络绎不绝，销售金额比邻近的鞋店多十倍。

思考题：

1.结合实际工作，列举三种流通加工的方式。

2.流通加工和一般生产型加工的不同之处主要表现在哪些方面？

3.不合理流通加工的表现形式有哪些？

第 九 章

配 送

本章主要从配送的基本要素出发，通过介绍配送的内涵、配送的作用、配送的类型和配送的模式、配送管理的内涵等内容，来深入探讨配送合理化的目标和内容。

第一节 配送概述

作为物流的两大支柱，运输和储存在物流活动中占有重要地位。但储运不是物流的目的，物流的最终目的是满足需求者对物品的需要。而配送则正好体现了物流的最终目的，它直接为用户服务，满足用户的各种需要。在为用户服务方面，配送的最大优点就是及时、准确和方便。

一、配送的内涵及作用

（一）配送的内涵

"配送"一词来源于英文的"Delivery"，其意译是运送、输送和交货。《物流术语》（GB/T18354-2021）将"配送"定义为："根据客户要求，对物品进

行分类拣选、集货、包装、分割、组配等作业,并按时送达指定地点的物流活动。"

1.概念比较

为了正确理解"配送"的内涵,下面来认识一些很容易与"配送"相混淆的概念。

(1)配送和送货的区别

配送是随着市场的出现而诞生的一种必然的市场行为,它是生产和流通发展到一定阶段的必然产物,配送不是一般概念的送货,也不是生产企业推销产品时直接从事的销售性送货,而是从物流节点至用户的一种特殊送货形式。它与送货之间的差异表现在以下几个方面:①目的不同。送货形式只是推销的一种手段,目的仅在于多销售一些产品,配送则是社会化大生产、专业化分工的产物,它是流通领域内物流专业分工的必然产物。因此,如果说一般送货是一种促销服务方式的话,配送则是一种体制形式。②内容不同。送货一般是有什么送什么,对用户来说,只能满足其部分需要。而配送则是用户需要什么送什么,它不单是送货,在业务活动内容中还包括"分货""配货""配装"等项工作。这是具有很大难度的运作,必须有发达的商品经济和现代化的经营水平作保证。在商品经济不发达的国家或市场经济的初级阶段,很难实现大范围、高效率的配货。送货制与配送制有时代上的区别。③发展程度不同。配送是一种现代化的物流方式。它是送货、分货、配货等活动的有机结合体,同时还与订货系统紧密联系。配送必须依赖信息的处理,使整个系统得以建立和完善,成为一种现代化方式,这是送货所不能比拟的。④装备不同。配送过程中的现代化技术和装备,使配送在规模、水平、效率、速度、质量等方面远远超过旧的送货形式。在这些活动中,大量采用各种传输设备和识码、拣选等机电装备。很像工业生产中广泛应用的流水线,使流通工作的一部分工厂化。所以,配送是技术进步的产物。

(2)配送和输送、运输的区别

配送不是单纯的输送或运输,而是运输与其他活动共同构成的有机体。在整个输送过程中,配送中所包含的那一部分运输活动处于"二次输送""支线输送""末端输送"的位置，其起止点是物流节点至用户。

（3）配送和供应、供给的区别

配送不是广义概念的组织物资、订货、签约、结算、进货及对物资处理分配的供应，而是以供给者送货到户的形式进行供应。从服务方式来讲，是一种"门到门"的服务，可以将货物从物流节点一直送到用户的仓库、营业所、车间乃至生产线的起点。

（4）配送和运送、发放、投送的区别

配送是在全面配货基础上，充分按用户要求（包括种类、数量、时间等方面的要求）所进行的运送。因此，除了各种"运""送"活动外，还要从事大量分货、配货、配装等工作，是"配"和"送"的有机结合。

2.配送的基本要素

配送基本要素是指：货物、客户、配送设施设备、配送人员、配送路线、地点、时间等7项内容，也称作"配送的七要素"。在制定配送计划时，应对此7项内容作深入了解并加以分析整理。

（1）货物

货物指配送货物的种类、形状、重量、包装、材质、装运要求等。物流和配送的关系十分紧密，配送可以认为是物流的缩影，物流处理的货物具有少品种、大批量、少批次等特点，配送则相反，具有多品种、小批量、多批次等特点。

（2）客户

客户包括委托人和收货人两个方面。配送企业承担的配送业务就是受委托人的要求，把货物送达收货人的过程。所以，评价配送企业的服务水平时，应该以满足以上双方客户的要求作为依据。

（3）配送设备

通常情况下，配送设备就是指配送工具。配送时，需要根据货物的特征、数量、配送地点以及配送设备自身的特点来选择合适的设备。配送设备包括车辆、仓库、装卸搬运设备（叉车、起重机等）、信息技术设备（电脑等）。

（4）配送人员

配送人员包括业务经理、司机、仓储人员、包装人员、装卸搬运人员、检验人员、信息技术人员等。由于需面对不同的客户、不同的环境，因此，对人员配置也有一定的要求。例如，某些产品送达目的地之后需要进行安装并调试，这就要求司机或者配送人员具有一定的技能。

（5）配送路线

配送路线即指配送途经的线路。可以根据一定的原则指定配送路线。例如，配送线路最短原则、送货量最大原则、订单时间顺序原则等，并要求司机或者配送人员执行，但是由于配送地点复杂和交通拥堵、交通管制等原因，也可根据司机经验作适当调整。

（6）地点

地点指配送的起点和终点，主要了解这些地点的数目、距离、周边环境、停车卸货空间大小以及相关附属设施，例如，有无卸货月台、叉车等。

（7）时间

这不仅仅指在途时间，还包括搬运装卸时间。因为并非所有的业务都在自有配送中心进行，所以需要了解配送起点、终点的装货和收货的时间限制以及要求，提前做好安排，避免不必要的装卸等候，以免由于超过客户要求的时间范围所造成货物拒收。

（二）配送的作用

在发达国家，配送不但广为实行，而且已成为企业经营活动的重要组成部分，对优化经济结构、节约社会劳动及充分发挥物流功能起到了巨大的作用。

1.配送的功能

配送本质上是运输，创造空间效用自然是它的主要功能。但配送又不同于运输，它是运输在功能上的延伸。相对于运输而言，配送除创造空间效用这一主要功能之外，其延伸功能可归纳为以下几个方面：

（1）有利于物流运动实现合理化

配送不仅能够把流通推上专业化、社会化，更重要的是，它能以其特有的运动形态和优势调整流通结构，使物流运动达到规模经济，并以规模优势取得较低的运输成本。通过配送，减少了车辆的空驶，提高了运输效率和经济效益，并能减少对空气的污染。

（2）完善了运输和整个物流系统

自20世纪下半叶以来，由于科学技术的进步、运输工具的改善，使得干线运输在多种运输方式中都达到较高的水平，长距离、大批量的运输实现了低成本化。但是，在干线运输完成之后需要支线运输和小搬运来完成末端运输，这种支线运输及小搬运成了物流过程的一个薄弱环节。采用配送方式，将支线运输和小搬运活动统一起来，发挥其灵活性、适应性和服务性的特点，使运输过程得以优化和完善。

（3）提高了末端物流的效益

采用配送方式，通过增大经济批量来达到经济进货，又通过将各种商品的用户集中在一起进行统一发货，代替分别向不同用户、小批量发货来达到经济发货，使末端物流经济效益得到提高。

（4）实现了低库存或零库存

在采用准时化配送方式之后，生产企业可以依靠配送中心的准时化配送进行准时化生产，而不需保持自己的库存或较小地保持库存。这样，生产企业就可以实现"零库存"，可极大地降低库存占用资金，从而改善企业的财务状况。实行集中库存后，其库存总量会大大低于各企业的分散库存之总量，同时也增加了调节能力，提高了社会经济效益。此外，集中库存还可以发挥规模经济的优势，使单位存货成本下降。

（5）提高了服务水平

采用配送方式，用户只需向一处提出订货就能达到向多处采购的目的，因而极大地减少了用户的工作量和负担，也节省了订货等一系列事务开支。这些强大的服务功能，受到广大用户的热烈欢迎。

（6）提高了供应保证程度

生产企业自己保持库存来维持生产。由于受库存费用的制约，要想提高供应的保证程度很难，保证供应和降低库存成本之间存在二律背反问题。采取配

送方式，由于配送中心的集中存货可以调节企业间供需关系，同时库存量更大，所以降低了企业断货、缺货、影响生产的风险。

（7）支撑了电子商务的发展

从商务角度来看，电子商务的发展需要具备两个重要的条件：一是货款的支付，二是商品的配送。网上购物无论如何方便快捷，如何减少流通环节，唯一不能减少的就是商品配送，配送服务如不能相匹配，网上购物就不能发挥其方便快捷的优势。

（8）促进了物流技术进步

现代大载重量的运输工具，固然可以提高效率、降低运输成本，但只适于干线运输，因为干线运输才可能是长距离运输，而且才有可能呈现高效率、低成本的运输。支线运输一般是小批量，使用载重量大的运输工具则是一种浪费。支线小批量运输频次高、服务性强，要求比干线运输具有更高的灵活性和适应性，而配送通过与其他物流环节的配合，可实现定制化服务以满足这种要求。因此，只有配送与运输密切结合，使干线运输与支线运输有机统一起来，才能实现运输系统的合理化。

发展配送，有利于促进物流设施和装备的技术进步，具体表现在三个方面：一是促进信息处理技术的进步。随着配送业务的开展，处理的信息将越来越多，原始手工的信息处理速度慢且容易出差错，已适应不了配送工作的要求，必然要大量应用电子计算机这一现代化的信息处理技术。第二是促进物流处理技术的进步。随着配送业务的发展，必然会出现自动化立体仓库、自动化分拣装置、无人搬运车、托盘化、集装箱化等现代化物流技术，从而提高物流速度，缩短物流时间，降低物流成本，减少物流损耗，提高物流服务质量。第三是推动物流规划技术的开发与应用。伴随配送业务的开展，配送货主越来越多，随之而来就产生配送路线的合理选择、配送中心选址、配送车辆的配置、配送效益的技术经济核算等问题，对于这些问题的研究解决，促进了物流规划技术的发展，并使之达到一个新阶段。

（9）实现了商物分离

在未开展配送业务之前，各个商店都有自己的仓库，并各自进行物流活动，此时的商流和物流具有一致性。开展配送业务以后，配送中心就可以充分发挥自己网络广、信息快、物流手段先进和物流设施齐全等优势，专门从事物流活动。在这种情况下，各商店只需保持较少的库存。这就大大改善了零售企业的外部环境，使零售企业有更多的资金和精力来专心从事商流活动，从而实现了商物分离。

2. 配送的特点

从配送活动的实施过程来看，配送包括两个方面的活动："配"是对货物进行集中、分拣和组配，"送"是以各种不同的方式将货物送达指定地点或用户手中。由此，我们可以对配送归纳出以下几个特点：

（1）配送是多种活动的有机结合体

配送是以分拣和配货为主要手段，以送货和抵达为目的的一种特殊的综合性的物流活动。其特殊性表现在：它包含了某一段的装卸、包装、流通加工、保管等活动，但又不是这些活动的全部或全过程。因此，配送不能简单地等同于运输或其他类型的单一物流活动。

（2）配送是一种接近用户的活动

配送不仅是在恰当的时间、通过恰当的方式、恰当的费用将商品最终传递给需求者，而且将最优质的服务传递给需求者。因此，它一头连接着物流系统的业务环节，一头连接着消费者，直接面对服务对象的各种服务要求。配送功能完成的质量及其达到的服务水准，最直接而又具体地反映了物流系统对需求的满足程度。

（3）配送是营销活动的重要手段

以往送货形式的目的仅仅在于多销售一些商品，而配送活动已经上升为专业性营销活动的重要手段。准确而又稳定的配送活动可以在保证供给的同时，最大限度地降低生产或者流通企业的商品库存，从而降低总的销售成本。

（4）配送不是消极的送货发货

配送是在全面配货的基础上，充分按照用户的要求进行服务，它是将"配"和"送"有机地结合起来，完全按照用户要求的数量、种类、时间等进行分货、

配货、配装等工作。

（5）配送是一项有计划的活动

配送需要根据客户的需要以及从事配送的企业的能力，有计划地进行送货活动，以满足客户预定的需要。

二、配送的类型与模式

配送是物流过程的终端环节，从物流本身的运行规律来看，尽管各种配送服务作业的内容是一致的，但由于物流运作组织的主体和服务对象不同，配送所服务的企业性质、使命与目标不同，其配送运行方式就完全不一样，因此就产生了不同的配送类型和运行模式。

（一）配送的类型

1.按配送主体不同分类

（1）配送中心配送

这种配送的组织者是专职从事配送的配送中心。这种配送中心专业性强，和客户有固定的配送关系，一般实行计划配送。需配送的商品通常有一定的库存量，一般情况下很少超越自己的经营范围。这种配送中心的设施及工艺流程是根据配送需要专门设计的，所以配送能力强、品种多、数量大，可以承担企业主要物资的配送及实行补充性配送等，是配送的主要形式。

配送中心的配送覆盖面宽，是一种大规模的配送形式，必须有配套的大规模实施配送的设施，如配送中心建筑、车辆、路线等，一旦建成就很难改变，灵活机动性较差，投资较高。因此，这种配送形式有一定的局限性。

（2）商店配送

这种配送形式的组织者是商业或物资的门市网点，这些网点主要承担商品的零售，一般来讲规模不大，但经营品种比较齐全。除日常经营的零售业务外，这种配送方式还可以根据用户的要求，将商品经营的品种配齐，或代用户外订外购一部分本商店不经营的商品，与商店经营的品种一起配齐运送给客户。

这种配送组织者实力有限，往往只是零售商品的小批量配送，所配售的商品种类繁多，但是用户的需求量并不大，甚至于某些商品只是偶尔需要，很难与大配送中心建立计划配送关系,所以常常利用小零售网点从事此项工作。

由于商业及物资零售网点数量较多,配送半径较小,所以比较灵活机动,可承担生产企业非主要生产物资的配送以及对消费者个人的配送。这种配送可以说是配送中心配送的辅助及补充形式。商店配送有两种主要形式:①兼营配送形式。进行一般销售的同时,商店也兼营配送的职能。商店的备货可用于日常销售及配送,因此有较强的机动性,可以使日常销售与配送相结合,作为相互补充的方式。在铺面一定的情况下,这种配送形式往往可以取得更多的销售额。②专营配送形式。商店不进行零售销售,而是专门进行配送。一般情况下,如果商店位置不好,不适合门市销售,而又具有某些方面的经营优势以及渠道优势,可采用这种方式。

(3)仓库配送

这种配送形式是以一般仓库为节点来进行配送。它可以把仓库完全改造成配送中心,也可以在保持仓库原功能的前提下,以仓库原功能为主,再增加一部分配送职能。由于它并不是按配送中心专门设计和建立的,所以,一般来讲,仓库配送的规模较小,配送的专业化较差。但是由于可以利用原仓库的储存设施及能力、收发货物地、交通运输路线等,所以既是开展中等规模的配送可以选择的形式,同时也是较为容易利用现有条件而不需大量投资的形式。

(4)生产企业配送

这种配送形式的组织者是生产企业,尤其是进行多品种生产的企业。这些企业可以直接从本企业开始进行配送,而不需要再将产品发送到配送中心。

由于避免了一次物流中转,所以生产企业配送具有一定的优势,但是由于生产企业,尤其是现代生产企业,往往进行大批量、低成本生产,品种较为单一,因此无法像配送中心那样依靠产品凑整运输取得优势。实际上,生产企业配送不是配送的主体,它只是在地方性较强的产品生产企业中应用较多,比如就地生产、就地消费的食品、饮料、百货等。此外,在生产资料方面,某些不适于中转的化工产品及地方建材也常常采用这种方式。

2.按配送的时间及数量不同分类

（1）定时配送

定时配送是指按规定的时间间隔进行配送，比如数天或数小时一次等。每次配送的品种及数量可以根据计划实行，也可以在配送之前以商定的联络方式（比如电话、计算机终端输入等）通知配送的品种及数量。由于这种配送方式时间固定、易于安排工作计划、易于计划使用车辆，对于用户来讲，也易于安排接货的力量（如人员、设备等）。但是，由于配送物品种类变化，配货、装货难度较大，因此，如果配送数量变化较大时，配送运力也会出现困难。

（2）定量配送

定量配送是指按照规定的批量，在一个指定的时间范围内进行配送。这种配送方式数量固定，备货工作较为简单，可以根据托盘、集装箱及车辆的装载能力规定配送的定量，能够有效利用托盘、集装箱等集装方式，也可以做到整车配送，配送效率较高。由于时间不严格限定，因此可以将不同用户所需的物品凑成整车后配送，运力利用也较好。对于用户来讲，每次接货都处理同等数量的货物，有利于人力、物力的准备工作。

（3）定时、定量配送

这种配送方式是指按照规定的时间和规定的商品品种及数量进行配送。它结合了定时配送和定量配送的特点，对配送企业的服务要求比较严格，管理和作业难度较大，由于它配送的计划性强、准确性高，所以，相对来说比较适合生产和销售稳定、产品批量较大的生产制造企业或大型连锁商场的部分商品配送。

（4）定时、定路线配送

这种配送是通过对客户分布状况的分析，设计出合理的运输配送路线，根据运输路线达到站点的时刻表研究规定的运行路线进行配送，这种配送方式一般由客户事先提出商品需求计划，然后按规定的时间在确定的站点接收商品，易于有计划地安排运送和接货工作，比较适用于消费者集中的地区。

（5）即时配送

即时配送是根据客户提出时间要求和商品品种、数量要求及时地将商品送达指定的地点。即时配送可以满足用户的临时性急需，对配送速度及时间要求严格，因此，通常只有配送设施完备，具有较高管理和服务水平、作业组织能力、应变能力的专业化配送机构才能较广泛地开展即时配送业务。完善和稳定的即时配送服务可以使用户保持较低的客户水准，真正实现"准时制"生产和经营。

3.按配送商品的种类及数量不同分类

（1）少品种、大批量配送

当客户所需要的商品品种较少，或对某个品种的商品需要量较大、较稳定时，可以实行此种配送形式。采用这种配送形式的原因往往是商品数量大，不必与其他商品配装，可使用整体运输。这种形式多由生产企业或者专业性很强的配送中心直接送达客户，由于配送量大、商品品种较少，从而可以提高车辆利用率，同时也使配送组织内部的工作简化，因此配送成本较低。

（2）多品种、少批量配送

在现代企业生产中，除了需要少数几种主要物资外，大部分属于次要的物资，品种数量多，但是由于每一品种的需求量不大，如果采取直接运送或大批量的配送方式，那么大批量进货必然造成客户库存增大等问题。类似的情况在向零售店补充一般生活消费品的配送中心里也存在，针对以上这些情况，适合采用多品种、少批量的配送方式。

多品种、少批量配送是根据用户的要求，将所需要的各种物品（每种物品的需要量不大）配备齐全、凑整装车后由配送据点送达客户。这种配送作业水平要求高，配送中心设备要求复杂，配送送货计划难度大，因此，需要较高水平的组织工作保证和配合。而且在实际中，多品种、少批量配送往往伴随多用户、多批次的特点，配送频率一般较高。

配送的特殊作用主要反映在多品种、少批量的配送中。因此，多品种、少批量配送的技术含量较高，是一种高水平的配送方式。另外，这种方式也与现代社会中的"消费多样化""需求多样化"等新观念相符合，因此是许多发达国家推崇的方式。

（3）配套（成套）配送

这种配送方式是为了满足企业生产的需要，依照企业生产的进度，将装配的各种零配件、部件、成套设备定时送达企业，生产企业随即可将这些成套的零部件送上生产线进行组装，生产出产品。在这种装配方式中，配送企业完成了生产企业的大部分供应工作，从而使生产企业专门致力于生产，这与多品种、少批量、多批次配送方式的效果相同。

4.按加工程度不同分类

（1）加工配送

加工配送是与流通加工相结合的配送方式，也就是在配送据点中设置流通加工功能，流通加工与配送据点组成一体化的配送方式。流通加工与配送相结合，可以使流通加工更具有针对性和增值性。

（2）集疏配送

集疏配送是一种只改变产品数量的组织形式，不改变产品本身的物理、化学性质，并与干线运输相结合。集疏配送多表现为大批量进货后，小批量多批次发货，或零星集货后形成一定批量后再送货等。

5.按配送企业专业化程度不同分类

（1）综合配送

综合配送是指配送商品种类较多，在一个配送网点中组织不同专业领域的产品向用户配送。由于其综合性较强，所以被称为"综合配送"。综合配送可以减少用户组织所需全部物资的进货负担，它们只需要和少数配送企业联系，便可以解决多种需求的配送。因此，这是对用户服务较强的方式。

综合配送的局限性在于，由于产品性能、形状差别很大，在组织时技术难度较大。因此，一般只是在形状相同或相近的不同类产品方面实行综合配送，而对于差别过大的产品则难以实行综合化。

（2）专业配送

专业配送是指按照产品的形状不同，适当划分专业领域的配送方式。专业配送并非越细分越好，实际上在同一形状而类别不同的产品方面，也是有一定综合性的。专业配送的重要优势是可以根据专业的共同要求来优化配送设施、优选配送机械及配送车辆，制定适应性强的工艺流程等，从而大大提高配送各环节的工作效率。

6. 按经营形式不同分类

（1）销售配送

这种配送方式是指配送企业是销售型企业，或者是指销售企业作为销售战略一环所进行的促销型配送。一般来讲，这种配送的配送对象和用户往往是根据对市场的占有情况而定的，具有很大的不固定性，其配送的经营状况也取决于市场状况。因此，这种形式的配送随机性较强，而计划性较差。各种类型的商店配送一般多属于销售配送。

用配送方式进行销售是扩大销售数量、扩大市场占有率、获取更多销售收益的重要方式。由于是在送货服务前提下进行的活动，所以一般来讲，也受到用户的欢迎。

（2）供给配送

供给配送是指用户为了自己的供应需要所采取的配送形式。在这种配送形式下，一般来讲，是由用户或者用户集团组建配送据点，集中组织大批量进货（以便取得批量折扣），然后向本企业配送或向本企业集团若干企业配送。在大型企业或企业集团或联合公司中，常常采用这种配送形式组织对本企业的供应，例如商业中广泛采用的连锁商店就经常采用这种方式。用配送方式进行供应，在保证供应水平、提高供应能力、降低供应成本方面有重要意义。

（3）销售 — 供应一体化配送

销售 — 供应一体化配送是指对于基本固定的用户和基本确定的配送产品，配送企业可以在自己销售的同时，承担用户有计划供应者的职能，既是销售者同时又成为用户的供应代理人，起到用户代理人的作用。

对于某些用户来讲，采用这种方式可以减除自己的供应机构，而委托销售代理供应物资。对销售者来讲，这种配送方式能够获得稳定的用户和销售渠道，有利于扩大销售数量，有利于本身的稳定持续发展。对于用户来讲，能够获得稳定的供应，而且可以大大节约本身为组织供应所耗用的人力、物力和财力。

我们知道,销售者能有效控制进货渠道,这是任何企业的供应机构都难以做到的,因而委托销售者代理,对供应的保证程度可望大大提高。销售—供应一体化配送是配送经营中的重要形式,这种形式有利于形成稳定的供需关系,有利于采取先进的计划手段和技术手段,也有利于保持流通渠道的畅通与稳定。

（4）代存、代供配送

代存、代供配送是指用户将属于自己的货物交给配送企业保存、供应,有时还委托它代为订购,然后组织对本身的配送。这种配送在实施时不发生商品所有权的转移,配送企业只是用户的代理人。商品所有权在配送前后都属于用户所有,所发生的仅是商品物理位置的转移,配送企业仅从代存、代送中获取收益,而不能获得商品销售的经营性收益。在这种配送方式下,商品所有权与经营权是分离的。

（5）代理配送

此种方式的配送一般情况与销售配送一致,只是在配送业务的开展过程中组织配送货源时不用配送企业提供货款。配送企业是受生产者委托代销商品,对配送商品不拥有所有权,不能取得商品销售的经营性收益,只能取得按销售额的一定比例获取的佣金。这种配送方式对配送企业比较有利,同时也是发展现代化流通的一项重要内容,应予以重视。

（6）越库配送

越库配送是指货物不经过入库存放,而直接配送给零售店或客户的配送方式,包括任何一种避免在将货物送去零售店或客户之前将其放入仓库的配送方法。仅把货物从卸货码头运到装运码头或将其暂时放在待运区。实施越库配送需要详细的计划和各方面的配合,关键是配送人员周密指导货物何时来、何时去,以及何时被运往目的地。

在配送活动中实施越库配送,可以减少多余的操作环节,缩短货物操作及储存时间,减少劳动力成本、货损和退货,最终降低存货持有成本。除了可以减少不必要的货物输送和存储工作以及所有与过量存货相关的直接成本外,越库配送还为配送中心提供了进一步节约成本的潜在可能。如果需要存储的货物数量较少，存储并输送货物所需的空间和设备也会减少，这样，订单履行速度将会提高，货物过期的可能性就会降低。

（二）配送的模式

按照配送过程中参与主体的不同，将配送模式分为自营配送模式、共同配送模式以及第三方配送模式。

1.自营配送模式

企业自营配送是工商企业为了保证生产或销售的需要，独自出资建立自己的物流配送系统，对本企业所生产或所销售的产品进行配送活动。

（1）自营配送的特点

①自营配送的优点。有利于企业供应、生产和销售的一体化作业，系统化程度相对较高。既可满足企业内部原材料、半成品及成品的配送需要，又可满足企业对外进行市场拓展的需求。②自营配送的缺点。企业为建立配送体系的投资规模将会大大增加，在企业配送规模较小时，配送的成本和费用相对较高。

（2）自营模式的分类

根据服务的对象不同，企业自营配送又可分为企业的分销配送和企业的内部供应配送两种，下面将分别介绍其具体情况。

①企业的分销配送。企业的分销配送模式是指自营配送企业存在的主要目的是为其他有配送需求的企业或消费者服务的。所以，企业的分销配送又可分为企业对企业的分销配送和企业对消费者的分销配送两种形式。

企业对企业的分销配送。这种配送活动发生在完全独立的企业与企业主体之间，基本上是属于社会开放系统的企业之间的配送供给与配送需求。作为配送服务的组织者或供给方是工商企业，作为配送服务的需求方，即服务对象。基本上有两种情况：生产企业，为配送服务的最终需求方；商业企业，即中间商，在接受配送服务之后，还要对产品进行销售。企业对企业的配送，从实施的主体来看，组织配送活动的目的是实施营销战略。特别在电子商务 B to B 模式中，企业对企业的配送是国家大力推广的配送模式。其配送量大，渠道稳定，物品标准化，是电子商务发展的切入点。企业对企业的分销配送运行管理一般由销

售部门来运作。随着社会分工的专业化，为发挥物流系统化管理的优势，最好是企业成立专职的物流部门或分公司来运作。对于生产企业配送，尤其是进行多品种生产的企业，直接由本企业进行配送，避免了经商业部门的多次物流中转，所以有一定优势。但是生产企业，尤其是现代生产企业，往往是进行大批量、低成本生产，品种较单一，因而不能像社会专业配送中心那样依靠产品凑整运输取得规模优势，所以生产企业配送存在一定的局限性。生产企业配送在地方性较强的产品中应用较多，如就地生产、就地消费的食品、饮料、百货等，在生产资料方面，某些不适于中转的化工商品及地方建材也采取这种方式。

企业对消费者的分销配送。企业对消费者的分销配送主要是指商业零售企业对消费者配送。由于企业对消费者的分销配送是在社会大的开放系统中的运行，其运行难度比较大，虽然零售配销企业可以通过会员制、贵宾制等方式锁定一部分消费者，但在多数情况下，消费者是一个经常变换的群体，需求的随机性大，服务水平的要求高，配送供给与配送需求之间难以弥合，所以配送的计划性差。另外，消费者需求数量小、地点分散，使配送成本相对较高。这种配送方式是电子商务 B to C 模式发展的支撑与保证。

②企业的内部供应配送。如图 9-1 所示，企业的内部供应配送模式主要是指企业或集团为其系统内部进行的配送活动方式，它是为了保证企业或集团的生产或销售供给所建立的企业内部配送机制，其实质是企业集团、大资本集团、零售商集团等内部的共同配送。由于企业内部配送大多发生在巨型企业之中，有统一的计划、指挥系统，因此，集团系统内部可以建立比较完善的供应配送管理信息系统，使企业内部需求和供应达到同步，有较强的科学性。企业内部配送一般有两种情况：大型连锁商业企业内部供应配送和巨型生产企业内部供应配送。

大型连锁商业企业内部供应配送。各连锁超市经营的商品、经营方式、服务水平、价格水平相同，配送的作用是支持连锁经营的平台。连锁商业企业通过统一采购、统一配送、统一营销策略、统一定价、统一核算达到分散化经营的集约规模效益。连锁配送的主要优势是：在一个封闭的营运系统中运行，随机因素的影响比较小，计划性比较强。因此，容易实现低成本、精细高效的配送。

巨型生产企业内部供应配送。这是目前生产企业广泛采用的一种配送模式。企业通过独立组建配送中心，实现对内部各部门、厂、店的物品供应，完成配送活动。在这种配送模式中，虽然因为糅合了传统的"自给自足"的"小农意识"，形成了"大而全""小而全"，造成了新的资源浪费，但是，就目前来看，它在满足企业内部生产材料供应、产品外销、零售商店供货和区域外市场拓展等企业自身需求方面发挥了重要作用。

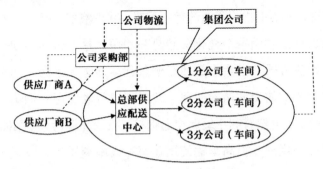

图 9-1 企业集团系统内部的供应配送

2.共同配送模式

共同配送是企业追求配送合理化的结果，是在长期的发展过程中经过不断的探索优化的一种配送形式，也是现代社会中采用较广泛、影响面较大的一种配送模式。

（1）共同配送的概念

简单来讲，共同配送是两个或两个以上的有配送业务的企业相互合作对多个用户共同开展配送活动的一种物流模式。共同配送一般采取由生产、批发或零售、连锁企业共建一家配送中心来承担他们的配送业务或共同参与由一家物流企业组建的配送中心来承担他们的配送业务，以获取物流集约化规模效益，从而解决单独配送的效率低下问题。其配送业务范围可以是生产企业生产所用的物料、商业企业所经销的商品的供应，也可以是生产企业生产的产品和经销企业的商品销售。

（2）共同配送的特点

共同配送的优点。第一，可以控制各个配送企业的建设规模。多个企业共建配送中心，旨在建立配送联合体，以强化配送功能为核心，分工合作，优势互补，为社会服务，各自的建设规模可以控制在适当的范围之内。第二，实现设施共享，减少浪费。在市场经济条件下，每个企业都要开辟自己的市场和供应渠道。因此，不可避免地要建立自己的供销网络体系和物流设施。这样一来，便容易出现在用户较多的地区设施不足或在用户稀少的地区设施过剩，造成物流设施的浪费和不同配送企业重复建设物流设施的状况。实行共同配送，旨在强调联合体的共同作用，可实现物流资源的优化配置，减少浪费。第三，改善交通环境。由于近些年来出现的"消费个性化"趋势和"用户是上帝"的观念，应运而生了准时配送的物流方式。送货次数和车辆急剧增加，大量的配送车辆云集在城市商业区，导致严重的交通堵塞问题。共同配送可以使用一辆车代替原来多个配送企业的多辆车，自然有利于缓解交通拥挤，减少环境污染。第四，提高效益。共同配送通过统筹规划，提高车辆使用效率和设施利用率，以减少成本支出，提高企业的经济效益。

共同配送的缺点。第一，配送货物种类繁多，分属多个主体，服务要求不一致，难于进行商品管理。当货物破损或出现污染、丢失等现象时，责任不清，容易出现纠纷，最终导致服务水平下降。第二，共同配送的运作主体多元化，主管人员在管理协调方面存在困难。第三，共同配送是多方合伙经营，在物流资源调度和收益分配方面容易出现问题。第四，参与人员多而复杂，企业的商业机密容易泄露。

（3）共同配送的具体方式

共同配送的目的主要是合理利用物流资源。根据物流资源利用程度，共同配送大体上可分为以下几种具体形式：

①系统优化型的共同配送。如图9-2所示，由一个专业物流配送企业综合各家用户的要求，对各个用户统筹安排，在配送时间、数量、次数、路线等诸方面做出系统最优的安排，在用户可以接受的前提下，全面规划、合理计划地进行配送。这种方式不但可满足不同用户的基本要求，又能有效地进行分配送

货、配货、配载、选择运输方式、选择运输路线、合理安排送达数量和送达时间。这种对多家用户的配送，可充分发挥科学计划、周密计划的优势，实行起来较为复杂，但却是共同配送中水平较高的形式。

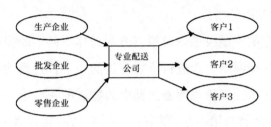

图 9-2 系统优化型的共同配送

②车辆利用型共同配送。第一，车辆混载运送型共同配送。这是一种较为简单易行的共同配送方式，仅在送货时尽可能安排一个配送车辆，实行多货主货物的混载。这种共同配送方式的优势在于，以一辆较大型的且可满载的车辆代替了以往多货主分别送货或客户分别各自提运货物的多辆车；并且克服了多货主、多辆车都难以满载的弊病。第二，返程车辆利用型的共同配送。为了不跑空车，让物流配送部门与其他行业合作，装载回程货或与其他公司合作进行往返运输。第三，利用客户车辆型共同配送。利用客户采购零部件或采办原材料的车进行产品的配送。

③接货场地共享型共同配送。接货场地共享型共同配送是多个用户联合起来，以接货场地共享为目的的共同配送形式。一般是用户相对集中，并且用户所在地区的交通、道路、场地较为拥挤，各个用户单独准备接货场地或货物处置场地有困难，因此多个用户联合起来设立配送的接收点或货物处置场所。这样不仅解决了场地的问题，也大大提高了接货水平，加快了配送车辆的运转速度，而且接货地点集中，可以集中处置废弃包装材料、减少接货人员数量。

④配送设施利用型的共同配送。在一个城市或一个地区中有数个不同的配送企业时，为节省配送中心的投资费用，提高配送运输的效率，多家企业共同出资合股建立配送中心进行共同配送，或多家企业共同利用已有的配送中心、配送机械等设施对不同配送企业用户共同实行配送。

2.第三方配送模式

第三方配送就是指交易双方或供需双方把自己需要完成的部分或全部配送业务，委托给第三方专业性的配送企业来完成的一种配送运作模式。

（1）第三方配送的概念

随着物流产业的不断发展以及第三方配送体系的不断完善，第三方配送模式应成为工商企业和网络企业进行货物配送的一个首选模式和主要发展方向。其基本功能是设计执行及管理商务活动中的物流配送要求，利用现代物流技术与物流配送网络，依据与第一方（供应商）或第二方（需求者）签订的物流合同，以最低的物流成本，快速、安全、准确地为客户在特定的时间段，按特定的价格提供个性化的系列物流配送服务。

（2）第三方配送的特点

①高效性。第三方配送企业可根据用户的需求情况，通过信息传递系统调整库存数量和结构，调节订货数量和结构，进而调整配送作业活动；而对于一些非程序的活动，可通过信息自动传递系统进行提示或预报，调节配送，提高信息的传输和配送效率。配送企业通过建立一套有效的计算机辅助决策系统，将一些程序化的活动利用计算机辅助决策系统来完成，提高决策效率。此外，基于网络的信息系统也可迅速有效地完成信息的交流、单证的传输以及提高配送过程中的支付效率。

②低成本性。第三方配送企业利用现代网络信息技术，不仅使配送企业本身成本得到大幅度降低，而且也为客户节约了成本。随着第三方配送的快速发展，将来也能降低整个社会的配送成本。在现代配送的情况下，有效地利用第三方配送企业现代信息技术及交易等优势，不仅节约了配送双方的库存成本，而且也能降低配送双方的结算成本及单证传输成本。

③个性化。个性化特点是指第三方配送企业能根据用户的不同需求提供一对一的配送服务，更好地满足不同用户的配送需求。个性化服务在配送中的应用、推广和发展，将开创第三方配送服务的新时代。它不仅使普通的大宗配送业务得到发展，而且能够适应用户需求多样化的发展趋势和潮流。个性化服务的实

现主要是通过共同筛选技术和神经网络匹配技术来进行的。

（3）第三方配送的运作模式

①企业销售配送模式。如图 9-3 所示，企业销售配送第三方物流配送模式是工商企业将其销售物流业务外包给独立核算的第三方物流公司或配送企业运作。企业采购和供应物流配送业务仍由供应物流管理部门承担。

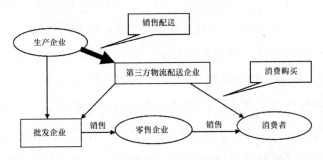

图 9-3 企业销售配送第三方化物流配送模式

②企业供应配送模式。这种配送组织管理方式，是由社会物流服务商对某一企业或者若干企业的供应需求实行统一订货、集中库存、准时配送或采用代存代供等其他配送服务的方式。这种供应配送按用户送达要求的不同可以分为以下三种形式：

第一，"门到门"配送供应。如图 9-4 所示，即由配送企业将用户供应需求配送到用户"门口"，后续工作由用户自己去做。有可能在用户企业内部进一步延伸成企业内的配送。第二，"门对库"配送供应。由配送企业将用户供应需求直接配送到企业内部各个环节的仓库。第三，"门到线"配送供应。由配送企业将用户的供应需求直接配送到生产线。显然，这种配送可以实现企业的"零库存"，对配送的准时性和可靠性要求较高。

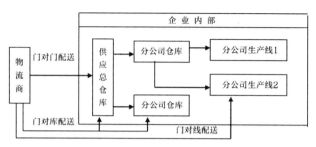

图 9-4 企业供应配送第三方化物流配送模式

③供应—销售物流一体化配送模式。随着物流社会化趋势，企业供应链管理战略的实施，除企业的销售配送业务社会化以外，企业供应配送也将社会化，即由第三方物流公司来完成。特别是工商企业和专职的第三方物流配送企业形成战略同盟关系后，供应—销售物流一体化所体现的物流集约化优势更为明显。即第三方物流在完成服务企业销售配送的同时，又承担用户物资商品内部供应的职能，也就是说，第三方物流既是用户企业产品销售的物流提供者，又是用户企业的物资商品供应代理人。这种销售供应一体化的第三方物流配送模式是配送经营中的一种重要形式，它不仅有利于形成稳定的物流供需关系，而且更有利于工商企业专注于生产销售等核心业务的发展。同时，长期稳定的物流供需关系，还有利于实现物流配送业务的配送中心化、配送作业计划化和配送手段的现代化。从而，保持物流渠道的畅通稳定和物流配送运作高效率、高效益、低成本。因而，现在的供应销售物流一体化第三方物流服务模式备受人们关注。当然，超大型企业集团也可自己运作供应和销售物流配送，但中小企业物流配送走社会化之路，是绝对有利于企业降低供应成本、提升企业竞争力的。

第二节　配送中心及其分类

一、配送中心的内涵

（一）配送中心的概念

不同国家在定义配送中心时，由于认识的角度不一，在描述过程中也出现了不同的说法。常见的说法有：

（1）日本《物流手册》对配送中心的定义

"配送中心是从供应者手中接受多种大量的货物，进行倒装、分类、保管、流通加工和情报处理等作业，然后按照众多需要者的订货要求备齐货物，以令人满意的服务水平进行配送的设施。"

（2）中国物流学专家王之泰在《现代物流学》中的定义

"配送中心是从事货物配备（集货、加工、分货、拣选、配货）和组织对用户的送货，以高水平实现销售或供应的现代流通设施。"

以上两种定义都是从物流设施的角度给出的，因此又被称为物流设施说。

（3）日本《市场用语词典》对配送中心的定义

配送中心"是一种物流节点，它不以贮藏仓库的这种单一的形式出现，而是发挥配送职能的流通仓库，也称作基地、据点或流通中心。配送中心的目的是降低运输成本、减少销售机会的损失，为此建立设施、设备并开展经营、管理工作"。在欧美一些国家，配送中心大多指那些经过改造，经济功能已经综合化、完善化的"流通性仓库"，这一定义被称为流通仓库说。

（4）中国出版的《配送：运行与发展》对配送中心的定义

"所谓的配送中心即指这种位于物流节点上，专门从事货物配送活动的经

营组织（或经营实体）"，被称为"经营组织"说。

（5）中国台湾学者苏士哲在其编写的《英汉物流管理词典》中对配送中心的定义

"配送中心通常是一个大的仓库，制造商将货品运送到消费地附近的配送中心，使存货更接近客户，再由配送中心用货车将商品送至零售商或消费者。配送中心具有采购、储存、流通加工、配送等功能，要求少量、多样、高效的配送方式。"

（6）《物流术语》（GB/T18354-2021）对配送中心的定义

"具有完善的配送基础设施和信息网络，可便捷地连接对外交通运输网络，并向末端客户提供短距离、小批量、多批次配送服务的专业化配送场所。"

上述几种定义，虽然对配送中心的描述各不相同，但对配送中心的现实功能和目的的认识是一致的，即配送中心是专门从事配送业务的组织和场所，是配送业务活动的聚集地和发展地，同时也是物流活动的枢纽。其目的是按照客户的要求为客户提供高水平的配送服务，这一目的要求其具有现代化的物流设施和经营理念。

由此可见，配送中心是从事货物配备（集货、加工、分货、拣选、配货）并组织对用户的送货，以高水平实现销售和供应服务的现代流通设施。它很好地解决用户多样化需求和厂商大批量专业化生产的矛盾。因此，逐渐成为现代化物流的标志。

（二）配送中心的产生与发展

1. 配送中心产生的历史原因

从历史上看，配送中心是在仓库基础上发展起来的，这是一种较为普通的观点。仓库在其功能上，长期以来都是作为保管物品的设施，如仓库是专门集中储存各种物资的建筑物和场所，或是专门从事物资收、发、保管活动的单位和企业。虽然这种观点从收、发两方面赋予了仓库一定的动态功能，但这并没有涉及配送的本质。

在社会不断的发展过程中，由于经济的发展，生产总量的逐渐扩大，仓库功能也在不断地演进和分化。在中国，早在闻名于世的中华大运河进行自南向北的粮食漕运时期，就已经出现了以转运职能为主的仓库设施，明代出现了有别于传统仓库功能的转运仓库，叫作"转搬仓"。中华人民共和国成立后，为适应计划经济体制，中国出现了大量以衔接流通为职能的"中转仓库"，随着中转仓库的进一步发展和仓库业务能力的提高，出现了相当规模和数量的"转运仓库"。现阶段，中国一部分物流企业和配送中心就是由储运仓库通过功能拓展而发展起来的。在国外，仓库根据其功能分为两大类型：一类是以储藏为主要功能的"保管仓库"，另一类是以货物的周转为主要功能的"流通仓库"。流通仓库以保管期短、货物出入库频率高为主要特征，这和中国的中转仓库有类似之处。但这一功能又与传统仓库有很大的区别。货物在流通仓库中处于经常运动的状态，停留时间较短，有较高的进出库频率。流通仓库的进一步发展，使仓库和连接仓库的流通渠道形成了一个整体，对整个物资渠道起到了调节作用。为了和仓库进行区别，越来越多的人便称其为"配送中心"或"流通中心"。

2.配送中心产生的现实原因

（1）社会生产力的发展

从整个国际物流的发展来看，配送中心的形成和不断发展是社会生产力发展的必然结果，也是实现物流运动合理化的客观要求。

发达国家为了实现物流合理化进行了积极的探索，在经济复兴和经济高速发展时期，流通状况存在着许多问题，比如物流分散、道路拥挤、运输效率低、流通费用高等。美国"20世纪财团"通过调查发现，按商品零售价格为基数进行计算，流通费用所占比例达59%，其中大部分是物流费用。流通结构分散和物流费用逐年上升，严重阻碍了生产发展和企业利润的提高。在这种形势下，改变传统的物流方式，采用现代的物流技术，进一步提高物流合理化程度，成为实业界人士的共同要求。美国企业界人士受二战期间"战时后勤"观念与实践的影响和启发，率先把"战时后勤"的概念引用到了企业的经营管理活动中，推出了新的供货方式，将物流中的装卸、搬运、保管、运输等功能一体化和连贯化，取得了较为明显的成效。同时，他们改革不合理的流通体制，使原有仓库得以

改造。20世纪60年代，美国将原来的老式仓库大部分合并改造成了"配送中心"，使老式仓库减少了90%。在日本，企业界也针对物流中存在的很多问题寻求解决办法，在制定物流中心和物流节点的同时，积极推行共同配送制度。客户在货物处理上、时间上和服务上都提出了更高的要求，为了更好地满足客户的这些要求，建立正确、迅速、安全、廉价的作业体制，日本运输业界的大部分企业都建造了正式的配送中心。

（2）物流领域的分工进一步细化

20世纪70年代石油危机之后，为了挖掘物流过程中的经济潜力，物流过程出现了细分，再加上市场经济体制造就的买方市场环境，以服务来争夺用户成为竞争的重要手段，为此，企业制定了"营销重心下移""贴近顾客"的营销战略。贴近顾客一端的所谓"末端物流"便受到了空前的重视，配送中心就是适应这种新的经济环境，在仓库不断进化和演变过程中所出现的新的物流设施。可以说，配送中心的出现和不断完善是物流领域中社会分工、专业分工进一步细化之后的产物。

二、配送中心的功能与作用

（一）配送中心的功能

1. 集散功能

在物流系统中，配送中心凭借其特殊的作用、先进的设备、完善的物流管理信息系统，将分散于各个生产企业的产品集中在一起，并根据众多用户的需求进行一定规模的备货，同时通过有效组合或装配，将不同用户的多种货物进行搭配装载，形成经济、合理的批量。在充分利用运能、运力提高车辆的有效载运负荷来实现高效率的同时，降低了运输成本，并迅速、准确地发运到下游多家用户手中，如图9-5所示。所以，配送中心是以组织配送性销售或供应、执行事务配送为主要职能的流通节点。

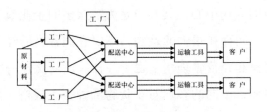

图 9-5 配送中心集散功能示意图

2.储存功能

配送中心的服务对象是为数众多的生产企业和商业网点（比如：连锁店和超市），其主要职能就是按照用户的要求及时将各种装配好的货物送到用户手中，依靠集中库存来实现对多个用户的服务，满足生产需要和消费需要。由此可见，储存是配送的资源保证，是配送中心必不可少的支撑功能。为了顺利有序地完成向用户配送商品（或货物）的任务，更好地发挥保障生产和消费需要的作用，配送中心通常都建有现代化的仓储设施，如仓库、堆场等，存储一定量的商品。如，某些区域性大型配送中心和开展"代理交货"配送业务的配送中心，不但要在配送货物的过程中存储货物，而且它所存储的货物量更大，品种更多。

利用配送中心的储存功能，可以有效地组织货源、消除商品生产与消费、进货与销售之间的时间差。虽然配送中心不是以储存商品为目的，但是为了保证市场的需求以及配货、流通、加工等环节的正常运转，必须保持一定的库存。如中海北方物流有限分公司在大连拥有 10 万 m²，并配备了国内一流仓储设备的现代化物流配送仓库。

3.组配功能

商品拣取包装处理好后，需要由运输设备送达客户手中，故商品配送时需包括派车计划及路线选择、装车调度等，其中，派车计划包括该批出货商品所需配送的车辆类型。由于每个用户企业对商品的品种、规格、型号、数量、质量、达到时间和地点等的要求不同．配送中心必须按用户的需求对商品进行分拣和配组。配送中心的这一功能是与传统仓储企业的明显区别之一，这也是配送中心最重要的特征之一。可以说，没有组配功能，就无所谓配送中心。

4.分拣功能

作为物流节点的配送中心，其客户是为数众多的企业或零售商，在这些众多的客户中，彼此之间存在很大的差别，不仅它们各自的经营性质、产业性质不同，而且经营规模和经营管理水平也不一样。面对这样一个复杂的用户群，在订货或进货的时候，不同的客户对于货物的种类、规格、数量、质量，到达的时间和地点等都会提出不同的要求。配送中心必须采取适当的方式对组织来的货物进行分拣，然后按照配送计划组织配货和分装，以最快的速度送达客户手中，或者在指定的时间内送到客户手中。配送中心的分拣配送效率是物流质量的集中体现，是配送中心最重要的功能。强大的分拣能力是配送中心实现按客户要求组织送货的基础，也是配送中心发挥其分拣中心作用的保证。

5.信息处理功能

配送中心连接着物流干线和支线，直接面对着产品的供需双方，因而不仅是实物的连接，更重要的是信息的传递和处理，包括在配送中心的信息生成和交换，信息共享是整个物流系统中重要的一环。

现代化的配送中心都具有完整的信息处理系统，能为配送中心本身及上下游企业提供各式各样的信息情报，为整个流通过程的控制、决策和运营提供依据。而且，配送中心与销售商店建立信息直接交流，可及时得到商店的销售信息，有利于合理组织货源，控制最佳库存。同时，还可将销售和库存信息迅速、及时地反馈给制造商，以指导商品生产计划的安排。无论集货、储存、拣选、流通加工、分拣、配送等一系列物流环节的控制，还是物流管理、费用成本、结算方面，均可实现信息共享。

6.配送功能

配送具有不同于送货的现代特征。它不单是送货，其难点是如何组织形成最佳路线，如何使配装和路线有效搭配，因此在活动内容中还有"分货""配货""配车"等工作。配送是分货、配货、送货等活动的有机结合体，同时还与订货系统紧密相连，这就必须依赖现代信息的作用，使配送系统得以建立和完善，形成一种现代化的营销方式。配送完善了整个物流系统，大大提高了物流的作用和经济效益；通过配送中心的集中库存使连锁经营实现了低库存或零库存，并有利于降低购货的缺货率。

（二）配送中心的作用

1.有效地调节生产与消费之间的矛盾

随着市场竞争的加剧以及消费者生活方式的变化，导致消费者对商品的市场需求在时间、季节和需求量上都存在着大量的随机性，而现代化的生产、加工无法完全在工厂、车间来满足和适应这种情况，就必须依靠配送中心来调节生产与消费之间的矛盾。如：中国的春节、国庆节等节假日以及西方国家的圣诞节等节假日，商品的销售量会大幅度增加，配送中心的库存对确保销售起到了有力支撑。由此可以看出，配送中心不是以储存为目的，然而，配送中心保持一定的库存起到了蓄水池的作用。

2.有效地降低物流成本

通过在供应商与客户之间设置配送中心，将干线部分的大批量、高效率运输与支线部分的小批量、快速配送结合起来，从而在保证物流服务质量的前提下，有效降低了供应方物流成本，而需求方也享受了价格优惠。

由此可见，建立配送中心，降低物流成本是最根本的目的。一般来说，大型的配送中心都是由连锁企业与生产企业的营业部门整合而成，具有提高作业效率、降低库存和运输配送费用等作用。如图9-6所示。

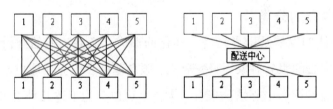

图9-6 配送线路缩短示意图

3.有效地扩大商品的市场占有率

在日益激烈的竞争环境中，企业为了赢得客户，满足客户日益强烈的多样化、个性化需求，维持市场份额，除了提供品质优良的商品外，还必须提供适时、适量的配送服务。利用配送中心的组配功能可以在满足客户需求的同时降低配

送成本，取得双赢效果。

因而，配送中心既是企业之间竞争的一种有效手段，也是企业增加营业额、扩大市场占有率的主要途径，越来越受到重视。

4.有效地提高服务质量

由于商品之间的品质差异越来越小，消费者对商品品牌的忠诚度越来越低。当消费者所要购买的品牌缺货时，会马上以其他品牌代之。因此，为了维持自身品牌的市场占有率，客观上要求生产企业必须进行多品种、少批量的订货及多频度的配送，并且具有快速响应能力。

在现代物流活动中，由于货物物理、化学性质的复杂多样化，交通运输的多方式、长距离、长时间、多起终点、地理与气候的多样性，对保管、包装、加工、配送、信息等都提出了很高的要求，只有集中建立配送中心，才有可能提供更加专业、更加优质的服务。

5.促进地区经济的快速发展

在市场经济体系中，配送中心同基础设施条件一样是连接国民经济各地区、沟通生产与消费、供给与需求之间的桥梁和纽带，物流配送把国民经济各个部分紧密地联系在一起。配送中心可以从多方面带动经济的发展，是吸引投资的条件之一，是经济发展的保障，同时也是拉动经济增长的内部因素。

三、配送中心的分类

随着市场经济的发展及世界经济一体化的形成，商品流通的规模和流通量不断增大，配送中心的服务对象、服务形式、服务范围和服务功能也不尽相同。根据国内外已构建的配送中心情况来看，大体上可以分为下述几种类型：

（一）按配送中心的服务功能划分

1.供应型配送中心

供应型配送中心，就是向用户供应货物行使供应职能的配送中心。其服务对象有两类：一是组装、装配型生产企业，为其供应零部件、原材料或半成品；二是大型商业超级市场、连锁企业以及配送网点。供应型配送中心的主要特点是，配送的用户有限并且稳定，用户的配送要求范围也比较确定，属于企业型用户。因此，配送中心集中库存的品种比较固定。配送中心的进货渠道也比较稳固，大都建有大型现代化仓库，占地面积大，采用高效先进的机械化作业。例如，始建于1987年3月的英国斯温顿Honda汽车配件配送中心，占地面积为150万㎡，总建筑面积7000m²，经营配件6万余种，储存的大型配件1560万个，小型配件为5万箱左右。位于美国洛杉矶的Suzuki汽车配件中心，占地面积40000m²，总建筑面积8200m²，经营的汽车配件达10000种之多。

供应型配送中心是专门为某个或某些用户（例如联合商店、联合公司）组织供应的配送中心。例如，大型连锁超级市场组织供应的配送中心；代替零件加工厂送货的零件配送中心，使零件加工厂对装配厂的供应合理化。中国上海地区6家造船厂共同组建的钢板配送中心和服务于汽车制造业的英国Honda斯温登配件中心、美国洛杉矶的Suzuki Motor配件中心以及德国Mazda Motor配件中心等物流组织就是上述配送中心的典型代表。

2.销售型配送中心

销售型配送中心即以销售商品为主要目的、以开展配送为手段而组建的配送中心。在竞争激烈的市场环境下，许多生产者和商品经营者为了扩大自己的市场份额，采取了种种降低流通成本和完善其服务的办法和措施，其中包括：代替客户理货、加工和送货等，为用户提供系列化、一体化的物流服务（商品售前和售后服务）。与此同时，它们改造和完善了物流设施（如改造老式仓库），组建了专门从事加工、分货、拣选、配货、送货等活动的配送组织——配送中心。很明显，上述的配送中心完全是围绕着市场营销（销售商品）而开展配送业务的。从本质上看，这种配送中心所从事的各种物流活动是服务于商品销售活动的。

这种配送中心按其所有权来划分可有三种类型：一种是生产企业（厂商）为直接将自己的产品销售给消费者，以提高市场占有率而建的配送中心，也称为厂商配送中心。如中国的海尔集团所建的配送中心，美国Keebler芝加哥配送中心等。二是专门从事商品销售的流通企业为扩大销售而自建或合建的配送中心。中国目前拟建或在建的配送中心多属此类。三是流通企业和生产企业共建的销

售型配送中心，这是一种公用型配送中心。这类配送中心的特点是用户不确定，用户多，每个用户购买的数量少。因此，不易实行计划配送，集中库存的库存结构比较复杂。

销售型配送中心集中库存的库存结构也比较复杂。一般采用拣选式配送工艺，销售型配送中心往往采用共同配送方法才能够取得比较好的经营效果。销售型配送中心是以销售经营为目的、以配送为手段的配送中心。销售配送中心大体有三种类型：一种是生产企业为本身产品直接销售给消费者的配送中心，在国外，这种类型的配送中心很多。另一种是流通企业作为本身经营的一种方式，建立配送中心以扩大销售。中国目前拟建的配送中心大多属于这种类型，国外的例证也很多。第三种是流通企业和生产企业联合的协作性配送中心。比较起来看，国外和中国的发展趋向都是向以销售配送中心为主的方向发展。

3.储存型配送中心

储存型配送中心是有很强储存功能的配送中心。一般来讲，在买方市场下，企业产品销售需要有较大库存支持，其配送中心可能有较强储存功能；在卖方市场下，企业原材料、零部件供应需要有较大库存支持，相应配送中心也有较强的储存功能。大范围配送的网络中心，需要有较大库存支持，也可能是储存型配送中心。中国目前拟建的配送中心，都采用集中库存形式，库存量较大，多为储存型。

配送中心采用集中库存方式，可以将大量采购的商品储存在中心，而各个工厂或店铺不再保有库存，根据生产和销售需要由配送中心及时组织配送。这种将分散库存变为集中库存的做法有利于降低库存成本，提高库存周转率。

可见，储存型配送中心是为了保障生产和流通得以正常进行而出现的。其特点是储存仓库规模大，库型多，存储量大。如瑞士的 Giba-Geigy 公司的配送中心，可储存40000个托盘，其储存规模位居世界前列；美国福来明公司的食品配送中心，建筑面积达70000m²，其中包括40000m²的冷库和冷藏库、30000m²的杂货库，所经营的商品品种达89000个；美国赫马克配送中心拥有1个有163000个货位的储存区，可见其存储能力之大。

4.流通型配送中心

这种配送中心重点强调的是配送中心的集运功能，作为产品集中和组合的场所，将同方向的、小批量的产品或原料集中起来，及时地分发到各客户指定的地点。它主要是以城市区域内各连锁店铺为服务对象，对蔬菜、水果、鲜花等需要及时配送的商品进行配送。流通型配送中心的主要特点是不设储存仓库，只设周转区，占地面积比较小，可以节省仓库，现代货架的巨额投资，而只需要配备分类机械。大量货物整进并按一定批量零售，采用大型分货机，进货时直接进入分货机传送带，分送到备用户货位或直接分送到配送汽车上，货物在配送中心里仅做少许停滞．是一种只以暂存或随进随出方式进行配货、送货的配送中心。日本的阪神配送中心，其中心内只有暂存，大量储存则依靠一个大型补给仓库。

流通型配送中心应充分考虑市场因素，在地理上定位于接近主要客户的地点，可选择从制造点到配送中心货物集中运输的最大距离，尽量缩短到客户的运输距离，从而方便以最低成本的方式迅速补充库存。

5.加工型配送中心

这种配送中心是流通型配送中心在功能上的延伸，是一种根据用户需要对配送物品进行加工而后实施配送的配送中心，这种配送中心行使加工职能，其加工活动主要有：分装、改包装、集中下料、套裁、初级加工、组装、剪切、表层处理等。例如，面向连锁超市配送商品的配送中心从事诸如分装、贴标签、食品清洗、服装熨烫等流通加工作业，之后再配送到各个店铺。这样，可以减轻店铺的作业压力，集中加工也有助于开展机械化作业，提高流通加工效率。还有一种情况是出于提高运输保管效率的考虑，在运输保管过程中保持散件状态，在向用户配送前进行组装加工。

世界著名的快餐连锁店麦当劳、肯德基的配送中心就是提供加工服务后向其连锁店配送的典型加工型配送中心。在工业、建筑、水泥制品等领域的配送中心同样属于这种类型，如石家庄水泥配送中心既提供成品混凝土，又提供各种类型的水泥预制件，直接配送至用户。

（二）按服务范围来划分

1. 城市配送中心

向城市范围内的用户提供配送服务的配送中心称为城市配送中心。由于城市范围一般处于汽车运输的经济里程内，因此采用汽车进行配送。这类配送中心有两个明显的特征：一是采用汽车将货物直接送达用户，因为运距短，最经济；二是因为汽运机动性强，供应快，调度灵活，可以开展少批量、多批次、多用户、多品种的配送，实行"门到门"式的送货服务。

城市配送中心所服务的对象大多是零售商，连锁店和生产企业，大多采用和区域配送中心联网的方式运作，以"日配"的服务方式为主进行配送。在网络经济时代，随着电子商务的兴起，在城市配送中心的配送方式也呈现出新的变化，即由"日配"转向"时配"。

2. 区域配送中心

以较强的辐射能力和库存储备，向跨市、跨省（州）范围内的用户提供配送服务的配送中心称区域配送中心。这类配送中心有三个基本特征：一是辐射能力较强，经营规模较大，设施和设备先进；二是配送的货物批量较大，往往是配送给下一级的城市配送中心和大型商业企业；三是配送的对象大多是大型用户，如城市配送中心和大型工商企业。

一般而言，区域型配送中心的区域范围大小不一，往往是采用"日配"和"隔日配"的方式进行配送。如果地域范围太大，往往需要建立物流中心来衔接城市配送中心，进行分层次的分销和配送，而不由一个配送中心做大范围的覆盖。

例如，加拿大大都会公司(Metro-Richelieu)的食品杂货配送中心，占地面积55000m²，层高约9m，固定配货对象有18家区域批发商、320家零售商。配送服务半径为300km，每天发货量10万箱，自接到用户的订单起到收到货物，一般不超过8小时，实现了"日配"。日本阪神现代配送中心，美国马特公司现代配送中心、蒙克斯帕现代配送中心等都属于这种类型。

日本菱食公司在整个日本的配送体系就是由9个区域性配送中心和55个前端性配送中心组成。

3.国际配送中心

这是一种以向国际范围内用户提供配送服务为其职能的配送中心。其主要特征是：经营规模大，辐射范围广，配送设施和设备的机械化，自动化程度高；配送方式采用大批量、少批次和集装单元；配送对象主要是超大型用户，如区域配送中心和跨国工商企业集团；存储吞吐能力强。荷兰的国际配送中心，不仅在国内外建立了许多现代化的仓库，而且装备了很多现代化的物流设备。该中心在接到订单之后 24 小时之内即可装好货物，仅用 3 天的时间就可把货物运送到欧洲共同体成员国的用户手中。

另外，还可按配送中运营主体所经营的货物种类等标准去划分配送中心的类别。

第三节　配送合理化

一、配送管理

（一）配送管理的内涵

配送管理是指运用现代管理方法对物流配送活动进行的计划、组织、协调与控制，以达到用户所满意的服务水平及降低配送成本的目的。

由上述概念可见，配送管理就是根据配送活动的特点和规律，应用管理的基本原理和科学方法，对配送活动的各个要素进行计划、组织、指挥、协调、控制、监督、激励和创新，使配送活动各个方面实现最佳协调和配合，通过降低配送成本和满足客户需求来提高社会效益和经济效益。我们从以下三个方面理解配送管理的概念：首先，配送管理的宗旨是既要达到客户满意的服务水平，又要大幅度降低配送成本。但两者具有非常明显的"二律背反"特点，所以配送管

理就是要寻找到两者最佳的结合点，并最终达到提高社会效益和经济效益的目的。其次，对配送活动进行的计划、组织、协调和控制，是指对配送活动各要素进行的管理，因此，配送管理不仅要对单个构成要素进行管理，而且也要对所有要素实施一个动态的、全要素的、全过程的全面性管理。最后，配送活动是一个多环节构成的整体，配送管理则涉及运输管理、仓储管理、作业流程管理、规划管理、信息技术管理等多方面的内容。对这样一个复杂的综合性整体，探求其管理规律，并结合每次配送活动的个性特点，采取科学而又有效的管理方法和途径，才是配送管理的本质要求。

（二）配送管理的困难

配送在小范围内（比如一个城市内）为分散在不同位置的具有不同需求的多家客户进行少量、多频率的运送活动，而配送的及时性、灵活性则决定了目前配送的运输工具以汽车（卡车）为主。所以，配送管理不像一般的运输管理那么简单，其难度要大得多，管理方法也呈现出很大差异。配送管理的困难，不在于使用什么样的运输工具，而在于如何对配送进行安排与控制。具体来说，配送管理的困难如下：

1.配送作业时间管理上的困难

配送操作往往是在城市这个平面场所进行面上运送的，城市里不同时间段的交通状况、路面是否有修路工程、有没有交通事故等条件，每天是不一样的，所以，时间管理非常困难。由于难以预测配送时间，怎样安排配送操作活动，只有依赖老资格的配送管理者凭多年的经验来指挥配送作业。

2.配送作业客户管理上的困难

一次配送要为多家客户分别送去少量商品的配送业务很多。当然，一次配送只送一家货的情况也是有的，但一般情况都是给多家客户依次送去少量的货物。这样就带来很多问题，如按什么样的顺序送货、怎样分配时间、装卸方便不方便等。

3.配送作业计划制定上的困难

域内配送，不能每天都为同样的地方送同样的货，每天都会发生送货地点不同、货物量不同的问题。这样，如何操作配送，就有必要事先拟订作业计划，这也是难题之一。

4. 配送过程中作业管理上的困难

配送与长途批量运输相比，最大的不同是车辆停的时间比行驶的时间还要多。出发前需要装货，货装好后出发配送，途中遇到堵车时，不得不停车；到一家客户时，必须停车卸货；如果靠人工卸货，就得花时间；有时客户暂时没有放货的场地，就需要送到别的某个地方。有时因客户的原因，不得不等，就是说，时间是不可预定的。

由于上述众多的问题，在配送过程中，事先定好的计划被打破的事是经常发生的。途中改变计划，某家客户的货可以不送了，需要在客户那里再装别的货，类似这样的事常常发生。因此，做配送作业时，需要以配送活动不可能完全按计划行事的思想为前提，对配送进行管理。

（三）配送管理合理化的目标

配送管理的主要目标就是在保证服务质量的前提下，最大限度地降低物流成本。下面定性地从不同角度考查几项管理目标。

1. 配送合理化目标

配送是物流的一种方式或功能，配送合理化是物流合理化的重要体现和要求。配送合理化表现在以下几个方面：降低总的配送成本；减少配送过程中产生的损失；加快配送速度；发挥各种配送方式的最优效果；有效衔接干线运输与末端运输；不增加中转次数；采用先进的技术手段。

2. 库存管理目标

库存管理目标是配送管理的主要目标之一，具体表现在两个方面：库存总量和周转库存。

库存总量。在一个配送系统中，库存量从分散于各个用户转移到配送中心。库存总量是指配送中心的库存量与各个用户的库存量之和。库存总量管理目标包括两个方面：①配送后的库存总量应小于配送前的库存总量；②每个用户在实行配送后的库存量不大于在实行配送前的库存量。

周转库存。在物流配送中，配送中心起到调剂作用，以低库存保持较高的供应能力。库存周转一般总是快于原来客户的库存周转。此外，各个用户在实行配送后的库存周转也应快于实行配送前的库存周转。上述库存数量都是以库存储备资金来计算的。

3.资源节约目标

配送的重要观念是以配送为用户代劳，运输、仓储的设备设施和人员集中在配送中心，以减少相应的社会物流资源。

一方面，节约社会运力。物流末端运输是目前运能、运力使用不合理、浪费较大的领域。可以说，节约运力是配送合理化的重要标志。实行配送后，应达到如下目标：社会车辆总数减少，而承运量不减少或增加；社会车辆空驶率减少；自提自运减少，社会化运输增加。另一方面，各用户的仓库设施、采购与保管人员减少；实行配送后，各用户的库存量、仓库设施、仓库管理人员以及采购人员都应当减少。

4.资金管理目标

总的来说，实行配送应有利于减少资金占用，实现资金的科学运用，具体内容包括：用于资源筹措所占用的流动资金总量，应随储备总量的下降和供应方式的改变而必然有一个较大的降低；资金周转节奏加快，同样数量的资金能在较短时间内运用而达到目的；资金投向由分散投入转为集中投入，以增加调控能力。

5.供应保证目标

在实行配送时，各用户最大的顾虑就是担心供应保证程度会降低，害怕因供应迟误而给自己的生产或经营带来大的风险。因此，配送必须提高对用户的供应保证能力，具体要求为：缺货次数必须降低到最低程度，并有补救措施；库存必须设有合理、安全的库存量，以保证对用户的供应；必须具备即时配送的能力和速度，以应付用户出现特殊情况时的需求。

二、配送中心管理

配送中心是一种多功能、集约化的物流据点。作为现代物流方式和优化销售体制手段的配送中心，把收货验货、储存搬运、拣选、分拣、流通加工、配送、结算和信息处理甚至订货等作业有机地结合起来，形成了全方位服务的供货枢纽。事实上，配送中心的功能是企业综合物流功能的缩影，对配送中心进行有效的管理是提高配送中心效率的主要途径之一。

（一）配送中心管理合理化的目标

1.效益最大化

生产企业将所生产出来的产品转化为商品是一个复杂的过程，期间要经过储存和运输等诸多环节，要依靠多种运输工具及多种手段才能实现产品的销售。同时在现代经济环境下，用户在货物处理的内容上、时间上和服务水平上都提出了更高的要求，为了及时满足用户的这些要求，就必须建立区域或城市的配送中心，并引进先进的分拣设施和配送设备，组织批量进发货物，进行集中运输和集中储运，从而提高流通的社会化水平，实现规模效益。否则就难以建立正确、迅速、安全、廉价的作业体制。因此，效益最大化是配送中心管理的首要目标。

2.服务最优化

配送中心的管理水平在很大程度上决定了服务的质量，在保持运营总成本最小化的情况下，最优服务是配送中心管理的又一重要目标。优质服务就是要满足客户的各种需求，保证产品送达的及时性与数量的可靠性，提升客户满意度，塑造配送中心的美誉度，打造用户的忠诚度。服务最优化是配送中心利润的源泉，是其经营之本。

3.资源合理化

配送中心可以将配送所需的各种资源进行有效整合，提高配送中心的空间利用率，充分发挥现代化机械设备的使用效率，节省企业人力资源，更好地管理公司的财务。配送中心将物流配送的诸多功能整合后集中管理，有利于充分发挥"规模经济"优势，提升配送作业的整体效率。

4.流量最大化

流量最大化，指的是物流量最大化。物流量的大小是评价配送中心管理水

平的重要指标，它受附近工商企业和物流企业数量、规模以及配送中心所在区域经济发展的影响。配送中心管理应该充分考虑市场需求状况以及附近工商企业的数量与规模等因素，要同生产商、销售商之间建立协调和高效的合作关系，使配送中心能够最大限度地完成业务。

（二）配送中心管理合理化的内容

1.配送中心作业管理

简单地说，配送作业就是按照用户的要求，将货物分拣出来，按时按量发送到指定地点的过程。

配送中心作业是一个包括进货、储存、拣货、发货等诸多环节的流程，每个作业环节的具体操作和环节间的顺畅衔接都是作业管理的重要内容。因而，配送作业的合理性以及配送效率的高低都会直接影响整个物流系统的正常运行。配送中心管理中最基本、最重要的是作业管理，配送作业是配送中心运作的核心内容。这就要求采取科学有效的方法和配送流程，在现代信息管理手段的辅助下顺利完成这一管理职能。基本作业管理流程如下图9-7所示。

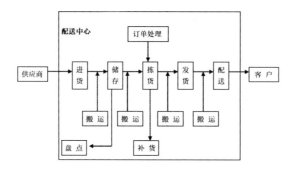

图9-7 配送中心的基本作业管理流程

2.配送中心设施设备管理

工欲善其事，必先利其器。配送中心的设施设备是其提高效益、降低成本、提高服务质量、保证高效率运作的重要前提。所以，必须对相应设施与设备进行科学合理的管理。

设备管理就是指为使设备寿命周期的费用达到最经济的程度，综合运用现代化科学管理方法和现代信息技术手段，合理有效地组织、指挥、调度、监督物资的入库、出库、储存、装卸、搬运、计量、保管、财务、安全保卫等各项活动，将适用于机器设备的工程技术、设备和财务经营等其他职能综合起来考虑，从设备的选择开始，直到设备的报废为止所开展的一系列管理工作。设备管理的目的就是保证为企业提供最优技术装备，把企业的生产活动建立在最佳物质技术基础之上，取得较好的经济效益。

3. 成本管理

当今物流行业面临的一个突出问题是如何降低商品在流通环节中的物流成本。由于商品在从制造商传送到顾客手中的整个物流过程中，配送中心日益成为一个重要环节，其运营成本在整个物流成本中所占的比例越来越大。因此，降低配送中心的经营成本，提高配送中心的经营效益，就显得尤为重要。

配送中心成本管理是用成本管理配送活动，既采取各种方法对配送活动中的日常物流成本支出进行严格管理，使成本减少到最低限度，以达到预期的成本目标。由此可见，配送中心成本管理是配送管理的一个领域，是加强配送中心管理工作的重要内容。成本管理涉及人、设施设备、技术、资金、物料等全部生产要素，贯穿了配送中心运作的全部过程。掌握物流成本的分析与控制方法，是配送中心科学决策和运行的基础。

4. 存货安全管理

任何一个企业，原则上都需要有某种程度的库存。但由于需求的难以预测性，可能会出现库存过多或过少两种情况。库存过多，等于让企业的流动资金积压在库存上，影响现金流的周转；库存过少，不能供应市场的需要，增加推销或订货费用，不符合规模经济规律。

配送中心存货安全管理是配送中心的一项重要工作。这是因为配送中心担负着工商企业生产经营各种货物的收发、存储、保管养护、控制、监督和保证生产需要等多项业务职能，这些活动都与生产经营及其经济效益密切联系。

近些年来，为了提高顾客服务水平，在市场竞争中处于优势地位，许多配送中心在实践中推行高效率路线配送和时间表式发送等计划配送制度，并向共同配送发展，这对配送中心库存管理的安全性提出了很高的要求。因此，配送

中心在库存管理中必须牢固树立安全管理思想，在确保用户利益的前提下，通过对库存的集中存储、科学管理以及高效率配送等手段，有效地降低了整个社会的库存总水平，减少了社会资金的占用，节约了运力及相关的物流费用。

5.信息管理

配送中心介于供应商与用户之间，在用户和供应商之间起到信息传递的桥梁与纽带作用，物流信息贯穿于配送中心活动的全过程。物流信息具有信息源多、分布广、信息量大、动态性强、信息的价值衰减速度快、及时性要求高等特性，同时配送中心物流系统与生产系统、销售系统、供应系统、消费系统等都密切相关，这使得配送中心的信息管理显得十分重要。配送中心信息管理是通过管理信息系统对配送中心内外信息进行收集、存储、加工处理，从中获得对企业活动有用的信息，并以表格、文件、报告、图形、声音等形式输出，有效地利用这些信息组织、协调和控制各种业务的正常运作，以完成配送中心的功能及作业为目的，是实现配送的基础工作。同时，配送中心信息管理受配送中心的功能及作业的制约。

6.顾客服务绩效管理

对配送中心来说，顾客服务贯穿于从接受订单开始到将商品送到客户手中的全部配送过程。做好顾客服务不仅可以留住老客户，保持和发展顾客的忠诚度与满意度，还可以通过良好的企业形象，赢得大量的新客户。

进行顾客服务绩效管理，主要是通过建立顾客服务绩效评价指标、客户服务评价标准，提高顾客服务绩效来实现的。

案例分析

海福发展（深圳）有限公司的配送体系

海福发展（深圳）有限公司坐落在深圳福田保税区，是一家为高科技电子产品生产企业提供物流配送服务的第三方物流企业。

该公司承接了国际著名企业IBM在中国境内生产厂的电子料件的配送业务，

为此，他们按 IBM 的要求开发了一套严密控制作业流程和管理物流信息的电子网络系统。在这个网络系统的支持下，将 IBM 分布在全球各地共 140 余家供应商的料件通过海、陆、空物流网络有机地联系在一起。料件集装箱运达香港机场或码头后，由公司配送中心进行报关、接运，并负责质检、分拆、选货、配套、集成、结算、制单、信息传递、运输、装卸等项作业，将上千种电子料件在 24 小时内安全、准确地完成香港—保税区—IBM 工厂生产线的物流过程，保证 IBM 生产厂在料件零库存状态下进行生产。另外，还要把不合格的料件在规定时间内准确无误地退还给 IBM 的各供应商，与此同时还要完成 IBM、海福、供应商三者之间的费用结算。

2001 年 3 月，海福公司又与日本美能达公司签订了提供配送服务的业务。这项服务与前者的不同之处在于：前者是多家供应商向 IBM 生产厂一家供货，后者是供应商不仅向美能达本部供货，还要向美能达分布在国外的几十家分部供货，所有这些料件的集散、选配、信息传递、运输、报关都要由海福的配送中心完成。

从海福的物流业务来看，有两个形式、一个特点。形式一是 IBM 式，完成多个供应商对一个需方生产线的配送活动，即"多对一"物流；形式二是美能达式，承担多个供应商对一个需方的多个供应点的配送业务，即"多对多"。一个特点是零关税配送，因为是在保税区业务范围内进行。来料进入（包括废料退回）及成品出口都是在不上关税的条件下完成的。这对保税区严格货品进出口管理和杜绝走私逃税起了很大作用。

几年来，海福以年均 30% 以上的发展速度增长，2000 年中国进出口额最大的 500 家企业中该公司位于第 51 位，进出口额 80520 万美元，进口额 9694 万美元，获得了良好的经济效益。

总结其成功的经验除了各级政府的支持外，一是有一个精明强干、熟悉业务的管理团队和一套科学的管理制度，公司选拔人才注重人的品德和专业能力，许多二十多岁的年轻人都在业务部门担当主管。海福公司以他们的严格管理通过了 ISO 9002 认证，在客户中有良好的信誉。二是重视依靠先进技术，尤其是

信息技术。公司从业务需要与发展出发,自行研制开发了一套物流管理信息系统,这套系统使如此大量的进出口业务、如此繁杂的料件品种配送能够顺利进行,海关与厂商的各种严格要求也能得到满足。而这些工作只靠手工操作是不可能做到的。通过海福公司的经验,一方面我们看到了现代物流的一种模式,另一方面我们也看到先进的技术在企业竞争中发挥的作用。

思考题:

1.开展共同配送对货主企业与物流企业各有什么优缺点?

2.如何有效地实施共同配送?

3.配送中心内部作业空间包括哪些内容?

4.分析说明配送中心的功能要素和作业流程。

第 十 章

物流信息管理

本章主要从物流信息的内涵和应用技术出发，分别介绍物流信息的基本概念、特征、分类及其作用，通过分析物流信息管理技术的基本内容、特点、作用及其模式，来探讨物流信息管理系统的内涵、功能和几种典型模式。

第一节　信息与物流信息

随着商品经济的发展，商品流通分解为商流、物流和信息流。从起源上看，商流产生了物流和信息流；从相互作用上看信息流决定着商流和物流。物流信息，是物流活动所必需的信息，它既包括伴随物流活动而发生的信息，也包括在物流活动以外发生的但对物流活动有影响的信息。

一、物流信息的内涵及分类

（一）物流信息的内涵

物流信息是反映物流各种活动内容的知识、资料、图像、数据、文件的总称。物流信息包含的内容可以从狭义和广义两个方面来考察。

从狭义范围来看,它指直接产生于物流活动(如运输、保管、包装、装卸、流通、加工等)的信息。在物流活动的管理与决策中,如运输工具的选择、运输路线的确定、每次运送批量的确定、在途货物的跟踪、仓库的有效利用、最低库存数量的确定、订单管理、如何提高顾客服务水平等,都需要详尽和准确的信息。

从广义范围来看,物流信息还包括与其他流通活动有关的信息,如商品交易信息和市场信息等。商品交易信息是指与买卖双方的交易过程中有关的信息,如商品销售和购买信息、订货和接受订货信息、发出货款和收到货款信息等;市场信息是指与市场活动有关的信息,如消费者的需求信息、竞争者或竞争产品的信息。销售促进活动有关的信息、交通通信等基础设施信息。

（二）物流信息的分类

在处理物流信息和建立信息系统时,对物流信息进行分类是一项基础工作。物流信息可以按不同的分类标准进行分类。

1. 按信息领域分类

按信息产品作用的领域,物流信息可分为物流活动所产生的信息和提供物流使用而由其他信息源产生的信息。一般而言,在物流信息工作中,前一类是发布物流信息的主要信息源,其作用是,不但可以指导下一个物流循环,也可以作为经济领域的信息提供给社会。后一类信息则是信息工作收集的对象,是其他经济领域产生的对物流活动有作用的信息,主要用于指导物流。

2. 按信息的作用不同分类

（1）计划信息

计划信息指的是尚未实现但已经当作目标确认的一类信息,如物流量计划、仓库进出量计划、车皮计划、与物流活动有关的国民经济计划、工农业产品产量计划等。许多具体工作的预计、计划安排等,甚至是带有作业性质的,如协议、合同、投资等信息,只要尚未进入具体业务操作的,都可归入计划信息之中。这种信息的特点是带有相对稳定性,信息更新速度较慢。计划信息对物流活动具有非常重要的战略意义,因为有了这个信息,便可对物流活动本身进行战略思考。例如,如何在这种计划的前提下规划自己战略的、长远的发展等。因此,计划信息往往是战略决策或大的业务决策不可缺少的依据。

（2）控制及作业信息

这是指物流活动过程中产生的信息。它有很强的动态性，是掌握物流状况不可少的信息，例如库存种类、库存量、在运量、运输工具状况、物价、运费、投资在建情况、港口船舶到发情况等。这类信息的特点有动态性非常强，更新速度很快，时效性很强。物流活动过程中产生的信息，都是上一阶段过程结果的信息，但并不是此项物流活动最终结束后的信息。这种信息的主要作用是用以控制和调整正在发生的物流活动和指导下一次即将发生的物流活动，以实现全过程的控制和对业务活动的微调。

（3）统计信息

统计信息是物流活动结束后，对整个物流活动的一种归纳性的信息。这种信息是一种恒定不变的信息，具有很强的资料性。虽然新的统计结果不断出现，使其在总体上看来具有动态性，但是已产生的统计信息都是一个历史的结论，是恒定不变的。诸如上一年度或月度发生的物流量、物流种类、运输方式、运输工具使用量、仓储量、装卸量以及与物流有关的工农业产品产量、内外贸数量等都属于这类信息。统计信息有很强的战略价值，它的作用是用以正确掌握过去的物流活动及规律，以指导物流发展战略的制定。物流统计信息也是国民经济中非常重要的一类信息。

（4）支持信息

支持信息是指能对物流计划、业务、操作产生影响或与之有关的文化、科技、产品、法律、教育、风俗等方面的信息，如物流技术的革新、物流人才需求等。这些信息不仅对物流战略发展具有价值，而且也对控制、操作起到指导和启发的作用，是属于从整体上提高物流水平的一类信息。

3. 按信息加工程度的不同分类

物流空间广阔、时间跨度大，这就决定了信息发生源多、信息量大。因此，信息量过大所导致的难以吸纳、收集，无法从中洞察和区分有用信息和无用信息以及无法有效利用信息，这种所谓的"信息爆炸"情况严重影响了信息系统

的有效性。为此，需要对信息进行加工。按加工程度的不同，可以将信息分成两类。

（1）原始信息

原始信息指未加工的信息，是信息工作的基础，也是最具权威性的凭证信息。一旦有需要，可从原始信息中找到真正的依据。原始信息是加工信息可靠性的保证。

（2）加工信息

加工信息指对原始信息进行各种方式和各个层次处理后的信息。这种信息是原始信息的提炼、简化和综合，它可以大大减少信息存量，并将信息整理成有使用价值的数据和资料。加工信息需要各种加工手段，如分类、汇总、精选、制档、制表、制音像资料、制文献资料、制数据库等。同时，还要制成各种具有指导性的可用资料。

4. 按活动领域分类

物流各个不同的功能领域由于其活动性质的不同，信息内涵和特征也有所不同。按这些领域功能分类，有运输信息、仓储信息、装卸信息等。甚至更细化而分成集装箱信息、托盘交换信息、库存量信息、汽车运输信息等。

二、物流信息的特点及作用

（一）物流信息的特点

在现代经营管理活动中，物流信息与商品信息、市场信息之间相互交叉、融合，而且有着密切的联系。例如，零售商根据对消费者消费信息的分析、需求的预测以及库存状况的掌握制订订货计划，向批发商或直接向生产商发出订货信息。批发商在接到零售商的订货信息后，在确认现有库存水平的基础上，或指示物流部门发货，或组织货源。信息不仅仅能连接和整合生产厂家、批发商、零售商直至消费者的整个供应链，而且在应用现代信息技术（如 EDI、EOS、POS、互联网、电子商务等）的基础上能实现整个供应链活动的高效化。

因此，物流信息具有以下四个特点：

1. 物流信息的数据量大、涉及面广

由于现代物流涉及多品种、小批量、多层次、个性化服务,使得货物在运输、仓储、包装、装卸、搬运、加工、配送等环节会产生大量的物流信息,且分布在不同的厂商、仓库、货场、配送中心、运输线路、运输商、中间商、客户等处。随着物流产业的发展,这种量大、面广的特征将更趋明显,会产生越来越多的物流信息。

2.物流信息的动态性、适时性强

由于各种物流作业活动的频繁发生,再加之市场竞争状况和客户需求的变化会使物流信息瞬息万变,呈现出一种动态性;物流信息的价值也会随时间的变化而不断贬值表现出一种适时性。物流信息的这种动态性和适时性,要求我们必须及时掌握变化多端的物流信息,为物流管理决策提供依据。

3.物流信息的种类繁多、来源复杂

物流信息不仅包括企业内部产生的各种物流信息,而且还包括企业间的物流信息以及与物流活动有关的法律、法规、市场、消费者等诸多方面的信息。随着物流产业的发展,物流信息的种类将更多,来源也更趋复杂多样,这给物流信息的分类、处理和管理带来了困难。

4.物流信息要能够实现共享、遵循统一的标准

物流信息涉及国民经济各个部门,在物流活动中,各部门之间需要进行大量的信息交流。为了实现不同系统间物流信息的共享,必须采用国际和国家信息标准,如不同系统的不同物品必须采用统一的物品编码规则和条码规则等。

(二)物流信息的作用

现代物流信息在物流活动中起着神经系统的作用,具有计划、协调、控制功能,"牵一发而动全身"。现代物流信息的作用主要是通过以下几个方面来实现的。

1. 支持市场交易活动

交易活动主要记录订单和接货内容、安排储存任务、作业程序选择、制定价格和相关内容查询等。物流信息的交易作用就是记录物流活动的基本内容。主要特征是程序化、规范化和交互式,强调整个信息系统的效率性和集成性。

2. 支持业务控制

物流服务的水平和资源利用的管理,需要有信息的反馈并进行相关的控制,要通过建立完善的考核指标体系来对作业计划和绩效进行评价和鉴别。这里强调了信息作为控制工作和加强控制力度的工具的作用。

3. 支持工作协调

在物流运作中,物流系统各环节、各子系统加强信息的集成与流通,有利于提高工作的质量与效率,降低劳动强度。

4. 支持决策和战略功能

物流信息管理有利于协调工作人员和管理层进行活动的评估和成本、收益分析,从而更好地进行决策。

从物流信息的作用上,可以看出对其进行有效管理的重要性。信息的有效管理就是强调信息的准确性、有效性、及时性、集成性、共享性。因此,在信息的收集、整理中要避免信息的缺损、失真和失效,要强化物流信息活动过程的组织和控制,建立有效的管理机制;同时,要加强交流,信息只有经过传递和交流,才会产生价值。所以,要有信息交流和共享机制,以利于形成信息积累和优势转化。

三、物流信息管理

物流信息管理是信息管理的一个分支,是信息管理在物流领域的应用,是对物流信息的收集、整理、存储、传播和利用的过程。也就是物流信息从分散到集中,从无序到有序,从产生、传播到利用的过程;同时,对涉及物流信息活动的各种要素,包括人员、技术、工具等进行管理,实现资源的合理配置。

物流信息管理的实质是综合应用技术、经济和社会手段对物流活动中的信息流进行组织和控制,以提高物流信息利用的效率,最大限度地实现物流信息的效用。一般而言,不同的管理手段具有不同的管理内容。

（一）物流信息的技术管理

从技术角度着手,物流信息管理侧重于通过技术创新和应用,降低物流信息采集、加工、整理、存储、分析、预测和提供利用的成本,改进物流信息活动的效率。以信息系统和信息网络技术为基础实施物流信息的技术管理，是当前及今后相当长一段时期科学规划、组织、协调和控制物流信息的重要手段。

在物流活动中，与物流信息管理相关的技术主要有：信息组织技术、信息安全技术、自动识别和采集技术、信息存储和处理技术、信息传递和交换技术、物流自动跟踪技术、系统仿真技术等。这些技术的创新和应用，可以有力地促进物流信息内容的有序性和安全性、物流信息采集和传输的高速性、物流信息检索利用的方便性、物流规划和决策的科学性以及物流系统的可靠性和稳定性。

（二）物流信息的经济管理

物流信息的技术管理手段虽然在降低物流信息活的成本，提高物流活动效率方面具有重要作用，但人们也发现，仅仅从技术角度出发，并不能彻底解决一切物流信息管理问题，实现预定的目标。因为物流活动中的信息流除了受到内在实物技术因素影响外，还受到许多非技术因素的影响。例如，与其他一切经济活动一样，物流信息活动的主体是人（即物流信息工作者），而人在社会实践中却难免其行为为经济利益所动（更何况物流信息活动本身就是一种经济活动）。因此，从经济角度着手，加强物流信息管理也是十分必要的。物流信息的经济管理侧重于运用经济学理论、原理、原则和方法研究物流信息活动中的经济关系，并运用经济杠杆对物流信息进行科学的规划、组织、协调和控制。

（三）物流信息的社会管理

在物流信息活动中，人的作用极其重要，物流信息行为归根到底是人的行为。然而，不同的人，因其个体特质及所处社会环境的不同，往往会表现出不同的信息行为倾向。一般来说，各种物流信息活动，只要放任自流，也就是在行为者的精神文化领域缺乏有效的控制、监督或者其他的约束机制，就可能会产生低效率或无效率的现象，并且这种低效率或无效率发生的概率并不会因为经济手段的运用而减小。例如，若干个配送中心在推行共同配送模式的过程中，如果没有契约关系来约束，诸如企业商业机密（如客户名单、交易条件等）泄露、物流服务水平下降、利益冲突等问题恐怕就难以避免。因为在这种模式中，合作的双方均是自治的实体，分别有各自利益最大化的追求。在相互监督极为困

难的情况下，没有契约约束，就意味着一方不能控制另一方的非道德行为。毫无疑问，这些由经济利益动机而引发的问题不可能完全由经济手段来解决。因此，如同技术手段一样，经济手段也只是体现了物流信息管理的某个侧面。推行物流信息的社会管理，就是强调在物流信息活动行为者的精神文化领域注入有效的控制、监督或者其他的约束机制。物流信息的社会管理有很多手段，如政策、法规、社会舆论、道德等。这些手段的合理运用，有助于避免技术或经济手段的运用所可能导致的各种非容忍影响，使行为者的物流信息活动具备规范性和合法性，并在理性高度上合乎人之常情。例如，在先前的例子中，共同配送主体之间的纠纷可以在一定程度上通过订立经济合同、行业自律、良心等来加以解决。

当然，如同技术手段和经济手段一样，物流信息的社会管理亦有其力不能及之处，也即在改进物流信息管理效率的能力上是有限的，典型的例子如"上有政策、下有对策""有令不行、有禁不止"等。此时，社会管理手段的力量基本上无法奏效。可见，全面的物流信息管理应该是技术、经济和社会管理手段的有机结合。

第二节 物流信息技术

一、条码技术

（一）条形码技术的概述

在流通和物流活动中，为了能迅速准确地识别商品、自动读取有关商品信息，条码技术被广泛应用。条码技术对提高库存管理的效率是非常显著的，是实现库存管理的电子化的重要工具手段，它使对库存控制可以延伸到销售商的POS

系统，实现库存的供应链网络化控制。

1. 条形码

条形码技术在当今自动识别技术中占有重要的地位。可以这么说，自动识别技术的形成过程是与条形码的发明、使用和发展分不开的。条形码是由一组黑白相间、粗细不同的条状符号组成的。如图10-1所示，条形码隐含着数字信息、字母信息、标志信息、符号信息，主要用于表示商品的名称、产地、价格、种类等，是全世界通用的商品代码的表示方法。条形码可以有各种不同的组合方法，构成不同的图形符号，即各种符号体系，也称码制，适用于不同的应用场合。

图 10-1 条形码示例图

2. 码制与代码

（1）码制

条码的码制是指条码符号的类型，每种类型的条码符号都是由符合特定编码规则的条和空组合而成。每种码制都具有固定的编码容量和所规定的条码字符集。条码字符中字符总数不能大于该种码制的编码容量。常用的一维条码码制包括：EAN 条码、UPC 条码、UCC／EAN–128 码、交插 25 条码、39 条码、93 条码、库德巴码等。

（2）代码 (Code)

代码即一组用来表征客观事物的一个或一组有序的符号。代码必须具备鉴别功能，即在一个信息分类编码标准中，一个代码只能唯一地标识一个分类对象，而一个分类对象只能有一个唯一的代码，比如按国家标准"人的性别代码"规定，代码"1"表示男性，代码"2"表示女性，而且这种表示是唯一的。我们在对项目进行标识时，首先要根据一定的编码规则为其分配一个代码，然后再用相应的条码符号将其表示出来。

在不同的应用系统中，代码可以有含义，也可以无含义，有含义代码可以

表示一定的信息属性，如某厂的产品有多种系列，其中代码60000～69999是电器类产品；70000～79999为汤奶锅类产品；80000～89999为压力锅类炊具等，从编码的规律可以看出，代码的第一位代表了产品的分类信息，是有含义的。无含义代码则只作为分类对象的唯一标识，只代替对象的名称，而不提供对象的任何其他信息。

（二）条形码技术的优点

条形码是一种经济、实用的自动识别技术。条形码技术具有以下几个方面的优点：

1.输入速度快

与键盘输入相比，条形码输入的速度是键盘输入的5倍，并且能实现"即时数据输入"。

2.可靠性高

键盘输入数据出错率为三百分之一，利用光学字符识别技术出错率为万分之一，而采用条形码技术误码率低于百万分之一。

3.采集信息量大

利用传统的一维条形码一次可采集几十位字符的信息，二维条形码更可以携带数千个字符的信息，并有一定的自动纠错能力。

4.灵活实用

条形码标志既可以作为一种识别手段单独使用，也可以和有关识别设备组成一个系统实现自动化识别，还可以和其他控制设备连接起来实现自动化管理。

另外，条形码标签易于制作，对设备和材料没有特殊要求，识别设备操作容易，不需要特殊培训，且设备也相对便宜。

（三）条形码技术的应用

条形码技术是在计算机技术与信息技术基础上发展起来的一门集编码、印刷、识别、数据采集和处理于一身的新兴技术。条形码技术的核心内容是利用光电扫描设备识读条形码符号，从而实现机器的自动识别，并快速准确地将信息录入计算机进行数据处理，以达到自动化管理之目的。

目前条形码技术已经在许多领域得到了广泛的应用，比较典型的有以下几种：

1.商业零售领域

在商业自动化系统中，商品条形码是关键，大多数在超市中出售的商品都申请使用了 EAN 条形码。

EAN 条形码是国际通用符号体系，主要用于商品标志。EAN 码的前缀码是国际 EAN 组织标志各会员组织的代码，中国为 690、691 和 692；厂商代码是 EAN 编码组织在 EAN 分配的前缀码的基础上分配给厂商的代码；商品项目代码由厂商自行编码；校验码为了校验代码的正确性。在编制商品项目代码时，厂商必须遵守商品编码的基本原则：对同一商品项目的商品必须编制相同的商品项目代码；对不同的商品项目必须编制不同的商品项目代码。保证商品项目与其标志代码一一对应，即一个商品项目只有一个代码，一个代码只标志一个商品项目。如听装健力宝饮料的条形码为 6901010101098，其中 690 代表中国 EAN 组织，1010 代表广东健力宝公司，10109 是听装饮料的商品代码。这样的编码方式就保证了无论在何时何地，6901010101098 就唯一对应该种商品。

在销售中，POS 系统从数据库中查找出相应的名称、价格等信息，并对顾客所购买的商品进行统计。这样，收银的速度和准确性得到大大提高，同时各种销售数据还可以作为商场和供应商进货、出货的参考数据。由于销售信息都被及时、精确地记录，商家就可以在经营过程中准确地掌握各种商品的流通信息，大大地减少库存，最大限度地利用资金，从而提高商家的效益和竞争能力。

2.图书馆

图书馆中的图书也广泛应用了条形码技术。在图书和借书证上都贴上了条形码，借书的时候只要扫描一下书的条形码和借书证上的条形码就可以把所有相关信息录入数据库中。而在还书时，也只需扫描一下书的条形码，系统就会根据原先的记录把书的状态由借出改成归还，同时在借书者所借书目中删除相应的书目。这样，书的借与还都使用了条形码技术，与原先的一切人工操作相比，它大大提高了工作效率。

3.仓储管理与物流跟踪

对于大量物品流动的场合，用传统的手法记录物品流动的状况不仅费时费力，而且准确度低、容易出错。在一些特殊场合，手工记录是不现实的。就算当时能及时、准确地记录下来，统计、查询这些数据也是相当麻烦的。利用条形码技术，可以实现快速、准确地记录每一件物品，采集的各种数据可实时地由计算机进行处理，使得各个统计数据可以准确、及时地反映物品的状态。

4.质量跟踪管理

ISO9000质量保证体系强调质量管理的可追溯性，也就是说对于出现质量问题的产品，应当可以追溯它的生产时间、操作机床、操作人等信息。在过去，这类信息很难记录下来，即使有一些工厂（如一些家用电器生产厂）采用加工单的形式进行记录，但随着时间的积累，加工单越来越多，有的生产厂家甚至要用几间房子来存放这些单据。从那么多的单据中查找一张单据，其难度不言而喻。如果采用条形码技术，在生产过程的主要环节中，对生产者及产品的数据通过扫描条形码进行记录，并利用计算机系统进行处理和存储。这样，当产品质量出现问题时，厂方就可以通过电脑系统很快地查到该产品的生产相关数据，从而查出事故原因、改进工作质量。

5.数据自动录入

在数据录入中，大量格式化单据的录入也是一个很麻烦的事。这不仅浪费大量的时间，还有正确性的问题。现在，通过二维条形码技术可以把上千个字母或几百个汉字放入名片大小的一个二维条形码中，并可用专用的扫描仪在几秒钟内正确地输入这些内容。目前电脑和打印机已是一种必备的办公用品，可以考虑开发一种软件，将格式化报表的内容同时打印在一个二维条形码中，在需要输入这些报表内容的地方只要扫描一下二维条形码，就可以将报表的内容录入。开发软件中，还可以对数据进行加密，以确保报表数据的真实性。

二、地理信息技术

（一）地理信息技术的概述

地理信息系统(Geographic Information System, GIS)是一种采集、处理、传

输、存储、管理、查询检索、分析、表达和应用地理信息的计算机系统，是分析、处理和挖掘海量地理数据的通用技术。它主要包括计算机硬件、软件、地理数据和用户等几个部分。地理信息系统技术广泛应用于农业、林业、国土资源、地矿、军事、交通、测绘、水利、广播电视、通信、电力、公安、社区管理、教育、能源等几乎所有的行业，并正在走进人们日常的工作、学习和生活中。

首先，GIS 是一种计算机系统，它具备一般计算机系统所具有的功能，如采集、管理、分析和表达数据等功能。其次，GIS 处理的数据都和地理信息有着直接或间接的关系。地理信息是有关地理实体的性质、特征、运动状态的表征和一切有用的知识，而地理数据则是各种地理特征和现象间关系的符号化表示，包括空间位置、属性特征（简称属性）及时域特征三部分。空间位置数据描述地物或现象所在位置；属性数据有时又称作非空间数据，是属于一定地物或想象、描述其特征的定性或定量指标；时域特征是指地理数据采集或地理象限发生的时刻或时段。由此，可以简单地定义地理信息系统为用于采集、模拟、处理、检索、分析和表达地理空间数据的计算机信息系统。地理信息系统是有关空间数据管理和空间信息分析的计算机系统。依照其应用领域，地理信息系统可分为土地信息系统、资源管理信息系统、地学信息系统等。根据其使用的数据模型，可分为矢量、栅格和混合型信息系统；根据其服务对象，可分为专题信息系统和区域信息系统等。

地理信息系统具有以下特征：

1. 地理信息系统在分析处理问题中使用了空间数据与属性数据，并通过数据库管理系统将两者联系在一起共同管理、分析和应用，从而提供了认识地理现象一种新的思维方法。

2. 地理信息系统强调空间分析，通过利用空间解析式模型来分析空间数据，地理信息系统的成功应用依赖于空间分析模型的研究和设计。

（二）地理信息技术的功能

地理信息系统的基本思想是将地球表层信息按其特征的不同进行分层，每个图层存储特征相同或相似的事物对象集，如河流、湖泊、道路、土地利用和

建筑物等构成不同的图层，然后分层管理和存储。这样，每个图层都有一个唯一的数据库表与其相对应，这个数据库表成为属性数据库，库中内容称属性数据。系统的数据除了具有输入、存储、查询和显示输出等基本功能外，它更能够进行空间查询和空间分析，用户可以根据需要建立一个应用分析模型，通过动态分析为评价、管理和决策服务。

1. 数据输入

地理数据如何有效地输入 GIS 中是一项琐碎、费时、代价昂贵的任务，大多数的地理数据是从低质地图输入 GIS，常用的方法是数字化和扫描。数字化的主要问题是低效率和高代价；扫描输入则面临另一个问题，即扫描得到的栅格数据如何变换成 GIS 数据库通常要求的点、线、面、拓扑关系属性等形式。就这一领域目前的研究进展而言，全自动的智能地图识别短期内没有实现的可能，因而，交互式的地图识别是矢量化方法的一种较为现实的途径。市场上已有多种交互式矢量化软件出售。

目前 GIS 的输入正在越来越多地借助非地图形式，遥感就是其中的一种形式。遥感数据已经成为 GIS 的重要数据来源，与地图数据不同的是，遥感数据输入 GIS 较为容易，但如果通过对遥感图像的解释来采集和编译地理信息则是一件较为困难的事情。因此，GIS 中开始大量融入图像处理技术，许多成熟的 GIS 产品，如 MapGIS 中都具有功能齐全的图像处理子系统。

地理数据采集的另一项主要进展是 GPS 技术。GPS 可以准确、快速地定位在地球表面的任何地点，因而，除了作为原始地理信息的来源外，GPS 在飞行器跟踪、紧急事件处理、环境和资源监测、管理等方面有着很大的潜力。

2. 数据存储

GIS 中的数据分为栅格数据和矢量数据两大类，如何在计算机中有效存储和管理这两类数据是 GIS 的基本问题。在计算机高速发展的今天，尽管微机的硬盘容量已达到 GB 级，但计算机的存储器对灵活、高效地处理地图这类对象仍是不够的。GIS 的数据存储却有其独特之处，大多数的 GIS 系统中采用了分层技术，即根据地图的某些特征，把它分成若干层，整张地图是所有层叠加的结果。

在与用户的交换过程中只处理涉及的层，而不是整幅地图，因而能够对用户的要求做出快速反应。

地理数据存储是 GIS 中最底层和最基本的技术，它直接影响到其他高层功能的实现效率，从而影响整个 GIS 的性能。基于微机平台的 MapGIS 能够快速、高效地处理多达上万幅的海量地图库，这不仅在国产 GIS 软件中处于领先地位，即使与国外同类产品相比仍是佼佼者，这与 MapGIS 较好地解决了地理数据的存储问题密切相关。

3. 数据操作和分析

GIS 中对数据的操作提供了对地理数据有效管理的手段。对图形数据（点、线、面）和属性数据的增加、删除、修改等基本操作大多可借鉴 CAD 和通用数据库中的成熟技术。有所不同的是 GIS 中图形数据与属性数据紧密结合在一起，形成对地物的描述，对其中一类数据的操作势必影响到与之相关的另一类数据，因而操作带来的数据一致性和操作效率问题是 GIS 数据操作的主要问题。

地理数据的分析功能，即空间分析，是 GIS 得以广泛应用的重要原因之一。通过 GIS 提供的空间分析功能，用户可以从已知的地理数据中得出隐含的重要结论，这对于许多应用领域是至关重要的。

GIS 的空间分析分为两大类：矢量数据空间分析和栅格数据空间分析。矢量数据空间分析通常包括：空间数据查询和属性分析，多边形的重新分类、边界消除与合并，点与线、点与多边形、线与多边形、多边形与多边形的叠加，缓冲区分析，网络分析，面运算，目标集统计分析。栅格数据空间分析功能通常包括：记录分析、叠加分析、滤波分析、扩展领域操作、区域操作、统计分析。

4. 数据输出

将用户查询的结果或是数据分析的结果以合适的形式输出是 GIS 问题求解过程的最后一道工序。输出形式通常有两种：在计算机屏幕上显示或通过绘图仪输出。对于一些对输出精度要求较高的应用领域，高质量的输出功能对 GIS 是必不可少的。这方面的技术主要包括：数据校正、编辑、图形整饰、误差消除、坐标变换、出版印刷等。

（三）地理信息技术的应用

地理信息系统的研究应用有很多，归纳概括起来主要有两种情况：一是利用GIS系统来处理用户的数据；二是在GIS的基础上，利用它的开发函数库二次开发出用户的专用的地理信息系统软件。目前已成功地应用到了包括资源管理、自动制图、设施管理、城市和区域的规划、人口和商业管理、交通运输、石油和天然气、教育、军事等九大类别的100多个领域。在美国等发达国家，地理信息系统的应用遍及环境保护、资源保护、灾害预测、投资评价、城市规划建设、政府管理等众多领域。近年来，随着中国经济建设的迅速发展，加速了地理信息系统应用的进程，在城市规划管理、交通运输、测绘、环保、农业、制图等领域发挥了重要的作用，取得了良好的经济效益和社会效益。

1.GIS在地理空间数据管理中的应用

其应用主要是以多种方式录入的地理数据，以有效的数据组织形式进行数据库管理、更新、维护、进行快速查询检索，以多种方式输出决策所需的地理空间信息。目前流行的数据库管理系统，与GIS中数据库管理系统在对地理空间数据的管理上，存在两个明显的不足：一是缺乏空间实体定义能力；二是缺乏空间关系查寻能力。这使得GIS在对空间数据管理上的应用日趋活跃，如ARC／INFO在公路管理中的应用，ARC／INFO在市政设施管理中的应用。后者如北京某测绘部门以北京市大比例尺地形图为基础图形数据，在此基础上综合叠加地下及地面的八大类管线（包括上水、污水、电力、通信、燃气、工程管线等）以及测量控制网、规划道路等基础测绘信息，形成一个测绘数据的城市地下管线信息系统，从而实现了对地下管线信息的全面的现代化管理，为城市规划设计与管理部门、市政工程设计与管理部门、城市交通部门与道路建设部门等提供地下管线及其他测绘部门的查询服务。

2.GIS的输出功能在地图制图中的应用

地理信息系统的发展是从地图制图开始的，因而GIS的主要功能之一用于地图制图，建立地图数据库。与传统的、周期长、更新慢的手工制图方式相比，利用GIS建立起地图数据库，可以达到一次投入、多次产出的效果。它不仅可以为用户输出全要素地形图，而且可以根据用户需要分层输出各种专题，如行政区划图、土地利用图、道路交通图，等等，更重要的是由于 GIS 是一种空间信息系统，它所制作的图也能够反映一种空间关系，可以制作多种立体图形，而制作立体图形的数据基础就是数字高程模型。在地图的输出中，MapGIS 达到世界先进水平。

三、射频识别技术

（一）射频识别技术概述

射频识别技术又叫射频技术 (Radio Frequency Identification，RFID)。射频识别技术是将非接触特性应用到普通 IC 卡上，利用射频方式进行非接触双向通信，以达到识别目的并交换数据。其最大的优点在于非接触，无须光学可视，完成识别工作时无须人工干预，适于实现自动化且不易损坏，可识别高速运动物体，并可同时识别多个射频卡，操作快捷方便等。它可以轻松满足信息流量不断增大和信息处理速度不断提高的需求。RFID 的倡导者认为，此举可能大幅削减成本和清理供应链中的障碍。该技术与物流供应链紧密联系在一起，有望在未来几年取代条形码扫描技术。

射频识别技术是利用电磁感应、无线电波或微波进行非接触双向通信，以达到识别目的并交换数据。读写器和电子标签之间通过无线方式通信，因此它们都有无线收发模块及天线（或感应线圈）。电子标签中有存储器，内存容量为几个比特至几十千比特，可以储存永久性数据和非永久性数据。永久性数据可以是标签序列号，它是用来作为标签的唯一身份标志，不能更改；非永久性数据写在可重写的存储器内，用来存储用户数据。

在中国物流业飞速发展的今天，射频技术以其特有的优势，克服了条形码识别需要光学可视、识别距离短、信息不可更改等缺点，成为物流自动识别领域一个耀眼的亮点。

目前，信息采集技术主要包括条形码技术和射频识别技术。条形码技术的优点在于其价格相对便宜，因此在超市等商品零售部门获得了广泛的利用。其缺点在于信息无法更改，存储容量相对较小。如果需要更改信息则需要重新贴

上条形码标签，既增加了工序，浪费了人力资源，同时又增加了物流成本。其"先天不足"与缺陷越来越难以满足人们的需求。

（二）射频系统的工作流程

射频技术的出现，改变了传统的数据采集方法，它信息含量大，可以根据需要实时更改，简化了物流的中间环节，缩短了物流人工操作时间，其准确性、快速性和兼容性越来越得到行业的认同和赞许。

RFID 系统的工作流程可分为如下几个步骤：

1.编程器预先将数据和信息写入标签中；

2.读卡器将设定数据的无线电载波信号经过发射天线向外发射；

3.当标签进入发射天线的工作区时，标签内的卡被激活，主动将卡内的信息由卡内的发射天线发射出去；

4.接收天线将所收到的载波信号，经过天线调解器传给读卡器，由读卡器对收到的信号进行解调解码，并送到后台的电脑控制器；

5.电脑控制器根据逻辑运算，判断出该卡的合法性，进行相应的处理和控制，同时发出指令信号，控制执行机构做出相应的动作；

6.执行结构按照控制器的指令，执行相应的操作；

7.通过计算机通信网络，将各个监控点连接起来，建立总控制信息平台。

（三）射频识别技术的应用

射频识别技术现在主要应用在物料跟踪、运载工具和货架识别等要求非接触数据采集和交换的场合，对要求频繁改变数据内容的场合尤为适用。如车辆自动识别系统，采用的主要技术就是射频技术，如自动车号识别系统。装有电子标签的车辆通过装有射频扫描器的专用隧道、停车场或高速公路路口时，无须停车缴费，大大提高了行车速度，提高了通行效率。射频技术在其他物品的识别及自动化管理方面也得到了较广泛的应用。包括：

1.高速公路收费系统

在车辆高速通过收费站时自动完成交费，解决交通瓶颈问题，避免交通阻塞，同时也防止了现金结算中的贪污等问题。

2.非接触识别卡

利用各种交易卡完成非现金结算，如电话卡、会员收费卡、储蓄卡、地铁及汽车月票等。磁卡、IC卡属接触性卡，存在易磨损、易受强电和磁场干扰、易伪造的缺陷，将被非接触识别卡取代。

3.生产线的自动化和过程控制

RFID技术可用于生产线的自动控制、监控质量、标志物料和产品。德国宝马公司在汽车装配线上配有RFID系统，以保证汽车在流水线各位置不出差错地完成装配任务。

4.货物的跟踪

很多货物运输都需要知道准确的位置，像运钞车、危险品运输车等，沿线安装的RFID设备可跟踪运输的全过程，有些还结合GPS系统实施对物品的有效跟踪。

5.物品监视

RFID技术用于商店，可防止贵重物品被盗，如电子物品监控系统EAS。

四、卫星定位技术

（一）全球卫星定位系统概述

全球定位系统(Global Positioning System, GPS)是美军20世纪70年代初在"子午仪卫星导航定位"技术上发展而起的具有全球性、全能性（陆地、海洋、航空与航天）、全天候性优势的导航定位、定时、测速系统。该系统原是美国国防部为其星球大战计划投资100多亿美元而建立的，其作用是为美军方在全球的舰船、飞机导航并指挥陆军作战。

（二）全球卫星定位系统的工作原理

GPS是由在大约20200 km高空围绕地球旋转的24颗卫星组成的全球定位系统。这些卫星按6条分开的路径飞过太空，它们都配备有原子钟、计算机、接收机和发射机。GPS的工作原理并不复杂：卫星以每秒1000次的速率发送自己的位置和时间；地面接收机测得接收到卫星每个信号时所用的时间，便可确定本机到卫星的距离；将获自几颗卫星的这类数据加以合成，就能计算出本机

所在的纬度、经度和高度，从而实现近乎实时的导航定位。

GPS 是以三角测量定位原理来进行定位的。它采用多星高轨测距体制，以接收机至 GPS 卫星之间的距离作为基本测量。当地面用户的 GPS 接收机同时接收到 3 颗以上卫星的信号后，通过使用伪距测量或载波相位测量，测算出卫星信号到接收机所需要的时间、距离，再结合各卫星所处的位置信息，将卫星至用户的多个球面相交后，即可确定用户的三维（经度、纬度、高度）坐标位置以及速度、时间等相关参数。

目前，全球定位系统已广泛应用于军事和民用等众多领域中。GPS 技术按待定点的状态分为静态定位和动态定位两大类。静态定位是指待定点的位置在观测过程中固定不变的定位，如 GPS 在大地测量中的应用；动态定位是指待定点在运动载体上，在观测过程中是变化的定位，如 GPS 在船舶导航中的应用。静态相对定位的精度一般在几毫米到几厘米范围内，动态相对定位的精度一般在几厘米到几米范围内。对 GPS 信号的处理从时间上划分为实时处理及后处理。实时处理就是一边接收卫星信号一边进行计算，获得目前所处的位置、速度及时间等信息；后处理是指把卫星信号记录在一定的介质上，回到室内统一进行数据处理。一般来说，静态定位用户多采用后处理，动态定位用户采用实时处理或后处理。

（三）全球卫星定位系统的应用

1.GPS 在交通运输中的应用

（1）GPS 在道路工程中的应用

目前主要是用于建立各种道路工程控制网及测定航测外控点等。随着高等级公路的迅速发展，对勘测技术提出了更高的要求，由于线路长，已知点少，因此，用常规测量手段不仅布网困难，而且难以满足高精度的要求。目前，国内已逐步采用 GPS 技术建立线路首级高精度控制网，如沪宁、沪杭高速公路的上海段就是利用 GPS 建立了首级控制网，然后用常规方法布设导线加密。实践证明，在几十千米范围内的点位误差只有 2 cm 左右，达到了常规方法难以实现的精度，同时也大大提前了工期。浙江省测绘局利用 wild 200 GPS 接收机的快速静态定位功能施测了线路的全部初测导线，快速、高精度地建立了数百千米的高速公路控制网，取得了良好的效果。GPS 技术也同样应用于特大桥梁的控制测量中。由于无须通视，构成较强的网形，提高点位精度，同时对检测常规测量的支点也非常有效。如在江阴长江大桥的建设中，首先用常规方法建立了高精度边角网，然后利用 GPS 对该网进行了检测，GPS 检测网达到了毫米级精度，与常规精度网的比较符合较好。GPS 技术在隧道测量中具有广泛的应用前景，GPS 测量无须通视，减少了常规方法的中间环节，因此，速度快、精度高，具有明显的经济和社会效益。

差分动态 GPS 在道路勘测方面主要应用于数字地面模型的数据采集、控制点的加密、中线放样、纵断面测量以及无须外控点的机载 GPS 航测等方面。1994 年 6 月在同济大学试验了 KART 实时相位差分卫星定位系统，在 1 km 范围内达到了优于 2 cm 的精度，因此能够用于线路控制网的加密。GPS 测量包含有三维信息，可用于数字地面模型的数据采集、中线放样以及纵断面测量。在中线平面位置放样的同时，可获得纵断面，在中线放样中需实时把基准站的数据由数据链传到移动站，从而提供移动站的实时位置。由于 GPS 仪器不像经纬仪那样可以指示方向，因此需与计算机辅助设计系统相结合，从而可在计算机屏幕上看到目前位置与设计坐标的差异。机载动态差分 GPS 应用于航测在德国和加拿大已取得了成功，用载波相位差分测出每个摄影中心的三维坐标，而不再需要外控点测量，取得了良好的效果。

（2）GPS 在汽车导航和交通管理中的应用

三维导航是 GPS 的首要功能，飞机、船舶、地面车辆以及步行者都可利用 GPS 导航接收器进行导航。汽车导航系统是在全球定位系统 GPS 基础上发展起来的一门新型技术。汽车导航系统由 GPS 导航、自律导航、微处理器、车速传感器、陀螺传感器、CD-ROM 驱动器、LCD 显示器组成。

GPS 导航是由 GPS 接收机接收 GPS 卫星信号（三颗以上），求出该点的经纬度坐标、速度、时间等信息。为提高汽车导航定位精度，通常采用差分 GPS 技术。当汽车行驶到地下隧道、高层楼群、高速公路等遮掩物而捕获不到 GPS

卫星信号时，系统可自动导入自律导航系统，此时由车速传感器检测出汽车的行进速度，通过微处理单元的数据处理，从速度和时间中直接算出前进的距离，陀螺传感器直接检测出前进的方向，陀螺仪还能自动存储各种数据，即使在更换轮胎暂时停车时，系统也可以重新设定。

由 GPS 卫星导航和自律导航所测到的汽车位置坐标数据、前进的方向都与实际行驶的路线轨迹存在一定误差，为修正这两者的误差，与地图上的路线统一，需采用地图匹配技术，加一个地图匹配电路，对汽车行驶的路线与电子地图上道路误差进行实时相关匹配作自动修正，此时地图匹配电路是通过微处理单元的整理程序进行快速处理，得到汽车在电子地图上的正确位置，以指示出正确行驶路线。CD-ROM 用于存储道路数据等信息，LCD 显示器用于显示导航的相关信息。GPS 导航系统与电子地图、无线电通信网络及计算机车辆管理信息系统相结合，可以实现车辆跟踪和交通管理等许多功能，这些功能包括：①车辆跟踪；②提供出行路线规划和导航；③信息查询；④话务指挥；⑤紧急援助；⑥进行应急处理。

2.GPS 在公安工作中的应用

全球定位系统在公安工作中有着广泛的应用前景，它对指挥疏导交通，预防、打击犯罪和维护社会治安具有重大作用。它可以将跟踪定位、报警、监控、指挥调度系统融为一体，形成现代化、动态化的公安通信指挥系统，提高公安部门快速反应和协同作战能力，提高公安队伍的战斗力。

3.GPS 的其他应用

GPS 除了用于导航、定位、测量外，由于 GPS 系统的空间卫星上载有的精确时钟可以发布时间和频率信息，因此，以空间卫星上的精确时钟为基础，在地面监测站的监控下，传送精确时间和频率是 GPS 的另一重要应用，应用该功能可进行精确时间或频率控制，可为许多工程实验服务。此外，还可利用 GPS 获得气象数据，为某些试验和工程所应用。

五、电子数据交换技术

（一）电子数据交换的概述

EDI(Electronic Data Interchange) 即电子数据交换。UN ／ EDIFACT(United Nations ／ Electronic Data Interchange for Administration，Commerce and Transport) 定义 EDI 为："计算机到计算机的标准格式的商业数据传输"。

EDI 的起源可以追溯到第二次世界大战后期德国柏林战场的供给线。当时的美国运输部长 E. A. Guillbert 发现在后勤供应中有大量的纸面工作要做，他当时主张用电报通信，为了使过程简化，他就建议将其中的表格和处理过程标准化。

后来，Guillbert 创立并领导了运输数据协调委员会 (TDCC)。TDCC 的目标之一，就是要进一步发展在后勤供给线中的工作方法。20 世纪 70 年代后期，TDCC 制定了公司之间的计算机数据交换的标准格式，这就是 EDI 的雏形。早期的 EDI 主要用在装运单据和其他货运方面的文件，以后，TDCC 也就发展成了 EDI 协会。20 世纪 90 年代以来，世界各国为了保护本国的商业利益和在国际上的经济地位，都把目光投向 EDI，并将其作为具有战略意义的工具加以重视和推广。

EDI 是一种在远程计算机之间的结构化的交易数据交换技术。采用 EDI 的系统必须遵循特定的语法规则，对具有一定结构特征的标准信息，经数据通信网，在两个或多个计算机之间进行信息交换和自动处理，由应用程序对它自动响应，从而实现交易事务处理，以及交易活动中数据交换的高效化和自动化。

（二）电子数据交换的功能

1. 数据处理

数据处理是 EDI 的一项核心功能，它指电子单证的转换、传递及存证，包括运输业务、网上报关、网上报检、许可证申请、缴／退税、结汇、投保等与信息平台连接的用户间的信息交换以及平台对电子单证的存证管理。

信息平台提供电子数据交换功能，需要传递数据的各方都与信息平台相连，单证信息先传递到信息平台，再由信息平台转发到接收方，接收方将收到的电子单证信息转换后送到内部系统处理。这样，就可以减少手工输入次数，提高业务传输和处理的速度。

2.信息发布

信息的发布主要以 Web 站点的形式实现，因特网的普及使大多数企业能很容易地通过它来获取自己感兴趣的信息。企业只要通过因特网连接到信息平台 Web 站点，就可以获取站点上提供的各类信息。这类信息主要包括：新闻公告，政府政务指南及相关政策法规介绍，水路、公路、铁路的运输价格，船期表及公路、铁路时刻表，货源和运力，会员信息及推荐，职业培训，广告信息，等等。

3.会员服务

为注册会员提供的个性化服务。主要包括：智能配载、配货，会员单证管理，会员的动态信息跟踪，交易跟踪，交易统计，会员信誉等级评估等。

4.在线交易

交易系统为运输供需双方提供一个虚拟交易市场，双方可发布和查询供需信息，用户通过平台即可完成从询价、报价到成交作业的完整交易流程。主要服务有：进出口货运业务代理、物流仓储、配送服务等。

5.辅助功能

辅助功能主要指两种：金融服务功能和辅助决策功能。

（1）金融服务

当相关法律法规建立和网络安全技术进一步完善后，可通过物流信息平台网络实现一些金融服务，如保险、银行、税务、外汇等。在此类业务中，信息平台作为中介平台为客户提供信息传递的功能，具体业务还是由相关结构、部门内部系统来处理，处理结果通过信息平台返回客户。

（2）辅助决策

利用物流信息平台实现对整个供应链的整合，通过对大量历史数据的分析，建立物流相关业务的数学模型，协助管理人员鉴别、评估和比较物流战略和策略上的可选方案。典型辅助决策包括基础设施选址、库存策略分析、客户满意度分析等。

（三）电子数据交换的发展

EDI 应用之初主要是基于 VAN(Value Added Network，增值网)，用户之

间通过 EDI 中心交换标准报文，实现贸易关系较为固定的伙伴间安全、可靠的 B to B 方式电子贸易。用户采用拨号或租用专线的方式和 EDI 服务中心进行电子数据交换，EDI 中心则提供报表收录、转发、格式校验、安全保密等功能。不同的 EDI 中心可以互联，构成全球的 EDI 网络。目前国际进出口大集团与供应商间都采用这种模式，如美国波音公司的 SupplierNetwork EDI 用于与供应商间大量单证的传送。

传统 EDI(VAN-EDI) 的优势在于具有国际通用的标准，文件处理流程自动化和计算机化，能够与企业内部的计算机系统实现紧密衔接；减少了交易流程中人为的错误，并大大缩短了交易完成时间；另外，由于使用专用的增值网络 VAN，数据传输的安全性得到较好的保证。对企业来讲，其优点可以归结为改进商务流程、节约成本和提高效率。一般估算，商业贸易文件传递速度提高81％；文本成本降低 44％；减少错漏，避免商业损失 40％；文件处理成本降低38％。

VAN-EDI 能够带来的巨大效益使得它成为大企业从事 B to B 电子商务的标准，然而，VAN-EDI 普及的程度却一直不高。

随着因特网的出现和广泛应用，其无地域限制、通信费用低、客户端无须 EDI 专用软件等特性，使基于因特网 EDI 的实现已成为可能。为此，美国欧洲等国家正致力于研究将基于 VAN 的 EDI 机理和方法迁移到基于因特网上来，实现基于因特网安全可靠的 B to B 电子贸易。利用因特网代替 VAN，则传统 EDI 中很多问题都可以迎刃而解了。基于因特网的 EDI(Internet-EDI) 的目标是允许中小企业只需通过浏览器和因特网连接去进行 EDI 交换。典型情况下，其中的一个参与者是比较大的企业，它针对每个信息开发或购买相应的表单，然后把它们放在 Web 站点上，此时，表单就成为 EDI 系统的接口。其他参与者一般为较小的企业，登录到 Web 站点上，选择它们感兴趣的表单，填写并把结果提交给服务器，通过服务器进行合法性验证，把它变成通常的 EDI 消息，此后的处理就和传统 EDI 的消息处理相同了。

由于中小企业仅仅通过浏览器和因特网连接就可以完成，所以这种解决方

案是它们所能够负担得起的。基于 Web 的 EDI 为传统 EDI 的发展带来了生机。但是，由于承担实现 EDI 费用的是大公司，它可以享受到 EDI 带来的全部好处，而中小企业只承担使用 EDI 的费用，也仅仅获得 EDI 的很小部分功能，所以这种 EDI 是不对等的。另外，由于 HTML 标志语言过于简单，给应用带来了限制。可见基于因特网的 EDI 还是有许多问题。于是又诞生了 XML-EDI 技术，使电子商务又向前迈了一大步。

XML-EDI 的发展是有其必然性的。传统的 EDI 系统部署和实施起来太复杂，成本也太高。它在进行数据交换前，一般是贸易伙伴拨号到各自的 BBS 上来启动交换。这种做法会导致供应链关系的混乱，并且连接的成本也过于昂贵。而采用 XML-EDI 由于其技术优势，在数据的处理中表现良好。虽然 XML-EDI 具有种种优点，但是其与发展了几十年的传统 EDI 相比最大的缺点就是它与现有技术标准和应用系统还不能很好地集成，其技术标准还需要进一步完善和稳定。由于其具有应用方便、广泛的可用性以及较低的成本，因而使用传统 EDI 的企业也应当开始考虑采用 XML-EDI 来进行数据交换以接纳更多的合作伙伴并从它带来的效率中获得更多的利润。可以预见，XML 与 EDI 的融合，将会推动电子商务大发展。

随着移动通信的发展，PC 机不再是人们上网的唯一设备，手机、掌上电脑等移动设备使人们可以随时随地与网络连接，移动商务成为可能。由于无线通信设备相对于台式个人计算机而言，CPU 处理能力弱、内存小、电源供应时间有限、显示屏较小、输入功能有限，目前普遍采用 WAP(Wireless Application Protocol，无线应用协议) 在无线终端和互联网之间进行通信。WAP 是一个开放性的全球标准，它由一系列协议组成，采用了与因特网不同的通信标准，用来标准化无线通信设备进行互联网访问。在数据标记语言方面，由于标准的 HTML Web 内容一般不能有效地在便携移动电话和寻呼机的小尺寸屏幕上显示，并且在单手持机的方式下，屏幕间的切换也不方便，WAP 采用无线标记语言 (Wireless Makeup Language，WML) 作为信息标记语言。

WML 是一种基于 XML 的标记语言，主要用于标记和说明 WAP 移动终端收发的互联网信息和用户接口。WML 使得设计者可以采用与设备独立的方式定义 WAP 应用的用户接口。用于 WAP 内容的 WML 语言充分利用了小屏幕，无须使用完整的键盘就实现了方便的单手操作的导航，而且 WML 语言具有内置的可伸缩性，可以实现从两行文本的显示到智能电话和个人通信器上的全图形屏幕显示的伸缩。对于用手机等移动设备上网的人来说，由于屏幕大小和硬件设备的限制，上网的主要目的不再是网上冲浪，而是进行网上购物、商情咨询、实时股票行情查询等商务活动，可以预见移动商务在电子商务中所占的比重将越来越大，商务会成为 WAP 业务的主要应用。虽然 WAP 业务目前存在上网接入速度慢、连接不稳定等诸多问题，影响了它的应用推广，但移动商务广阔的发展前景使人们有理由相信 WAP 业务大有可为。随着 WAP 标准的逐渐成熟，WML 将进入千千万万无线设备，移动商务的浪潮将会来临。

第三节　物流信息系统

一、物流信息系统的内涵及特点

（一）物流信息系统的概念

物流信息系统是通过对物流相关信息的加工处理来达到对物流、资金流的有效控制和管理，并为企业提供信息分析和决策支持的人机系统。物流信息管理系统内部的相关衔接是通过信息进行沟通的，资源的调度也是通过信息共享来实现的，组织物流活动必须以信息为基础。

物流信息管理系统是企业信息管理系统中的一类，是企业按照现代管理的思想、理念，以信息技术为支撑所开发的信息系统。物流信息管理系统充分利用数据、信息、知识等资源，实施、控制并支持物流业务，实现物流信息共享，

以提高物流业务的效率，提高决策的科学性，其最终目的是提高企业的核心竞争力。

（二）物流信息系统的特点

随着社会经济的发展、科技的进步，物流信息管理系统正在向业务活动的集成化、系统功能的模块化、信息采集的实时化、信息存储的大型化、信息传输的网络化、信息处理的智能化以及信息处理界面的图形化方向发展。物流信息管理系统的特点主要体现在以下五个方面：

1. 集成化

集成化是指物流信息管理系统将业务逻辑上相互关联的部分连接在一起，为企业物流活动中的集成化信息处理工作提供基础。在系统开发过程中，数据库的设计、系统结构以及功能的设计等都应该遵循统一的标准、规范和规程（即集成化），以避免出现"信息孤岛"现象。

2. 模块化

模块化是指物流信息管理系统划分为各个功能模块的子系统，各子系统通过统一的标准来进行功能模块的开发，然后实现集成并组合起来使用，这样既能满足企业不同管理部门的需要，也可以保证各个子系统的合理使用及设定相关的访问权限。

3. 实时化

实时化是指借助于编码技术、自动识别技术、GPS 技术、GIS 技术等现代物流技术，对物流活动进行准确实时的信息采集，并采用先进的计算机与通信技术，实时地进行数据处理和传送物流信息，通过网络的应用将供应商、分销商和客户按业务关系连接起来，使整个物流信息管理系统能够及时地掌握和分享属于供应商、分销商和客户的信息。

4. 网络化

网络化是指通过 Internet 等技术将分布在不同地理位置上的物流分支机构、供应商、客户等连接起来，形成一个复杂但有密切联系的信息网络，从而通过物流信息管理系统实时地了解各地业务的运作情况。物流信息中心将各节点传来的物流信息进行汇总、分类、综合分析，然后通过网络把结果反馈传达下去，从而起到指导、协调、控制物流业务的作用。

5.智能化

物流信息管理系统正在向智能化方向发展，比如企业物流信息管理系统涉及的决策支持分系统中的知识子系统，它就负责对决策过程中所需的物流领域知识、专家的决策知识和经验知识进行搜集、存储和智能化处理。

二、物流信息系统的功能

物流信息管理系统所要解决的问题是：缩短从接受订货到发货的时间、库存适量化、提高装卸和搬运作业效率、提高运输效率、使接受订单和发出订单更为省力、提高订单处理的精度、防止发货及配送出现差错、调整需求和供给、物流信息查询和分析等。因此，物流信息管理系统具备以下的一些主要功能。

（一）信息处理功能

物流信息管理系统能对各种形式的信息进行收集、加工整理、存储，以便向管理者及时、准确、全面地提供各种信息服务。

1.数据的收集

数据收集方式包括手工方式和各种信息采集技术。采集好的数据经初步处理，按信息系统数据组织结构和形式输入系统中。

2.信息的存储

数据进入系统之后，经过整理和加工，成为支持物流信息管理系统运行的物流信息，通过各种存储介质进行存储，并可随时输出到其他各个子系统中。

3.信息的传输

物流信息管理系统最基本的功能之一就是信息传输。信息传输需要具备相应的传输设备和传输技术，包括信息传输的安全、及时、完整，特别是物流过程的很多动态信息，应保证对动态信息的实时传输，以利于物流过程的有效控制。

4.信息的处理

物流信息管理系统最基本的目标就是将输入数据加工成有用的物流信息。信息处理可以是简单的计算、汇总、查询和排序，也可以是复杂的模型求解和预测。

（二）事务处理功能

物流信息管理系统能够执行部分日常性事务管理工作，如账务处理、统计报表处理等，同时它能将部分员工和领导从烦琐、单调的事务中解脱出来，既节省了人力资源，又提高了管理效率。

（三）预测功能

物流信息管理系统不仅能记录物流活动的现状，而且能利用历史数据，运用适当的数学方法和科学的预测模型来预测物流的发展速度、发展规模、物流服务与区域经济状况（包括经济规模、经济结构、市场运作状况）。通过这些相关因素，可以对物流发展做出宏观和微观的预测，可以是对整个物流规模的预测，也可以是对库存量、运输量的预测。

（四）计划功能

物流信息管理系统针对不同管理层提出的不同要求，能为各部门提供不同的信息并对其工作进行合理的计划与安排，如库存补充计划、运输计划、配送计划等，从而有利于提高管理工作的效能。

（五）控制功能

物流信息管理系统能对物流系统各个环节的运行状况进行检测、检查，比较物流过程实际执行情况与其计划的差异，从而及时地发现问题。然后，再根据偏差分析其原因，采用适当的方法加以纠正，保证系统预期目标的实现。控制过程也是协调过程。

（六）辅助决策和决策优化功能

物流信息管理系统不但能为管理者提供相关的决策信息，达到辅助决策的目的，而且可以利用各种半结构化或者非结构化的决策模型及相关技术进行决策优化，为各级管理层提供各种最优解，次优解或满意解，以便提高物流管理决策的科学性，并合理利用企业的各项资源，提高企业的经济效益。与管理决策密切相关的数学方法和技术有运筹学、系统模拟、专家系统技术等。

三、几种典型的物流信息系统

物流信息系统是指由人员、设备和程序组成的、为物流管理者执行计划、实施、控制等职能提供相关信息的交互系统。物流信息系统的信息来源于物流的环境，典型的综合物流信息系统有决策支持系统、运输、库存、配送信息系统。

1.决策支持系统

信息科学应用于制造业、服务管理的领域就是决策支持系统（Decision Support System，DSS）。DSS 是 管 理 信 息 系 统（Management Information System，MIS）的一种逻辑推广，在模型化与决策制定过程中起到辅助作用，它并不仅仅提供信息，一个决策支持系统允许管理者在给定资金或管理参数的情况下进行"如果怎么样，就……"的分析。一个决策支持系统也能联合多种多样的管理科学模型和图解。

2.运输信息系统

主要是处理各种运输问题，例如日本开发的直达运输系统，目的在于选择最接近用户的仓库，然后对用户实行快速直达运输。中国广东省水泥合理分配调运系统利用线性规划以最低流通费用为目标，用计算机作数据处理，取得了宏观及微观双重效益。

3.库存信息系统

主要有以下几个目的：

· 掌握各分散地点的库存量及生产企业库存量。

· 具体于某一仓库中进行库存管理。

· 在高层货架仓库中建立库存信息分系统等。

库存信息系统是应用较为广泛的系统，也可以说是各种类型物资及物流管理信息系统的基础系统。无论进行哪种管理，库存信息都是首先要掌握和收集。所以，这种系统在国外建立颇为广泛。

4.配送信息系统

配送信息系统有一定的综合性，主要目的有：向各营业点提供配送物资的信息，根据订货查询库存及配送能力，发出配送指示，发出结算指示及发货通知；汇总及反馈配送信息系统也是国外开发较多，成效较大的物流信息系统，配送的成败决定着企业和经营部门对市场的占有和控制。美国通用电气公司的

综合信息及销售管理系统是配送系统中较有名的例子。该公司利用计算机网络将分布49个州的65个销售部门、分布于11个州18个产品仓库及分布于21个州53个制造厂联结起来，及时掌握和分析库存情况，一有订货，则由中央先行集中信息处理，在15秒内即可处理完毕，通过计算机将发货信息传递到距用户最近（或运费最低）的配送点，指令发货。

5.订单处理系统

一个企业从发出订单到收到货物的时间，称为订货提前期；而对于供货方，这段时间称为订货周期。这不过是购销双方对同一时间的不同称呼。在订货周期中，要相继完成四项重要活动：订单传递、订单处理、订货准备、订货运输。这就是订单处理系统的流程。

案例分析

广东时捷物流有限公司的物流信息化

一、应用企业简况

广东时捷物流有限公司创立于2002年9月，是东莞市糖酒集团有限公司控股公司之一，是一家为客户提供集物流规划、物流管理、综合服务为一体的第三方物流企业。总部位于东莞市东城区，分别在东莞茶山、广东佛山、广东中山、广东惠州、江西南昌、重庆巴南、福建厦门、贵州龙里县等地区设有分支机构。企业注册资本5500万，现有物流园区总面积近30万㎡，配送车辆600多台，员工总人数2300余人。目前配送网络覆盖广东全省，辐射华南、西南地区，业务涵盖便利店、生产制造业和分销行业、汽车零配件、家具电器等多个领域。

公司为"中国便利店之王"、全国最大规模的便利店连锁企业——"美宜佳"承担广东全省常温商品的物流服务保障。2012年在广东莞茶山镇投建时捷茶山物流中心，采用了自动化立体仓库、高速分拣输送线、电子标签拣货系统等物流设备，并在FLUX WMS智能引擎统一指挥下，目前实现日均20多万箱的分拣发货能力。

二、信息化实施之前存在的问题

2012 年，时捷物流支持美宜佳门店数量已达数千家，随着业务的不断扩张，为了支持企业的发展和经营，满足日益增长的业务需求，同时考虑减少人员依赖性，降低劳动强度，改善作业环境等因素，建设自动化物流中心被提上日程。

集团以及公司高层经过前期在国内外多地的考察和对比筛选，最终选择瑞仕格（Swisslog）为该项目的集成商，为时捷茶山物流中心（一期）提供系统的设计与实施，上海富勒（FLUX）为 WMS 和 TMS 的系统供应商。

三、信息化进程实施中遇到的主要困难

时捷茶山物流中心位于东莞市东 18 km 的茶山镇，总占地面积 65894 ㎡、总建筑面积为 90000 ㎡，其中仓库面积为 76800 ㎡。按照规划，该物流中心拟分两期建设，建成后将能够支持美宜佳公司未来 12000 家便利店的配送业务，并可以为其他客户企业提供物流服务。

该项目是国内建设难度最大的零售业物流项目之一，由于业务体量较大，且项目对效率的要求极高，加上是国内同类业态首个使用众多自动化设备，作业的动态平衡成为最大难点。如：整件拣选在 3 个区域进行，最后汇流到主线由分拣机进行分拣，每个拣选区域效率不同，即每个汇流口的流量是动态且不平均的，需要极高的软件的控制调度能力和软硬件协同能力。再如，由于拣选作业人员的效率不同，WMS 下发给各拣货站台的补货任务，需要实时的、动态的且是不平均的，才能发挥出最大效率。

在公司与瑞仕格、富勒公司的通力合作下，这些难点不仅都得以顺利解决，且三方联手共同打造了连锁零售行业自动化物流中心的标杆项目。

四、物流中心的信息化应用

经过两年多的规划建设，项目于 2016 年 10 月投入试运行。作为国内零售行业信息化程度和运作效率最高的大型物流中心之一，时捷茶山物流中心配备了先进的自动化物流设备，主要包括：一座有 2 万多个托盘货位的自动立体仓库 ASRS，库内的 16 台堆垛机全部采用瑞仕格欧洲进口产品；完善的整箱和拆零

拣选系统，配备长达 3000m 的箱式输送线，分拣能力高达每小时 17000 个纸箱和 6000 个周转箱的高速分拣系统。

（一）整件商品的存储和拣选 ASRS 应用

项目集成一座近 2 万个托盘货位的自动化立体（ASRS）仓库，库内的 16 台堆垛机全部采用瑞仕格欧洲进口产品，采用多层存放货物的高架仓库系统。在存储上，组合应用了 ABC 分类，收货区就近，重货在下轻货在上，同批号库存巷道均衡分布和堆垛机作业负载均衡等算法规则，做到 ASRS 在存储空间利用率和作业效率上最合理的使用。

FLUX WMS 结合运输调度计划、分拣口箱量均衡、波次平衡、新店铺货等因素，进行门店订单的切分。对于波次内不同门店对某类商品的需求量进行提总，对于放满整托盘的拣选任务由堆垛机设备完成拣选。单个门店需求量满整托盘的，直接通过单独的出口送到集货区。对于波次内门店提总量不满整托盘的订单需求的，在尾盘拣选区采用分区批量打印拣货标签、电子标签拣货确认的作业方法。WMS 以作业路径最短作为拣货任务调度的准则，对拣选位的库存进行实时监控，及时触发补货任务。

物流中心还应用了两条高速滑块式分拣线作业，为了保证波次作业切换（清线）时间最短，WMS 在分拣口分配上以任务均衡为基本原则。结合对 ABC 三类商品三个区域的合理规划及 WMS 系统的优化调度算法，使得整件拣选达到了近17000 箱／小时的拣选能力。

（二）整件商品播种和集货

通过分拣口出线的箱子标签上清晰地标明了每个箱子对应的门店和分货库位，分拣口作业人员按照标签的指示将箱子播种到各个分货位的笼车里。WMS 根据箱子数量计算每家门店所需的笼车数。在播种完成的分拣口，作业人员按照标签的指示完成笼车集货任务。物流中心规划了 3 万多个集货位，按照 TMS 运输调度的计划对集货位进行循环使用。

（三）拆零商品电子标签拣选

对于拆零货物，在拆零拣货区采用流利式货架、一对一电子标签拣选流水线，以保证拣货效率和准确率，并减少作业人员。物流中心每天需要完成高达几十万次的拆零拣选。目前，可以做到大约 7 秒完成一个门店全部订单商品的拆零拣选作业。

（四）FLUX TMS 集中调度，全流程管控

物流中心完成分拣的订单，在 FLUX TMS 的统一调度下，实现 600 多台营运车辆管理、路线规划、装车配载、在途跟踪、门店签收和回单管理等全流程的管控，物流中心日均吞吐量约 4800 吨／天。

五、信息化主要效益分析与评估

茶山物流中心的建成，不仅更好地支撑了美宜佳业务的快速扩张，也给企业带来良好的效益。

（一）ASRS 提高了空间利用率，大幅增加了仓库容量

相对以往平库分仓的模式，支撑同等业务量需要开设 4 个平面分仓，使用 ASRS 大幅增加了仓库容量，节省土地资源 46%，仓库空间利用率提升 55 %。

（二）降低作业难度与人工成本，提高准确率

自动化物流系统实现了整件货物动态拣选与自动补货，减少了人员行走距离，劳动强度大大降低，降低了人员的作业难度，提高了作业效率，同时也对人员体能要求相应降低，从而减少了对人力的依赖；减少人员及劳动力 35%，人员流失率降低 50%。整件拣选从摘果式改为播种式，作业准确率也提高了。

（三）提升企业核心竞争力，树立良好的名牌形象

自动化物流设备系统的引用，是运用物流技术的再度升级，不仅提升了企业的核心竞争能力，为其今后拓展新业务、服务新客户树立良好的企业形象。

（资料来源：中国物流与采购联合会网站 http://www.chinawuliu.com.cn/）

思考题：

1.何谓物流信息？何谓物流信息系统？

2.简述物流信息的功能及特点。

3.物流信息的基本技术有哪些？各有什么特点？

4.怎样正确理解物流信息系统功能及其结构？

第 三 篇

现代物流应用篇

第 十 一 章

第三方物流与第四方物流

通过本章学习，了解第三方物流的含义、产生的原因，掌握第三方物流的理论基础、第三方物流企业的运作模式，掌握第四方物流的含义、第四方物流产生的原因及第四方物流供应商。

第一节　第三方物流的概念

一、第三方物流的概念

第三方物流是相对"第一方"发货人和"第二方"收货人而言的。第三方物流（Third-Party Logistics，简写为"3PL"），《物流术语》（GB／T18354-2021）中，将第三方物流定义为"由独立于物流服务供需双方之外且以物流服务为主营业务的组织提供物流服务的模式。"

第一方物流：第一方（甲方）是针对卖方的称呼。如果商业领域中的卖方要在交易之后承担发货交付的责任，则须通过物流将货物送交到买方，这样才算最终完成了这笔交易。此种情况下，物流责任人是第一方（卖方），故称为第一方

物流，这是买方市场条件下的规制性方式。买方市场处于供大于求的状态，买方拥有主导权，卖方需要通过送货来满足买方的要求以最后完成销售。送货物流的目的在于实现销售，其利益是从销售中取得的，而物流本身并不谋求利益，这样就形成了一种机制，即卖方送货制。

第二方物流：第二方（乙方）是针对买方的称呼。如果由买方承担取货的责任，则需要在交易之后将货物取走，也要通过物流来实现，这样才算完成了这笔交易。此种情况下，物流责任人是第二方（买方），故称为第二方物流，这是卖方市场条件下的规制性物流方式。卖方市场处于求大于供的状态，主导权在卖方手中，买方需要自己把货物取走。取货物流的目的在于完成购物、拿到货物、节省支出，其物流本身也不谋求利益，在经济尚不发达的阶段，经济主体长期处于卖方市场状态，短缺是常态，对中国而言更是如此。

第三方物流：第三方是卖方、买方之外的独立一方，既非发货一方也非收货一方，而是专门从事货物传递这种工作的一方。第三方物流是定位于服务的物流业态，它以物流作为服务和经营手段，其目的在于获取某种利益。对此，中国古代的某些小说和文章中已经有所涉及，如"鸿雁传书""使者传书""镖局送宝"等说法或多或少都有此意，只是现代人对这些做法关注较少罢了。后来，随着邮政的出现，这样的事情便成为常态。从性质来看，邮政所从事的工作就是一种第三方物流。除信函之外，也有以包裹和实物形式传送的小件实物，不过对尺寸的大小、重量的轻重以及实物的种类等均有所限制。进入现代社会后，需要传送的大件、超重及特殊实物越来越多，成为邮政难以承受之重，并影响到了信函的传递，于是专门提供货物传递服务的物流企业应运而生。当时，对此有各种称谓，其中邮政物流是最先叫响的名称，此外物流运输、快递、储运、承包物流、仓储、运输、空运、海运、货运代理等诸多含有此意的称谓均有所见。有人从责任和权利的角度出发归纳出了一个名称——第三方物流，并得到了业界和学界的普遍认可，现已得到广泛使用。

二、第三方物流的产生

（一）企业对第三方物流有需求

一方面，第三方物流市场潜力巨大，今后需求量将大大增加，即时性的服务需求也将增多，中国物流企业将大有可为；另一方面，目前第三方物流的有效需求还不足，企业由于拥有物流设施，自营物流的比例很大，有待物流企业去主动开发、挖掘潜在的客户需求。

企业正逐渐向按需生产和零库存过渡，对成本和服务越来越重视，随着跨国公司日益增多，需要快速响应的物流系统和全球化的物流系统来支持。而物流企业要做到这两点，实现信息化运作是关键。要求物流企业一方面要加快自身的信息化建设步伐，另一方面要能够为客户开发出合适的物流信息系统，以实现系统的无缝链接，达到物流运作的高效率。

（二）社会分工细化和管理理念的发展催生第三方物流

1. 第三方物流的产生是社会分工的结果

各企业为增强市场竞争力，选择将企业的资金、人力、物力投入其核心业务上，寻求社会化分工协作带来的效率和效益的最大化。专业化分工的结果导致许多非核心业务从企业生产经营活动中分离出来，其中包括物流业务。将物流业务委托给第三方专业物流公司负责，可以降低物流成本，完善物流活动的服务功能。

2. 第三方物流的产生是新型管理理念的要求

进入 20 世纪 90 年代，信息技术，特别是计算机技术的高速发展与社会分工的进一步细化，推动着管理技术和思想的迅速更新，由此产生了供应链、虚拟企业等一系列强调外部协调和合作的新型管理理念，既增加了物流活动的复杂性，又对物流活动提出了零库存、准时制、快速反应、有效的客户反应等更高的要求，这使得一般企业很难承担此类业务，由此产生了专业化物流服务的需求。第三方物流正是为满足这种需求而产生的。它的出现一方面迎合了个性化需求时代企业间专业合作（资源配置）不断变化的要求，另一方面实现了进出物流的整合，提高了物流服务质量，加强了对供应链的全面控制和协调，促进供应链不断趋于完善。

3. 第三方物流的产生是物流领域竞争的日趋激烈导致综合物流业务发展的

必然

随着经济自由化和贸易全球化的发展，物流领域的政策不断放宽，导致物流企业自身竞争的日趋激烈，物流企业不断拓展其服务内涵和外延，从而导致第三方物流的出现。这是第三方物流概念出现的历史基础。

三、第三方物流企业的类型

（一）按照物流企业完成的物流业务范围的大小和所承担的物流功能分类

按照物流企业完成的物流业务范围的大小和所承担的物流功能，可将物流企业分为功能性物流企业和综合性物流企业。功能性物流企业，也称单一物流企业，即它仅仅承担和完成某一项或几项物流功能。广州到黑龙江物流专线按照其主要从事的物流功能可将其进一步分为运输企业、仓储企业、流通加工企业等。而综合性物流企业能够完成和承担多项甚至所有物流功能。综合性物流企业一般规模较大、资金雄厚、并发有着良好的物流服务信誉。

（二）按照物流企业是自行完成和承担物流业务，还是委托他人进行操作分类

按照物流企业是自行完成和承担物流业务，还是委托他人进行操作，还可将物流企业分为物流自理企业和物流代理企业。物流自理企业就是平常人们听说的物流企业，它可进一步按照业务范围进行划分。物流代理企业同样可以按照物流业务代理的范围，分成综合性物流代理企业和功能性物流代理企业。功能性物流代理企业，包括运输代理企业、仓储代理企业和流通加工代理企业等。

四、第三方物流的理论基础

（一）第三方物流与社会分工理论

社会分工是指人类根据自身生存和发展的需要，在社会生产水平不断发展的条件下，不断扩展其特有的劳动行为的外在形式，并对劳动行为按种类的不同进行细分的过程。亚当·斯密在《国民财富的性质和原因的研究》中对分工的经济学意义做出了系统的研究。斯密认为，分工使劳动专门化，提高了工人的熟练程度，节省了劳动转换时间的损失，使生产工具专门化，有益于工具的改进和机器的发明，从而提高了劳动生产率，并分析了在分工专业化下大头针生产效率得到显著提高。斯密认为这都是劳动分工的结果。

在各派经济学领域，对分工与专业化理论都给出各自的解释。新增长理论实际上是将时间和动态因素引入了分工的分析框架，探讨了长期经济增长的原动力；新经济地理学的主要研究对象是分工和专业化的空间分布问题，地理和区位上的产业分工、企业分工和产品分工正是经济集聚的根本原因；而新制度经济学和新产业组织理论都以分工的成本和收益为主要线索，考察了企业规模扩张和产业组织演进的复杂互动关系。

商业从手工业中分离出来，专门从事商品交换，是第三次社会大分工完成的标志。在一般商品交换条件下，商流、物流、信息流是"三流合一"的。随着新经济的形成和发展，人们交换方式的变革必然会产生"三流分离"现象，即商流、物流、信息流成为各自独立的经济运行过程。现代物流通过与采购行为和销售行为相分离而实现了分工和专业化，将物流功能从生产者和经营者那里剥离出来凝聚在一起，借助现代科技进行系统而有效的整合，进而形成一个新兴的产业经济——物流经济。主要表现为现代物流的专业化、社会化、产业化，即第三方物流。第三方物流的形成标志着人类社会实现了新经济条件下的又一次社会分工。第三方物流作为新的产业组织形态，其科学性就在于充分体现了社会合理分工的原则，它以第三方的专业化优势向物流需求企业提供个性化的物流服务，提高了整体交易效率。

（二）委托代理理论与第三方物流

委托代理理论是由美国经济学家伯利和米恩斯于20世纪30年代提出的。委托代理关系起源于"专业化"的存在。该理论研究的是委托人和代理人之间的行为关系，以及委托人如何通过代理人关系设计来保证代理人实现其目标的问题。

委托代理理论包括一系列关于人类行为、组织和信息的性质方面的假设：一是"经济人"的假设。委托人与代理人具有理性行为能力。即它假设受有限理性和风险回避的影响，人的行为都是自利的。二是委托人与代理人的效用函数

的不一致性，即委托人的目标与代理人的目标之间有一定程度的矛盾；三是在委托人和代理人之间存在着信息的不对称性，所以很容易引发代理人的机会主义行为。他还假设信息是可以购买的商品，因此委托人可以通过购买来获取代理人行为的更好消息。在这些假定下，委托代理理论的目标则是研究选择最有效的契约来治理委托人与代理人之间的委托代理关系。

第三方物流，又称合同物流或契约物流，是指由供方与需方以外的物流企业提供物流服务的业务模式。生产经营企业为集中核心业务、降低物流成本、减少固定资产支出，把原属于自己处理的物流活动，以合同方式委托给专业物流服务公司，形成一种委托代理关系，物流提供商为代理人，物流外包方为委托人。物流外包企业作为委托人，将其物流功能的部分或全部外包给第三方物流供应商，与物流供应商之间形成一种联盟关系，这种联盟是一定合同导向的供需战略联盟，在联盟期内，双方是风险共担、收益共享的利益共同体，同时他们也是不同的利益主体。而物流需求企业为集中核心业务，将物流业务交给专业的第三方物流企业来行使，以求提高服务水平，减少投资，降低投资风险。

但由于在物流外包的第三方物流合作关系中，物流需求企业占据主动地位，而第三方物流供应商具有信息优势；同时，由于各自追求的效用函数不一致，甚至相冲突，设计出能满足个人理性约束与激励相容约束的契约合同是非常重要的。而物流外包关系的长期合作关系的建立有助于促进物流需求企业与第三方物流公司目标一致性，减少机会主义行为和降低自利的风险，促进第三方物流服务企业在最大限度地赚取利润的同时，提高顾客服务水平，进而使双方的目标趋向一致性。这样，工业企业等物流需求企业可以更好地专注于核心能力，促进社会整体效益的提高。

（三）交易费用理论与第三方物流

交易费用理论是整个现代产权理论的基础。最早由英国著名经济学家科斯（Ronald H. Coase）在1937年发表的《企业的性质》一文中提出的。该理论提出，企业和市场是两种相互替代的资源配置形式，他之所以认为这两种方式不同是因为他认为市场是靠价格机制达成交易，存在交易费用，企业是靠行政命令配置资源，存在着组织费用。企业之所以存在，是因为它的存在可以降低配置资源的成本。而企业组织的边界取决于管理费用与交易费用的平衡点。

关于交易费用的定义，目前在经济学界较多的人接受威廉姆森对交易成本的定义。威廉姆森的"交易成本"观念是在契约的观点下提出的，即他将每一次交易都视为签订一次契约。为了论述"交易成本"，威廉姆森强调了三个重要的概念，即"有限理性""机会主义""资产专用性"。"有限理性"概念最早由阿罗提出，指出由于环境的复杂性以及人类自身认知能力的有限性导致人的行为是有意识的、是理性的，但同时这种理性又是有限的。面对存在信息不对称及利益冲突的现实，拥有信息优势的一方在自利意识的驱使下用欺诈的手段来算计对方的行为。在签订一个契约的过程中，"机会主义"行为将主要体现在两个方面：一是在签约之前，签约人可能隐藏对自己不利的信息；二是在签约之后，签约人可能会私下里干出有利于自身，但损害对方利益的行为。"资产专用性"指的是投资一旦付出就很难转变为其他用途，除非付出较高的生产性价值成本。"资产专用性"可以是地点专用、物质专用、人力专用、品牌专用等。"有限理性""机会主义"和"资产专用性"，共同决定了交易成本的存在。更为具体地，交易成本可以分为"事前"（签约前）的交易成本和"事后"（签约后）的交易成本。

对物流需求企业来说，第三方物流不仅可以降低生产成本，一般来说（除非资产的专用型非常高和市场的不确定性非常大），也可以降低交易费用。这是因为，物流外包的合同期限一般为1~3年，甚至更长。与基于单个交易的物流供需关系相比，物流需求企业不需为搜寻交易对象的信息而耗费人力、物力。另外，对于长时间的物流外包合作关系，双方会时常保持沟通，信息不对称的现象得到缓解，也可以减少各种履约风险。即使在合作中出现某些冲突，也会为了维持长期合作关系，通过协商加以解决，从而避免无休无止的讨价还价，甚至提出法律诉讼而导致的费用。同时，合作性关系的建立在很大程度上又可以抑制第三方物流企业的机会主义行为。因为一次性的背叛和欺诈在长期合作中会导致"针锋相对"的报复和惩罚。因此，会使因机会主义而产生的交易费用降到最低程度。

总之,第三方物流不仅可以大大降低采购成本,还可以更好地控制和降低各种交易费用。从交易全过程来看,采用第三方物流,能避免交易中的盲目性,减少搜寻信息的成本;物流外包能减少讨价还价的成本;能有效地节约交易中的监督成本,并减少由此带来的交易风险。同时物流外包企业与外部企业之间的合作竞争关系,又有利于激发第三方企业更好地提高物流效率和市场效率,否则,企业有可能在将来更换服务伙伴,甚至是用上物流自营。

(四)核心能力理论与第三方物流

所谓核心竞争力,又称核心能力,是企业明显优于并且不易被竞争对手模仿的能够长期产生独特竞争优势的能力。它建立在企业核心资源和关键要素的基础之上,是企业的智力、技术、产品、管理、文化的综合优势在市场上的反映,是能够使企业长期为顾客提供最大价值的根本所在。最早由C.K.普哈拉德和G.哈默尔于1990年在《哈佛商业评论》发表的一篇文章中引入"核心竞争力"这一概念,很快受到人们的普遍关注。普拉哈拉德和哈默尔认为核心竞争力与其他竞争力之所以不同,是因为它具有如下基本特征:价值性、独创性、延展性、渐进性、动态性、整体性。

由于任何企业所拥有的资源都是有限的,它不可能在所有的业务领域都获得竞争优势,有的企业具有核心技术能力、核心制造能力,却不具备核心经营能力、核心企业组织协调管理能力和企业战略管理的核心能力等。在快速多变的市场环境中,单个企业依靠自己的资源和能力进行自我调整的速度很难赶上市场变化的速度。因此,依据核心能力理论,企业在经济组织中,只有物流资源可用于多种用途,是企业所具有的稀缺的、难以模仿的、有价值的可延展的核心能力,而且物流资源在公司范围能够得到保持的情况下,则不应该外包,而应该自己运作。否则物流不是企业的核心能力,且企业的物流资源与能力难以满足企业自身的需求与顾客需求,企业就应该对它实施外包策略,将物流业务交给第三方物流企业运作。对于第三方物流企业来说,从事的是专业化的物流服务,一般拥有专门的知识和信息网络,在物流服务水平、物流服务质量等方面可以获得竞争优势;为众多的物流需求企业提供服务,能够实现规模经济;规模经济的结果又带来成本的降低。所以说，物流经营能力是第三方物流企业的核心能力。同时，企业将物流交给外部组织，就可以强化自身在产品研发、核心部件的生产和销售等方面的核心能力，同时又可以充分利用外部企业的核心能力获得互补能力，提高交易质量。总之，依据核心能力理论，只有物流是企业的核心能力，企业才应采取物流自营的策略，否则就采取外包给第三方物流服务供应商的策略。

（五）第三方物流与供应链理论

供应链管理作为当今企业常用的一种管理新模式，可以促使企业重组资源，进而达到提升核心竞争力的目的。供应链管理是指企业借助计算机技术、信息科技等协助处理企业内管理事宜或统一协调活动内容，并做出统筹计划、科学规划企业发展趋势，目的是实现企业对内部各个部门的掌控。当前，供应链管理模式在企业管理中的应用，能有效提高企业的工作效率，能促进企业提升核心竞争力，以便企业可以更专注于核心业务。针对非核心业务，现代企业均会将其外包到其他企业，进而充分发挥外部资源的作用。通过供应链管理，企业除了能够明显改善核心业务情况和提升工作效率外，还给非核心业务提供了额外的保障。依托供应链管理，企业在和其他企业合作交流时，可以从彼此的沟通、交流、学习中，逐步强化合作意识，然后基于与之的直接接触、了解，在共赢模式下增强企业竞争力。供应链管理的运行基础是客户的需求，在强调客户主体性的前提下，做好自身的工作，改善服务的质量，并统一集中掌握、了解企业物流信息。针对目前的信息新技术，企业还应强化员工培训，全方位推行网络化管理，以便各个部门员工都了解、认识企业实际情况、经营情况。企业的领导者既要从具体的情况中分析探究出适合企业进一步发展的方向，又要提出可行的战略发展目标。当第三方物流全力支持企业的进一步发展并且与之携手进步时，企业才能更好地处理物流事宜。

第三方物流是指在物流运营时存在的特定的物流中间人，其基于合同签订要求，在一定期限内为各个企业提供某些方面或全方位的物流服务。鉴于此，国际上一般称第三方物流为一种"契约物流"。其实，第三方物流具体就是广大物流经营者借助先进的信息技术，在与其商榷好的空间、时间内，根据事先

定好的价格给消费者提供个性化、专业化的一类物流服务。所以，该模式的特征主要就是个性化服务，利用专业化的功能和系统化的管理方案，满足客户的不同个性化要求。上述只是物流行业引入供应链管理前的情形，随着全世界的经济的飞速发展，物流行业也在不断地改变着。因为世界各地均在不断提升市场货物的整体流通速度，所以物流行业也在持续加快兴起速度。当供应链管理兴起后，当今物流行业便着手担负起了外包业务领域的部分工作，目的是使自身能够变成更精通、熟悉物流服务工作下的第三方物流，进而帮助其他企业顺利完成基本的物流运输事宜。

第二节　第三方物流的运作

一、第三方物流企业的运作管理机构

（一）业务接收部门

通过电话订货系统、网上订货系统等方式获取需求信息，经过初步处理之后发送信息中心。

（二）信息中心

主要管理订货、仓储、运输等多个子系统的信息，负责所有业务的调度、分配；具有客户资格认证、委托协议签订、财务凭证生成等多种功能。

（三）仓储部门

保管功能、执行流通加配货、更新仓储信息并向信息中心反馈。

（四）运输、配送部门

根据信息中心设计的路线，以最低成本完成实物转移，并将有关信息反馈给信息中心。

二、第三方物流企业运作模式分类

根据第三方物流企业整合资源和提供服务的方式不同,可以将其归纳为以下八种运作模式,如表 11 - 1 所示。前两种模式只是理论模式,不仅难以实现,而且意义也不是很大。另外六种是比较典型的第三方物流企业运作模式,它们已经而且将继续在物流社会化系统中发挥重要作用。

表 11 - 1 第三方物流企业运作模式分类

第三方物流企业的运作模式	资源整合方式	提供服务的方式	
		服务内容	服务范围
理论模式一	资产型	高集成	广
理论模式二	非资产型	高集成	广
综合物流模式	资产型	高集成	窄
综合代理模式	非资产型	高集成	窄
功能物流模式	资产型	低集成	广
功能代理模式	非资产型	低集成	广
集中物流模式	资产型	低集成	窄
缝隙物流模式	非资产型	低集成	窄

（一）理论模式一

此类第三方物流企业的主要特点是规模庞大,网络体系遍布全国甚至全球,拥有先进的物流装备、强大的信息管理能力和高水平的物流人才,可以同时为多个行业的客户提供高集成度的物流服务。由于高端的物流服务涉及对客户的几种物流功能甚至是整个供应链的整合,需要个性化定制,因此第三方物流企业参与客户营运的程度很深,投入较大。当客户分布在多个不同行业时,由于不同行业对一体化物流服务的要求有很大差异,第三方物流企业拥有的经验与资源无法在不同行业的客户间共享,会导致运作成本很高,第三方物流企业也难以形成核心专长。因此,尽管拥有大量的资产,同时为多个行业提供高集成度的物流服务也是很困难的,因此采用这种模式的第三方物流企业几乎不存在。一些世界著名的物流企业都有各自擅长的领域,如 TNT 的物流业务主要集中在电子、快速消费品、物流三大领域,三井物产则以钢铁物流而闻名。

（二）理论模式二

此类第三方物流企业基本上不进行固定资产的投资,而是通过强大的信息管理能力和组织协调能力来整合社会资源（如其他的第三方物流企业、技术供

应商、管理咨询顾问等），为多个行业的企业提供高集成度的物流服务。同样道理，由于服务需要个性化定制而且物流企业的精力有限，这种高集成度的服务很难大规模运作，而且无资产的物流企业操作起来更加复杂。

（三）综合物流模式

综合物流模式的特点是第三方物流企业拥有大量的固定资产，为少数行业提供高集成度的服务，它与第一种模式的区别在于其业务范围集中在自己擅长的领域。国际上许多著名的物流公司都采用这种运作模式，国内一些大型的物流企业也开始提供这种服务。例如某物流公司为 IBM、美能达等公司提供全球采购与生产配送服务，他们将运输、储存、报关、精确配送、信息服务和资金结算等多项职能整合在一起，使世界各地的物流在到港后 24 小时内即可通过配送中心送达位于不同地区的生产线上，保证其在零库存状态下进行正常生产。一些从大型生产制造企业中剥离出来的第三方物流企业由于有自己的网络和营销渠道专长，也集中面向专长的行业提供高集成度物流服务。值得注意的是，由于提供高集成度的物流服务参与客户内部运营的程度较深，为了更好地实施物流管理，同时也为了降低客户完全外包物流的巨大风险，一种常见的操作方式是第三方物流企业与客户共同投资新的物流公司，由这个公司专门为该客户提供一体化的物流服务。在国内，这种形式已经出现。

（四）综合代理模式

综合代理模式的特点是第三方物流企业不进行固定资产投资，对公司内部及具有互补性的服务提供商所拥有的不同资源、能力、技术进行整合和管理，为少数行业提供高集成度的一体化供应链服务，它与第二种模式的区别是其业务范围集中在自己的核心领域。综合代理模式体现了第四方物流的思想，采用这种运作模式的物流企业实际上就是一个供应链的集成商。目前在中国，重复建设使得许多物流资源非常分散但总体却过剩，物流网络和设备利用率不高，物流服务的质量有所欠缺，缺乏有效的物流管理者。采用综合代理的物流运作模式，不仅降低了大规模投资的风险，而且可以有效地整合社会资源，提高全社会的物流运作效率，现阶段在中国很值得推广。但是底层物流市场的极度不规范也使整合社会资源的难度很大，目前这种模式也还处于概念和探索阶段。

（五）功能物流模式

功能物流模式的特点是第三方物流企业使用自有资产为多个行业的客户提供低集成度的物流服务。这类第三方物流企业对客户提供的服务功能很单一，大量的是提供运输、仓储服务，一般不涉及物流的整合与管理等较高端的服务。由于仓库、车队等资源可以共享，因此企业能同时为较大范围的客户服务，实现规模效益。功能物流模式是目前中国第三方物流企业运作的一种主要模式，许多以传统运输、仓储为基础的大中型企业，以及一些新兴的民营物流公司，都属于这种模式。目前这些企业纷纷在传统业务的基础上拓展更全面的综合物流功能，如提供一些增值服务和物流过程管理等，但是物流服务的集成度还不是很高。从国内的物流市场来看，由于客户企业仍倾向于外包部分功能性的物流活动而不是全部物流，因此定位在低集成度上仍然有很大的空间，功能物流模式仍将是主要的物流服务形式。采用功能物流模式的第三方物流企业应该不断加强自身的运作能力，在强化核心能力的基础上，可逐步拓展服务的种类，提升服务层次，向综合物流模式发展。

（六）功能代理模式

这种模式的第三方物流企业与功能物流模式一样，也是为多个行业的客户提供低集成度的服务，只不过是通过委托他人操作来提供服务，自身不进行固定资产投资。这类企业一般由货代类企业经过业务拓展转变而来，客户分布比较广泛，服务层次相对较低，但它具有较强的管理整合社会公共资源能力，能够充分利用闲置的社会资源，使其在效益方面产生乘数效应，一般取得物流项目的总承包后整合社会资源再进行二次外包。这类企业对固定设备、设施的投资少，以其业务灵活，服务范围广和服务种类多等优势方面使其他企业难以与之竞争。采用功能代理模式的物流企业一方面可以通过不断提升代理服务的集成度向综合代理模式拓展；另一方面也可以通过与工商企业结盟增加资产的专有性，向更深层次的第三方物流企业方向发展。

（七）集中物流模式

集中物流模式的特点是第三方物流企业拥有一定的资产和范围较广的物流网络，在某个领域提供集成度较低的物流服务。由于不同领域客户的物流需求千差万别，当一个物流企业能力有限时，他们就可以采取这种集中战略，力求在一个细分市场上做精做强。例如，同样是以铁路为基础的物流公司，某铁路快运公司是在全国范围内提供小件货物的快递服务，而另一物流公司则是提供大宗物的长距离运输。由于在特定领域有自己的特色，这种第三方物流企业运作模式也是需要重点培育和发展的。

（八）缝隙物流模式

缝隙物流模式的特点是第三方物流企业拥有较少的固定资产甚至没有固定资产，以局部市场为对象，将特定的物流服务集中于特定顾客层。这种模式非常适合一些从事流通业务的中小型物流公司，特别是一些伴随电子商务而发展起来的小型物流企业。上海某物流公司，针对许多大型物流企业在城市末段物流配送网络上比较薄弱的情况，以健全的网络和规范化的操作模式专门为客户做城区内门到门的小件货物配送，由于找到了市场的"空白"，这家公司的业务量正在快速上涨。采用缝隙型物流运作模式的第三方物流企业应该充分发挥自己在特定服务领域的优势，积极提高服务水平，实现物流服务的差异化和成本最小化。

第三节　第三方物流的分化与第四方物流

一、企业物流组织模式的演化

（一）内部一体化阶段的自营物流模式

自营物流又称自理物流，是指企业自身投资建设物流的运输工具、储存仓库等基础硬件，经营管理企业的整个物流运作过程的模式。它是由工业企业自己经营的物流，其主要的经济来源不在于物流本身。相比之下，现代企业自营物流已不是传统企业的物流作业功能的自我服务，而是基于供应链物流管理以制造企业为核心的经营管理新概念。电子商务下的自营物流，是在传统的自营物流基础上，加入了电子商务的新型概念，旨在使物流的整体运作效率得到提高。

目前采用自营物流的电子商务企业主要有两类。

第一类是资金实力雄厚且业务规模较大的电子商务企业。电子商务在中国兴起的时候，国内第三方物流的服务水平还远不能满足当时电子商务企业的要求，而这些企业持有大量的外国风险投资。为了抢占市场的制高点，它们不惜动用大量资金，在一定区域甚至全国范围内建立自己的物流配送系统。

第二类为经营电子商务网站的传统大型制造企业或批发企业。由于这些企业在长期的商务活动中已经建立起颇具规模的营销网络和物流配送体系，在开展电子商务时它们只需将其加以改进、完善，就可以满足电子商务条件下物流配送的要求。

企业采用自营物流模式具有以下几个方面的积极作用：

1. 对供应链各个环节有较强的控制能力，易与生产和其他业务环节密切配合，全力服务于本企业的经营管理，确保企业能够获得长期稳定的利润。对于竞争激烈的产业，有利于企业对供应和分销渠道的控制，如多数汽车工业拥有自己的汽车销售公司和营销服务网络系统。

2. 可以合理地规划管理流程，提高物流作业效率，减少流通费用。对于规模较大、产品单一的企业而言，自营物流可以使物流与资金流、信息流、商流结合更加紧密，从而大大提高物流作业乃至全方位的工作效率。

3. 可以使原材料和零配件采购、配送以及生产支持从战略上一体化，实现准时采购、增加批次、减少批量、调控库存、减少资金占用、成本降低，从而实现零库存、零距离和零营运资本。

（二）业务职能外包阶段的第三方物流模式

第三方物流是指由物流服务的供方和需方以外的第三方去完成物流服务的

物流运作方式。随着信息流的快速、准确传递，人们之间的时空距离日益缩短，这对现代物流企业提出了更高的要求。在西方发达国家，随着竞争的日益激烈，商业机构和各大公司不得不将主要精力放在核心业务上，将运输、仓储等相关业务环节交由更专业的物流企业来操作，以求节约和高效。第三方提供物流交易双方的部分或全部物流功能，从这个意义上说，它是物流专业化的一种形式。

第三方物流主要为客户提供代理服务，主要包括：商品运转、储存配送及附加值服务。提供这一服务是以发货人和物流代理商之间的正式合同为条件的。第三方物流不一定要具有物流作业能力，它可以没有物流设施和运输工具，不直接从事运输、仓储等专业活动，只负责现代物流系统设计并对物流系统运营承担责任。由于第三方物流企业一般向多个企业提供物流服务，而且其业务大多要采用外包的形式，委托给专业的运输、仓储企业完成，流程的自动化、电子化和信息化就显得尤为重要。

（三）战略联盟阶段的第四方物流模式

战略联盟是介于企业与市场之间的一种生产组织形式，是指两个或多个企业之间为了实现一定的战略目标，通过协议或联营等方式而结成的联合体。所谓物流联盟，根据《物流术语》（GB／T18354-2021），是指两个或两个以上的经济组织为实现特定的物流目标而形成的长期联合与合作的组织形式。面对跨国公司的挑战，中国的物流企业可以通过各个行业和从事各环节业务的企业之间的联合，实现物流供应链的有效协同，结成物流联盟，以寻求进一步发展。发展物流联盟的意义在于：

1.有利于降低企业成本、实现效益最大化

企业之间有共享的利益是物流联盟形成的基础。据统计，企业物流成本是除了原材料成本外的最大的成本项目，中国物流成本占总成本的比重较高而有效的物流管理可以节省15%～30%物流成本，并且大大地减少库存和运输成本，而国外发达国家物流成本一般控制在10%左右。可以看出，中国的物流市场及其利润空间是相当巨大的，企业通过结成物流联盟将能有效地降低物流成本，有助于物流合作伙伴之间在交易过程中减少相关交易成本，提高企业的物流效率，实现物流效益的最大化。

2.有利于提高物流服务水平、扩大市场份额

物流联盟可以帮助企业提高物流服务水平，通过联盟方式解决自身资源和能力的不足。如全球著名的物流企业联邦快递（Fedex）公司发现航空运输是自己的弱项，于是与 Fritz 公司结成物流联盟，将其业务外包给 Fritz 公司，作为它的第三方物流提供商。联盟将能使原本互相竞争的企业进行合作，减少互耗，实现双赢，有助于企业学习对方成熟的物流管理经验，提高自身管理水平，打造自身品牌。同时物流联盟可以帮助企业获得重要的市场情报，为企业带来新的客户、市场，使营销领域扩大，提高市场占有率；国际上很多大企业就是通过物流联盟迅速开拓全球市场，如 Laura Ashley，正是与联邦快递联盟，完成其全球物流配送，从而使业务在全球范围内展开。

3.有利于实现规模经济、提升企业竞争力

生产要素只有在一定的经济实体中集中到相当的程度后，才能获得较好的规模效益。但是，中国物流产业的集中度和交易约束度都很低，物流产业参与者如过江之鲫，但绝大多数企业的物流规模很小，产业价值链拉得很长。如果产业组织过度分散，必然导致无法形成规模效应，严重影响企业的经营效率，制约企业竞争力的提高。而激烈的市场竞争使得单纯依靠企业的自我积累扩大再生产来实现规模经济难以实现。面对跨国公司的挑战，中国企业必须进行通过整合、联盟等形式，建立物流联盟，以提升企业的整体竞争力。

二、第四方物流

（一）第四方物流的概念

1.概念

第四方物流的概念起源于 1998 年，由美国埃森哲（Accenture）公司提出并注册。指"第四方物流供应商是一个供应链的集成商，它对公司内部和具有互补性的服务供应商所拥有的不同资源、能力和技术进行整合管理，提供一整套供应链解决方案。"中国学者们普遍认为第四方物流指不参与具体物流活动，只对物流活动进行系统设计、资源整合、经营管理、信息共享，提供物流解决

方案或供应链方案，并以此为交易活动的全过程，是一种新的物流运作模式。在实际应用中，第三方物流提供商将供应链管理技术外包给第四方，即由第四方来拟定一套供应链总体解决方案，并负责对解决方案的实施过程进行监控与评价。

2. 特点

（1）第四方物流是一个供应链的集成商

第四方物流可以向企业提供从仓储到运输到销售的一整套物流运行方案，它在供应链方面有着独特的优势。

（2）第四方物流是一种先进的物流运作模式

第四方物流的概念的引入时间还比较短，它是相对第三方物流来说是一种更新的概念，一个更新的物流运作模式，它也是在第三方物流有着许多缺陷下发展起来的。

（3）需具备一定的条件

（4）信息网络化

在网络信息化的时代，第四方物流在信息技术方面比第三方物流要更胜一筹。

（5）综合性

第四方物流的特点之一综合性的原因就是它可以考虑到很多第三方物流考虑不到的方面综合。

（6）低成本、高收益

第四方物流为企业提供一整套的方案从而来降低企业的物流成本，在降低成本的同时能够优化供应链方案来提高企业的收益。

3. 优势

（1）能对整个供应链进行整合布局

第四方物流是供应链的集成商，能够很好地将自己的资源有效地利用起来并具有资源整合的能力。

（2）能够将服务商的优势相结合

第四方物流作为有带头能力的服务提供商，可以通过其自身提供供应链方案的能力，与第三方物流服务商的优势相结合起来。它可以做到为客户提供物流环节各个方面的解决方案并降低其运行成本。

（3）更能够借助现代信息技术

第四方物流公司的运作主要依靠信息与网络，其强大的信息技术支持能力和广泛的服务网络覆盖支持能力是客户企业开拓国内外市场、降低物流成本时所极为看重的，也是建立与客户之间的信任，获得大额长期订单的优势所在。

（4）成本更低但服务更优质

第四方物流只是为企业提供整体的供应链方案，跟企业并不会形成竞争关系，所以第四方物流会通过整合资源的技术与能力从而降低成本。

（二）第四方物流产生的原因

1.弥补第三方物流的不足

在发展第三方物流之初，人们感受到了这种新兴物流模式带来的便利，第三方物流不断得到了重视、发展，但随着而来也出现了许多第三方物流公司所不能解决的问题。

（1）在服务能力方面整体较弱

在第三方物流只能提供一些简单服务的情况下，客户非常想得到的是能够管理企业物流活动的一系列，而不仅仅是第三方物流提供的简单运输等服务，所以企业形成了新的需求。

（2）物流基础设施设备需及时更新

物流信息化不够全面，物流设备与国外相比来说还比较落后，仓库储存系统的能力比较低，不能够及时了解物流的新需求，更难以达到对物流过程中商品的有效控制。

（3）物流运行效率不高

第三方物流整合资源的能力比较弱，即使在具备高效资源的情况下，也很难向企业提出一整套运行的方案，使得整个物流运行效率比较低。

（4）与企业信任的矛盾

大多数第三方物流企业只能承担一部分简单的物流活动，专业性比较弱，且双方的整体目标不一致，第三方物流企业很难得到企业经营者的完全信任以及达到深入的合作。正是由于上述的种种原因，物流企业在某些方面还呈现大量的需求，这时，"第四方物流"应运而生。

2.适应日益发达的商品流通需要

物流通俗的说法就是流通领域里所发生的商品买卖，以及由商品买卖所引起的人、财、物的全部运动。商品是使用价值和价值的统一体，商品的流通过程实际上包括物流和价值流过程。物流就是商品的实体流动过程，包括商品的包装、运输、装卸、储存等活动，反映商品在时间和空间上的交换。价值流过程也称商流，即商品所有权转移过程。它是通过一次和多次交易活动，将商品的所有权逐次转移，最后到达消费者或使用者手中。

物流的本质特征是使用价值的转移，商流的本质特征是价值的转移。在市场经济条件下，物流和商流是辩证统一的，物流就是为了解决商流过程中生产时间和消费时间的不一致以及生产场所和消费场所的不一致而产生的。物流和商流推动所有商品的交易行为，产生了不同种类、不同层次和大小不等的市场，形成了商品交换种类繁多的渠道。随着世界经济的发展，商品交易出现高频率、大范围的特征，从而导致了现代物流向高速、多层次、大范围运行的趋势，同时也引发了物流的大变革。

传统的生产和仓储企业和第三方物流由于其自有的局限，在高频率、大范围的商品流通面前，显得有点无能为力。为了使商品流通在新的环境下在时间上和空间上更有效率，必须诞生一种新的物流方式来整合整个社会的物流资源，即第四方物流。

3.降低企业物流整体成本

交易是市场经济存在的基础。由于交易费用的存在，交易者在价格之外必须另外支付一笔费用，如果这笔费用太大交易就不能发生。交易费用的降低直接关系到经济运行的效率和物流业的发展。

在市场经济中，绝大多数商品交换都是交易主体寻找的结果。由于寻找的复杂性和特殊性，寻找存在大量的寻找费用。市场中的交易主体不仅面临着选择合适的对象，也面临着选择对象的完美信息和完全消息的问题。市场不会把全部的信息无偿地传递给需求者和供给者，信息的寻找和传递也是存在费用的。显然，要使物流更有效率，就必须不断地改进物流运动的形式和状态，有效地降低寻找费用。新的物流网络和交易伙伴的出现，以及新的市场运行制度的出现，正在让社会成员具有较低的交易实施的费用和较低的信息寻找费用。降低交易费用和寻找费用，促进交易效率，提高交易中的"透明度"，显示可信的市场信息，物流业才会有更大的发展。

在经济全球化和信息技术不断发展的情况下，传统的生产和仓储企业以及3PL 已经不能更好地降低交易和寻找费用。因为它们不能充分利用现有的信息技术，也不具有对物流活动中所有环节进行整合的能力，尤其是不能协调物流环节各参与方的利益冲突，所以第四方物流的兴起就是为了弥补传统的生产和仓储企业、3PL 在这些方面的不足。

4.培育企业核心竞争力的需要

核心竞争力是企业在市场竞争中保持持续优势的源泉。采用第四方物流，能使企业更好地配置自身的资源，专注于核心业务，集中优势资源拓展主业，大大提升企业的核心竞争力，并为企业的后续发展提供永久的动力。

（三）第四方物流供应商

第四方物流是一种新的物流服务形式，它是通过信息技术完成各方衔接，其中包含了提供物流服务过程中的各个供应商。第四方物流供应商依托于强大的信息技术，将各方资源整合在一起，共同完成物流服务。所以第四方物流供应商的组织对象主要有以下几类：

1.第三方物流企业

它是客户物流服务的承担者。一般拥有固定的物流服务设施，物流服务的专业知识和实践经验。在第四方物流的组织形式中能够提供运输、储存、装卸搬运、配送甚至是流通加工等综合多样化的物流服务，也可以是从事其中某一个环节的物流企业。

2.物流管理咨询公司

是指专业的物流咨询公司，为需要物流服务的企业提供相关的咨询，虽然没有提供具体的物流设施服务，但是拥有丰富的物流活动经验和高素质的物流管理人才，通过对行业的分析，了解整个行业的动态，为客户企业提供咨询服务。它拥有强大的软实力，通过帮助企业做物流规划，提供物流顾问，进行物流评审，解决物流系统实施问题，并提供物流培训等业务，使得企业的物流系统更加规范化，企业管理效率得到提高，从而达到提高竞争力和收益的目的。

3.供应链上的企业用户

第四方物流为各个供应商、制造商提供了一个信息平台，企业用户可以在上面进行合作、交易。这些供应商数量较多，组织形式也可以是多种的，有的是单个客户需要详细的物流规划设计，有的可能是整个供应链上的客户需要重新规划物流活动方案。第四方物流为这些客户提供服务，负责管理经营整个供应链。

4.信息技术公司

第四方物流的信息平台是依托强大的信息技术而经营运行的，信息技术服提供商为企业提供专业的技术服务，作用于企业信息平台的建设和维护。

案例分析

宝供打造第三方物流＂帝国＂

宝供物流企业集团有限公司（简称"宝供"）是国内最早诞生的物流集团，是一个为70多个跨国公司和国内一批大企业提供国际性物流服务的公司，它的客户很多都声名显赫，其中包括宝洁、飞利浦、雀巢、沃尔玛、联想……目前，宝供已在澳大利亚、泰国和中国香港及国内主要城市设有50多个分公司或办事处，构筑起覆盖中国并已跻身于国际市场的物流运作网络，成为中国第三方物流的"璀璨之星"。

"宝供已成为宝洁密不可分的战略伙伴。"多年受惠于宝供物流服务的宝洁广州公司负责人发出由衷的赞叹。

现任宝供物流企业集团总裁的叫刘武，这位不善言谈却好琢磨的刘武，在多年的工作中发现，囿于计划经济的体制，传统的储运条块分割、地方保护、观念陈旧、信息不畅、效率低下，难以适应客户需求，也造成人力、物力、财力的大量浪费。

落后意味着巨大的发展空间，浪费潜藏着巨大的商机。耐不住"寂寞"的刘武下决心要在物流业干出点模样来。1992年他承包了广州的一个铁路货物转运站，很快地，一个在业内敢为人先的服务承诺送到了认识或不认识的众多客户手里，提供"门到门"的服务，独立承担风险和责任，避免或减少许多中间环节，并响亮地提出"质量第一、顾客至上、24小时服务"的诚信准则。

高效的物流、优质的服务、良好的信誉，让客户得到了实惠、速度和便利，四面八方的客户纷至沓来。1994年，进入中国6年后的美国宝洁公司把其在中国市场的物流业务交给了刘武领导的货物转运站。

全世界的日用消费品生产企业敢放心地把自己的物流业务送上门来，这使刘武既惊喜又不安。惊喜的是，跨国公司都成了自己的客户，不安的是，一个小小的转运站应付得了跨国公司的物流需求吗？接轨国际的GMP质量保证体系和SOP运作管理程序，很快被刘武融入了转运站物流服务的始终，也使宝供的物流服务迅速登上了一个国际水准的高台阶。严格而高质的服务，使宝洁的产品快速、准确、及时地送往全国各地的销售网点。用刘武的话说："我们像照料婴儿一样细心呵护宝洁的每一件产品。"从此，宝供的冲劲一发而不可收，并在不断地尝试探索中，以惊人的速度走向成熟。

1994年10月18日，刘武注册成立了广东宝供储运有限公司，以北京、上海、广州等城市为中心构建全国性的运作网络体系，开始规模化、网络化经营。

1995年至1996年，刘武下大力气苦练内功，通过进一步加强GMP和SOP标准管理，全面提升物流质量和效率，提高宝供的服务品牌和社会形象。

1997年，刘武率先在国内建立起第一套基于Internet/Intranet的物流网络信息系统，实现物流数据的在线实时跟踪，使宝供的物流服务实现了又一次

质的飞跃。

1998 至 1999 年，宝供加快扩张步伐，全面强化企业信息化建设，大力拓展国内外物流市场，相继在香港、曼谷、北京、上海等国际国内各大城市设立了 40 多个分公司或办事处。1999 年 10 月，经国家工商总局批准，宝供物流企业集团正式成立。

2000 年，刘武广泛应用现代物流管理的理论和观念，建立电子数据交换平台，进一步提升与客户的电子数据交换水平，实现数据无缝交换与连接。同年 8 月，宝供发起并出资设立中国第一个由企业设立、面向物流领域的公益性"宝供物流奖励基金"，每年出资 100 万元用于无偿奖励科技界、企业界和新闻界对中国物流业做出重要贡献的团体和个人。

2001 年，实现供应链上物流、资金流、信息流"三流一体化"管理。同时，为迎接加入 WTO 对国内物流业的挑战，刘武和他的宝供集团加快抢点布阵的步伐，开始在广州、苏州两地兴建大型现代化的、高效的物流基地。

客户的生产及销售模式不同，因而对物流服务的需求各异。为此，宝供全面创新物流服务模式，优化业务流程，整合物流供应链，以"量身定做、一体化运作、个性化服务"模式满足客户的个性化要求。面对物流市场日益增长的需求和国际国内激烈的物流竞争环境，宝供制定了一系列新的发展战略。

观念领先战略。宝供将投入相当资金创办一流的物流学校和一流的物流研究中心，通过广泛的物流研究与学术交流，深入挖掘物流理论的深刻内涵，研究现代物流运作模式，并指导物流实践，"用一流的观念，创造一流的物流服务"。

科技支持战略。"知识化和科技化物流"将成为宝供服务的主要特征。宝供提出，专业化、细致化、科学化的物流知识将成为客户物流体系改革、整合、规划和设计的重要依据，现代科学技术如各种条码技术、自动识别技术、自动分拣技术、卫星定位技术、自动化技术、信息技术、物流仿真技术、辅助决策技术等，将成为物流运作的重要工具。

服务创新战略。一方面，引导物流服务朝综合化、一体化方向发展，把物流诸多环节、服务类型进行系统整合，将不同货运公司、仓储公司以及社会资源进行物流资源整合，为客户提供一种具有长期的、专业的、综合的高效物流服务。另一方面，适应21世纪个性化消费和个性化服务的需要，进一步强化宝供的物流服务特色，提高市场竞争力。人才效益战略。遵循"以人为本"的经营理念，充分发挥"人才效益"优势，广泛汇集和吸引高层次专业人才，通过不断完善激励制度，增强企业的凝聚力，建设一支灵活精干、协作高效的学习型人才队伍。

联盟发展战略。物流企业的并购行为使企业规模增大，运营成本降低，业务经营范围更为广泛，更能适应客户需求多样化的趋势。宝供强调在"供应链"的诸节点之间植入"优势互补、利益共享"的共生关系，实施企业联盟化战略。宝供将在其他第三方物流企业、客户服务群、相关行业企业之间广泛寻找战略合作伙伴，通过联盟的力量获得竞争优势。

（资料来源：根据百度文库同名文章整理。）

案例讨论：

1. 宝供是怎样发展第三方物流的？

2. 你认为第三方物流企业应该怎样适应社会需求和市场竞争？

3. 你怎么看宝供的发展战略？

思考题：

1. 什么是第三方物流、第四方物流？

2. 第三方物流的理论基础有哪些？

3. 第三方物流企业的运作模式有哪些？

4. 简述企业物流组织模式的演化过程。

5. 第四方物流供应商有哪些？

第 十 二 章

企业物流

通过本章学习，了解企业物流、供应物流、生产物流和销售物流的概念，了解企业物流的类型和目标，掌握供应物流、生产物流和销售物流的改善路径。

第一节　企业物流概述

一、企业物流的含义

根据《物流术语》（GB／T18354-2021），企业物流是指生产和流通企业围绕其经营活动所发生的物流活动。它从企业角度上研究和之有关的物流活动，是具体的、微观的物流活动的典型领域。企业物流又可区分以下不同类型的具体物流活动，即：企业供应物流、企业生产物流、企业销售物流等。

企业物流可理解为围绕企业运营的物流活动，是具体的、微观物流活动的典型领域。企业系统活动的基本结构是投入—转换—产出，对于生产类型的企业来讲，是原材料、燃料、人力、资本等的投入，经过制造或加工使之转换为产品或服务；对于服务型企业来讲则是设备、人力、管理和运营，转换为对用户的服务。物流活动便是伴随着企业的投入—转换—产出而发生的。相对于投入的是企业外供应或企业外输入物流，相对于转换的是企业内生产物流或企业内转换物流，相对于产出的是企业外销售物流或企业外服务物流。由此可见，于企业运营活动中，物流是渗透到各项运营活动之中的活动。

二、企业物流的分类

根据企业性质不同有不同类型的企业物流：

（一）工业生产企业物流

工业生产企业物流是对应生产运营活动的物流，这种物流有四个子系统，即供应物流子系统、生产物流子系统、销售物流子系统及废弃物物流子系统。

工业生产企业种类非常多，物流活动也有差异，按主体物流活动区别，可大体分为三种：

1. 供应物流突出的类型

这种物流系统，供应物流突出而其他物流较为简单，于组织各种类型工业企业物流时，供应物流组织和操作难度较大。例如，采取外协方式生产的机械、汽车制造等工业企业便属于这种物流系统。一个机械的几个甚至几万个零部件，有时来自全国各地、甚至外国，这一供应物流范围既大，难度也大，成本也高，但生产成一个大件产品（如汽车）以后，其销售物流便很简单了。

2. 生产物流突出的类型

这种物流系统，生产物流突出而供应、销售物流较为简单。典型的例子是生产冶金产品的工业企业，供应是大宗矿石，销售是大宗冶金产品，而从原料转化为产品的生产过程及伴随物流过程均很复杂，有些化工企业（如化肥企业）也具有这样的特点。

3. 销售物流突出的类型

例如很多小商品、小五金等，大宗原材料进货，加工也不复杂，但销售却要遍及全国或很大的地域范围，是属于销售物流突出的工业企业物流类型。此外，如水泥、玻璃、化工危险品等，虽然生产物流也较为复杂，但其销售时物流难度更大，问题更严重，有时会出现大事故或花费大代价，因而也包含于销售物

流突出的类型中。

（二）农业生产企业物流

农业生产企业中农产品加工企业的性质及对应的物流和工业企业是相同的。农业种植企业的物流是农业生产企业物流的代表，这种类型企业的三个物流系统的特殊性是：

1.供应物流

以组织农业生产资料（化肥、种子、农药、农业机具）的物流为主要内容；除了物流对象不同外，这种物流和工业企业供应物流类似，没有大的特殊性。

2.生产物流

种植业的生产物流和工业企业生产物流区别极大，主要区别是：

（1）种植业生产对象于种植时是不发生生产过程位移的，而工业企业生产对象要不断位移，因此，农业种植业生产物流的对象不需要反复搬运、装放、暂存，而进行上述物流活动的是劳动手段，如肥、水、药等；

（2）种植业一个周期的生产物流活动，停滞时间长而运动时间短，最大的区别点在于，工业企业生产物流几乎是不停滞的；

（3）生产物流周期长短不同，一般工业企业生产物流周期较短，而种植业生产物流周期长且有季节性。

3.销售物流

以组织农业产品（粮食、棉花等）的物流为主要内容。其销售物流的一个很大特点是，诸功能要素中，储存功能的需求较高，储存量较大，且储存时间长，"蓄水池"功能要求较高。

三、企业物流的目标

实践表明，只有目标明确的企业才能得到迅速的发展。同理，也只有目标明确的企业物流才能高效运转起来。企业物流的目标包括如下几个方面，分别为快速响应、最低库存、集中运输、最小变异、质量以及生命周期支持等。

（一）快速响应

这是企业物流目标中最基本的要求。快速响应关系到一个企业能否及时满足客户的服务需求。比如，一个位于昆明的客户其公司服务器出现问题宕机，而作为提供服务器备件支援的厂商位于北京，若客户需要 6 小时内恢复服务器正常运行，那么快速响应就至关重要。

快速响应的能力使企业将物流传统上强调的根据预测和存货情况做出计划转向了以小批量运输的方式对客户需求做出反应上来。快速响应要求企业具有流畅的信息沟通渠道和广泛的合作伙伴支持。上例中若该服务器备件支援的厂商有昆明的合作伙伴，那么 6 小时或更短的时间内解决客户的问题、满足客户需求就更为容易。

（二）最低库存

这是企业物流目标中最核心的要求。最低库存的目标同资产占用和关联的周转速度有关。最低库存越少，资产占用就越少；周转速度越快，资产占用也越少；因此，物流系统中存货的财务价值占用企业资产也就越低。于一定的时间内，存货周转率和存货使用率关联。存货周转率高、可得性高，意味着投放到存货上的资产得到了有效利用。企业物流的目标就是要以最低的存货满足客户需求，从而实现物流总成本最低。

随着物流经理将注意力更多地放于最低库存的控制上，类似"零库存（JIT）"之类的概念已经从 DELL 这样的国际大公司向众多公司中转移且得到实际应用。当存货于制造和采购中达到规模经济时，它能提高投资报酬率。企业物流的目标之一就是要将存货减少到控制于最低可能的水平上。为实现最低存货的目标，物流系统设计必须是对整个企业的资金占用和周转速度进行控制，而不是对每一个单独的业务领域进行控制。

（三）集中运输

集中运输是企业物流中实施运输成本控制的重要手段之一。运输成本和运输产品的种类、运输规模和运输距离直接关联。许多具有一流服务特征的物流系统均采用的是高速度、小批量运输，这种运输通常成本较高。为降低成本，能够将运输整合。一般而言，运输量越大、距离越长，单位运输成本就越低。因此，将小批量运输集中起来以形成大规模的经济运输不失为一种降低成本的

途径。不过，集中运输往往降低了企业物流的响应时间。因此，企业物流必须于集中运输和响应时间方面综合权衡。

（四）最小变异

企业物流领域，变异是指破坏系统表现的任何未预期到的事件，它能够产生于物流的任何地方。比如空运因为天气原因受到影响；铁路运输因为地震等灾害受到影响。减少变异的传统解决办法是建立安全存货，或是使用高成本的运输方式。不过，上述两种方式均将增加物流成本，为了有效地控制物流成本，目前多采用信息技术以实现主动的物流控制，这样变异于某种程度上就能够被减少到最低。

（五）质量

物流本身就是在不断地寻求客户服务质量的改善和提高。目前，全面质量管理（TQM）已引起各类企业的高度关注，自然，物流领域也不例外。从某种角度说，TQM仍是物流得以发展的主要推动力之一。因为事实上一旦货物质量出现问题，物流的运作环节就要全部重新再来。比如运输出现差错或运输途中导致货物损坏，企业不得不对客户的订货重新操作，这样一来不仅会导致成本的大幅增加，而且仍会影响到客户对企业服务质量感知，因此企业物流对质量的控制不能有半点马虎。

（六）生命周期支持

绝大多数产品于出售时均会标明其使用期限。若超过这个期限，厂商必须对渠道中的货物或正流向顾客的货物进行回收。之所以将产品回收回来是出于严格的质量标准、产品有效期、产品可能出现的危险后果等方面的考虑。当货物潜藏有危害人身健康的因素时，这时不论成本大小与否，反向物流必然发生。

第二节 供应物流

一、供应物流概述

（一）供应物流的含义

企业供应物流是企业物流活动的起始阶段，是企业生产之前的准备工作和资源配置活动。

根据《物流术语》（GB ／ T 18354-2021），供应物流（Supply Logistics）是指为生产企业提供原材料、零部件或其他物料时所发生的物流活动。

包括原材料等一切生产物资的采购、进货运输、仓储、库存管理、用料管理和供应管理，也称为原材料采购物流。它是生产物流系统中相对独立性较强的子系统，并且和生产系统、财务系统等生产企业各部门以及企业外部的资源市场、运输部门有密切的联系。供应物流是企业为保证生产节奏，不断组织原材料、零部件、燃料、辅助材料供应的物流活动，这种活动对企业生产的正常、高效率进行发挥着保障作用。企业供应物流不仅要实现保证供应的目标，而且要在低成本、少消耗、高可靠性的限制条件下来组织供应物流活动，因此难度很大。

（二）基本过程

企业供应物流的具体情况各不相同，但基本流程是相同的，一般分为以下三个阶段。

第一阶段，取得资源。取得资源是完成所有供应活动的前提条件。取得什么样资源，要由核心生产过程决定，同时也要按照供应物流可以承受的技术条件和成本条件来进行决策。物资的质量、价格、信誉、供应的及时性等都是重

要的考虑因素。可通过采购或交换的方式实现。

第二阶段，组织到厂物流。取得的资源必须经过物流才能到达企业。在物流过程中，往往要反复运用装卸搬运、存储、运输等物流活动才能使取得的资源到达企业。可以由企业、社会公共物流部门、第三方物流企业等完成。

第三阶段，组织厂内物流。到达企业的物资，经工作人员确认后，在厂区继续移动，最后到达车间、分厂或生产线的物流过程。通常由企业自己承担。企业的仓库就是内外物流的转换节点。

二、供应物流的模式

因企业的不同、供应环节的不同以及不同的供应链，供应物流过程也有所不同，从而使供应物流出现了许多不同种类的模式。企业的供应物流目前较为常用的有四种基本组织方式：

（一）供应商代理

供应商代理形式是指供应商或者社会销售企业送货上门。生产企业可以免除物流活动，供应商利用熟悉的物流渠道，对生产企业进行供应服务，并不断增加服务的内容，取得了生产企业的更多信赖，共同结成战略联盟。

（二）委托第三方物流企业代理

委托第三方物流企业代理是在生产企业完成了采购程序之后，由销售方或者生产企业委托专业物流公司从事送货或者提货的物流活动。这种方式在现在的社会经济环境下将逐渐成为主流。

（三）企业自供、外委与外协

自供是生产企业把上一环节的产品作为下一生产环节的原材料来供应。外委，一般在企业中是指将整个半成品都委托外部单位加工，自己只出原材料。而外协，一般是指企业对原料自己进行一部分的加工，然后再将某些工序拿出去，委托外面加工，属于工序协作。通常由生产企业向外协厂提供所需产品的技术图纸以及品质要求，由外协厂组织生产、供应，以满足企业生产需要。

（四）供应链供应方式

以信息和网络为依托的供应链体系将物资供应商、生产商、储运商、分销商、消费者组成供需物流网络链，供应商和企业将结成最高层次的动态联盟，在互利互惠、信息共享、风险共担、相互信赖的原则下，建立长期的供应合作关系。

这几种方式可分为低层次的、高层次的。其中供应链、委托代理等属于较高层次的管理模式，也是供应物流的发展方向。

三、供应物流的作用

在企业物流系统中，供应物流的作用是通过整个供应系统的运行得以体现的。这说明了企业供应物流存在的必要性和对企业生产经营活动的重要性。可从供应物流的三个阶段来理解它的作用。

（一）企业物资的采购

第一阶段的主要工作是企业物资的采购。原材料和零部件等生产物质的采购是企业正常生产的前提，"巧妇难为无米之炊"形象地说明了企业生产与原材料、零部件等生产物资的关系。无论企业的生产设备有多完善、生产技术有多先进，落实到真正的生产活动中必须有物质作为媒介，否则难以发挥作用。而采购恰恰就是为企业的生产准备适当的"主料"和"佐料"。

这个阶段的主要作用就是为生产活动进行物质准备，保证企业按照事先制定的生产计划在组织生产的过程中可以随时无阻碍地获得需要的原料，实现无间断生产，即实现企业生产的持续性。同时，这种对生产的保证也可以为企业节省额外支出，许多生产线或生产设备的启动成本很高，由于生产原料不能及时供应而造成的生产线或生产设备的暂停使用，重新开启设备而产生的费用就需企业额外支出。

（二）生产物资的厂外移动

第二阶段大多数是以企业物流的外部化表现出来，也就是说，生产企业直接利用外部物流服务——专业物流服务企业或物资供应企业提供物流服务。这个阶段的专业工作是运输——将生产物资按照企业的要求在适当的地点取得再送到适当的地点。企业完成生产物资的采购后，并不意味着生产准备工作的结束，而恰恰相反，这只是准备工作的开始。

这个阶段的主要作用表现在生产物资厂外移动的协调与安排，促进物资空

间价值的实现。生产物资的运输涉及几个环节的衔接问题——生产物资的供方与需方的物资交接、运输承运人与需求方的交接、物资运输方与储存方的交接等。同时，运输过程中的突发事件的处理也属于供应物流的协调工作范围。协调的好坏直接影响生产计划的执行情况。

（三）生产物资的厂内移动

第三阶段主要是利用企业本身的物流服务。本阶段工作重点是物资的在库管理和厂内搬运。在准时生产制下，企业物资直接运送到生产线或生产车间，但是能够实现这种生产方式的企业很少，多数企业还是按库存安排生产或类似于准时生产，但仍然要保有一定数量的库存。因此，绝大多数的生产资料都不能在运达企业时就被投入生产，而是要经过短暂的在库存储，然后在适当的时间通过企业内的搬运系统进入企业的生产过程。

这个阶段的主要作用是协调企业生产活动与物料管理活动的统一，保证生产物资时间价值的实现。如果企业生产物资管理得好，可以按照企业的生产计划将库存物资稳定而准时地送到生产线上，那么企业就可以获得供应物流协调工作的益处——降低企业的原材料库存，减少企业资金的额外占用。

四、供应物流的改善

（一）准确预测需求

生产计划是根据市场对该产品的需求状况来确定的，供应要围绕生产转，因而供应计划要根据生产计划确定的产品品种、结构、数量的要求以及各种材料的消耗定额和生产工艺时序来制定的。供应计划要保证对各种原材料正常供应，以利于企业降低成本、加速资金周转、提高经济效益。因此，准确预测市场需求是制定切实可行的生产计划和供应计划、确定合理的物资消耗定额的关键。

（二）加强库存控制

库存控制是供应物流的核心部分。供应物流中断将使生产陷于停顿，因此，企业必须有一定数量的库存，这样才能保证生产的正常进行。这种库存包括两个方面。一是正常库存。因为采购是批量进行的，但生产却是连续进行的，所以这种节奏的不一致要求要想保证生产，就必须有正常的库存。二是安全库存。

为了防止发生意外事故和不可知因素导致供应活动中断，需要有安全库存，以保证生产的正常进行。如何把库存控制到最佳数量，尽量少用人力、物力、财力把库存管理好，获取最可靠的供给保障，是企业供应物流追求的目标。

（三）科学制定采购决策

采购是供应物流和社会物流衔接点。企业的采购资金一般占到产品销售额的 40%~60%，这说明采购成本对企业利润水平存在显著影响。企业采购决策中有三个基本目标：一要做到适时适量；二要做到保证供应；三要做到费用节省。在实践中，企业制定采购决策不仅要考虑内部生产经营系统优化问题，还要考虑外部复杂多变的市场环境；不仅要建立市场资源价格、供货商以及交通运输等信息档案，还要建立科学的采购决策模型。此外，由于采购决策涉及大量信息，企业还应该善于利用和开发计算机辅助采购决策系统来帮助决策。

（四）切实保证物料供应

供应保证包括供应商管理、运输管理、仓储管理、服务保障等内容。企业应重视供应商管理，积极与供应商进行沟通和协作，建立一种良好互动的竞合关系；应采用合理的运输方案，做到运输线路短、环节少、时间快、费用省、运输工具选择合理；应采取先进合理的仓储管理办法，比如利用计算机进行物料的购进、库存、消耗的动态管理，利用机械化、自动化的仓储作业设备等；应选用适当的供应模式和供应手段，做到方便生产和节约成本。

第三节　生产物流

一、生产物流概述

（一）生产物流的含义

生产物流是指在企业具体生产过程中发生的涉及原材料、在制品、半成品、产成品等物质实体的运动。根据《物流术语》（GB／T 18354-2021），生产物流（Production Logistics）是指生产企业内部进行的涉及原材料、在制品、半成品、产成品等的物流活动。

（二）生产物流的特点

企业生产物流和社会物流的最本质不同之处，也是企业物流最本质的特点，主要不是实现时间价值和空间价值的经济活动，而是实现加工附加价值的经济活动。

企业生产物流一般是在企业的小范围内完成，当然，这不包括在全国或者世界范围内布局的巨型企业。因此，空间距离的变化不大，在企业内部的储存，和社会储存目的也不相同，这种储存是对生产的保证，而不是一种追求利润的独立功能，因此时间价值不高。

企业生产物流伴随加工活动而发生，实现加工附加价值，也即实现企业主要目的。所以，虽然物流空间、时间价值潜力不高，但加工附加价值却很高。

二、影响生产物流的主要因素

（一）生产类型

不同类型的生产企业物流活动的表现不同，这是影响企业生产物流的最主要的关键因素。它影响生产物流的构成和比例。

（二）生产规模

一般而言，生产规模越大，生产过程的构成越齐全，物流量越大。

（三）企业的专业化与协作水平

影响生产物流的构成与管理。企业的专业化与协作水平提高，生产物流趋于简化，物流流程缩短。

三、合理组织生产物流的基本要求

（一）物流过程的连续性

为保证生产的连续性，物流过程必须有序、连续进行。使物料能顺畅、最快、最省地走完各个工序，直到成为产品。

（二）物流过程的平行性

物料在生产过程中要实行平行交叉作业，各个支流能平行流动。

（三）物流过程的节奏性

从投料到最后完成入库，保证按计划有节奏或均衡进行，避免出现忙闲不均现象，生产过程中各阶段都能有节奏、均衡地进行。

（四）物流过程的比例性

考虑各工序内的质量合格率，以及装卸搬运过程中的可能损失，零部件数量在各工序间有一定的比例，形成了物流过程的比例性。（考虑回收物流）

（五）物流过程的适应性

较强的应变能力企业生产组织向多品种、少批量发展，要求生产过程具有较强的应变能力，物流过程同时具备相应的应变能力。

四、生产物流的改善

（一）综合考虑工厂布置

工厂布置是指工厂范围内，各生产手段的位置确定，各生产手段之间的衔接和以何种方式实现这些生产手段。在确定工作布置时，不仅要考虑生产工艺，还必须考虑整个物流过程。也就是说，要综合考虑物料在车间之间的运动，物料在车间内部的运动，各种储存、搬运装卸设施的选择和位置的确定以及搬运路线、储存方式等。

（二）科学制定生产物流计划

生产物流计划是以生产作业计划为核心编制的，即根据计划期内规定的出产产品、品种、数量、期限，以及发展的客观实际，具体安排产品及其部件在各工艺阶段的生产进度。科学的生产物流计划既是生产计划顺利完成的前提，又是生产物流经济、安全、实时、顺畅的基础。

（三）努力实现均衡生产

均衡生产是指企业及企业内的车间、工段、工作地等各种生产环节，在相等的时间阶段内完成等量或均衡数量的产品。均衡生产的实现不仅有利于生产能力均衡发挥，还可以较好地避免生产过程中的产品的储存，同时还能够及时暴露生产物流中存在的瓶颈问题。

（四）加强工厂工序管理

一方面，要实现各个独立工序的无缝对接，消除生产物流那些完全不创造价值的停顿之处；另一方面，要尽量减少工序。工序越多，工序间物流就越多，物流成本就越大，因而每减少一道工序生产物流合理化就会提高一步。

第四节　销售物流

一、销售物流的含义

根据《物流术语》（GB／T 18354-2021），销售物流（Distribution Logistics）是指企业在销售商品过程中所发生的物流活动。在现代经济社会中，销售物流活动带有极强的服务性，为满足买方的要求，销售往往以送达用户并经过售后服务才算终止，因此，销售物流的空间范围便很大，这便是销售物流的难度所在。在这种前提下，企业销售物流的特点，是通过包装、送货、配送等一系列物流实现销售，这就需要研究送货方式、包装水平、运输路线等并采取各种诸如少批量、多批次，定时、定量配送等特殊的物流方式达到目的。

二、销售物流的模式

销售物流有三种主要模式：生产者企业自己组织销售物流；第三方物流企业组织销售物流；用户自己提货的形式。

（一）生产企业自己组织销售物流

这是在买方市场环境下主要销售物流模式之一。也是中国当前绝大部分企业采用的物流形式。

生产企业自己组织销售物流，实际上把销售物流作为企业生产的一个延伸或者是看成生产的继续。生产企业销售物流成了生产者企业经营的一个环节。而且，这个经营环节是和用户直接联系、直接面向用户提供服务的一个环节。在企业从"以生产为中心"转向以"市场为中心"的情况下，这个环节逐渐变成了企业的核心竞争环节，已经逐渐不再是生产过程的继续，而是企业经营的中心，生产过程变成了这个环节的支撑力量。

（二）第三方物流企业组织销售物流

由专门的物流服务企业组织企业的销售物流，实际上是生产者企业将销售物流外包，将销售物流社会化。

由第三方物流企业承担生产企业的销售物流，其最大优点在于：第三方物流企业是社会化的物流企业，它向很多生产企业提供物流服务，因此可以将企业的销售物流和企业的供应物流一体化，可以将很多企业的物流需求一体化，采取统一解决的方案。这样可以做到：第一是专业化；第二是规模化。这两者可以从技术方面和组织方面强化成本的降低和服务水平的提高。在网络经济时代，这种模式是一个发展趋势。

（三）用户自己提货的形式

这种形式实际上是将生产企业的销售物流转嫁给用户，变成了用户自己组织供应物流的形式。对销售方来讲，已经没有了销售物流的职能。这是在计划经济时期广泛采用的模式，将来除非十分特殊的情况下，这种模式不再具有生

命力。

三、销售物流过程

销售物流归根到底是由客户订单驱动的，而物流的终点又是客户。因此，在销售物流之前，企业要进行售前的各种市场活动，包括确定客户（潜在客户、目标客户）、与客户的联系、产品展示、客户询价、报价、报价跟踪等。所以，从企业方面来看，销售物流的第一环节应该是订单管理，即在客户接受报价后就开始处理销售订单，订单记录了客户的需求、订货的价格，还要检查客户信用度和可用的物料。然后，根据销售订单实施其他物流业务。若有库存，则生成产品提货通知单，物流配送部门根据提货通知单生成物流配送单，进行销售运输，组织配送等；若没有库存，生成产品需求单（包括采购单），再把信息传递给生产物流管理系统或供应物流管理系统。

四、销售物流的改善

（一）选择适当的产品包装

包装是生产企业生产物流系统的终点，也是销售物流系统的起点。产品包装具有保护功能、便利功能和促销功能，尤其是产成品的运输包装在销售物流过程中能起到便于保护、仓储、运输、装卸搬运的作用。因此，企业在包装材料、包装形式上一定要考虑运输、仓储环节的需要，当然也要顾及材料和工艺的成本费用。此外，企业也应积极使用绿色包装。

（二）保持合理的库存水平

保持合理的库存水平、及时满足客户需求，是产成品仓储管理最重要的内容。客户对企业产成品的可得性非常敏感，缺货不仅使客户需求得不到满足，而且还会提高企业进行销售服务的物流成本。产成品的可得性是衡量企业销售物流系统服务水平的一个重要参数。当然如果产成品库存过多，又会增加销售物流成本，甚至导致产成品价值损失。企业在库存管理上要积极利用现代信息技术，提高自己库存产品调配能力。

（三）选择合理的销售运输

运输方式的确定需要参考产成品的批量、运送距离、地理等条件。运输方面的服务包括：运输速度快，及时满足客户需要；运输手段先进，减少运输途中的商品损坏率；运输途径合理组织，尽可能缩短商品运输里程；运输路线选择合理，减少重复装卸和中间环节；运输工具使用适当，根据商品的特性选择最佳运输工具；运输时间合理，保证按时将商品送到指定地点或客户手中；运输安全系数高，避免丢失、损坏等情况发生。

（四）尽可能减少装卸搬运频次

产成品在装卸搬运中容易损坏和丢失，并且装卸搬运比较耗时间，费用高。销售物流可能经过很多物流环节，应尽可能减少装卸搬运频次。例如，可用托盘一贯化运输、可以采用集装箱装货。

案例分析

海尔：自营物流

张瑞敏认为："一个现代企业，如果没有现代物流，就意味着没有物可流。"海尔物流是海尔集团为顺应市场需求做出的一项重大决策，成为家电行业自营物流的典型模式，也是国内物流业界异军突起的一颗耀眼之星，其一举一动无不引起物流业的关注，海尔首席执行官张瑞敏也因此被誉为"中国物流觉醒第一人"。

海尔物流在当初的物流重组阶段，整合了集团内分散在28个产品事业部的采购、原材料仓储配送、成品仓储配送的职能，并率先提出了三个JIT(Just In Time)的管理，即JIT采购、JIT原材料配送、JIT成品分拨物流。通过他们，海尔物流形成了直接面对市场的、完整的以信息流支撑的物流、商流、资金流的同步流程体系，获得了基于时间的竞争优势，以时间消灭空间，达到以最低的物流总成本向客户提供最大的附加价值服务。

在供应链管理阶段，海尔物流创新性地提出了"一流三网"的管理模式。海尔集团自1999年开始，进行以"市场链"为纽带的业务流程再造，以订单信息流为中心，带动物流、商流、资金流的运转。海尔物流的"一流三网"充分体现了现代物流的特征："一流"是以订单信息流为中心；"三网"分别是全球

供应链资源网络、全球配送资源网络和计算机信息网络;"三网"同步流动,为订单信息流的增值提供支持。

海尔物流的信息化技术一直处于不断革新、改进的过程之中。建立 ERP 系统是海尔实现高度信息化的第一步。在成功实施 ERP 系统的基础上,海尔建立了 SRM(招标、供应商关系管理)、B to B(订单互动、库存协调)、扫描系统(收发货、投入产出、仓库管理、电子标签)、定价支持(定价方案的审批)、模具生命周期管理、新品网上流转(新品开发各个环节的控制)等信息系统,并使之与 ERP 系统连接起来。这样,用户的信息可同步转化为企业内部的信息,实现以信息替代库存,零资金占用。

在基础设施方面,以强大的网络技术为依托,逐渐推广条码扫描和 RF 技术在物流中的使用,以解决成品物流过程中面临的准确率、实时性、高效性和问题可追溯性的要求。海尔推广全程扫描后,物流业务的准确率有了明显提高。发货的准确率达到 100%,提高了客户的满意率。接着,海尔物流开始进行先进先出索统闸口的试点,并在全国 42 个配送中心进行推广,全面实行严格的先进先出管理,加快了库存的周转效率。

好的企业满足需求,伟大的企业创造市场。海尔物流在拥有了三个 JIT 的速度、一流三网的资源和信息化平台的支持,在不断完善内部业务运作的同时,积极发展品牌集群和社会化物流业务:其一是品牌集群,打造搭建一条完整的家电产业链。其二是构建社会化的采购平台。海尔目前已在全球拥有 122 个工厂,其中海外工厂 59 个。这些工厂的采购全部通过统一的采购平台进行,全球资源统一管理、统一配置,一方面实现了采购资源最大的共享,另一方面全球工厂的规模优势增强了海尔采购的成本优势。

海尔通过整合全球化的采购资源,建立起双赢的供应链,多产业的积聚促成一条完整的家电产业链,极大地提高了核心竞争力。建立起强大的全球供应链网络,使海尔的供应商由原来的 2336 家优化至 978 家,减少了 1358 家,而国际化供应商的比例却上升至 82.5%,目前世界 500 强企业中已有 44 家成为海尔的供应商。全球供应链资源网的整合使海尔获得了快速满足用户需求的能力。

海尔物流在发展企业物流的同时，成功地向物流企业进行了转变，以客户为中心，为客户提供增值服务。目前，海尔第三方物流服务领域正迅速拓展至IT业、食品业、制造业等多个行业，并取得一定成效。另一方面，在不断拓展第三方物流业务的同时，海尔开始提供第四方物流服务，同第三方物流相比，第四方物流服务的内容更多，覆盖的地区更广，更能开拓新的服务领域，提供更多的增值服务。它帮助客户规划、实施和执行供应链的程序，并先后为制造业、航空业领域的企业提供了物流增值服务，现在看来，物流业务已经成为海尔一个新的经济增长点。

海尔认为，21世纪的竞争将不是单个企业之间的竞争，而是供应链与供应链之间的竞争。谁所在的供应链总成本低、对市场响应速度快，谁就能赢得市场。一只手抓住用户的需求，一只手抓住可以满足用户需求的全球供应链，这就是海尔物流创造的核心竞争力。

（资料来源：根据百度文库同名文章整理。）

案例讨论：

1.海尔物流成功的原因是什么？

2.海尔物流的成功给企业物流哪些启示？

思考题：

1.企业物流的概念和目标是什么？

2.供应物流的模式有哪些？

3.如何改善供应物流？

4.如何改善生产物流？

5.如何改善销售物流？

第 十 三 章

供应链物流

本章主要从供应链以及供应链管理的理论基础出发，对物流管理做进一步的阐述，通过对供应链管理环境下物流管理的新模式、新特点的介绍，来探讨其在未来发展的新趋势。

第一节　供应链与供应链管理概述

供应链本质是一个网链结构，市场上的各家公司企业都是网链结构中的节点，共同构成了一个供需的网络。随着经济全球化和社会分工的不断细化，供应链管理应运而生。在当前复杂多变的市场形势下，供应链管理也成了企业在竞争中赢得优势的重要途径。

一、供应链

（一）供应链的内涵

供应链（Supply Chain）是由直接或间接地满足顾客需求的相关企业组成的，通过对物流、资金流、信息流进行控制，将相关的供应商、制造商、物流服务商和分销商等有效结合在一起，形成一种网链型的企业合作网络。

1. 供应链概念的形成

供应链概念的形成是在实践中不断深化的。早期观点认为，供应链是制造企业中的内部过程，它是指将采购的原材料和零部件，通过生产转换、销售等活动传递给用户的过程。传统的供应链概念强调企业的内部操作，注重企业自有资源利用。随着企业生产经营的扩大，供应链的概念范围扩大到了与其他企业的联系，更加关注到了供应链的外部环境。

一件商品从生产地到达消费者手中的过程中，一般会有如下厂商及人员依次参与：供货商、制造商、批发商、零售商、消费者。从商品的价值在业务连锁中逐渐增值的角度看，这一过程可称为价值链；从满足消费者需求的业务连锁角度看，可称为需求链；从与供货密切相关的企业连锁角度看，可称为供应链。

2. 供应链的构成要素

供应链囊括了原材料供应、工厂开发、加工、生产至批发零售等环节，以及关系到最终产品或服务的形成和交付的所有业务活动。

一般来说，构成供应链的基本要素包括如下五大要素（见表 13-1）。

表 13-1 构成供应链的基本要素

供应商	给生产厂家提供原材料或零部件的企业
制造商	厂家，主要负责产品开发、生产和售后服务等
分销商	为实现将产品送到经营地范围每一角落而设的产品流通代理
零售商	将产品销售给消费者的企业
客 户	用户是最终的消费者

（二）供应链的类型

根据不同的标准，可以将供应链划分为不同的类型（见表 13-2）。

表 13-2 供应链的类型

按发展过程分类	内部供应链、外部供应链
按涉及范围分类	单元供应链、产业供应链、全球供应链
按产品类型分类	功能型产业链、创新型产业链
按驱动力不同分类	生产推动型产业链、需求拉动型产业链

1.按发展过程分类

内部供应链是指企业内部产品生产和流通过程中所涉及的采购部门、生产部门、仓储部门、销售部门等组成的供需网络；外部供应链是指涵盖企业的与企业相关的产品生产和流通过程中所涉及的供应商、生产商、储运商、零售商以及最终消费者组成的供需网络。

2.按涉及范围分类

单元供应链是由某企业与其直接供货商和直接客户组成，形成从需到供的循环，是供应链最基本的模式；产业供应链由单元供应链组成，是企业与上下游企业联合，通过联盟和外包等形式建立一条优势互补的产业供需网链，企业可以实现强强联合，共同增强市场竞争力；全球产业链是企业在全球范围选取合作企业，建立全球供应链网络，以实现供应链的充分优化。

3.按产品类型分类

功能型产品一般指的是能满足基本需要、需求稳定，具有相对较长的生命周期，但边际利润普遍较低，如日用品等功能型供应链就是以经营功能型产品为主的供应链，其运作成功的关键是充分利用信息来协调供应链成员企业间的活动，从而有效降低整条供应链上的成本；创新型产品的需求不稳定、生命周期短、产品更新快，但通常具有高边际利润，如时尚服饰、数码产品等。创新型供应链是指以经营创新型产品为主的供应链，其运作成功的关键是充分做好市场调查和预测，以减少需求的不确定性，同时，通过缩短提前期与增加供应链的柔性和敏捷度，以尽可能在短时间内提供顾客所需的个性化的产品。创新型供应链对成本的关注则是次要的。

4.按驱动力不同分类

生产推动型供应链是根据长期预测进行生产决策，面向消费点成品的库存或面向装配线的成品库存开展实际生产工作，受市场需求导向的间接作用。其优点是能带来规模经济的效益，缺点是市场反应能力弱。因此，当下更多的企业倾向采用需求拉动型供应链。需求拉动型供应链是以客户需求为原动力，按实际消费需求来进行生产规划，根据订单进行生产和采购。其优点是可以有效降低库存，能更好地满足客户个性化的需求；缺点是其采购和生产批量都比较小，难以形成规模生产。

（三）供应链的特征

通过学习供应链的概念我们了解到供应链本质是一种网链结构，企业都是网链中的节点，并且是组成的是"供应"和"需求"的网络，通过把这个网链结构中的资源进行适当的组合和转换，进一步产生并发挥价值。因此，供应链具有复杂性、动态性、交叉性、增值性、面向用户需求的特征（见表13-3）。

表13-3 供应链的特征

复杂性	供应链通常由多个、多类型甚至多国企业组成
动态性	为适应不断变化的市场需求，供应链中节点企业需要动态更新
交叉性	节点企业同时加入多个供应链的，众多的供应链形成交叉结构
增值性	任何有效供应链的存在都是为了创造价值
面向用户需求	用户需求的拉动是供应链中信息流、物流和资金流运作的驱动源

二、供应链管理

（一）供应链管理的概念

供应链管理的业务流程是两个相向的流程组合：一是从最终用户到初始供应商的市场需求信息逆流而上的传导过程；二是从初始供应商向最终用户的顺流而下且不断增值的产品和服务的传递过程。供应链管理即是对这两个核心业务流程实施一体化运作，包括统筹的安排、协同的运行和统一的协调。

供应链管理代表的不仅仅是某种管理方法，而是一整套管理理念。供应链管理能够帮助企业在激烈的市场竞争中获得成功。

（二）供应链管理的特点

1. 供应链管理是一种基于流程的集成化管理

传统的模式下以职能部门为基础，常因职能矛盾、利益冲突、信息不集中等因素导致各职能部门无法完全发挥其潜在效能，很难实现整体目标最优。供应链管理则是一种一体化经营的管理模式，它以流程为基础，价值链的优化为核心，强调供应链整体的集成与协调，通过信息共享、资源优化配置和有效的价值链激励机制等方式实现一体化经营，利用系统的管理方法来统筹整个供应链。

2.供应链管理是全过程的战略管理

供应链的各大环节不是彼此分割的，而是一个环环相扣的有机整体，所以我们不能简单将供应链认为是由采购、制造、分销与销售等一个个环节分离构成的。供应链上的供应、制造、分销等目标在实际利益分配中的确存在冲突，只有最高管理层充分认识到供应链管理的重要性与不可割裂性，从而运用战略管理思想才能最终有效实现供应链的有效管理。

3.供应链管理以最终客户为中心

不论供应链是长还是短，也无论供应链中的企业究竟有多少类型，供应链始终是由客户需求驱动的，企业创造的价值也只能通过客户是否满意和利润多少来衡量。供应链管理以最终客户为中心，将客户服务、客户满意与客户成功作为管理的出发点和落脚点。

4.供应链管理采取新的管理方法

例如，用总体综合方法代替接口的方法，用解除最薄弱链去寻求总体平衡，用简化供应链的方法防止信号的堆积放大，用经济控制论方法实现控制。

第二节　供应链管理与物流管理

物流学横跨自然科学和社会科学两大门类，是现代经济研究和实践的前沿学科，推动着新经济时代的发展。当今，我们的生产和生活每时每刻都离不开物流。供应链管理理论也是源于物流管理研究，经历了一个由传统物流管理到供应链管理的演化过程。

一、供应链管理的内容与目标

（一）供应链管理的内容

1. 信息管理

知识经济时代,信息逐渐取代劳动和资本,成为影响劳动生产率的主要因素。在供应链管理中,信息是供应链各方的沟通载体。及时、准确的信息是企业决策的有力支持和依据,可以帮助企业降低管理中的不确定性,提高供应链的运作效率。因此,供应链管理的主线是信息管理,通过构建信息平台,实现全区域、全平台信息共享机制。

2. 客户管理

供应链源于客户需求,也终于客户需求。因此客户管理其实是供应链管理的起点。然而客户需求千人千面且千变万化,企业很难准确预测到客户需求的预测。然而当预测需求与实际需求差别较大时,很大程度就会造成企业库存积压,企业将面临巨大的经营风险。因此,真实、准确的客户管理是企业供应链管理的重点。

3. 库存管理

企业在日常经营中为了避免缺货给交易带来的不便,不得不先行保持一定量的库存,以备不时之需;与此同时库存也占用了企业的大量资金。一方面影响了企业的扩大再生产,另一方面也增加了成本,若库存出现积压时还会导致巨大的浪费。如果企业能够实时掌握客户需求变化的信息,在客户需要时再组织生产,那就不需要持有过剩库存,即以实时信息代替实时库存。因此,供应链管理有一个重要任务是利用信息技术,记录整理供应链各方及市场需求的信息,减少需求预测的误差,从而降低企业持有库存的风险。

4. 风险管理

因为信息不对称、市场不确定性,以及政治、经济、法律法规等方面变化可能为供应链上的合作企业带来各种风险。因此必须采取一定的措施规避风险,如强化信息共享机制、优化合同模式、建立监控机制等,也可以通过在企业合作的各阶段实施综合手段激励,以此实现供应链上企业间合作更加高效。

（二）供应链管理的目标

供应链管理通过调和总成本最低化、客户服务最优化、总库存量最小化、

总周期时间最短化及物流质量最优化等目标之间的冲突，最终实现供应链绩效最大化。因此供应链管理的目标可理解为：

1.持续不断地提高企业在市场上的领先地位；

2.对供应链中的资源及各种活动进行集成；

3.根据市场需求，不断地满足顾客需求；

4.根据市场的不断变化，缩短从产品的生产到达消费者手中的时间；

5.根据物流在整个供应链中的重要性，消除各种不合理损耗，降低整个物流成本和物流费用，使物、货在供应链中的库存下降；

6.提高整个供应链中所有活动的运作效率，降低供应链的总成本，并赋予经营者更大的能力来适应市场变化并及时做出反应。

二、物流管理的内容与目标

（一）物流管理的内容

物流管理是一个综合的概念，有极为丰富的内涵。除了对物流系统中相关资源要素（人、财、物、设备）的管理，还涉及对物流功能的管理，主要有以下几个方面：

1.运输管理

运输管理包括选择运输方式、确定车队规模、设定行车路线、车辆调度与组织等。

2.仓储管理

仓储管理包括原材料、半成品的储存方式、储存统计、库存控制、养护等。

3.配送管理

配送管理包括配送中心选址及优化布局，配送机械的合理调度，配送作业的制订与优化。

4.包装管理

包装管理包括包装容器、材料的选择与设计，包装技术的改进，包装系列化、标准化、现代化等。

5.装卸搬运管理

装卸搬运管理主要是指设备规划与配置，装卸搬运作业。包括装卸搬运系统设计与组织等。

6.流通加工管理

流通加工管理包括加工场所的选定，加工机械的配置研究和改进，加工作业流程的制订与优化。

7.物流信息管理

物流信息管理是指对反映物流活动、物流要求、物流作用和物流特点的信息进行搜集、加工、处理、存储和传输等。

8.顾客服务管理

顾客服务管理是指对与物流活动相关服务的组织和监督。例如，调查分析顾客对物流活动的反映，决定顾客所需要的服务水平和服务项目等。

（二）物流管理的目标

物流管理的总体目标可以概括为"5Right"：以最小的成本，在正确的时间 (Right Time)、正确的地点 (Right Location)、正确的条件 (Right Condition) 下，将正确的商品 (Right Goods) 送到正确的顾客 (Right Customer) 手中，即在平衡服务要求和成本要求的基础上实现既定的服务水平。

现代物流管理目标从宏观上来看：一是帮助企业实现相关物资产品的高效流通，二是提高整个供应链的运作效率。人们最开始多是专注于达到第一个目的，重视他们可以直接把握的物流活动。但是随着实践的发展，人们也希望企业可以通过有效物流管理，提高物资的流通效率从而进一步提高整个供应链的运作效率。对于第二个目的的实现，需要企业与货主之间采用更有效的方式实现相互合作。

管理人员追求物流的高效运转。对于"高效"的内涵，存在很多理解，如快速运输、少费用、少库存、避免浪费、提高产品服务质量、提高员工素质等。虽然这些都是很有价值的现实目标，但不是真正的目的。物流管理的真正目的必须将与企业目标联系起来思考。

客户满意度是企业成功的重要保证，若企业无法实现客户需要，根本谈不

上获得长远发展及较高利润。因此，企业必须提供能够满足顾客需求的产品。现实中，顾客是会通过多种综合因素来判断是否购买产品的。例如，当顾客计划购买一台洗衣机时，会考虑它的功能、外观、价格多少、购买的便利程度、等待的时间长短、配送的洗衣机规格是否正确、是否有破损、销售员的态度是否有礼貌等。诸多因素中的某些因素主要是由物流活动决定的，如洗衣机的破损程度依赖于良好的物流处理程序，价格也受物流成本的影响。

因此企业要依据顾客需要服务的水平来划分不同阶段的物流目标，以最佳的方式来组织产品的流动，让顾客享受到的服务与其支付的费用对等，达到较高的顾客满意度，才能真正完成物流管理的目标。

三、供应链管理与物流管理的联系与区别

（一）联系

供应链管理这一概念从提出到实践都与物流管理有着紧密的联系。供应链管理其实是物流管理的更高级的形态。物流管理的发展共经历了五大阶段：物流功能个别管理阶段，物流功能系统化管理阶段，物流管理领域扩大化阶段，企业物流一体化管理阶段，供应链物流管理阶段。我们不难发现供应链管理是物流管理发展过程中顺应企业管理的需要而产生的一种新的管理模式，是物流管理更高级的阶段，使物流从战术的层次提升到战略高度，是对传统物流管理的进一步逻辑延伸。

（二）区别

物流管理为供应链管理的一个子集，两者并非同义词。物流管理在恰当的实施下，总是以点到点为目的，而供应链管理将许多物流以外的功能与企业之间的界限整合起来，其功能超越了企业物流管理的范畴。

物流管理强调一个企业的局部性能优先，并且采用运筹学的方法分别独立研究相关的问题。通常，这些问题被独立地从它们的环境中分离出来，不考虑与其他企业功能的关系。而供应链管理将每个企业当作供应网络中的节点，在信息技术支持下，采用综合的方法研究相关的问题，通过紧密的功能协调追求多个企业的全局性能优化。

供应链强调战略管理。"需求和供给"是整个供应链中节点上企业共享的概念。由于它在某种程度上决定了市场占有份额和供应链的本钱，因此它也具有十分重要的战略意义。供应链运作的根本原理是战略同盟，因此非常强调和重视战略管理。

供应链管理是集成化的管理。供应链管理是一种横向一体化的集成管理模式，它将供应链上所有节点的企业看作一个整体，强调企业与核心企业之前的协作关系，通过技术、信息共享、资源优化配置和有效的供应链激励机制实现经营一体化。

供应链管理的目标在于提高顾客价值。供应链管理与传统物流管理相比，管理目标不局限于降低交易本钱，还通过改善效劳水平来提高客户价值。客户价值是已给定效劳或产品中所期望得到的所有利益，包括人员价值、产品价值和形象价值等。拉动供应链的原动力是顾客的需求，通过供应链从下游企业至上游企业传递，只有生产出具有较高顾客价值的产品才能提高整个供应链的竞争力，从而维持供应链的运转、稳定和开展。

第三节　供应链管理下的物流管理

供应链管理是一种新的集成化管理模式和方法，它对传统的物流管理产生了深刻的影响。中国企业应充分领会供应链管理环境下的物流管理新方法和新思想，从战略高度重新整合企业资源，提高经济运行效率。

一、物流管理在供应链管理中的地位

物流管理有广义与狭义之分，狭义的物流管理指的是物资的运输、采购、配送、仓储等活动，它是企业间的一种物资流通活动；广义的物流管理还包括了生产过程中的物料转化过程。基于广义的物流管理，供应链管理被人们看作为物流管理，两者虽然具有相似性，但在管理角度、管理范围、组织内部关系等方面存在着明显的区别。因此，供应链管理源自物流管理，物流管理是供给链管理的重要内容，供应链管理能否有效取决于运输、采购、配送、仓储等物流作业环节的管理运作状况。物流管理是供应链管理发挥整体效益的前提。

供应链管理是物流管理的开展延伸，供应链管理起源于物流管理，但又超越了物流管理，是一体化、拓展的物流管理。传统的物流管理主要局限在一家企业中，极大地制约了物流作为一个系统的整体效益。供应链管理是从物流全过程的角度，统一考虑物流各环节之间的协调、连贯、统一问题，将割裂的物流活动集中起来加以统一协调和管理。就是将供应链上的各个企业作为一个不可分割的整体，协调发挥供给链上各个环节的职能，并使之成为一个统一的有机体。

二、供应链管理中物流管理的目标与功能

（一）供应链管理中物流管理的目标

供应链管理环境下的物流管理目标是：在恰当的时间和地点交付恰当的产品。该目标要求物流管理必须解决三个问题：减少整个供应链的库存水平、效劳等级效率水平及需求的产品等级效率水平。

（二）供应链管理中物流管理的功能

1.订购过程管理

包括订购合同管理、供应商管理及订购单管理。通过供应商管理，企业可以利用配销单据对整个补充网络作方案，并向供应商自动发出订货单；通过合同管理在双方建立长期的联系；通过订购单管理，检查订购数量，及时对已承受货物进行支付，取得供应商的充分信赖。

2.库存管理

库存管理就是通过库存管理缩短订货—运输—支付的周期，降低库存管理水平，加速库存周转，消除缺货事件的发生，有利于整个供应链的协调运作。

（三）供应链中的物流管理战略

1.供应链物流精益化战略

"精"体现在质量上，追求尽善尽美；"益"体现在成本上，追求成本最小化。"精益"追求的是质量与成本的最佳配置，即用最低的成本创造出最能令顾客满意的质量。精益物流的目标就是要尽可能地降低物流成本并提高物流服务水平，两者始终致力于消除任何浪费。供应链物流精益化战略包括以下几个方面：

（1）以供应链中的整体需求为中心。从整体出发，而不是仅关注单个企业或部门的需求。以整个供应链的需求来确定什么环节创造价值、什么环节不创造价值，并在此过程中尽可能地降低成本，减少浪费。

（2）根据不间断、不迂回、不倒流、不等待和不出废品的原则制定切实有效的价值流增值的行动方案。

（3）及时创造由顾客驱动的价值。由顾客需求拉动价值创造过程，有需求才生产，减少无效劳动。

（4）优化供应链物流能力。与精益生产系统联系起来，实现采购、配送、生产、销售等的精益组织与管理。

（5）查缺补漏。一旦发现造成浪费的环节就及时采取措施消除影响，并扩大高价值的业务环节占比，减少或消除低价值甚至是无价值的业务环节。

2.供应链物流敏捷化战略

敏捷化强调在整个过程能够快速地对市场需求做出反应，强调对过程的快速重构，从而抓住各种有利的市场机会来获取利润。在市场需求不断更新的今天，保持供应链物流较快速的反应能力，即敏捷性（Agility)尤为重要。敏捷供应链物流发展战略主要表现为：

（1）供应链同步化。在供应链物流的敏捷化运作中，虚拟组织、动态联盟、集成一体化都可以是供应链再造的组织形式。它们基于共同的核心利益，为统一的项目、产品或服务在规范化的行动准则下集成互动。它们从传统的"纵向一体化"或"横向一体化"的稳定组织模式逐渐转向适当范围内的动态组织模式。

（2）外包策略与市场敏感性。通过将部分或全部物流业务外包给第三方物流服务商，以高度的市场敏感性从市场中获取顾客的实时需求并对迅速反应，以此为依据及时调整物流方案。

（3）延迟策略。延迟策略的核心在于产品的外观确定或生产、组装、配送等活动应尽可能推迟到接收到顾客订单后再确定，以尽可能接近顾客的方式来缩短物流反应时间作为敏捷物流管理的突破口。

案例分析

沃尔玛的现代供应链管理

美国零售业巨擘——沃尔玛很早就采取了快速有效的现代供应链管理，通过对物流、信息流、资金流的有效调控，利用先进的设备和技术，把分销商、供应商、零售商连成一个整体的网链结构，以便进行有效的协调和管理。目前，沃尔玛85%以上的商品都是由公司的配送中心供给的，而其竞争对手仅达到50%的水平。由于采用了现代供应链管理，沃尔玛2009年的配送费用降至销售额的3%，而其竞争对手却高达6%。沃尔玛公司在供应链管理中使用了先进的物流技术进行物流管理，不但使企业获得最大收益，同时也为顾客提供了优良的服务和产品，达到了供应链管理的最终目标。

（资料来源：360 百科。）

思考题：

1. 试分析供应链管理的"横向一体化"思想。

2. 目前中国企业实施供应链管理的主要障碍有哪些？

3. 供应链物流管理中的精益化和敏捷化物流战略有什么现实意义？

4. 延迟策略在物流活动中有哪些具体的体现？

第 十 四 章

国 际 物 流

通过本章的学习，了解国际物流的含义、特点，以及国际物流系统的组成；掌握国际物流运输的主要形式和国际物流的基本流程和业务方法。

第一节　国际物流概述

一、国际物流的含义、特点

（一）国际物流的含义

根据《物流术语》（GB／T18354-2021），国际物流（International Logistics）是指跨越不同国家（地区）之间的物流活动。

狭义的国际物流主要是指：当生产消费分别在两个或在两个以上的国家（或地区）独立进行时，为了克服生产和消费之间的空间间隔和时间距离，对货物（商品）进行物流性移动的一项国际商品或交流活动，从而完成国际商品交易的最终目的，即实现卖方交付单证、货物和收取货款，而买方接受单证、支付货款和收取货物的贸易对流条件。广义的国际物流研究的范围包括国际贸易物流、非贸易物流、国际物流投资、国际物流合作、国际物流交流等领域。其中，国际贸易物流主要是指定组织货物在国际的合理流动；非贸易物流是指国际展览与展品物流、国际邮政物流等；国际物流合作是指不同国别的企业完成重大的国际经济技术项目的国际物流；国际物流投资是指不同国家物流企业共同投资建设国际物流企业；国际物流交流则主要是指物流科学、技术、教育、培训和管理方面的国际交流。

（二）国际物流的特点

国际物流与国内物流相比，在物流环境、物流系统、信息系统及标准化要求这四个方面存在着不同。国际物流的主要服务对象是国际贸易和跨国经营。国际物流的一个非常重要的特点是物流环境的差异，这里的物流环境主要指物流的软环境。不同的国家有不同的与物流相适应的法律，这使国际物流的复杂性增强；不同国家不同经济的科技发展水平，使国际物流处于不同的科技条件的支撑下，甚至会因为有些地区根本无法应用某些技术，导致国际物流全系统运作水平下降；不同国家的不同标准会使国际物流系统难以建立一个统一的标准；不同国家的国情特征，必然使国际物流受到很大的局限。

由于物流环境的差异，迫使一个国际物流系统需要在多个不同法律、人文、习俗、语言、科技环境下运行，无疑会大大增加国际物流动作的难度和系统的复杂性。

二、国际物流系统的组成

国际物流系统是由商品的包装、储存、运输、检验、外贸加工和其前后的整理、再包装以及国际配送等子系统构成。其中，储存和运输子系统是物流的两大支柱。国际物流通过商品的储存和运输实现自身的时空效益，满足国际贸易的基本需要。

1.国际货物运输子系统

运输的作用是将商品使用价值进行空间移动，物流系统依靠运输作业克服商品生产地和需要地之间的空间距离，创造商品的时空效益。国际货物运输是国际物流系统的核心，有时就用运输代表物流全部。在非贸易物流过程中，就通过

运输作业将物品由发货人转移到收货人。这种国际货物运输具有路线长、环节多、涉及面广、手续繁杂、风险性大、时间性强、内外运两段性和联合运输等特点。

2.外贸商品储存子系统

外贸商品在其流通过程中处于一种或长或短的相对停滞状态,这种停滞是完全必要的。因为,外贸商品流通是一个由分散到集中,再由集中到分散的源源不断的流通过程。如外贸商品从生产厂或供应部门被集中运送到装运出口港(站、机场),以备出口,有时需临时存放一段时间,再从装运港装运出口,是一个集和散的过程。为了保持不间断的商品往来,满足销售出口需要,必然有一定量的周转储存;有些出口商品需要在流通领域内进行出口贸易前的整理、组装、再加工、再包装或换装等,形成一定的贸易前的准备储存。有时,由于某些出口在产销时间上的背离,如季节性生产但常年消费、常年生产但季节性消费的商品,则必须留有一定数量的季节储备。当然,有时也会出现一些临时到货,货主一时又运不走,更严重的是进口商品到了港口或边境车站,但通知不到货主或无人认领,这种特殊的临时存放保管也是有的,即所谓的压港、压站现象。在这种情况下,国际物流就被堵塞,导致物流不畅,给贸易双方或港方、船方等都带来了损失。因此,国际货物的库存量往往高于内贸企业的货物库存量也是可以理解的。

由此可见,国际货物运输是克服了外贸商品使用价值在空间上的距离,创造了物流的空间效益,使商品实体位置由卖方转移到买方;而储存保管是克服外贸商品使用价值在时间上的差异,物流部门依靠储存保管创造商品的时间价值。

3.进出口商品装卸与搬运子系统

相对于商品运输来讲,进出口商品的装卸与搬运作业是短距离的商品搬移,是仓库作业和运输作业的纽带和桥梁,实现的也是物流的空间效益。它是保证商品运输和保管连续性的一种物流活动,做好商品的装船、卸船、商品进库、出库以及在库内的搬倒清点、查库、转运转装等工作,对加速国际物流十分重要,而且节省装搬运费用也是物流成本降低的重要环节。有效做好装卸搬运作业,可以减少运输和保管之间的摩擦,充分发挥商品的储运效率。

4.进出口商品的流通加工与检验子系统

流通加工与检验是随着科技进步，特别是物流业的发展而不断发展的，是物流中具有一定特殊意义的物流形式。流通加工业与检验的兴起，是为了促进销售，提高物流效率和物资利用率以及为维护产品的质量而采取的，能使物资或商品发生一定的物理和化学以及形状变化的加工过程，并保证进出口商品质量达到要求。出口商品的加工，其重要作用是使商品更好地满足消费者的需要，不断扩大出口；同时，也是充分利用本国劳动力和部分加工能力，扩大就业机会的重要途径。

5.商品包装子系统

流通加工的具体内容有以下两种：一种是袋装、定量小包装（多用于超市）、贴标签、配装、挑选、混装、刷标记等为出口商品贸易服务；另一种是剪断平整、套裁、打孔、折弯、拉拔、组装，服装的检验、烫熨等生产性外延加工。这种出口加工和流通加工，不仅能最大限度地满足客户的多元化需求，由于是比较集中的加工，还能比没有加工的原料出口赚取更多的外汇。

6.信息子系统

国际物流信息子系统主要功能是采集、处理和传递国际物流和商流的信息情报。没有功能完善的信息系统，国际贸易和跨国经营将寸步难行。国际物流信息的主要内容包括进出口单证的作业过程、支付方式信息、客户资料信息、市场行情信息和供求信息等。国际物流信息系统的特点是信息量大，交换频繁；传递量大，时间性强；环节多，点多，线长。所以要建立技术先进的国际物流信息系统。国际贸易中 EDI 的发展是一个重要趋势。中国应该在国际物流中加强推广 EDI 的应用，建设国际贸易和跨国经营的高速公路。

7.通关子系统

国际物流的一个重要环节是货物需要跨越关境，必须办理商品的出入境通关手续。由于各国海关的规定不完全相同，严重影响了国际物流的效率，增加了物流成本。

第二节　国际物流的基本流程与业务

一、订单处理

如果进口商与出口商经过交易磋商签订了正式合同，订单处理就是对履行合同的相关事项所做的安排。它主要包括以下两个内容：

首先是为了执行合同而进行的一些履约准备工作，如进口商须申请进口许可证、进口配额等相关文件，在信用证支付条件下，还应按照合同有关规定填写开立信用证申请书向银行办理开证手续；出口商在按时、按质、按量准备应交货物的同时，应催促买方按合同规定及时办理开立信用证或付款手续，信用证开到后还要对信用证内容逐项认真审核，信用证条款必须与合同内容相一致，品质、规格、数量、价格、交货期、装运等应以合同为依据，不得随意改变，以保证及时装船，安全结汇。

其次是进出口商之间的联络，主要是针对装运、保险、接货等问题所做的信息沟通。

二、运输和保险

为了确保国际物流的经济安全，进出口双方应合理选择货物运输的路线、运输方式、运输工具，并对货物在运输中的风险进行投保。

国际货物运输保险是指保险人与被保险人双方约定由被保险人将国际运输中的货物作为保险标的物向保险人投保，当保险标的物遭到意外损失时保险人按照保险单的规定给予被保险人经济赔偿的一种补偿性措施。国际贸易货物的运送有海运、陆运、空运以及通过邮政送递等多种途径。对外贸易运输货物保险的种类以其保险标的的运输工具种类相应分为四类：海洋运输货物保险、陆上运输货物保险、航空运输货物保险、邮包保险。国际贸易货物运输有时一批货物的运输全过程使用两种或两种以上的运输工具，这时，往往以货运全过程中主要的运输工具来确定投保何种保险种类。

三、理货

理货是指船方或货主根据运输合同在装运港和卸货港收受和交付货物时，委托港口的理货机构代理完成的在港口对货物进行计数、检查货物残损、指导装舱积载、制作有关单证等工作。

（一）理货单证

理货单证是指理货公司在理货业务中使用和出具的凭证。理货凭证是船舶载运货物在港口交接当时的数量和状态的实际情况的原始记录，因此具有凭证和证据的性质。理货单证的种类有理货委托书、计数表、现场记录、日报单、待时记录、货物溢出单、货物残损单、货物积载图，还有分港卸货单、货物分舱单、复查单、更正单、分标志单、查询单、货物丈量证明书等。

（二）分票、理数和确定溢短货物

分票是指依据出口装货单或进口舱单分清货物的主标志和归属，分清混票和隔票不清货物的运输标志和归属。

理数是指在船舶装卸货物过程中，记录装卸货物的钩数、点清每钩内的细数、计算货物数目，称为理数，亦称计数。理数的方法有发筹理数、划关理数、点垛理数、小票理数、自动理数等。

溢短货物是指船舶承运的货物，在装货港以装货单数字为准，在卸货港以进口舱单数字为准，当理货数字比装货单或进口舱单数字溢出时，称为溢（Over）货；短少时，称为短（Short）货。

（三）理残

理残是指理货人员对船舶承运的货物在装卸时，检查货物包装或外表是否有异常状况，剔除残损货物，记录残损货物的积载部位、残损情况和数目，亦称分残。

（四）绘制实际货物积载图

装船前，理货机构从船方或其代理人取得配载图，理货人员根据配载图来指导和监督工人装舱积载。但是由于各种原因，在装船过程中经常会发生调整和变更配载。理货长必须参与配载图的调整和变更事宜，在装船结束时，理货长还要绘制实际装船位置的示意图，即实际货物积载图。

（五）签证和批注

签证是指船舶装卸货物工作完成后，船长或大副应在理货单证和货运单证上签字，以表明船方已完成货物的交付或接收任务。

理货工作中的签证是指船方对进口货物溢短单、残损单，出口货物装货单、积载图及理货业务凭证等主要理货单证的签认。

（六）复查和查询

1.复查

处理卸港理货数字与舱单记载的货物数字不一致，国际航运习惯做法是，船方在理货单上批注"复查"方面的内容，即要求理货机构对理货数字进行重新核查。

2.查询

船舶卸货发生溢出或短少，理货机构为查清货物溢短情况，向装港理货机构发出查询文件或电报，请求进行调查，且予以答复；或在船舶装货后，发现理货、装舱、制单有误，或有疑问，理货机构向卸港理货机构发出查询文件或电报，请求卸货时予以注意、澄清，且予以答复；或船公司向理货机构发出查询文件或电报，请求予以澄清货物有关情况，且予以答复，以上情况统称查询。

四、报关检验

进出口货物必须经设有海关的地点入境或者出境，进口货物的收货人或其代理人应当自运输工具申报入境之日起 14 天内，出口货物的发货人或其代理人应当在装货的 24 小时前向海关如实申报，接受海关监管。逾期罚款，征收滞报金。

五、支付

进口商对出口商支付货款的程序因所采用的支付方式不同而有差异，在中国出口业务中，使用议付信用证方式较为普遍。货物装运后，受益人应及时制单，在信用证规定的有效期和交单期内向银行交单。议付行收到交易单后，按照信用证的要求审单，并在收到单据后 7 个银行工作日将审单结果通知受益人。

六、储存和销售

出口商在货物备运期间，应妥善保管所交货物，防止发生变质，如串味、腐烂、破碎等。进口商收到货物后也需对货物进行储存，有时还需要对货物进行分装、转运等处理。在此期间，进口商应对储存地点、保险、费用等问题加以综合考虑，特别是当进口商向出口商索赔时，在储存期间采取必要手段保全尤为重要，否则一旦货物在储存期间由于保管不当而损坏，进口商会因此丧失索赔权。

进口货物的销售应按照进口商事先制订的商业计划进行，即选择恰当的营销组合将进口商品推向目标市场。

第三节　国际货物运输

一、国际海上运输

与国内物流相比，国际物流以远洋运输为主，并由多种运输方式组合而成。国际物流涉及多个国家，地理范围更大，运输距离更长，因此需要合理选择运输路线和方式，尽量缩短运距和货运时间，加速货物的周转，降低物流成本。运输方式选择和组合的多样性是国际物流的一个显著特征。海运是国际物流运输中最普遍的方式，国际贸易总运量的 75% 以上是利用海运来完成的，有的国家海运占 90% 以上，特别是远洋运输更是国际物流的重要手段。

（一）班轮运输

班轮运输（Liner Shipping），又称定期船运输，简称班轮，是指船公司将船舶按事先制定的船期表（Sailing Schedule），在特定海上航线的若干个固定挂

靠的港口之间，定期为非特定的众多货主提供货物运输服务，并按事先公布的费率或协议费率收取运费的一种船舶经营方式，班轮运输跟租船运输相对。

1.班轮运输的基本特点

特点一：按事先制定的船期表（船期固定）

班轮运输的船期是固定的。就如坐飞机或坐火车，有固定的航班时刻表、火车时刻表一样。所以，班轮运输是"定船期的"。

特点二：在特定海上航线（航线固定）

班轮运输的航线是固定的。就如坐飞机或坐火车，有固定的航线（有的直飞，有的有经停、有的有中转，但航线是事先确定好了的），或固定的行车路线（可能中间不停靠，可能中间停靠少数大站，可能经过的站都停靠，但停靠站都是事先确定好了的）。所以，班轮运输是"定航线的"。

特点三：若干个固定挂靠的港口（挂靠港固定）

班轮运输的挂靠港口是固定的。船舶从出发港至目的港途中所停靠港口称为挂靠港，有点类似于汽车或火车的中间上落站。所以，班轮运输是"定挂靠港口的"。

特点四：定期为非特定的众多货主提供货物运输服务（非特定货主）

非特定的货主，众多货主。这个区别于服务特定的、唯一或少数货主的租船运输。既然是面对不特定的众多货主的大众化服务，所以提供班轮运输服务的航运公司也叫公共承运人。

特点五：按事先公布的费率或协议费率收取运费（费率固定）

班轮运输的运费费率是相对固定的。它有公开公布的费率——公布运价，当然在大多数情况下，班轮公司和托运人结算都是按照协议费率——这个费率一般都低于公布费率。托运人具体能拿到多大的折扣，取决于很多因素，比如货量、淡旺季等。总之，班轮运输"费率是固定的"。

特点六：承运人负责装和卸

班轮运输还有一个很重要的特点是"承运人负责装船和卸船"。就是班轮运价中已经包含了货物在码头/港口的装船和卸船费用，承运人和托运人双方不计滞期费和速遣费，也不规定装卸时间。租船运输中有一个条款叫作《班轮条款》——就是根据班轮运输的做法，由承运人负责装船和卸船的意思。

特点七：承运人和托运人责任

承运人对货物负责的时段是从货物装上船起，到货物卸下船止，即"船舷至船舷"（Rail to Rail）或"钩至钩"（Tackle to Tackle）。承运双方的权利义务和责任豁免以签发的提单为依据，并受统一的国际公约的制约。

2.班轮运价

班轮运价是按照班轮运价表的规定计算。不同的班轮公司或不同的轮船公司有不同的运价表，但它都是按照各种商品的不同积载系数，不同的性质和不同的价值结合不同的航线加以确定的。班轮运费是由基本费率和附加费（如果有规定的话）两个部分构成的。所以，一些港口只查到基本费率，还不一定是实际计算运费的完整单价。

（二）租船运输

1.租船的特点

（1）不定航线，不定船期。船东对于船舶的航线、航行时间和货载种类等按照租船人的要求来确定，提供相应的船舶，经租船人同意进行调度安排。

（2）租金率或运费率是根据租船市场行情来决定。

（3）租船运输适宜大宗货物运输。

2.租船的方式

（1）定期租船

定期租船（Time Charter），又称期租船，是指按一定期限租赁船舶的方式，即由船东（船舶出租人）将船舶出租给租船人在规定期限内使用，在此期限内由租船人自行调度和经营管理。租期可长可短，短则数月，长则数年。这种租船方式不以完成航次数为依据，而以约定使用的一段时间为限。

定期租船的特点是：在租赁期间，船舶交由租船人管理、调动和使用。货物的装卸、配载、理货等一系列工作都由租船人负责，由此而产生的燃料费、港口费、装卸费、垫舱物料费等都由租船人负担。租金是按月（天或日历月）

以每一夏季载重吨为计算单位计收。租金一经约定即固定不变。船方负担船员薪金、伙食等费用，并负责保持船舶在租赁期间的适航状态（Seaworthy）以及因此而产生的费用和船舶保险费用。所谓适航状态一般是指使船舶能够正常运转，具有航海安全能力，能够适用接受和保管货物。

（2）定程租船

租船运输（Voyage Charter），又称定程租船或航次租船，它是根据船舶完成一定航程（航次）来租赁的，租船市场上最活跃，且对运费水平的波动最为敏感的一种租船方式。一般可分为：按单航次、来回航次、连续单航次和连续来回航次等方式租赁船舶。在国际现货市场上成交的绝大多数货物（主要包括液体散货和干散货两大类）都是通过航次租船方式运输的。定程租船的"租期"取决于航次运输任务是否完成，由于航次租船并不规定完成一个航次或几个航次所需的时间，因此船舶所有人对完成一个航次所需的时间是最为关心的，他特别希望缩短船舶在港停泊时间。而承租人与船舶所有人对船舶的装卸速度又是对立的，所以在签订租船合同时，承租双方还需约定船舶的装卸速度以及装卸时间的计算办法，并相应地规定延滞费和速遣费率的标准和计算方法。定程租船的特点是：无固定航线、固定装卸港口和固定航行船期，而是根据租船人（货主）的需要和船东的可能，经双方协商，在定程租船合同中规定；定程租船合同需规定装卸率和滞期、速遣费条款；运价受租船市场供需情况的影响较大，租船人和船东双方的其他权利、义务一并在定程租船合同中规定。

二、国际航空运输

航空运输（Air Transportation），使用飞机、直升机及其他航空器运送人员、货物、邮件的一种运输方式。具有快速、机动的特点，是现代旅客运输，尤其是远程旅客运输的重要方式；为国际贸易中的贵重物品、鲜活货物和精密仪器运输所不可缺。

航空运输的主要优点如下：

高速直达性，因为空中较少受自然地理条件限制，航线一般来取两点间的最短距离。

安全性能高，随着科技进步，飞机不断地进行技术革新，使其安全性能增强，事故率低保险费率相应较低。

包装要求低，因为空中航行的平稳性和自动着陆系统减少了货换的比率，所以可以降低包装要求。而且在避免货物灭失和损坏后还有明显优势。

航空运输存在的缺点：

受气候条件的限制在一定程度上影响了运输的准确性和正常性。航空运输为了安全，受到天气情况影响很大。

运输能力小，运输能耗高。所以空运适用于高附加值低质量小体积的物品运输。

（一）国际航空运输的方式

1.班机运输

班机运输(Scheduled Airline)是指使用在固定时间、固定航线、固定始发站和目的站飞行的飞机所进行的货物运输。通常班机是使用客货混合型飞机，一些大的航空公司也有开辟定期全货机航班的。班机有定时、定航线、定站等特点，因此，适用于运送急需物品、鲜活商品以及季节性商品。

2.包机运输

包机运输(Chartered Carrier)是指包租整架飞机或由几个发货人（或航空货运代理公司）联合包租一架飞机来运送货物的运输。包机可分为整包机和部分包机两种形式，前者适用于运送数量较大的商品，后者适用于多个发货人且货物到达站又是同一地点的货物运输。

（二）国际航空运输的组织形式

1.集中托运

集中托运(Consolidaion)是指航空货运公司把若干单独发运的货物（每一货主货物要出具一份航空运单）组成一整批货物，用一份总运单（附分运单）整批发运到预定目的地，由航空公司在那里的代理人收货、报关、分拨后交给实际收货人。集中托运的运价比国际空运协会公布的班机运价低7%~10%。因此，发货人比较愿意将货物交给航空货运公司安排。

2.联合运输

联合运输：两种以上包括两种运输方式组成的联合运输，具体有陆空联运，陆空陆联运来完成。

3.送交业务

送交业务通常用于样品、目录、宣传资料、书籍报刊之类的空运业务，由国内空运代理委托国外代理办理报关、提取、转送并送交收货人。其有关费用均先由国内空运代理垫付，然后向委托人收取。

4.货到付款

货到付款（Payment After Arrival of Goods）是发货人或其代理人与承运人之间达成协议，由承运人在货物到达后交与收货人的同时代收航空运单上所记载的货款，然后寄给发货人或其他代理人，承运人在办理一批货到付款时，按货到付款总额的一定百分比提取劳务费。

三、国际多式联运

由两种及其以上的交通工具相互衔接、转运而共同完成的运输过程统称为复合运输，中国习惯上称之为多式联运。《联合国国际货物多式联运公约》对国际多式联运所下的定义是：按照国际多式联运合同，以至少两种不同的运输方式，由多式联运经营人把货物从一国境内接管地点运至另一国境内指定交付地点的货物运输。

国际多式联运的优点有：责任统一，手续简便；节省费用，降低运输成本；减少中间环节，时间缩短，运输质量提高；运输组织水平提高，运输更加合理化；实现门对门运输。

（一）多式联运的运输组织形式

多式联运的组织形式采用的是两种或两种以上不同运输方式，这里所指的至少两种运输方式可以是海陆，陆空，海空等。这与一般的海海，陆陆，空空等形式的联运有着本质的区别。后者虽也是联运，但仍是同一种运输工具之间的运输方式。由于国际多式联运严格规定必须采用两种和两种以上的运输方式进行联运，因此这种运输组织形式可综合利用各种运输方式的优点，充分体现社会化大生产大交通的特点。

1. 铁路与公路的复合运输

2. 铁路和海运的复合运输

3. 公路和海运的复合运输

4. 空运和公路的复合运输

5. 空运和海运的复合运输

（二）多式联运的业务关系方

1. 多式联运经营人

多式联运经营人是指本人或通过其代表与发货人订立多式联运合同的任何人，他是事主，而不是发货人的代理人或代表或参加多式联运的承运人的代理人或代表，他负有履行合同的责任。多式联运经营人负责履行或者组织履行多式联运合同，对全程运输享有承运人的权利，承担承运人的义务。

2. 货物托运人与收货人

3. 分合同方

4. 其他有关方

（三）多式联运的线路选择

国际多式联运的线路选择直接关系到货物运输的费用、时间和运输质量，也是多式联运经营人的服务能否使货主或托运人满意的最关键因素。综合各种运输因素考虑，哪家多式联运经营企业选配的线路最适合于货物的运输，哪家企业就能赢得最多的货主信任，从而提高企业的效益，所以做好线路的选择对整个多式联运来说有重要的意义。

选择运输线路需要考虑的因素主要有：

1. 运输费用

运费高低决定着多式联运经营企业的竞争力，是线路选择的决定性因素。包括各区段的运输费用，中转费用，以及必要的时候的仓储费用。

2. 运输方式

根据货源结构、运输时间、运输批量、运输的出发地和目的地的不同，确

定该运输线路的主要运输方式，以及与其配套的区段运输方式。例如，货物价值高、批量小、运送时间要求快的货物，主要运输方式可选用航空运输。多式联运的全程运输可选取陆—空—陆运输；长江中下游和珠江下游地区也可选用水—空—陆运输，通过上海、广州或香港机场进行空运。西欧和西北欧国家、地区的货物可选择铁—海联运，还可以选择陆—海—陆联运等。

3.运输时间

在运输途中，同一运输区段上两条线路的运输时间不仅仅包括各区段的运输时间，还包括中转站的中转时间、必要时候的仓储时间。例如：通常认为，新亚欧大陆桥是连接亚太地区和欧洲最快捷、最廉价的运输通道，从地理上的运输距离来看，从中国连云港到荷兰鹿特丹全程海运距离约19889km，而陆运距离仅为10900km，且火车运行速度比船舶快，运输时间能大大缩短。但事实上按中国目前铁路规定的运输速度计算，从连云港到阿拉山口约需18天。出境后，每个国家都需要两天以上的时间进行换装、报关、报验等作业。初步计算，非整列集装箱运输从连云港到鹿特丹要超过40天，整列也需要30天以上，而全程海运实际运输时间目前仅需要25天左右。

4.运输质量

运输质量主要是指有没有货损和货物灭失。在运输途中，由于天气、海浪等不可抗力，货物会或多或少受到损坏。运输质量较高的路线可以减少货物损失。因此，线路的运输质量是多式联运经营人选择线路时必须考虑的因素。

5.服务水平

运输线路的服务水平主要包括过境口岸设施条件、手续便捷程度、运输信息的畅通和港口、场站的服务质量等方面。货物在港口、海关、公路、堆场等环节滞留的时间越长，货物运输过程中的成本就越高，导致多式联运企业竞争力下降。在现代社会中运输信息畅通也是十分重要的，畅通的运输信息可使多式联运经营人随时了解货物的运输状况，以便及时对突发性事件做出迅速的处理。所以，运输线路服务质量的高低也是多式联运经营人在选择运输线路时考虑的重要因素。

（四）多式联运的业务流程

多式联运即国际多式联运经营人是全程运输的组织者，在多式联运中，其业务流程主要有以下十个环节：

1.接受托运申请，订立多式联运合同

多式联运经营人根据货主提出的托运申请和自己的运输路线等情况，判断是否接受该托运申请。如果能够接受，则双方议定有关事项后，在交给发货人或其代理人的场站收据副本上签章，证明接受托运申请，多式联运合同已经订立并开始执行。

2.集装箱的发放、提取及运送

多式联运中使用的集装箱一般应由多式联运经营人提供。这些集装箱来源可能有三个：一是经营人自己购置使用的集装箱；二是由公司租用的集装箱，这类箱一般在货物的起运地附近提箱而在交付货物地点附近还箱；三是由全程运输中的某一区段承运人提供，这类箱一般需要在多式联运经营人为完成合同运输与该分运人订立分运合同后获得使用权。

3.出口报关

若联运从港口开始，则在港口报关；若从内陆地区开始，应在附近的海关办理报关。出口报关事宜一般由发货人或其代理人办理，也可委托多式联运经营人代为办理。报关时应提供场站收据、装箱单、出口许可证等有关单据和文件。

4.货物装箱及接收货物

若是发货人自行装箱，发货人或其代理人提取空箱后在自己的工厂和仓库组织装箱，装箱工作一般要在报关后进行，并请海关派员到装箱地点监装和办理加封事宜。如需理货，还应请理货人员现场理货并与之共同制作装箱单。若是发货人不具备装箱条件，可委托多式联运经营或货运站装箱，发货人应将货物以原来形态运至指定的货运站由其代为装箱。如是拼箱货物，发货人应负责将货物运至指定的集装箱货运站，由货运站按多式联运经营人的指示装箱。无论装箱工作由谁负责，装箱人均需制作装箱单，并办理海关监装与加封事宜。

5.订舱及安排货物运送

经营人在合同订立之后，即应制定货物的运输计划，该计划包括货物的运输路线和区段的划分，各区段实际承运人的选择确定及各区段衔接地点的到达、起运时间等内容。这里所说的订舱泛指多式联运经营人要按照运输计划安排洽定各区段的运输工具，与选定的各实际承运人订立各区段的分运合同。这些合同的订立由经营人本人或委托的代理人办理，也可请前一区段的实际承运人作为代表向后一区段的实际承运人订舱。

6.办理保险

在发货人方面，应投保货物运输险。该保险由发货人自行办理，或由发货人承担费用由多式联运经营人代为办理。货物运输保险可以是全程，也可分段投保。在多式联运经营人方面，应投保货物责任险和集装箱保险，由经营人或其代理人向保险公司或以其他形式办理。

7.签发多式联运提单，组织完成货物的全程运输

多式联运经营人的代表收取货物后，经营人应向发货人签发多式联运提单。在把提单交给发货人前，应注意按双方议定的付费方式及内容、数量向发货人收取全部应付费用。

8.运输过程中的海关业务

按惯例国际多式联运的全程运输均应视为国际货物运输。因此该环节工作主要包括货物及集装箱进口国的通关手续，进口国内陆段保税运输手续及结关等内容。如果陆上运输要通过其他国家海关和内陆运输线路时，还应包括这些海关的通关及保税运输手续。

9.货物交付

当货物运至目的地后，由目的地代理通知收货人提货。收货人需凭多式联运提单提货，经营人或其代理人需按合同规定，收取收货人应付的全部费用。收回提单后签发提货单，提货人凭提货单到指定堆场和集装箱货运站提取货物。如果整箱提货，则收货人要负责至掏箱地点的运输，并在货物掏出后将集装箱运回指定的堆场，运输合同终止。

10.货运事故处理

如果全程运输中发生了货物灭失、损害和运输延误，无论是否能确定发生的区段，发（收）货人均可向多式联运经营人提出索赔。多式联运经营人根据提单条款及双方协议确定责任并做出赔偿。如果已对货物及责任投保，则存在要求保险公司赔偿和向保险公司进一步追索问题。如果受损人和责任人之间不能取得一致，则需在诉讼时效内通过提起诉讼和仲裁来解决。

第四节　国际货物储存

外贸仓储同国际运输一样，物流仓储都是对国际物流不可缺少的环节。外贸仓储不仅承担着进出口商品的保管存储的任务，而且还担负着出口的加工、挑选、整理、包装、备货、组装和发运等一系列的任务。

一、保税仓库的概念

（一）保税仓库的概念

保税仓库，是指由海关批准设立的供进口货物储存而不受关税法和进口管制条例管理的仓库。储存于保税仓库内的进口货物经批准可在仓库内进行改装、分级、抽样、混合和再加工等，这些货物如再出口则免缴关税，如进入国内市场则须缴关税。各国对保税仓库货物的堆存期限均有明确规定。设立保税仓库除为贸易商提供便利外，还可促进转口贸易。

（二）保税仓库允许存放货物的范围

1.缓办纳税手续的进出口货物

主要包括进口国工程、生产等需要，由于种种原因而造成的预进口货物，储存在保税仓库内，即需即提并办理通关手续，剩余货物免税退回。也包括因市场变化，暂时无法决定去向的货物。

2. 需要做进口技术处理的货物

主要是那些不适合在进口国销售，需要再包装或做其他加工处理，如符合要求即进行内销完税，否则退回或销往其他国家。

3. 来料加工后复出口的货物

主要是那些"两头在外"的公司实施的，将后期加工放在保税仓库内进行，然后再行出口，原料可存放于保税仓库内。

4. 不内销而过境转口的货物

当货物内销无望需转口，或在该地存放有利于转口，或无法直接销往第三国需转口，此时可存放于保税仓库内。

二、货物进入保税仓库的程序

（一）申报

1. 企业进行入/出库报关单预录入；

2. 企业填写《保税仓库入/出库审批表》，并随附《保税仓库货物入/出库核销单》等有关单证向主管海关申请办理入/出库审批手续。

（二）审核

1. 海关接到企业申请后，对企业递交有关单证的齐全性、真实性、有效性进行审核；

2. 海关审核后，同意入/出库的，在手填入/出库报关单上签注姓名、日期，并加盖海关验讫章，并核发给企业。

（三）通关

经企业授权的经办人员在《保税仓库入/出库登记本》上登记保税仓库名称、核销单编号、取单日期、取单人姓名等事项后，凭加盖海关验讫章的手填入/出库报关单到通关部门办理通关手续。

（四）查验

对海关布控查验的货物，进口货物的收货人、受委托的报关企业应带齐单证到现场查验部门办理查验手续。查验货物时，进出口货物收发货人、受委托的报关企业应当按照海关要求搬移货物，开拆和重封货物的包装，并如实回答查验人员的询问以及提供必要的资料。查验完毕后，应当在《查验记录单》上签名确认。

案例分析

中外运为摩托罗拉提供物流服务

中外运空运发展股份有限公司（以下简称"中外运"）是中国外运（中国外运股份有限公司）所属的全资子公司，其华北空运天津公司是华北地区具有较高声誉的大型国际、国内航空货运代理企业之一。中外运空运公司为摩托罗拉公司提供第三方物流服务。

1. 摩托罗拉公司的服务要求

（1）要提供24小时的全天候准时服务。主要包括：保证摩托罗拉公司与中外运业务人员、天津机场和北京机场两个办事处及双方有关负责人通信联络24小时通畅；保证运输车辆24小时运转；保证天津与北京机场办事处24小时提货、交货。

（2）要求服务速度快。摩托罗拉公司对提货、操作、航班、派送都有明确的规定，时间以小时计算。

（3）要求服务的安全系数高，要求对运输的全过程负责，要保证航空公司及派送代理处理货物的各个环节都不出问题，一旦某个环节出了问题，将由服务商承担责任，赔偿损失，而且当过失到一定程度时，将被取消业务资格。

（4）要求信息反馈快。要求公司的计算机与摩托罗拉公司联网，做到对货物的随时跟踪、查询、掌握货物运输全过程。

（5）要求服务项目多。根据摩托罗拉的公司货物流转的需要，通过发挥中外运系统的网络综合服务优势，提供包括出口运输、进口运输、国内空运、国内陆运、国际快递、国际海运和国内提供的派送等全方位的物流服务。

2. 摩托罗拉公司选择中国运输代理企业的基本做法

通过多种方式对备选的运输代理企业的资信、网络、业务能力等进行周密的调查，并给初选的企业少量业务试运行，以实际考察这些企业服务的能力与

质量。对不合格者，取消代理资格。

摩托罗拉公司对获得运输代理资格的企业进行严格的月季度考评。主要考核内容包括运输周期、信息反馈、单证资料、财务结算、货物安全和客户投诉等。

3. 中外运为摩托罗拉公司提供的服务

（1）提供24小时的全天候服务。针对客户24小时服务的要求，实行全年365天的全天候工作制度。周六、周日（包括节假日）均视为正常工作日，厂家随时出货，随时有专人、专车提供和操作。在通信方面，相关人员从总经理到业务员实行24小时的通信通畅，保证了对各种突发性情况的迅速处理。

（2）提供门到门的延伸服务。普通货物运送的标准一般是从机场到机场，由货主自己提货，而快件服务的标准是从"门到门""库到库"，而且货物运输的全程在严密的监控之中，因此收费也较高。对摩托罗拉的普通货物虽然是按普货标准收费的，但提供的却是"门到门""库到库"的快件的服务，这样既提高了摩托罗拉的货物运输及时性，又保证了安全。

（3）提供创新服务。从货主的角度出发，推出新的，更周到的服务项目，最大限度地减少损货，维护货主信誉。为保证摩托罗拉公司的货物在运输中减少被盗的事情发生，在运输中间增加了打包、加固的环节；为防止货物被雨淋，又增加了一项塑料袋包装；为保证急货按时送到货主手中，还增加了手提货的运输方式，以满足客户的需要。

（4）充分发挥中外运的网络优势。经过多年的建设，中外运在全国拥有了比较齐全的海、陆、空运输与仓储、码头设施，形成了遍布国内外的货运营销网络，这是中外运发展物流服务的最大优势。通过中外运网络，在国内为摩托罗拉公司提供服务的网点近100个城市，实现了提货、发运、对方派送全过程的定点定人、信息跟踪反馈，满足了客户的要求。

（5）对客户实行全程负责制。作为摩托罗拉公司的主要货运代理之一，中外运对运输的每一个环节负全责。对于出现的问题，积极主动协助客户解决，并承担责任和赔偿损失，确保了货主的利益。

回顾多年来为摩托罗拉公司的服务，从开始的几票货发展到面向全国，双方在共同的合作与发展中，建立了相互的信任和紧密的业务联系，为中美贸易与合作开辟了更加广阔的前景。在新的形势下，中外运和摩托罗拉正在探讨更加广泛和紧密的物流合作领域。

（资料来源：根据百度文库同名文章整理。）

案例讨论：

1.摩托罗拉选择物流业务代理的标准是什么？

2.通过此案例你对国际物流业务有怎样的认识？

思考题：

1.国际物流的含义和特点是什么？

2.国际物流系统的组成部分有哪些？

3.国际物流的基本流程是怎样的？

4.国际多式联运的含义是什么？

第 十 五 章
物流发展新理念

通过本章学习，了解精益物流、绿色物流、智慧物流、应急物流、冷链物流等与经济社会发展密切相关的新型物流的内涵、特征及管理要求。

第一节　精益物流

精益物流是起源于日本丰田汽车公司的一种物流管理思想，其核心是追求消灭包括库存在内的一切浪费，并围绕此目标发展的一系列具体方法。它是从精益生产的理念中蜕变而来的，是精益思想在物流管理中的应用。

一、精益物流的概念

（一）精益物流的含义

《物流术语》（GB／T 18354-2021）将精益物流（Lean Logistics）定义为：消除物流过程中的无效和非增值作业，用尽量少的投入满足客户需求，并获得高效率、高效益的物流活动。

（二）精益物流的特征

物流涉及信息、运输、存储、装卸、配送、包装等技术的集成。物流的任务是以尽可能低的成本，对原材料、在制品和成品的库存进行地理上的定位，经过物流过程，使原材料流入制造设施中去，再通过市场营销的渠道把产品送到客户手中。精益物流具有以下特征。

1.客户至上，加强与客户的关系。物流企业属于服务型的行业，没有有形的产品，它的产品就是"服务"。因而，客户是物流企业的生命线，没有客户也就什么都无从谈起，再好的物流流通手段、物流装备技术、管理方法等都运转不起来。物流企业的服务形式就是直接面向客户，这种服务的最高境界在于保持与客户的密切关系，让客户感受到你的服务是一流的，价格是最公道、最合理的。

2.以"人"为本，建立团队协作精神。一个团队要负责整个项目的物流系统设计、开发、规划、运营等复杂细致的工作，就必须根据实际情况做出调整和规划。团队是企业集中各方面人才的组织形式。企业一方面实行激励机制，为员工创造良好的工作条件和晋升途径；另一方面又给员工一定的工作压力和自主权，以同时激励员工不断学习新知识、勇于创新和实现自我价值，从而形成既合作又竞争的企业文化。

3.以"精、简"为手段，尽力消除浪费。精益物流就是去除在物流流通中的一切多余的环节，实行精简。在物流过程中，采用先进的交通工具、通信手段（GPS）和信息技术（EDI、电子商务、条形码等）使每个企业在物流过程中实现价值增值。同时在组织机构上，纵向减少层次，横向打破部门壁垒，将多层次分工的管理模式转化为平行、扁平的网状管理结构。

4.以"零误差"为目标，准时满足客户的需求。精益生产所追求的目标是尽可能零缺陷、无废品。同样，精益物流是为顾客实行准确、准时配送以满足客户的需要。虽然每个人或企业都不能达到百分之百正确、毫无误差，但是，这要作为一种目标永无止境地去追求，使企业树立优质服务、客户至上的理念，真正实行、实现精益物流。

（三）精益物流管理的原则

精益物流是运用精益思想对企业物流活动进行管理，其基本原则是：

1. 从顾客的角度而不是从企业或职能部门的角度来研究什么可以产生价值；

2. 按整个价值流确定供应、生产和配送产品所有必需的步骤和活动；

3. 创造无中断、无绕道、无等待、无回流的增值活动流；

4. 及时创造仅由顾客拉动的价值；

5. 不断消除浪费，追求完善。

二、精益物流系统的基本框架

（一）以客户需求为中心

在精益物流系统中，顾客需求是驱动生产的原动力，是价值流的出发点。价值流的流动要靠下游顾客来拉动，而不是靠上游的推动，当顾客没有发出需求指令时，上游的任何部分不提供服务，而当顾客需求指令发出后，则快速提供服务。系统的生产是通过顾客的需求拉动的。

（二）准时

货品在流通中能够顺畅、有节奏地流动是物流系统的目标。而保证物品的顺畅流动最关键的是准时。准时的概念包括物品在流动中的各个环节按计划按时完成，包括交货、运输、中转、分拣、配送等各个环节。物流服务的准时概念是与快速同样重要的方面，是保证货品在流通中的各个环节以最低成本完成的必要条件，同时也是满足客户要求的重要方面之一。准时是保证物流系统整体优化方案能得以实现的必要条件。

（三）准确

准确包括准确的信息传递、准确的库存、准确的客户需求预测、准确的送货数量等。准确是保证物流精益化的重要条件之一。

（四）快速

精益物流系统的快速包括两方面的含义：第一是物流系统对客户需求的反应速度，第二是货品在流通过程中的速度。物流系统对客户的需求的反应速度取决于系统的功能和流程。当客户提出需求时，系统应能对客户的需求进行快速识别、分类，并制定出与客户要求相适应的物流方案。客户历史信息的统计、积累会帮助制定快速的物流服务方案。货品在流通过程中的快速性包括货物停留的节点最少，流通所经路径最短，仓储时间最合理，并达到整体物流的快速。速度体现在产品和竞争上是影响成本和价值的重要因素，特别是市场竞争激烈的今天，速度也是竞争的强有力手段。快速的物流系统是实现货品在流通中增加价值的重要保证。

（五）降本增效

降低成本、提高效率，精益物流系统通过合理配置基本资源，以需定产，充分合理地运用优势和实力；通过电子化的信息流，进行快速反应、准时化生产，从而消除诸如设施设备空耗、人员冗余、操作延迟和资源浪费等，保证其物流服务的低成本。

（六）系统集成

精益物流是由资源、信息流和能够使企业实现"精益"效益的决策规则组成的系统。精益物流系统则是由提供物流服务的基本资源、电子化信息和使物流系统实现"精益"效益的决策规则所组成的系统。具有能够提供物流服务的基本资源是建立精益物流系统的基本前提。在此基础上，需要对这些资源进行最佳配置，资源配置的范围包括：设施设备共享、信息共享、利益共享等。只有这样才可以最充分地调动优势和实力，合理运用这些资源，消除浪费，最经济合理地提供满足客户要求的优质服务。

（七）信息化

高质量的物流服务有赖于信息的电子化。物流服务是一个复杂的系统项目，涉及大量繁杂的信息。电子化的信息便于传递，这使得信息传递迅速、准确无误，保证物流服务的准时和高效；电子化信息便于存储和统计，可以有效减少冗余信息传递，减少作业环节，降低人力浪费。此外，传统的物流运作方式已不适应全球化、知识化的物流作业市场竞争，必须实现信息的电子化，不断改进传统业务项目，寻找传统物流产业与新经济的结合点，提供增值物流服务。

三、精益物流管理方法

（一）以供应链管理为基础

精益物流的实施必须以供应链管理的思想为基础，才能使准时、高效、低成本的优势得以充分发挥。具体而言，主要包括以下几点：

1.放弃非核心业务。在全球经济一体化的趋势下，自给自足的"纵向一体化"生产方式已丧失了竞争力，取而代之的是跨行业、跨地域的"横向一体化"协作生产模式，协作企业之间的业务联系由供应链管理来保证。供应链上每个节点企业的业务都应不再追求"纵向一体化"管理模式，而应以突出自己的核心业务来提高企业的核心竞争力。至于非核心业务，则应有所选择地予以放弃。

2.改进物流供应链模式。从企业竞争战术的角度考虑，物流外包更能够提高企业物流运营效率，更能降低物流运营成本，因而与第三方物流携手合作是企业未来物流模式的主要形式。应根据供应链管理的需要，以最快满足顾客需求为宗旨，不断修正和设计供应链的内外结构及业务流程，优化资源要素，增强整个供应链的竞争力。

3.与供应商和分销商建立战略伙伴关系。要充分利用外部资源，与供应商和分销商建立合作—竞争的战略伙伴关系，实现优势互补。应选择合适的供应商和分销商，以物流或产品为纽带构建供应链系统。

（二）加强信息技术的应用

现代物流与传统物流有着明显的差别，现代物流是一个庞大的、复杂的、高科技装备相结合的系统工程。目前，发达国家已经普遍应用数据库技术（Data Base）、条形码技术（Bar Code）、电子订货技术（EOS）、电子数据交换技术（EDI）、全球卫星定位系统（GPS）、物资采购管理（MRP）、企业资源规划（ERP）等信息技术，使这些国家在提高物流效率、降低物流成本方面取得了显著成效。

（三）增加物流的柔性和敏捷性

加强物流实施的柔性和敏捷性就是要求一方面要有"以不变应万变"的缓冲能力，另一方面又要有"以变应变"的适应能力。增加柔性和敏捷性使制造企业能够获得更好的适应性，从而在激烈的市场竞争中立于不败之地。

（四）精益化生产及合理供货

精益物流是客户拉动的物流系统，其与企业的精益化生产紧密结合。精益化生产意味着小批量，其优势在于减少在制品库存，降低原材料库存，易于管理。小批量生产的切换速度快，因而要求供应商能小批量、频繁及时地供货。制造企业作为精益生产的实施者和精益物流的最直接需求者，其生产均衡与否以及其供货政策是否合理在很大程度上影响并制约着整个精益物流系统的运作效果。

（五）精益物流思想与团队精神有机结合

任何先进的设施和系统都要人来完成，人的因素往往发挥着决定性的作用，精益物流系统的实施也应体现以人为本的原则。在正确认识产品流、信息流和物流等一系列价值流的基础上，对包括管理层和全体员工在内的企业所有人员进行精益物流思想的灌输，使他们理解并接受精益物流思想。因此，应从整个系统角度齐心协力地消除一切不合理的现象，杜绝浪费，并以满足最终客户需求为中心，形成一种鼓励创新的氛围，在不断完善的基础上实现跨越式的提高，从而充分体现精益物流效益决策的内涵，促进物流体系的不断完善，使企业形成较强的竞争能力。

第二节　绿色物流

经济发展离不开物流，社会发展离不开环境保护，流通是社会大生产循环中的重要环节，绿色物流的发展对促进社会大生产绿色发展具有重要意义，是推动绿色低碳发展的题中应有之义。

一、绿色物流的内涵

（一）绿色物流的含义

《物流术语》（GB／T 18354-2021）将绿色物流（Green Logistics）定义为：通过充分利用物流资源，采用先进的物流技术，合理规划和实施运输、储存、装卸、

搬运、包装、流通加工、配送、信息处理等物流活动，降低物流活动对环境影响的过程。

（二）绿色物流的特点

与传统物流相比，绿色物流在理论基础、行为主体、活动范围及追求目标等方面都有自身的一些显著的特点。

1.绿色物流的理论基础更广。它包括可持续发展理论、生态经济学理论、生态伦理学理论、商业伦理学理论和公共产品理论等。这是因为绿色物流与可持续发展、生态环境保护、资源合理使用、人们身心健康紧密相连，这些理论为绿色物流的发展提供了理论依据、方法选择和路径思考。

2.绿色物流的行为主体更多。它不仅包括专业的物流企业，还包括产品供应链上的制造企业和分销企业，同时包括不同级别的政府、物流行政主管部门和物流行业协会等。要想发展绿色物流，市场经济中微观企业很重要，绿色物流的实现在很大程度上依赖他们的具体物流活动，但政府支持、倡导、投入也很重要，因为绿色物流具有较高的公共产品性质。

3.绿色物流的活动范围更宽。它既包括运输、仓储、包装、流通加工、装卸搬运等物流基本作业环节的绿色化，也包括正向物流和逆向物流过程的绿色化、商品生产的绿色化和物流管理全过程的绿色化。

4.绿色物流的最终目标是可持续发展。传统物流活动的主要目的就是实现物流主体的经济效益。而绿色物流在实现经济利益的同时，还追求节约资源、保护环境、产品安全这个既具有经济属性、又具有社会属性的目标。

二、物流活动对环境的非绿色负面影响

（一）运输对环境的非绿色负面影响

运输过程中对环境的非绿色负面影响主要表现在两个方面。一是运输工具本身产生的噪声污染、大气污染；不合理的货运网点及配送中心布局导致货物迂回运输，增加了车辆燃油消耗，加剧了废气和噪声污染；集中库存产生了较多的一次运输，从而增加了燃料消耗和对道路面积的需求，破坏了生态环境；超载运输造成道路、桥梁、隧道的损坏及使用寿命的缩短。二是运输的物品尤

其是如酸液、有毒类药品、油类、放射性物品等危险品、化工原料等在运输过程中发生爆炸、泄露可能对环境造成严重的损害和污染。

（二）仓储对环境的非绿色负面影响

仓储过程中对环境的非绿色负面影响包括：因商品仓储要进行商品养护而采取的一些化学方法对周边生态环境会造成污染；一些易燃、易爆、化学危险品，由于保管不当，爆炸或泄漏也对周边环境造成污染和破坏；因商品仓储过多，带来的库存管理高昂费用，商品实体损失和价值贬值损失。

（三）装卸搬运对环境的非绿色负面影响

装卸搬运过程中对环境的非绿色负面影响有：装卸搬运不当和商品体的损坏；废旧物质排放到环境中会对环境造成全方位的污染；城市生活垃圾所产生的渗沥水携带各种重金属和有机物，严重污染水体和土壤，并影响地下水质；废弃物发酵过程中产生的甲烷气体会污染大气。

（四）包装对环境的非绿色负面影响

包装过程中对环境的非绿色负面影响包括：一次性难降解包装长期留在自然界中，会对自然环境造成严重影响；过度包装或重复包装，会造成资源的浪费，不利于可持续发展，也无益于生态经济效益；废弃的包装材料还是城市垃圾的重要组成部分，处理这些废弃物要花费大量人力、物力和财力。

（五）流通加工对环境的非绿色负面影响

流通加工过程中对环境的非绿色负面影响表现为：因消费者分散进行的流通加工，资源利用率低下，如餐饮服务企业对食品的分散加工，既浪费资源，又污染了空气；分散流通加工产生的边角废料，难以集中和有效再利用，造成废弃物污染；加工产生的废气、废水和废物对环境和人体构成危害。

三、绿色物流管理策略

（一）加强绿色物流教育

绿色物流刚刚兴起，人们对它的认识还非常有限。中国物流与发达国家尚有较大差距，绿色物流更知之甚少，政府、企业、消费者大多还处于仅有物流的思想而没有绿色化概念的阶段。现代物流不仅要树立服务观念，更应自始至

终贯彻绿色理念。因为物流的良好服务，离不开高效节能和安全优质。没有绿色物流的建立和发展，生产和消费就难以有效衔接，"绿色革命"和"绿色经济"就是一句空话。因此，在发展现代物流的同时，中国要积极培育"绿色消费""绿色产品"和珍爱人类生存环境的意识，使"环保、生态、绿色"的理念深入人心，进而推进绿色物流教育，在全社会树立绿色物流观念。

（二）倡导绿色物流运作

1.绿色运输管理

绿色运输是指以减少污染、节约能源、降低运费、减轻货损等为特征的运输，是绿色物流的一项重要内容。绿色运输管理是一个系统工程，实现绿色运输的管理途径包括：优化运输线路布局；实施联合一贯制运输；实施共同运输；实施国际多式联运；推动运输车辆使用清洁能源等。

2.绿色仓储管理

绿色仓储是指以环境污染小、货物损失少、运输成本低等为特征的仓储。实施绿色仓储的管理途径包括：推动仓储设施绿色发展；降低仓储对环境的污染；防止储存货物质与量的损失；科学设计仓库空间布局；应用绿色仓储技术对仓储货品进行电子化、信息化、智能化管理；推动社会仓储资源共享等。

3.绿色配送管理

绿色配送是指在以环境污染小、配送成本低、商品损失少等为特征的配送。实施绿色配送的管理途径包括：合理规划配送中心空间位置；科学确定配送运输路线；重视配送车辆节能减排；推广共同配送模式等。

4.绿色装卸搬运管理

绿色装卸搬运是指为尽可能降低装卸搬运环节产生污染、减少商品毁损而采取的现代化的装卸搬运手段及措施。实施绿色装卸搬运的管理途径包括：做到装卸搬运省力化；推广托盘一贯化运输；尽量减少泄漏和损坏，杜绝粉尘、烟雾污染；做到装卸搬运文明化等。

5.绿色包装管理

绿色包装是指能够循环复用、再生利用或降解腐化，且在产品的整个生命周期中对人体及环境不造成公害的适度包装。绿色包装要求包装用材料应当节约，包装要简化；包装材料要可以回收或可循环使用；包装用材料要可分解、可降解；改进包装质量；包装废弃物要妥善处理。实现绿色包装的管理途径包括：包装单位大型化；包装模数标准化；运输包装节约化；包装材料绿色化；包装重复使用或回收再生等。

6.绿色流通加工管理

绿色流通加工是指出于环保考虑的无污染的流通加工方式及相关政策措施的总和。实施绿色流通加工的管理途径包括：合理选择流通加工中心地址；变消费者分散加工为专业集中加工；集中处理消费品加工中产生的边角废料等。

7.废弃物循环物流管理

废弃物物流指将经济活动中失去原有的使用价值的物品，根据实际需要进行收集、分类、加工、包装、搬运、储存，并分送到专门处理场所时形成的物品实体流动。废弃物物流的作用是，从环境保护出发，将废弃物焚化、化学处理或运到特定地点堆放、掩埋。从系统构筑的角度看，还需要建立废弃物的回收再利用系统。物流经营者不仅要考虑自身的物流效率化，还必须与其他关联者协同起来，从现代物流管理的角度和整个供应链的视野来组织物流，最终在全社会建立起包括生产商、批发商、零售商和消费者在内的循环物流系统，追求从生产到废弃物全过程效率化。

（三）实行绿色标准认证

随着全球经济一体化的发展，一些传统的关税和非关税壁垒逐渐淡化，环境壁垒逐渐兴起。为此，ISO 14000 成为众多企业进入国际市场的通行证。ISO 14000 是国际标准化组织 1993 成立的 ISO／TC 207 环境管理委员会制定的国际环境管理系列标准，其基本思想就是预防污染和持续改进。它侧重于组织的活动、产品和服务对环境的影响，要求用产品生命周期方法，从产品的设计、加工、包装、储存、运输、销售、消费乃至废弃后的回收、再资源化，都应符合环境标准。现在，环境管理在欧美日等许多国家和地区已经规范化和法制化。仅从与物流有关的环境管理看，其管理范围不仅限于对包装材料和容器的选用、设计、消费、废弃、

回收再利用等做出节约资源、无害化的规制，而且对伴随产品运输产生的 NO_2 和 CO_2 也做出严格要求。中国自 1998 年导入 ISO 14000 环境管理标准认证制度后，只有近百家企业通过了环境管理体系认证，而物流经营者还没有认识到它的重要性。面对全世界的"绿色革命"浪潮和基于环境标准竞争而形成的绿色壁垒制约，中国的物流经营者应创造条件积极申请国际环境系列 ISO 14000 标准认证，用国际标准来规范自身的物流行为，塑造绿色物流形象，进而增强在国际市场的竞争能力。

（四）开发绿色物流技术

绿色物流不仅依赖绿色物流观念的树立，绿色物流经营的推行，更离不开绿色物流技术的应用和开发。没有先进物流技术的发展，就没有现代物流的立身之地；同样地，没有先进绿色物流技术的发展，就没有绿色物流的立身之地。而中国的物流技术与绿色要求有较大的差距，如在物流机械化、物流自动化、物流信息化及网络化方面，与西方发达国家的物流技术相比，还存在一定的差距。要大力开发绿色物流技术，否则绿色物流就无从谈起。

（五）制定绿色物流法规

绿色物流是当今经济可持续发展的一个重要组成部分，它对社会经济的不断发展和人类生活质量的不断提高具有重要意义。正因为如此，绿色物流的实施不仅是企业的事情，还必须从政府约束的角度，对现有的物流体制强化管理。政府可以制定政策法规，从物流活动的各个具体环节入手，制定相关政策和法规，如治理车辆的废气排放、限制城区货物行驶路线、收取车辆排污费、促进低公害车的普及等；通过政府指导作用，促进企业选择合理的运输方式，发展共同配送，统筹建立现代化的物流中心；通过道路与铁路的立体交叉发展、建立都市中心环状道路、制定道路停车规则及实现交通管制系统的现代化等措施，减少交通堵塞，提高配送效率。

（六）加强绿色物流人才培养

绿色物流作为新生事物，对营运筹划人员和各专业人员的素质要求较高，因此，要实现绿色物流的目标，培养和造就一批熟悉绿色理论和实务的物流人才是当务之急。

第三节　智慧物流

物流是连接生产者、销售者、消费者之间的网络体系，在现代经济中扮演着越来越重要的角色。借助互联网、物联网、大数据、云计算、人工智能等技术，物流行业正发生着翻天覆地的变化，突出表现就是智慧物流的建设。智慧物流将通过对物流资源要素的重新组合、高效链接，消除信息不对称性，完善物流体系，实现物流业服务水平的跃升。

一、智慧物流的内涵

（一）智慧物流的来源

2008 年，IBM 公司提出"智慧的地球"概念；2009 年提出建立一个面向未来的具有先进、互联和智能三大特征的供应链，通过感应器、RFID 标签、制动器、GPS 和其他设备及系统生成实时信息的"智慧供应链"。2009 年，奥巴马提出将"智慧的地球"作为美国国家战略，认为 IT 产业下一阶段任务是把新一代 IT 技术充分运用在各行各业之中，达到"智慧"状态。同年 8 月 7 日，时任国务院总理温家宝在无锡提出"感知中国"理念，表示中国要大力发展物联网技术。在此背景下，结合物流行业信息化发展现状，考虑到物流业是最早接触物联网的行业，也是最早应用物联网技术，实现物流作业智能化、网络化和自动化的行业。2009 年，中国物流技术协会信息中心、华夏物联网、《物流技术与应用》编辑部率先在行业提出"智慧物流"概念。2010 年，"积极推进'三网'融合，加快物联网的研发应用"首次写入《政府工作报告》，物联网被正式列为国家五大新兴战略性产业之一。智慧物流概念的提出，顺应历史潮流，也符

合现代物流业自动化、网络化、可视化、实时化、跟踪与智能控制的发展新趋势，符合物联网发展的趋势，有利于降低物流成本，提高效率，控制风险，节能环保，改善服务。

（二）智慧物流的定义

《物流术语》（GB／T 18354-2021）将智慧物流（Smart Logistics）定义为：以物联网技术为基础，综合运用大数据、云计算、区块链及相关信息技术，通过全面感知、识别、跟踪物流作业状态，实现实时应对、智能优化决策的物流服务系统。

二、智慧物流的基本功能

（一）感知功能

运用红外、激光、无线、编码、认址、自动识别、定位、无接触供电、光纤、数据库、传感器、RFID、卫星定位等各种集光、机、电、信息等技术于一体的各种先进技术获取运输、仓储等物流各个环节的大量信息，实现实时数据收集，使各方能准确掌握货物、车辆和仓库等信息，初步实现感知智慧。

（二）规整功能

感知之后，把采集的信息通过网络传输到数据中心，用于数据归档。建立强大的数据库，分门别类后加入新数据，使各类数据按要求规整，实现数据的联系性、开放性及动态性。通过对数据和流程的标准化，推进跨网络的系统整合，实现规整智慧。

（三）智能分析功能

运用智能的模拟器模型等手段分析物流问题。根据问题提出假设，并在实践过程中不断验证问题，发现新问题，做到理论与实践相结合。系统在运行中会自行调用原有经验数据，随时发现物流作业活动中的漏洞或薄弱环节，从而实现发现智慧。

（四）优化决策功能

结合特定需要，根据不同情况评估成本、时间、质量、服务、碳排放和其他标准，评估基于概率的风险，进行预测分析，协同制定决策，提出最合理有效的解决方案，使做出的决策更加准确、科学，从而实现创新智慧。

（五）系统支持功能

系统智慧集中体现在智慧物流并不是各个环节各自独立、毫不相关的物流系统，而是每个环节都能相互联系、互通有无、共享数据、优化资源配置的系统，从而为物流各个环节提供最强大的系统支持，使得各环节协作、协调、协同。

（六）自动修正功能

在前面各个功能基础上，按照最有效解决方案，系统自动遵循最快捷有效的路线运行，并在发现问题后自动修正，并且备用在案，方便日后查询。

（七）及时反馈功能

物流系统是一个实时更新的系统。反馈是实现系统修正、系统完善必不可少的环节。反馈贯穿于智慧物流系统的每一个环节，为物流相关作业者了解物流运行情况、及时解决系统问题提供强大保障。

三、智慧物流的实施基础

（一）发达的信息网络

信息网络是智慧物流系统的基础。智慧物流系统的信息收集、交换共享、指令下达都要依靠一个发达的信息网络。没有准确的、实时的需求信息、供应信息、控制信息做基础，智慧物流系统无法对信息进行筛选、规整、分析，也就无法发现物流作业中有待优化的问题，更无法创造性地做出优化决策，整个智慧系统也就无从谈起。

（二）先进的网络数据挖掘和商业智能技术

网络数据挖掘和商业智能技术是实现智慧系统的关键。如何对海量信息进行筛选规整、分析处理，提取其中的有价值信息，实现规整智慧、发现智慧，从而为系统的智慧决策提供支持，必须依靠网络数据挖掘和商业智能技术。并在此基础上，自动生成解决方案，供决策者参考，实现技术智慧与人的智慧的结合。

（三）良好的物流运作和管理水平

良好的物流运作和管理水平是实现智慧物流系统的保障。智慧物流的实现

需要配套的良好的物流运作和管理水平。实践证明，没有良好的物流运作和管理水平，盲目发展信息系统，不仅不能改善业绩，反而会适得其反。只有将智慧物流系统与良好的物流运作和管理水平相结合，才能实现智慧物流的系统智慧，发挥协同、协作、协调效应。

（四）专业的IT人才

智慧物流的实现需要专业的IT人才的努力。物流业是一个专业密集型和技术密集型的行业，没有人才，大量信息的筛选、分析乃至应用将无从入手。智慧技术的应用与技术之间的结合也无从进行。

（五）传统物流向现代物流转变

智慧物流的建成必须实现从传统物流向现代物流的转换。智慧物流所要实现的产品的智能可追溯网络系统、物流过程的可视化、智能管理网络体系、智能化的企业物流配送中心和企业的智慧供应链必须建立在"综合物流"之上。如果传统物流业不向现代物流业转变，智慧物流只能是局部智能而不是系统的智慧。

（六）综合性的技术支持

物流系统只有在物流技术、智慧技术与相关技术有机结合的支持下才能得以实现，两者相辅相成。只有应用这些技术，才能实现智慧物流的感知智慧、规整智慧、发现智慧、创新智慧、系统智慧。这些技术主要包括新的传感技术、EDI、GPS、RFID、条形码技术、视频监控技术、移动计算技术、无线网络传输技术、基础通信网络技术和互联网技术等。

四、智慧物流的实施步骤

（一）完善基础功能

完善基础功能，关键在于提高既有资源的整合和设施的综合利用水平。加强物流基础设施规划上的宏观协调和功能整合，使物流基础设施的空间布局更合理、功能更完善，逐步提高各种运输服务方式对物流基础设施的支持能力、物流基础设施的经营与网络化服务能力以及物流基础设施的信息化水平。

（二）开发物流模块智慧

智慧物流系统设计可以采取模块设计方法，即先将系统分解成多个部分，逐一设计，最后再根据最优化原则组合成为一个满意的系统。在智慧物流的感知记忆功能方面，包括基本信息维护模块、订单接收模块、运输跟踪模块、库存管理模块。在智慧物流的规整发现功能方面，主要是调度模块，这是业务流程的核心模块。通过向用户提供订单按关键项排序、归类和汇总、详细的运输工具状态查询等智能支持，帮助完成订单的分类和调度单的制作。智慧物流的创新智慧主要表现在分析决策模块。系统提供了强大的报表分析功能，各级决策者可以看到他们各自关心的分析结果。智慧物流的系统智慧体现在技术工具层次上的集成、物流管理层次上的集成、在供应链管理层次上的集成。物流系统同其他系统集成，共同构成供应链级的管理信息平台。

（三）确立目标和方案

智慧物流的建设目标包括构建多层次的智慧物流网络体系，建设若干个智慧物流示范园区、示范工程、产业基地，引进一批智慧物流企业。智慧物流系统的建设步骤：搭建物流基础设施平台，加强物流基础功能建设，开发一些最主要的物流信息管理软件，完成服务共享的管理功能和辅助决策的增值服务功能，进一步完善物流信息平台的网上交易功能。

（四）发现与规整智慧的实施创新和系统实现

首先，利用传感器、RFID 和智能设备自动处理货物信息，实现实时数据收集和透明。其次，在各方能准确掌握货物、车辆和仓库等信息的基础上，通过数据挖掘和商业智能对信息进行筛选，提取有价值的信息，找出其中存在的问题、机会和风险，从而实现系统的规整发现智慧。最后，利用智能的模拟器模型等手段，评估成本、时间、质量、服务、碳排放和其他标准，评估基于概率的风险，进行预测分析，并实现具有优化预测及决策支持的网络化规划、执行，从而实现系统的创新智慧和系统智慧。

第四节　应急物流

　　应急物流管理体系是国家应急体系的重要组成部分。自 2003 年非典疫情防控，2008 年"5·12"汶川地震救灾，2020 年新冠肺炎疫情防控以来，中国应急物流管理体系得到快速发展。但从 2020 年新冠肺炎疫情防控效果来看，中国应急物流管理体系仍有一定改进空间，中国在疫情初发期间部分地区出现库存周转低效、应急物资供应不畅、相关应急部门权责不明等问题。政府相关部门应认识到，应急物流管理体系的高效运转是打赢疫情防控阻击战、保持经济平稳运行和社会和谐稳定的基础。此外，伴随着全球气候变化，以及中国经济快速发展和城市化进程不断推进，中国在资源、环境和生态方面的压力日益加剧，灾害应对与防范形势更显严峻，这对中国应急物流管理体系也提出更高要求。

一、应急物流的内涵

（一）应急物流的定义

《物流术语》（GB／T 18354-2021）将应急物流（Emergency Logistics）定义为：应急物流是指为应对突发事件提供应急生产物资、生活物资供应保障的物流活动。

（二）应急物流的特征

1. 突发性和非预见性

　　应急物流伴随突发事件发生，突发事件包括严重自然灾害、突发性公共卫生事件、公共安全事件及军事冲突等。突发性和非预见性是应急物流区别于普通物流的一个最明显的特征。非预见性有一定的相对性。随着科学技术的进步，现在人们已经可以预测大部分原先不可预测的灾害，这有利于做好安全防范来降低安全事故发生概率。

2. 不确定性

突发事件的影响范围、持续时间无法准确估计，应急物流中要运送的物资种类、数量等也无法确定。与供应链物流不同，应急物流不能根据客户订单进行产品配送或者提供服务。

3. 弱经济性

应急物流的主要目标不是追求经济效益，而是以物流的时间和速度效益为主要目标，以满足突发事件中的应急物资供应和需求。

4. 政府与市场共同参与性

突发性灾害发生时所需的应急物资的数量大、种类多，没有一个具体的物流中心能够提供如此大量且种类繁多的应急物资，这就需要多家物流企业和物流中心在政府组建的应急救灾指挥中心的组织下共同参与完成。

二、应急物流的类型

（一）按突发事件的发生过程、性质和机理划分

应急物流可分为突发自然灾害应急物流、突发疫情应急物流和突发社会危害应急物流。火山、泥石流、地震等都属于突发性自然灾害，引起的应急物流就称为"突发自然灾害应急物流"；SARS、禽流感等属于突发疫情，突发疫情是指能够对人类或动物造成严重危害的由病毒或细菌引起的灾害，由突发疫情引起的应急物流称为"突发疫情应急物流"；重大交通事故、恐怖袭击事件等则属于突发社会危害，引起的应急物流自然被称为"突发社会危害应急物流"。

（二）按应急物资的可预测程度划分

应急物流可分为可预测的应急物流和较难预测的应急物流。科学技术和信息技术都在飞速发展，人们可以借助科学技术对突发疫情和自然灾害进行一定程度的预测，对应的应急物流称为"可预测的应急物流"；相比之下，突发的恐怖袭击事件和重大交通事故等人为突发事件则依旧很难预测，将这样的应急物流称为较难预测的应急物流。

（三）按物流活动的需求时间和约束条件划分

应急物流可以分为一次性消耗救援物资应急物流和连续性消耗救援物资应急物流。应急物资的需求量在突发事件发生初期是不确定的，同时必须在最短时间内送达应急物资到灾区，这导致应急物资的时效性非常强，这个时间段一般运送的则是医疗用品、食物等一次性消耗救援物资。而应急救援后期一般发生的是连续性消耗救援物资应急物流，这个时期救援的主要工作已经发生变化，由抢救人员改变为预防次生灾害以及进行灾后重建工作，此时对人员和物资的需求趋于稳定，可以适当考虑部分运输成本。

三、应急物流管理环节

对应急物流系统的运作流程应作必要规划和设计，这样才能在灾难到来的时候既保证人民生命财产的安全，又能把物流成本控制在最低的范围之内。根据应急物流的特征，可以将应急物流管理的重点放在以下几个环节：应急物流协调指挥中心、应急物资供给端、应急物流中心和应急物资需求端。

（一）应急物流协调指挥中心管理

应急物流系统首先必须立即成立应急物流协调指挥中心，统筹指挥做好救援物资的筹集、运输、调度、配送等工作，中心本身并不进行物资采购、储存、运输等具体的业务。它主要负责根据收集来的信息，对各加盟物流中心的物资采购、储备、运输等方面进行指导工作，使整个应急体系高效有序地运作。

（二）应急物资供给端管理

企业物流的供给部门一般有固定的合作厂商、固定的上游原料供货商。应急物流则不同，除了备用的应急物资储备，物资的供给端是多元且杂乱的。如果物资未加以整合分类就直接往灾区运送，则会造成物资的浪费，配送低效率与物资重复运送等问题均可能会产生。因此，如何对供给端进行统筹集结或直接指派是应急物资供给端管理中的一个重要工作。

（三）应急物流中心管理

应急物流中心的功能类似普通物流的配送中心，主要功能为将供给端送来的物资在进行分拣、加工、包装等处理后分别送到各个需求点，减少物资再度转运、装卸的人力与时间成本，提高应急物资从物流中心到灾区灾民手中的输送效率。

应急物流中心应该是一个功能强大、适应性强、反应灵敏的信息网络中心，它由众多的普通商业物流中心、企业加盟而成，可以根据灾情，灵活抽调各加盟物流中心组成一个保障体系，保障体系可大可小。如果遇上全国性的灾害，还可以将多个地区性的应急物流中心联网组成一个区域性、全国性的应急物流体系，实施应急保障，使整个应急物流系统有序、高效、实时、精确。

（四）应急物资需求端管理

灾害发生时造成的混乱让信息流通不畅，在第一时间内也许无法得到需求详细信息，因而必须通过事前的资料收集，针对灾害发生区的地理特性、人口分布、人口结构等相关特性进行分析，预测物资需求量。同时，随着救援活动的进行，物资需求端逐渐恢复本身应有机能，对应急物资需求的急迫性以及需求量会不断变化，应当及时进行信息反馈，关注需求的变化。

第五节　冷链物流

进入新发展阶段，人民群众对高品质消费品和市场主体对高质量物流服务的需求快速增长，肉类、水果、蔬菜、水产品、乳品、速冻食品以及疫苗、生物制剂、药品等冷链产品市场需求不断增加。新冠肺炎疫情防控常态化对冷链物流提出更高要求，冷链物流发展面临新的机遇和挑战。

一、冷链的构成

《物流术语》（GB／T 18354-2021）将冷链（Cold-Chain）定义为：根据物品特性，从生产到消费的过程中，使物品始终处于保持其品质所需温度环境的物流技术与组织系统。

一条完整的冷链一般由冷冻加工、冷冻贮藏、冷藏运输及配送、冷冻销售四个方面构成。

（一）冷冻加工

冷冻加工包括肉禽类、鱼类和蛋类的冷却与冻结，以及在低温状态下的加工作业过程；果蔬的预冷；各种速冻食品和奶制品的低温加工等。在这个环节上主要涉及的冷链装备有冷却、冻结装置和速冻装置。

（二）冷冻贮藏

冷冻贮藏包括物品的冷却储藏和冻结储藏，以及水果、蔬菜等物品的气调贮藏，它是保证物品在储存和加工过程中的低温保鲜环境。在此环节主要涉及各类冷藏库或加工间、冷藏柜、冻结柜及家用冰箱等。

（三）冷藏运输

冷藏运输包括物品的中、长途运输及短途配送等物流环节。它主要涉及铁路冷藏车、冷藏汽车、冷藏船、冷藏集装箱等低温运输工具。在冷藏运输过程中，温度波动是引起品质下降的主要原因之一，因而运输工具应具有良好性能，在保持规定低温的同时，更要保持稳定的温度，这一点对于远途运输尤其重要。

（四）冷冻销售

冷冻销售包括各种冷链物品进入批发零售环节的冷冻储藏和销售，它由生产厂家、批发商和零售商共同完成。各种连锁超市正在成为冷链食品的主要销售渠道，在这些零售终端中，大量使用了冷藏、冷冻陈列柜和储藏库，由此逐渐成为完整的食品冷链中不可或缺的重要环节。

二、冷链物流的内涵

（一）冷链物流的定义

冷链物流是指某些食品原料、经过加工的食品或半成品、特殊的生物制品和某些药品在经过收购、加工、灭活后，在物品加工、贮藏、运输、分销和零售、使用过程中，其各个环节始终处于物品所必需的特定低温环境下，减少损耗，防止污染和变质，以保证物品食品安全、生物安全、药品安全的特殊物流链系统。

冷链物流的核心不完全是"冷"，而是"恒温"，即不同的产品需要不同的保存温度。冷链物流需求较大的领域包括初级农产品（蔬菜、水果、水产品、肉制品、蛋奶等）、加工食品（速冻、冷饮、乳制品等）和医药（药品、疫苗）等特殊商品。

（二）冷链物流的特征

1.高协调性

冷链物流是一个庞大的供应链系统，涵盖了物品的冷链流通加工、冷链仓储、冷链运输、冷链配送等环节。冷链物流的物品都不易储藏，因此，冷链物流必须高效运转，冷链物流过程中的每个环节都必须具有协调性，这样才能保证整个链条的稳定、高效运作。

2.高技术性

冷链物流各环节中对设备和人员的技术要求高。具体表现在：为了保证物品的质量，加工过程要全程控温；运输要配备冷藏车、冷藏船、冷藏集装箱等；加工操作人员必须经过专业培训；还要配备一定的冷藏设备操作人员、温度监控人员等。

3.高成本性

一方面，设备成本高。冷链物流中心仓库和冷链车辆的成本一般是常温仓库和车辆的数倍。另一方面，运营成本高。冷库需要不间断地打冷才能保证温度处于恒定状态，造成冷库的电力成本居高不下；冷藏车需要不间断地打冷才能保证产品的温度恒定，需要更多的油费。冷链物流成本较普通物流要高出40%～60%。

4.高复杂性

与常温物流相比，冷链物流涉及制冷技术、保温技术、温湿度检测、信息系统和产品变化机理研究等技术，有的产品甚至涉及法律法规的约束，且每种产品均有其对应的温湿度和储藏时间要求，一旦断链将会前功尽弃，因而大大加大了冷链物流的复杂性。

三、冷链物流管理举措

（一）构建健全的冷链物流标准

标准本身让衔接更加平顺，冷链是通过集约化、标准化降低成本而实现利润的，所以前端企业生产、加工包装以及政策都需要标准化和规范化。发展冷链物流要构建科学合理的冷链物流标准体系，加强不同标准间以及与国际标准的衔接，形成覆盖全链条的冷链物流技术标准和温度控制要求。

（二）完善冷链物流基础设施网络

易腐食品的时效性要求冷链各环节必须具有更高的组织协调性。冷链物流是一个物流网络体系，要有互联互通的设施网络来支撑。要加强对冷链物流基础设施建设的统筹规划，构建覆盖全国主要产地和消费地的冷链物流基础设施网络，要健全冷链物流标准化设施设备和监控设施体系。

（三）鼓励冷链物流企业经营创新

推动冷链物流服务由基础服务向增值服务延伸，鼓励冷链共同配送、"生鲜电商＋冷链宅配"等经营模式创新，鼓励冷链物流平台企业为小微企业、农业合作社等创业创新提供支撑。

（四）提升冷链物流信息化水平

冷链物流的发展应进一步得到物联网、大数据、云计算与人工智能等新兴技术的赋能。加强先进信息技术应用，大力发展"互联网＋"冷链物流，提高冷链资源综合利用率。推动构建全国性、区域性冷链物流公共信息服务和质量安全追溯平台。

（五）加快冷链物流技术装备创新和应用

加强基础性研究以及核心技术工艺等的自主研发，加速淘汰不规范、高能耗的冷库和冷藏运输车辆，提高冷藏运输车辆专业化、轻量化水平，推广标准冷藏集装箱。

案例分析

后疫情时代的物流变革

新冠肺炎疫情暴发以来，对物流业总体和细分领域都有显著影响，这将会引起物流业在需求结构、运作模式、发展动能、服务体系等方面主动变革。

1. 需求结构之变：商业变迁，社区物流升级

新冠肺炎疫情对餐饮、批发零售、旅游、酒店、娱乐等行业的影响将会持续很长一段时间，而技术创新带来的消费者行为变迁将加速线上、线下融合，助推新零售行业发展。上游的商业变迁加剧，新技术、新业态、新模式不断出现。商业变迁将会导致物流需求结构的深度变革，从工业品物流需求转向居民消费需求，从国际市场转向国内市场。物流渠道扁平化，物流环节减少，从供应商到终端消费者的物流架构将会更加贴近社区，如"到家经济"中的蔬菜配送。农贸市场作用不断下降，出现"产地直供 + 社区配送"或"产地直供 + 生鲜超市 + 社区配送"。未来的社区建设应考虑民生提货点设计（现有快递柜硬件条件并不能满足生鲜、大件、防疫等需求）。因此，需要从选址、设备选型、消毒防控、货物安全、恒温冷藏、包装垃圾处理等方面提升社区物流服务水平。

2. 运作模式之变：直播引流，物流融合加快

直播电商带来的销售额激增，考验的是背后的物流组织与服务能力，这将导致物流运作模式更加集约化和精细化。物流跨界融合加快，更加需要物流做好自身的三道防线：第一道防线，精准需求预测。只有通过大数据分析，流量和货量精准，才能规划云仓配置；第二道防线，科学库存控制。提升供应链数字化程度，促进信息和渠道共享，才能将库存前置，避免库存积压；第三道防线，强化物流执行。从选品、包装分拣、配送到消费者手中，确保物流时效和质量，减少退货及逆向物流。

3. 发展动能之变：科技赋能，智慧物流迭代

疫情当前，远程、无人、无接触、仿真等技术名词大家耳熟能详。疫情过后，所有的物流企业都需要转型为数字化企业。黑科技在物流中的应用正在加快，如全流程无人仓技术、无人机技术、自动驾驶技术、配送机器人技术、智能配送站等。以前多年才能实现的科技场景应用，现在得到广泛推广使用。体制与机制阻碍与限制越来越少，政府更加鼓励企业加快技术与应用齐头并进。物流发展动能将从典型的资源要素投入驱动向技术驱动与应用驱动相结合转变。

4. 服务体系之变：割裂之痛，裂变重生

经济与商业越发达的地方，物流服务体系越完善，物流服务能力越强，反之亦然。而疫情期间，物流服务体系的"二元鸿沟"表现更为突出，体现在：一是普通物流与应急物流的割裂。突发性公共卫生事件发生后，应急物流的响应机制和保障能力备受考验；二是城乡物流的割裂。一方面城市物资生活保障困难，菜价贵买粮难；而另一方面农村农产品滞销。

（1）服务体系之变一是平战结合，应急物流上台阶。应急物流的建立和完善非一蹴而就，需要逐步构建政府主导、企业参与、社会响应的"平战结合"应急物流体系。有关部门应审定一批全国性、不同行业应急物资保障供应节点企业，列入重点物资储备计划；建设应急协同信息平台，供需匹配智能化对接，提升信息化共享与透明程度。同时，军地融合实施应急物流人才储备工程，开展应急物流人员的培养、认证以及社会培训。

（2）服务体系之变二是城乡结合，产销一体对接。需要进一步完善农村物流基础设施，尤其是农产品仓储保鲜冷链设施。鼓励有条件的乡村立足区位优势，发展农村商贸物流一体产业集聚区。以电商为手段，以物流为载体，打通"互联网 + 物流"渠道发展农村特色产业。

［资料来源：李超锋 . 后疫情时代的物流变革及其应对策略 [J]. 广东轻工职业技术学院学报，2022（1）.］

案例讨论：

在疫情防控常态化背景下，现代物流行业可采取哪些应对策略？

思考题：

1.精益物流系统的基本框架包括哪些部分？

2.简述中国发展绿色物流的策略。

3.简述智慧物流的实施步骤。

4.简述应急物流管理环节。

5.冷链物流有哪些特征？

参考文献

[1] 王之泰. 现代物流学 [M]. 北京：中国物资出版社，1995.

[2] 崔介何. 物流学概论 [M]. 北京：北京大学出版社，2004.

[3] 丁俊发. 中国物流 [M]. 北京：中国物资出版社，2002.

[4] 汝宜红. 现代物流 [M]. 北京：清华大学出版社，2005.

[5] 罗来仪，王智强. 现代物流知识问答 [M]. 北京：对外经济贸易大学出版社，2016.

[6] 吴清一. 物流管理 [M]. 北京：中国物资出版社，2015.

[7] 李严锋，张丽娟. 现代物流管理 [M]. 大连：东北财经大学出版社，2020.

[8] 李亦亮. 现代物流管理基础 [M]. 合肥：安徽大学出版社，2021.

[9] 李松庆. 现代物流学 [M]. 北京：清华大学出版社，2018.

[10] 高淮成. 解析现代物流 [M]. 安徽：安徽人民出版社，2015.

[11] 周斌. 现代物流管理 [M]. 北京：化学工业出版社，2019.

[12] 申纲领. 物流案例与实训 [M]. 北京：北京大学出版社，2019.

[13] 申纲领. 现代物流管理 [M]. 北京：清华大学出版社，2018.

[14] 编写组. 现代物流管理概论 [M]. 北京：化学工业出版社，2022.

[15] 黄先军，张敏. 现代物流配送管理 [M]. 合肥：安徽大学出版社，2021.

[16] 贾争现，冯丽帆. 物流配送中心规划与设计（第 4 版）[M]. 北京：机械工业出版社，2019.

[17] 孔继利. 物流配送中心规划与设计 [M]. 北京：北京大学出版社，2014.

[18] 林自葵，刘建生. 物流信息管理 [M]. 北京：机械工业出版社，2021.

[19] 张旭梅. 物流信息管理 [M]. 重庆：重庆大学出版社, 2008.

[20] 王春艳. 物流信息管理 [M]. 大连：大连海事大学出版社, 2007.

[21] 彭扬, 傅培华, 陈杰. 信息技术与物流管理 [M]. 北京：中国物资出版社, 2009.

[22] 张相斌, 林萍, 张冲. 供应链管理 [M]. 北京：人民邮电出版社, 2021.

[23] 李雪琴, 谢佳佳, 招莉莉. 供应链管理 [M]. 长沙：湖南师范大学出版社, 2021.

[24] 张磊, 张雪. 物流与供应链管理 [M]. 北京：北京理工大学出版社, 2021.

[25] 宾厚, 王欢芳, 邹筱. 现代物流管理 [M]. 北京：北京理工大学出版社, 2019.

[26] 乐美龙. 供应链管理 [M]. 上海：上海交通大学出版社, 2021.

[27] 李严锋, 解琨. 精益物流 [M]. 北京：中国财富出版社, 2013.

[28] 刘刚. 现代物流管理 [M]. 北京：中国人民大学出版社, 2018.

[29] 吴润涛, 靳伟, 王之泰. 物流手册 [M]. 北京：物资出版社, 1986.

[30] 中国物流与采购联合会. 中国物流发展报告（2020—2021）[M]. 北京：中国财富出版社, 2011.

[31] 陈晓曦. 数智物流 [M]. 北京：中国经济出版社, 2020.

[32] 百度百科 http://baike.baidu.com/

[33] 中国物流与采购网 http://www.chinawuliu.com.cn

[34] 第一物流网 http://www.cn156.com/

[35] 中国物流协会 http://csl.chinawuliu.com.cn/

安徽省"十四五"物流业发展规划

物流业一头连着生产、一头连着消费，在建设现代流通体系、服务构建新发展格局、推动经济社会高质量发展中发挥着基础性、战略性、先导性作用。为推动物流业提质增效降本、高质量发展，根据《安徽省国民经济和社会发展第十四个五年规划和 2035 年远景目标纲要》编制本规划。

一、规划基础

（一）发展现状

"十三五"以来，我省坚持以供给侧结构性改革为主线，全面推进物流降本增效，取得积极进展，物流业对国民经济的支撑保障作用显著增强，在防控新冠肺炎疫情中做出了积极贡献。

综合实力持续增强。2020 年全省物流相关行业增加值达到 5487.5 亿元，较 2015 年翻了一番多；社会物流总额达到 70213 亿元，年均增长 5.2%。各类市场主体快速成长，A 级物流企业达到 232 家，较 2015 年增加 113 家，其中 5A 级物流企业达到 5 家。全省社会物流总费用与地区生产总值的比率降至 14.7%，较 2015 年降低 2.1 个百分点，降幅高于全国 0.8 个百分点。

物流结构加速优化。冷链物流高速发展，冷库容量达到 280 万吨。快递业务量跃升至 22 亿件，"十三五"期间年均增长 41%。民航货物吞吐量达到 9.3 万吨，是 2015 年的 1.7 倍。建成一批医疗、生活物资应急物流基地。多式联运深入推进，芜湖港—宁波港江海联运班轮、蚌埠—连云港铁海联运班列等投入运营，合肥岗集、马钢物流入选国家多式联运示范工程。

枢纽载体日益夯实。合肥等 5 地获批国家物流枢纽承载城市，芜湖港口型

物流枢纽、合肥骨干冷链物流基地纳入国家建设名单，合肥、芜湖、马鞍山入选国家物流标准化试点城市，芜湖、亳州入选全国供应链创新与应用试点城市。华源现代物流园、合肥商贸物流园获批为国家示范物流园区，省级示范物流园区达到 21 个。

流通网络加快构建。高铁运营总里程居全国第一位，成为全国第二个"市市通高铁"省份。公路总里程位居长三角第一位，"五纵九横"高速公路主骨架加速形成。航道通航总里程达到 5777 km，其中高等级航道 1802 km。合肥国际航空货运集散中心加快建设，芜宣机场建成通航，"一枢五支"机场发展格局初步形成。2020 年合肥中欧班列开行 568 列，进入全国第一方阵。

科技赋能积极推进。区块链、物联网等新技术以及网络货运、共同配送、智能仓储等新业态新模式快速发展，合肥京东亚洲一号、联宝无人仓、芜湖港集装箱无人智能堆场等加速涌现，全省邮政快递全自动分拣处理中心达到 31 个，南陵获批为全国快递科技创新试验基地，合肥维天运通入选国家级骨干物流信息平台试点单位。

发展环境逐步改善。出台物流降本增效、促进物流业高质量发展等一系列政策文件，推动减税降费，加快要素集聚。推动全省港口航道资源整合，组建省港航集团。积极参加国家物流枢纽联盟、长三角物流联盟。推进物流市场监管规范化，改善服务质量，提高运营效率。开展社会物流统计，定期发布物流业景气指数，合理引导社会预期。

也要看到，与构建新发展格局、更好满足人民日益增长的美好生活需要相比，我省物流业发展还存在一些突出短板：一是物流供给能力亟待提升，冷链、应急等物流服务存在薄弱环节，物流组织化、集约化、网络化程度不够高，具有全球竞争力的现代物流企业较少。二是物流服务质量亟待改善，物流业与制造业及其他产业融合深度不够，现代供应链发展滞后，标准规范推广应用不足。三是物流运行效率亟待提高，铁路、水路货运占大宗物资中长距离运输比重较低，跨运输方式、跨作业环节衔接转换效率不高，全省社会物流总费用与地区生产总值的比率仍然高于长三角平均水平。

（二）发展环境

展望"十四五"，党中央国务院高度重视、大力推进现代流通体系建设，省委省政府聚力推进"三地一区"建设，对我省物流业发展提出了新的更高要求。

服务构建新发展格局，有利于我省拓展物流业发展新空间。在构建以国内大循环为主体、国内国际双循环相互促进的新发展格局战略指引下，我省处于长三角与中部地区的枢纽地带，区位交通、市场腹地、人力资源等优势凸显，通过深度融入生产、分配、流通、消费大循环，推动物流业加快发展，可以在需求牵引服务供给、高质量服务供给创造新需求的高水平动态平衡中实现更大作为。

新一轮科技革命和产业变革不断深化，有利于我省增强物流业发展新动能。科技强省建设扎实推进，现代信息技术、新型智能装备广泛应用，将为我省物流业发展注入新动力，助力物流业数字化、网络化、智能化，形成科技含量高、创新能力强的智慧物流服务体系。同时，碳达峰、碳中和目标明确，有利于物流业绿色转型，增强可持续发展能力。

长三角一体化发展等国家战略深入实施，有利于我省探索物流业协同新路径。国家大力推进长三角一体化发展、推动长江经济带发展、促进中部地区高质量发展，有利于我省发挥左右逢源双优势，完善互联互通的综合运输体系，畅通内联外通的物流通道，开拓协同发展新局面。

产业链供应链现代化扎实推进，有利于我省发掘物流业服务新价值。国家坚持把发展经济着力点放在实体经济上，提升产业链供应链现代化水平，对现代物流供应链提出更高要求。立足我省实际，聚焦主导产业发展需求，进一步强化物流支撑能力，打造自主可控、安全高效的产业链供应链。

全面深化改革开放向纵深推进，有利于我省培育物流业发展新优势。物流领域"放管服"改革以及交通强省建设深入推进，高水平制度性开放加快开展，有利于依托中国（安徽）自由贸易试验区等重大改革开放平台，推动物流业深化改革、扩大开放，持续激发市场活力。

二、总体思路

（一）指导思想

坚持以习近平新时代中国特色社会主义思想为指导，全面落实习近平总书记对安徽做出的系列重要讲话指示批示，立足新发展阶段，贯彻新发展理念，服务和融入新发展格局，充分发挥东中部地区连片市场优势，聚焦提质、增效、降本，大力发展供应链物流、民生物流和物流新业态新模式，做强物流枢纽，促进产业集聚，提高运行效率，助力全社会物流成本整体下降，加快建设内外联通、安全高效的现代物流网络，为打造国内大循环的重要节点、国内国际双循环的战略链接提供有力支撑。

（二）发展原则

枢纽牵引、联动成网。服务国家重大区域战略和"三地一区"建设，统筹物流与区域、产业、消费、城乡协同布局，大力推进物流枢纽建设，强化物流网络高效联动，构建"通道＋枢纽＋网络"的现代物流运行体系。

创新驱动、数字赋能。发挥科技创新优势，以数字化、网络化、智能化为牵引，加快物流技术创新、业态创新和模式创新，积极布局智慧物流新基建，推动物流服务质量变革、效率变革与动力变革。

绿色低碳、安全韧性。贯彻落实碳达峰、碳中和目标要求，倡导绿色物流理念，提高物流业节能减排和集约发展水平。落实总体国家安全观，完善应急物流体系，保障战略物资供应和产业链供应链安全稳定。

以人为本、民生优先。围绕更好满足城乡居民日益增长的美好生活需要，适应内需扩张、消费升级趋势，强化社会民生物流保障，优化完善快递物流网络，补齐农村物流设施和服务短板，更多更好满足多层次、多样化服务需求。

市场主导、政府引导。坚持市场逻辑、资本力量、平台思维，在更好发挥政府作用、加强战略规划和政策引导的基础上，充分发挥市场在资源配置中的决定性作用，激发各类市场主体创新发展活力，提高物流业发展质量效益。

（三）主要目标

到 2025 年，物流业提质增效降本取得积极进展，物流规模结构、运作效率和服务质量明显提升，在全国物流网络中的地位不断提升，初步建成物流强省。

物流设施能力大幅改善。"三横四纵多辐"物流通道更加便捷，物流枢纽功能更加完善，物流设施网络更加均衡。新增省级示范物流园区 30 家左右，创建国家骨干冷链物流基地 3～4 个、国家物流枢纽 5 个左右。

重点物流领域持续增强。供应链稳定性和竞争力不断提高，冷链物流、邮政快递效率和品质大幅改善，航空物流、高铁物流以及新业态新模式快速发展，储备适度、反应迅速、抗冲击能力强的应急物流体系基本建成。

物流服务效率明显提升。多式联运、干支仓配一体化衔接更加顺畅，跨物流环节转换、跨运输方式联运效率大幅提高。培育一批具有较强竞争力的骨干物流企业，形成一批在国内具有较强竞争力的网络货运平台。全省社会物流总费用与地区生产总值的比率降至 12% 左右。

物流发展环境不断优化。物流降税清费取得积极进展，营商环境持续优化。物流标准规范体系更加健全，标准化、集装化、单元化物流设施广泛应用。物流用地、金融、人才、信用等支撑作用更加有力。

序号	指标	2020 年	2025 年	年均增速 / 增量
	专栏1 "十四五"时期物流业发展主要指标			
1	物流相关行业增加值（亿元）	5487.5	8000	7.8% 左右
2	货运量（亿吨）	37.4	45	4%
3	铁路货运量（亿吨）	0.8	1	4.5%
4	机场货邮吞吐量（万吨）	9.3	22.75	20%
5	冷库容量（万吨）	280	700	≥ 20%
6	快递业务量（亿件）	22	65	24%
7	社会物流总费用与 GDP 比率（%）	14.7	12	—
8	重点港口集装箱铁水联运量年均增长（%）	—	—	12
9	营运车辆单位运输周转量二氧化碳排放下降率（%）	—	—	【≥ 4】
10	A 级以上物流企业（家）	232	530	【300 左右】
11	省级示范物流园区（个）	21	≥ 50	【30 左右】

注：【 】为五年累计数；不含芜宣机场。

三、空间布局

（一）贯通"三横四纵多辐"物流通道

把握构建新发展格局的新要求，积极适应国土空间开发、产业布局调整、消费空间重构和新型城镇化发展需求，主动融入国家物流网络，打造"三横四纵多辐"物流通道。

三横。依托长江黄金水道、淮河、沪蓉高速、沪蓉高铁，打造沿江、沿淮和沪蓉三条横向物流通道，推进航道综合整治和港口资源整合，积极发展大宗物资中转集散和内河集装箱运输，加快江淮运河高等级航道建设，实现江淮贯通联动发展，全面融入长三角地区高等级航道网，强化长江经济带上下游经济联系，形成长三角辐射联动中西部的主要物流通道。

四纵。依托国家综合运输通道，贯通京沪、京港、京福、郑杭四条纵向物流通道，强化与沪苏浙、京津冀、粤港澳大湾区的经济联系，加快多式联运设施建设，完善集疏运设施网络，推动多种运输方式有机衔接，提高物流通道承载能力和转运效率。

多辐。以合肥为中心，建设完善合宁、合武、合徐、合芜宣、合安、合郑、合铜黄等辐射型物流通道，进一步强化合肥、芜湖、阜阳、蚌埠、安庆等国家物流枢纽承载城市之间联系，积极争创国家物流枢纽，促进物流与经济社会发展深度融合。

（二）培育壮大五大物流枢纽

围绕"一圈五区"总体发展布局，依托国家物流枢纽承载城市，高质量推进国家物流枢纽建设，促进资源聚合、功能提升、联动发展，进一步提升在国家枢纽网络中的能级和地位。

合肥物流枢纽。加大国家物流枢纽创建力度，建设合肥新桥机场区域航空枢纽、国际航空货运集散中心，提升中欧班列运行规模和水平，争创国家物流枢纽经济示范区。加速合肥都市圈物流一体化发展，完善都市圈物流配送网络。

芜马物流枢纽。做大做强芜湖港口型国家物流枢纽，支持芜湖马鞍山江海联运枢纽建设，引导芜湖港和郑蒲港联动发展，推进芜湖专业航空货运枢纽港建设，打造全国重要的港口物流枢纽基地。

阜阳物流枢纽。围绕粮食、能源资源等大宗商品物流需求，增强阜阳北铁路货运能力，加快农产品冷链物流设施建设，完善商品仓储、干支联运、分拨配送等功能，打造全国知名的商贸物流基地。

蚌埠物流枢纽。加快生产服务型物流枢纽建设，提升蚌埠东铁路货运枢纽、蚌埠淮河航运枢纽功能，推进公铁联运、海铁联运，打造全国重要的高铁快运物流中心。

安庆物流枢纽。加快港口型物流枢纽建设，积极发展石化物流、纺织服装物流和农副产品物流，提升江淮联运综合枢纽港、江海联运航运服务基地功能，建设全国重要的大宗商品储运加工交易基地。

（三）构建便捷高效物流网络

围绕"三横四纵多辐"物流通道和五大物流枢纽，积极优化物流网络节点，合理布局区域物流中心、分拨中心、配送中心，形成多层级物流网络体系。加强枢纽间干线运输对接，支持开行枢纽城市间、枢纽与节点城市间航运班轮、铁路班列等，协同加密公路支线运输网络，增强内河水运支线网络服务能力，完善机场和港口集疏运体系。

专栏 2   区域性物流网络节点
淮北。积极发展第三方物流、农产品物流、大宗商品物流、冷链物流，建设服务皖北、辐射长三角的区域性物流节点。
亳州。积极发展医药物流、粮食仓储物流、冷链物流、电商物流、应急物流、逆向物流等，打造中原城市群重要的物流节点。
宿州。大力发展制造业物流、商贸物流、农产品物流，加快现代物流集聚区、物流园区建设，打造黄淮海地区重要的综合物流节点。
淮南。积极发展大宗商品物流、电商物流、冷链物流、智慧物流，打造淮河生态经济带区域性物流节点
滁州。推进大江北物流枢纽中心建设，完善综合物流中心、专业物流中心和配送中心功能，积极发展制造业物流、商贸物流、快递物流，打造南京都市圈乃至长三角重要的现代物流节点。
六安。积极发展制造业物流、农产品物流、钢铁物流、商贸物流，打造大别山革命老区重要物流节点。
宣城。积极发展农产品物流、冷链物流、电商物流、智慧物流等，建设皖苏浙省际交汇区域综合物流节点。

（续表）

专栏2　　区域性物流网络节点
铜陵。加快发展农产品物流、冷链物流、商贸物流、制造业物流，打造皖中南区域重要的物流节点。
池州。大力发展城市配送、大宗商品物流、冷链物流，打造皖南地区商贸物流基地和长三角区域性物流节点。
黄山。积极发展农产品物流、商贸物流、快递物流等，打造对接杭州都市圈、辐射皖浙赣的区域性综合物流节点。

四、产业引导

（一）大力发展供应链物流

充分发挥供应链物流在促进降本增效、供需匹配和产业升级中的重要作用，促进上下游、产供销有效衔接，助力皖美制造、皖美农品、皖美旅游、皖美味道拓展发展新空间。

提升制造业物流服务水平。围绕十大新兴产业领域，支持龙头企业牵头组建产业联盟、搭建智慧平台，构建现代供应链体系，促进现代流通与产业链深度融合。支持物流企业与制造企业协同共建供应链，引导物流企业量身定做供应链管理库存、线边物流、供应链一体化服务等物流解决方案，争创一批具有全球竞争力的物流供应链创新示范企业。鼓励发展以个性化定制、柔性化生产、资源高度共享为特征的虚拟生产、云制造等现代供应链模式，提升全物流链条的价值创造水平。积极培育特种物流，在确保安全的前提下，稳妥发展危化品多式联运，推动危化品物流向专业化定制、高品质服务和全程供应链服务转型升级。优化跨区域大件物流通道线路，完善大件物流网络。培育壮大专业化第三方医药物流企业，健全全流程监测追溯体系。

完善现代农业供应链。服务乡村振兴和长三角绿色农产品生产加工供应基地建设，大力发展农产品供应链，加快推动物流与农业协同发展，强化物流对现代农业的支撑带动作用。发展农产品从产地到餐桌"采仓配销"一体化模式。优化农产品供应链"最初一公里"，支持在产地就近建设改造具有产后商品化处理功能的农产品产地集配中心、冷库、产地仓等设施，配备产后清洗、加工、预冷、烘干、质检、分级、包装、冷藏等设备，鼓励建设移动型、共享型商品化处理设备设施，提高农产品商品化处理和错峰销售能力。鼓励和引导大型农产品流通企业拓展社区服务网点，减少中间环节，降低农产品物流成本。围绕茶叶、蓝莓等特色农产品主产区，加强邮政、快递物流等合作，畅通农产品"上行"通道。建立基于供应链的重要产品质量安全追溯机制，提高消费安全水平。加大农产品供应链物流平台建设，培育一批全程物联、全链可溯、全域可视的特色农产品供应链平台，畅通农产品流通渠道。支持在粮食主产地区加快建设一批粮食仓储和物流设施项目。

加快建设现代商贸流通体系。鼓励有条件的城市和企业建设线上线下融合的新消费体验馆、智慧商店、智慧街区、智慧商圈，鼓励购物中心、百货商店、超市等实体零售企业进一步细分消费群体，明确功能定位，突出商品和服务特色，由商品销售为主转向"商品＋服务"并重。鼓励批发、零售、物流企业共建采购、分销、仓储、配送供应链协同平台，拓展质量管理、追溯服务、金融服务、研发设计等功能，完善采购执行、物流服务、分销执行、融资结算、商检报关等一体化服务。加强交通、邮政、快递、电商等资源整合，探索提供"统仓统配"、定制化服务、点对点服务等。支持老字号企业通过创新产品、服务和营销方式扩大品牌影响力，增强品牌竞争力，促进形成国潮消费。积极引进大型电商平台，支持发展垂直电商平台，推动骨干流通企业开展数字化、智能化改造和跨界融合，培育年销售额超百亿大型商贸流通企业 20 家以上。支持商贸流通企业通过兼并重组、连锁经营等方式走出去，积极开拓沪苏浙、中部地区市场。

高标准打造专业市场。引导合肥建设新型显示、集成电路、新能源汽车等供应链集成服务基地。支持皖江地区建设煤炭、钢铁、有色、建材等商品采购集散中心，依托芜湖港建设长三角煤炭交易中心和煤炭储备基地。推动皖北和皖西地区建设农副产品、中药材、药品等区域性专业市场。鼓励皖南地区建设文化旅游特色商品集散中心。支持阜阳太和医药物流线下线上联动发展。支持马鞍山欧冶链金打造全国性废钢交易市场。深入推进专业市场业态模式创新，培育一批商品经营特色突出、产业链供应链服务功能强大、线上线下融合发展

的新型专业市场。到 2025 年，培育年交易额超 1000 亿元的商贸枢纽型市场 3 ~ 5 家。

专栏 3 供应链物流重点项目
制造业物流。中外运供销物流园、顺丰华中智慧供应链科技基地、万科物流华东总部结算运营中心、中国物流亳州综合物流园区、龙子湖区现代物流产业园、阜阳保税物流中心（B 型）、六安钢铁控股集团物流园区、富春智慧型城市供应链运营中心、宣城巷口桥现代综合物流中心、铜陵铜化物流园、皖江江南保税物流中心（B 型）、繁昌沿江临港现代物流产业基地等项目。
现代农业物流。百大肥西农产品现代物流园、家家悦淮北综合产业园、蚌埠市海吉星二期、阜阳市现代化食品仓储物流、中国供销·临泉农副产品批发市场、阜阳农产品物流中心三期、安徽供销·含山农产品大市场、西商农产品（冷链）物流园、芜湖润信现代农产品物流园、五洲国际（绩溪）公路港、宣城市长三角农产品供应链中心（一期）、安庆海吉星农产品物流园、善之农国际农产品供应链（蚌埠）中心、宿松新发地农产品物流园等项目。
现代商贸流通。合肥国际陆港、合肥派河国际综合物流园、中国南山·合肥岗集综合交通物流港、合肥宝湾国际物流中心、蒙城港（建材）物流园、利辛县智慧物流园、泗县综合物流园、蚌埠市综合货运中心、湾沚区中欧跨境贸易 TIR 公路物流产业园、无为电子商务物流园、泾县城西智慧物流园、绩溪县徽杭智慧物流园、铜陵大青山物流园、安庆聚盟际通村鸟智慧物流园、安徽皖东南农副产品物流园等项目。

（二）积极发展民生物流

以满足城乡居民消费升级和人民美好生活向往为导向，积极发展冷链物流、邮政快递和应急物流，增强物流服务民生需求能力，提升便捷高效服务水平。

做大做强冷链物流。服务长三角绿色农产品生产加工供应基地建设，实施农产品仓储保鲜冷链设施建设工程，分层次完善冷链物流网络体系，补齐城乡冷链物流短板。推进合肥国家骨干冷链物流基地建设，支持宿州、蚌埠、阜阳、芜湖等国家骨干冷链物流基地承载城市加快重点冷链设施项目建设，积极争创国家骨干冷链物流基地。围绕产供销全链条流通，在中小城市、县城布局一批冷链集配中心。围绕打通生产"最初一公里"和消费"最后一公里"，建设一批农产品产地库，完善城市社区末端配送网点。鼓励企业利用产地现有常温仓储设施进行改造，就近新建产后预冷、贮藏保鲜、分级包装等冷链物流基础设施。推广冷藏集装箱、保温箱、冷藏车等标准化装备，促进信息互联互通，提高冷链物流规模化、标准化水平。积极发展"生鲜电商＋冷链宅配""中央厨房＋食材冷链配送"等冷链物流新模式，改善消费者体验。充分利用第三方冷链物流监控平台，加强产品溯源和全程温湿度监控，提升安全运行和质量保障水平。依托农产品批发市场、第三方物流园区等，加强生鲜农产品检验检疫。

推动邮政快递转型提质。深入实施快递"进厂""进村"和"出海"工程，积极吸引国内快递企业区域总部落户，建设一批特色快递产业园区。深入促进快递物流干线运输与普铁、高铁、航空等干线运输服务对接融合，推动干线运输、区域分拨、城乡配送网络协同和资源整合共享。鼓励发展"网订店取""自助提货"等末端配送模式。高质量推动快递物流与电子商务协同发展，促进线上线下联动，提升电商快递服务水平。积极拓展国际快递服务网络，优化跨境电商物流服务，鼓励传统货代、物流企业拓展电商服务等业务，为中小跨境网商提供统一采购、仓储和配送等服务，逐步形成与跨境电商相适应的快递物流体系。支持合肥、芜湖创建"中国快递示范城市"，推动芜湖、蚌埠建设全国性邮政快递枢纽城市。

建立健全应急物流体系。坚持"平急两用"原则，加快构建更具韧性、保障有力的现代化应急物流体系。建立健全"省—市—县—乡（镇）"四级应急物资储备网络，优化应急物流设施布局，加强应急物资储备、应急运输转运等设施建设，统筹推进布局、功能、运行相互匹配和有机衔接，实现应急物资跨区域快速调运、区域内有效分拨配送。依托大型物流园区、农产品批发市场、高速公路服务区等，布局建设一批应急物流转运场站。鼓励各市根据经济社会发展需求，建立一批平急结合的应急物资中转站。支持建设一批粮食、能源、抢险救援、医疗用品等应急物资储备项目。加强对各市重大物流设施及应急物流能力储备的统筹协调、监测预警，提升应急物流组织水平，形成稳定可靠、高效响应的应急物流组织体系。依托重点生产加工、商贸流通企业，优化提升应急物资储备和动员能力。推动建立长三角应急物流协同联动机制，构建长三角一体化应急物流保障体系。

（三）培育物流新业态新模式

专栏 4　民生物流重点项目
冷链物流。安徽大众冷链制冰及冷链产业孵化基地、淮海中瑞农产品物流中心冷链物流园、利辛县长三角绿色农产品冷链物流、蒙城县冷链物流、宿州多温层冷链加工物流中心、五河县智慧冷链物流园、阜阳市中原牧场冷鲜城、阜南经济开发区冷链物流园、淮南市冷链物流产业园、安徽鑫农汇冷链食品有限公司食品加工及冷链物流、金寨县城乡冷链物流体系、大别山农产品冷链物流园、和县国家现代农业产业园农副产品冷链物流基地、冰欧物联网冷链科技园、无为大地城乡冷链仓储高效物流集配中心、铜陵汐有冷链物流、铜陵冷链物流配送中心、池州农产品一级批发市场冷链配送物流园、望江县长江流域农副产品冷链物流基地、黄山徽州区城乡冷链物流产业园、祁门县冷链物流中心等项目。
邮政快递物流。韵达智慧物流巢湖产业园、菜鸟网络中国智能骨干网（合肥经开）南区、宿州区域电商快递分拨中心、马鞍山韵达智慧物流产业园、顺丰马鞍山智慧物流园区、韵达安徽（东至）快递电商总部基地、安庆市中通物流园、怀宁县永丰超市物流配送、韵达亳州现代产业园等项目。
应急物流。合肥大健康医药产业园、宿州市粮食物流和应急保障中心、宿州市应急物资储备中心、安徽丰原药业股份有限公司医疗应急物资储备库、阜阳应急物资储备中心、天长市地方国有粮食物资储备物流中心、叶集区应急救援物资储备、芜湖市应急医疗防护产品战略储备基地、旌德县粮食和应急物资储备库、长三角储备粮加工及仓储基地（铜陵）、安庆市皖西南应急保供物资储备中心、迎江区应急（医疗等）储备基地、祁门县粮食和物资储备中心、黄山区应急抢险装备及救灾物资储备库、广德市粮食和应急物资储备库、皖西北（阜南）粮食产业园、临泉县粮食物流和应急物资储备中心、安徽省粮食和物资储备综合保障基地（一期）等项目。

立足壮大新动能，加快培育发展航空物流、高铁物流等新兴业态，推动物流商业模式、产业形态创新应用。

培育壮大航空物流。加快补齐航空物流短板和弱项，打造与先进制造业发展水平、外贸规模、消费能力相适应的航空物流服务体系，构建"安徽 123 快货物流圈"，实现货物国内 1 天送达、周边国家 2 天送达、全球主要城市 3 天送达。推动合肥新桥、芜宣机场协同联动、错位发展，创建合肥国家级临空经济示范区。大力引进、培育货运基地航空公司，深化与东航、国航等大型航空公司合作，培育以合肥、芜湖为主基地的本土航空货运企业。积极推动航空货运发展模式创新，大力发展临空经济，全面提升空港物流、跨境电商发展水平。推进既有航空货运设施改扩建，完善地面配套服务体系。提升货运代理、卡车运输等航空物流地面集疏运能力，提高航空运输与地面物流作业环节的衔接转运效率。推进机场物流与自贸试验区、综合保税区高水平联动,实现区港一体化运营。

加快发展高铁物流。发挥高铁网络优势,推动高铁场站功能设施改造升级,强化接卸货、存储、转运等物流功能,加快构建与现代化铁路网相匹配的高铁物流服务体系。建设蚌埠高铁、黄山空铁快运物流中心,支持开行"点对点"的高铁货运班列、专列,打造高铁物流服务品牌。加快推进快件铁路运输,发展电商快递班列,支持合肥等城市发展高铁运邮。依托高铁枢纽打造高铁快运物流基地和现代快递产业园。鼓励电商、快递企业参与高铁物流枢纽建设,积极布局电商快递分拨与配送中心,完善与高铁物流高效衔接的分拨、配送网络。积极推广应用可加挂高铁货运车厢、高铁货运柜等专用运载装备。探索试点开行冷链生鲜、生物医药、高端制造、电商零售、商务快件等一批特色产品专列,实现长三角主要城市"半日达"、国内主要城市"一日达"。

积极发展新业态新模式。鼓励发展云仓、共享集装箱、共享托盘等共享物流模式,积极发展共同配送、集中配送、分时配送等先进物流组织方式,探索无人机在城市物流、应急医疗配送和物资保障等城市场景的应用,加强无人集卡在物流园区、码头港区等封闭和可控场景应用,鼓励无人配送车在城市社区等推广应用。健全完善相关法规制度和标准规范,推动网络货运新业态有序发展,支持安庆等地建设网络货运创新发展试验区。探索发展"门到门""端到端"等物流新模式。

五、重点任务

专栏5 物流新业态新模式重点项目
航空物流。新桥机场改扩建、芜湖专业航空货运枢纽港等项目。
高铁物流。阜阳北铁路物流基地、铜陵钟鸣铁路物流园、黄山绿色空铁物流园、徽州现代物流园公铁(水)联运中心多式联运示范工程、广德市铁海联运铁路货场物流基地、六安现代铁路物流园基地等项目。
新业态新模式。黄淮海(宿州)智慧物流产业园、阜阳国际智慧物流港、阜阳颍泉智慧物流园项目、京东芜湖智能供应链产业园、海螺三山智能仓储、安庆市皖西南区域智慧供应链管理及综合服务平台、顺丰安庆智慧供应链基地、安庆电子商务智慧仓储统仓共配综合运营中心等项目。

（一）夯实物流基础能力

坚持提质增效降本发展导向，加强物流基础设施建设，推动从以压缩成本为主的数量型降成本向以完善物流运行体系、优化物流组织结构为重点的系统性降成本转变。

培育壮大物流枢纽。加快合肥陆港型、芜湖港口型国家物流枢纽建设，引导枢纽间深化合作，完善基础设施条件，提升干线中转运输、区域分拨配送、国际物流服务等组织功能，完善"一体化"枢纽设施体系和"辐射式"物流服务体系。支持合肥商贸服务型、生产服务型物流枢纽以及蚌埠生产服务型、阜阳商贸服务型、安庆港口型物流枢纽重大物流设施项目建设，明确物流枢纽建设运营主体、功能定位、空间布局、运行模式，提升综合物流服务功能，支持更多物流枢纽纳入国家建设名单。抢抓内陆地区枢纽补短板机遇，支持有条件的城市创建国家物流枢纽承载城市，支持合肥、芜湖等承载城市根据发展需要增加或调整物流枢纽类型，积极争创空港型物流枢纽。积极参与国家物流枢纽联盟建设，促进与国家物流枢纽信息平台互联互通，加强枢纽间干线运输对接，提高枢纽综合物流服务能力。

建设示范物流园区。引导各地围绕主导产业发展需求，依托工业园区、铁路货运站、港口、机场、高速出入口等，建设一批物流园区。支持各类物流园区创新建设、运营、管理模式，提升信息化、数字化、智能化水平。重点围绕国家物流枢纽承载城市、国家骨干冷链物流基地承载城市，新认定省级示范物流园区 30 家左右，支持有条件的物流园区争创国家级示范物流园区，推动物流园区互联成网。定期开展省级示范物流园区发展评估工作，总结推广发展经验，加强交流合作。

完善城乡物流网络。结合城市更新、老旧小区改造，布局建设和改造升级一批集公共仓储、加工分拣、区域配送、信息管理等功能于一体的公共配送中心、区域分拨中心，推动整合商圈物流资源，建设商圈物流配送体系。加快完善县乡村三级物流配送网络，建设一批县域物流园区、公共配送（分拨）中心、镇级配送站和村级公共服务网点，健全乡到村工业品、消费品下行"最后一公里"

和农产品上行"最初一公里"的双向物流服务网络。促进县城配送投递设施提档扩面、冷链物流设施提质增效、农贸市场改造升级。促进交通、邮政、快递、商贸、供销等存量物流资源开放共享，发展共同配送、集中配送、分时配送、夜间配送。

（二）推动物流创新发展

抢抓新一轮科技革命和产业变革重大机遇，坚持科技赋能，加快物流体系数字化转型，推动现代物流业态升级和业务拓展，全面提升物流业质量效益。

大力发展多式联运。深入实施国家及省级多式联运示范工程，创新运输模式，促进货源、运力有效匹配。支持有条件的物流园区引入铁路专用线，推动铁路专用线进码头，加强铁路货场、航空枢纽的公路集运和分拨站点配套建设，完善公转铁、公转水等联运转运设施建设。推动长江干线安徽段深水航道建设，实施淮河干线航道整治、引江济淮工程，增强主通道通航能力。提高铁路、水运在货物综合运输中的承运比重，推动煤炭、矿石、粮食等大宗货物中长途运输向铁路和水运有序转移。加快建设多式联运公共信息平台，促进货源与公铁水空等运力资源有效匹配，降低车船等载运工具空驶率。完善连接港口、机场、产业园区、矿山矿区、旅游景区等重要节点集疏运网络。引导企业提供全程"一次委托"、运单"一单到底"、结算"一次收取"服务。

提升数字化智慧化水平。加快数字化物流基础设施建设，推动物流枢纽、物流园区、配送中心、货运站场、港口码头等物流基础设施智慧化改造，打造一批数字仓库、智慧堆场、智慧港口、智慧口岸。支持南陵全国快递科技创新试验基地建设，加大智慧物流技术开发力度，加强物流核心装备设施研发攻关，推动关键技术装备产业化。支持物流园区、仓储基地、快递分拨中心等开展智慧化改造。推进智慧物流园区建设，加快园区基础设施立体化、全方位智能感知。推动物流装备信息系统建设，开展跨行业、跨区域、跨平台的物流信息共建共享。加强物流装备及车路协同、自动驾驶、智能航运等技术研发，推广自动分拣机器人、无人车、无人机、无人船等智能装备应用，优化智能快递箱、冷链智能自提柜、智能充换电站等最后一百米末端设施。推动在役油气管道和城市燃气

系统智能化改造，完善干线油气管道、液化天然气和氢气接收站智能化改造。鼓励物流企业建设综合运输信息、物流资源交易等专业服务平台。

加快标准化品牌化建设。支持仓储设施、转运设施、运输工具、停靠和装卸站点标准化建设和改造，推广应用符合国家标准的货运车辆、内河船舶船型、标准化托盘、包装基础模数、内陆集装箱。鼓励物流企业、商协会等积极参与行业标准、国家标准制（修）订，参与制定地方标准、团体标准、企业标准，加强与国际标准接轨。推进省级物流品牌认定工作，形成一批在全国有影响力的物流品牌。

培育壮大枢纽经济和通道经济。依托国家物流枢纽承载城市、国家骨干冷链物流基地承载城市等，发挥要素集聚和辐射带动优势，大力发展智慧物流产业经济、临港现代物流经济和城乡协作一体化物流产业经济，吸引企业总部和研发、销售、物流、结算、营运中心等功能性机构落户，做大做强区域分销分拨、大宗物资交易、跨境贸易、保税通关、产业金融、创新协同等平台服务功能，积极争创国家物流枢纽经济示范区。依托"三横四纵多辐"物流通道，持续提升沿线重大物流基础设施多式联运和物流服务能力，高效串接农产品、工业品产地、集散地和主要消费地，密切通道沿线产业联系，提高产业组织和要素配置能力，打造连接东西部、贯通南北方的流通主动脉。

（三）大力培育市场主体

深入实施物流业"双招双引"工程，加大物流企业引进培育力度，分类推进市场主体培育，形成以龙头骨干企业为牵引、"专精特新"企业为支撑、新型服务主体蓬勃发展的多层次产业梯队。

壮大龙头骨干企业。积极引进培育大型物流企业集团、A级物流企业、上市物流公司，支持企业通过战略性兼并重组、联盟合作等方式进行规模扩张和资源优化整合，在供应链服务、智能仓储、多式联运等领域，打造一批具有重要影响力的知名物流企业。做强做优省港航集团，统筹提升全省港航资源开发水平。推动组建省级铁路建设运营管理一体化平台公司。聚焦供应链物流、电商物流、网络货运、多式联运等领域，积极培育一批"中枢型"平台企业。到

2025 年，新增 5A 级企业 5 家左右、4A 级企业 100 家左右。

扶持"专精特新"企业。引导中小物流企业发掘细分市场需求，做精做专做特服务，增强专业化市场竞争力。围绕外贸发展、航空货运、国际货代等重点领域，大力培育引进一批高能级的物流经纪人。建立健全中小企业服务和支持体系，引导互联网平台、第三方机构向中小物流企业提供信息化、数字化、智能化的公共性和普惠性服务，助力企业转型升级、做大做强。

培育新型服务主体。鼓励各类物流企业根据行业发展、市场需求情况，及时创新组织形式。积极培育发展物流业商协会，促进资源整合，赋能产业发展，各市至少成立 1 家市级物流业商协会。引导建立跨地区、跨行业、跨领域的物流产业联盟。

（四）深化物流区域合作

抢抓长三角一体化发展、推动长江经济带发展、促进中部地区高质量发展等国家战略机遇，完善物流通道网络，深化物流协同分工，推动经济要素便利流动。

推动长三角物流一体化。围绕打造一体化的长三角物流循环圈，加快构建一体化基础设施体系和开放大通道大平台，共建轨道上的长三角、世界级港口群、世界级机场群。发挥省港航集团作用，加强与上海港、宁波舟山港等沿海港口合作，深化港航资源整合，积极参与长三角世界级港口群一体化治理体系建设。支持芜湖马鞍山江海联运枢纽建设，对接上海虹桥国际开放枢纽。加快长三角区域运输市场一体化，推动实现与沪苏浙交通运输政务服务"一网通办"。积极推动长三角物流协同发展，支持长三角国家物流枢纽合作共建，推动物流联盟、商协会与沪苏浙紧密对接，探索建立城市群物流统筹规划、发展协调和共享机制，促进物流空间协调、功能互补。

促进中部地区物流互联互通。加强与中原城市群、武汉城市圈、长株潭城市群、鄱阳湖生态经济圈、淮海经济区等物流联系，围绕大宗商品、生产资料、特色农产品、工业品等跨区域流通，推进与重要资源基地和消费市场的高效物流通道建设，加快发展枢纽间铁路干线运输，联通加密物流通道，提升互联互

通能力，强化我省重要物流枢纽节点跨区域中转集散、联运转运、交易交割等功能，进一步提升承东启西、连南接北的枢纽地位。推进政府、行业组织和企业间交流，深化拓展业务合作，提升跨区域物流合作层次和水平。

（五）拓展国际物流服务

围绕"一带一路"建设，大力提升中欧班列、江海联运、铁海联运、国际航空货运发展水平，打造内外联通的国际物流体系，服务构建内陆开放新高地。

加密国际物流服务网络。加强中欧班列运输组织，统筹整合货运资源，支持合肥中欧班列参与西部陆海新通道、陆桥大通道等建设，创建中欧班列集结示范工程，提升功能和覆盖面，增加"江淮号""奇瑞号""康宁号"等定制班列开行量。鼓励针对大型企业打造"量身定做"班列物流服务，提升中欧班列国际物流服务水平。积极整合省内港口岸线资源，加快建设芜湖、马鞍山、安庆江海联运枢纽和蚌埠、淮南淮河联运枢纽以及合肥江淮联运中心"两枢纽一中心"，深化与沿海港口合作，谋划开辟沿海等近洋航线。大力发展铁海联运，持续推进合肥、芜湖、蚌埠、阜阳等地开行到上海港、宁波舟山港的铁海联运班列，增加班列开行数量，实现车船班期稳定衔接。围绕国际货物流向开通加密至欧美、日韩、东南亚等国际航空货运班线，补齐国际航空物流通道、境外支线网络短板。到 2025 年，开通国际全货机航线 13 条左右，中欧班列开行列数突破 1000 列。

提升国际物流服务能力。更好发挥合肥国际邮政互换局作用，支持合肥服务贸易创新发展试点、进口贸易促进创新示范区建设，推进蚌埠市场采购贸易方式试点建设。加快合肥、芜湖、安庆等国家跨境电商综合试验区建设，争创更多国家跨境电商综合试验区。推动各类海关特殊监管区域（场所）完善物流功能，推进合肥综保区、合肥经开区综保区等扩能升级，积极申建宣城、蚌埠等综保区，支持合肥空港等扩容进境指定口岸，复制推广洋山港—芜湖港口岸"联动接卸"监管模式。深入推进通关一体化改革，推动口岸物流信息电子化，压缩整体通关时间，提升国际物流便利化水平。支持外贸企业、跨境电商企业等在合肥中欧班列沿线布局建设运营海外仓，增强集结、分拨、配送功能。鼓励有条件的企业将境外自用仓、传统仓资源调整改造为公共海外仓。支持我省企业深化与沪苏浙等沿海发达地区海外仓平台合作。支持物流企业加强与"一带一路"沿线、RCEP 相关国家物流交流合作，跟随产业投资、重大工程项目走出去，提供配套国际物流服务，拓展全球物流网络。到 2025 年，我省企业建设、使用海外仓超过 400 个，公共海外仓服务省内企业超过 1000 家。

（六）促进绿色低碳发展

围绕碳达峰、碳中和目标，加大商贸和物流设施节能改造力度，积极采用新技术、应用新设备，创新管理方式、优化管理流程，形成绿色包装、绿色运输、绿色流通协同发展的物流新模式。

积极发展绿色物流。支持芜湖等城市开展绿色货运配送示范工程创建，积极培育城市绿色货运配送经营主体或联盟。加快推进货运车辆适用的充电桩、加氢站、内河船舶 LNG 加注站等配套设施规划建设，支持在城市配送等领域推广应用新能源、清洁能源货运车辆。加强绿色物流新技术和设备研究与应用，推广使用可循环可降解包装材料，减少过度包装和二次包装。到 2025 年，煤炭、矿石、焦炭等大宗货物采用铁路、水运、封闭管廊、新能源车辆等绿色运输方式的比例达到 80% 以上。

建设逆向物流体系。支持逆向物流基础设施建设，引导有条件的企业建设再生资源公共服务平台，推动形成线上线下融合的逆向物流服务平台和回收网络，加快构建具有地方特色的逆向物流服务体系。培育一批专业化逆向物流服务企业。发挥家电强省优势，引导家电生产销售企业与废旧家电回收处理企业建立联系对接机制，共享废旧家电回收、储运和处置利用信息系统，鼓励长虹美菱等争创生产者"责任制延伸"先进企业。积极探索钢铁、汽车、电动自行车、电动汽车废旧电池等逆向物流服务模式和典型应用场景。加快逆向物流服务标准体系和认证制度建设。

六、保障措施

（一）加强组织协调

健全省级物流业发展工作协调机制，加强跨区域跨部门信息共享和工作协同，建立健全分工合理、执行顺畅、监督有力的综合管理服务体系。各地、各

有关部门要以本规划为依据，加强行业指导和政策扶持。充分发挥物流行业商协会在行业自律、产业研究、标准宣贯等方面的作用，助推全省物流业健康发展。加强省级物流业智库建设，为行业发展提供智力支持。

（二）夯实项目支撑

坚持以项目为牵引，做到精力围着项目转、资源围着项目配、工作围着项目干，千方百计引进更多支撑性、引领性、带动性强的大项目好项目。每年选择 30 个左右的物流业重大项目，实行动态管理，强化要素保障和服务保障。建立部门联系项目、帮扶企业的联系协调机制，推进具备条件的重大项目抓紧上马，能开工的项目尽快开工建设，在建项目加快建设进度，争取早日竣工投产。

（三）强化政策支持

对纳入国家物流枢纽、骨干冷链物流基地、示范物流园、多式联运枢纽以及列入省"十四五"相关专项规划的重大物流基础设施项目，在建设用地方面给予重点保障，优先安排用地计划。探索政府和企业约定土地物流业用途并长期租赁的新型用地供应保障模式。支持利用铁路划拨用地等存量土地建设物流设施，并按要求完善相关用地手续。支持各地按照有关规定利用集体经营性建设用地建设物流业基础设施。加大金融支持力度，鼓励金融机构联合物流企业等发起成立物流产业投资基金，支持重大物流项目建设。鼓励各类金融机构加大对物流企业信贷、保险支持力度，引导开展物流业基础设施不动产投资信托基金试点。支持冷链物流、智慧物流、仓储物流、快递物流、应急物流等领域物流装备研发，对首台（套）产品推广应用给予保险补偿与财政补贴。建立多层次物流专业人才培养体系。探索"政产学研用金"育人新模式，支持物流业行业商协会和企业参与物流教育教学培养体系建设。强化物流高层次人才引进扶持力度，鼓励骨干物流企业设立研究机构。鼓励省内高等院校、职业学校设置物流专业学院、物流类专业。

（四）优化发展环境

聚焦物流营商环境，深化物流领域"放管服"改革。推动物流领域资质证照电子化，逐步实现注册、审批、注销等政务服务"一网通办"。优化"皖事通办"7×24 小时服务，完善"最多跑一次""申请承诺＋清单管理制"改革。积极推进物流领域国有企业改革，盘活国有企业铁路专用线、码头、仓库、车辆车队等存量资产。鼓励和引导企业加强知识产权保护和运用，强化对企业服务模式和服务内容等创新的保护。支持物流信用体系建设，积极完善物流业经营主体和从业人员守信联合激励和失信联合惩戒机制。

（五）推动规划实施

各地区、各相关部门要充分认识促进物流业发展的重大意义，采取有力措施，压实工作责任，明确任务分工，狠抓工作落实。建立健全物流业统计监测制度，持续抓好物流景气指数监测和信息发布，加强统计监测工作，健全年度监测分析、中期评估、总结评估的规划评估体系，及时做好规划实施评估和政策跟踪落实。加强规划宣传解读，引导社会广泛参与，充分调动全社会推动物流业发展的积极性、主动性和创造性。

安徽省发展和改革委员会办公室　　　　2022 年 3 月 15 日印发

中华人民共和国国家标准物流术语
（GB/T 18354-2021）

1 范围

本文件界定了物流活动中的物流基础术语、物流作业服务术语、物流技术与设施设备术语、物流信息术语、物流管理术语、国际物流术语及其定义。

本文件适用于物流及其与物流相关领域的术语应用。

2 规范性引用文件

本文件没有规范性引用文件。

3 物流基础术语

3.1

物品　goods

货物

经济与社会活动中实体流动的物质资料。

3.2

物流　logistics

根据实际需要，将运输、储存、装卸、搬运、包装、流通加工、配送、信息处理等基本功能实施有机结合，使物品从供应地向接收地进行实体流动的过程。

3.3

配送　distribution

根据客户要求，对物品进行分类、拣选、集货、包装、组配等作业，并按时送达指定地点的物流活动。

3.4

物流管理　logistics management

为达到既定的目标，从物流全过程出发，对相关物流活动进行的计划、组织、协调与控制。

3.5

物流服务 logistics service

为满足客户物流需求所实施的一系列物流活动过程及其产生的结果。

3.6

一体化物流服务 integrated logistics service

根据客户物流需求所提供的全过程、多功能的物流服务。

3.7

第三方物流 third party logistics

由独立于物流服务供需双方之外且以物流服务为主营业务的组织提供物流服务的模式。

3.8

供应链 supply chain

生产及流通过程中，围绕核心企业的核心产品或服务，由所涉及的原材料供应商、制造商、分销商、零售商直到最终用户等形成的网链结构。

［来源：GB/T26337.2—2011,2.1, 有修改］

3.9

供应链管理 supply chain management

从供应链整体目标出发，对供应链中采购、生产、销售各环节的商流、物流、信息流及资金流进行统一计划、组织、协调、控制的活动和过程。

［来源：GB/T26337.2—2011,2.2, 有修改］

3.10

供应链服务 supply chain service

面向客户上下游业务，应用现代管理和技术手段，对其商流、物流、信息流和资金流进行整合和优化，形成以共享、开放、协同等为特征，为客户创造价值的经济活动。

3.11

物流节点 logistics node

具有与所承担物流功能相配套的基础设施和所要求的物流运营能力相适应的运营体系的物流场所和组织。

3.12

物流网络 logistics network

通过交通运输线路连接分布在一定区域的不同物流节点所形成的系统。

3．13

物流中心 logistics center

具有完善的物流设施及信息网络，可便捷地连接外部交通运输网络，物流功能健全，集聚辐射范围大，存储、吞吐能力强，为客户提供专业化公共物流服务的场所。

3．14

配送中心 distribution center; DC

具有完善的配送基础设施和信息网络，可便捷地连接对外交通运输网络，并向末端客户提供短距离、小批量、多批次配送服务的专业化配送场所。

3．15

区域配送中心 regional distribution center; RDC

具有完善的配送基础设施和信息网络，可便捷地连接对外交通运输网络，配送及中转功能齐全，集聚辐射范围大，存储、吞吐能力强，向下游配送中心提供专业化统一配送服务的场所。

3．16

物流园区 logistics park

由政府规划并由统一主体管理，为众多企业在此设立配送中心或区域配送中心等，提供专业化物流基础设施和公共服务的物流产业集聚区。

3．17

物流枢纽 logistics hub

具备较大规模配套的专业物流基础设施和完善的信息网络，通过多种运输方式便捷地连接外部交通运输网络，物流功能和服务体系完善并集中实现货物集散、存储、分拨、转运等多种功能，辐射较大范围物流网络的公共物流节点。

3．18

物流企业 logistics service provider

从事物流基本功能范围内的物流业务设计及系统运作，具有与自身业务相适应的信息管理系统，实行独立核算、独立承担民事责任的经济组织。

3．19

物流合同 logistics contract

物流企业与客户之间达成的物流相关服务协议。

3．20

包装模数 package module

包装容器长和宽的尺寸基数。

[来源：GB/T4122.1—2008,2.36, 有修改]

3．21

物流模数　logistics modulus

物流设施、设备或货物包装的尺寸基数。

3．22

物流技术　logistics technology

物流活动中所采用的自然科学与社会科学方面的理论、方法，以及设施、设备、装置与工艺的总称。

3．23

物流成本　logistics cost

物流活动中所消耗的物化劳动和活劳动的货币表现。

3．24

物流信息　logistics information

反映物流各种活动内容的知识、资料、图像、数据的总称。

3．25

物流联盟　logistics alliance

两个或两个以上的经济组织为实现特定的物流目标而形成的长期联合与合作的组织形式。

3．26

企业物流　enterprise logistics

生产和流通企业围绕其经营活动所发生的物流活动。

3．27

供应物流　supply logistics

为生产企业提供原材料、零部件或其他物料时所发生的物流活动。

3．28

生产物流　production logistics

生产企业内部进行的涉及原材料、在制品、半成品、产成品等的物流活动。

3．29

销售物流　distribution logistics

企业在销售商品过程中所发生的物流活动。

3．30

军事物流 military logistics

用于满足平时、战时及应急状态下军事行动物资需求的物流活动。

3．31

国际物流 international logistics

跨越不同国家（地区）之间的物流活动。

3．32

精益物流 lean logistics

消除物流过程中的无效和非增值作业，用尽量少的投入满足客户需求，并获得高效率、高效益的物流活动。

3．33

绿色物流 green logistics

通过充分利用物流资源、采用先进的物流技术，合理规划和实施运输、储存、装卸、搬运、包装、流通加工、配送、信息处理等物流活动，降低物流活动对环境影响的过程。

［来源：GB/T GB/T37099－2018,3.1］

3．34

智慧物流 smart logistics

以物联网技术为基础，综合运用大数据、云计算、区块链及相关信息技术，通过全面感知、识别、跟踪物流作业状态，实现实时应对、智能优化决策的物流服务系统。

3．35

逆向物流 reverse logistics

反向物流

为恢复物品价值、循环利用或合理处置，对原材料、零部件、在制品及产成品从供应链下游节点向上游节点反向流动，或按特定的渠道或方式归集到指定地点所进行的物流活动。

3．36

废弃物物流 waste logistics

将经济活动或人民生活中失去原有使用价值的物品，根据实际需要进行收集、分类、加工、包装、搬运、储存等，并分送到专门处理场所的物流活动。

3．37

军地物流一体化 integration of military logistics and civil logistics

对军队物流与地方物流进行有效的动员和整合，实现军地物流的统一、融合和协调发展。

3．38

应急物流　emergency logistics

为应对突发事件提供应急生产物资、生活物资供应保障的物流活动。

4　物流作业服务术语

4．1

运输　transport

利用载运工具、设施设备及人力等运力资源，使货物在较大空间上产生位置移动的活动。

4．2

发货人　consignor

按运输合同将货物交付承运人运送的单位、个人或其受托人、代理人。

4．3

收货人　consignee

由托运人或发货人指定，依据有关凭证与承运人交接并收取货物的当事人或其代理人。

4．4

托运人　shipper

本人或者委托他人以本人名义与承运人订立货物运输合同，并向承运人支付相应费用的一方当事人。

4．5

承运人　carrier

本人或者委托他人以本人名义与托运人订立货物运输合同并承担运输责任的当事人。

4．6

无车承运人　non-truck operating carrier; NTOC

不拥有货运车辆，以承运人身份与托运人签订运输合同、承担承运人责任和义务，并委托实际承运人完成运输服务的道路货物运输经营者。

4．7

无船承运人　non-vessel operating carrier; NVOC

不拥有、不经营船舶，但以承运人的身份接受托运人委托，签发自己的提单或其他运输单证，向托运人收取运费并承担承运人责任，通过与有船承运人签订运输合同，完成海上货物运输经营活动的经营者。

4.8

门到门运输 door to door transport

承运人在托运人指定的地点收取货物，负责将货物运抵收货人指定地点的一种运输服务方式。

4.9

直达运输 through transport

货物由发运地到接收地，采用同一种运输方式、中途不需要中转的运输组织方式。

4.10

中转运输 transfer transport

货物由发运地到接收地，中途经过至少一次落地、换装、铁路解编或公路甩挂的运输组织方式。

4.11

甩挂运输 tractor-and-trailer swap transport

用牵引车拖带挂车至物流节点，将挂车甩下后，牵引另一挂车继续作业的运输组织方式。

4.12

驮背运输 piggyback transport

将装有货物的道路运输车辆固定在铁路车辆上，并由铁路实现的运输活动。

4.13

整车运输 full-truck-load transport

一批属于同一发（收）货人的货物且其重量、体积、形状或性质需要以一辆（或多辆）货车单独装运，并据此办理承托手续、组织运送和计费的运输活动。

4.14

零担运输 less-than-truck-load transport

一批货物的重量、体积、形状和性质不需要单独使用一辆货车装运，并据此办理承托手续、组织运送和计费的运输活动。

4.15

带板运输 palletized transport

将货物按照一定规则，合理码放到标准托盘上并整合为标准化物流单元，进而开展装卸、搬运、运输、配送等作业的一种运输活动。

4．16

滚装运输 rolling transport

货物通过自身车轮或其他滚动行驶系统驶上、驶下／离滚装船舶而实现的运输活动。

4．17

多式联运 multimodal transportation; intermodal transportation

货物由一种运载单元装载，通过两种或两种以上运输方式连续运输，并进行相关运输物流辅助作业的运输活动。

4．18

班列 scheduled railway express

按照固定车次、线路、班期、全程运输时刻开行的铁路快运货物列车。

4．19

快递服务 express service

在承诺的时限内快速完成的寄递服务。

4．20

集疏运 collection and distribution

以大型物流节点为中心，运用各种运输方式将货物集中或疏散的运输活动。

4．21

集拼 consolidation

将不同货主且流向相同的小批量货物集中起来、分类整理，并拼装至同一集装单元器具或同一载运工具的业务活动。

4．22

仓储 warehousing

利用仓库及相关设施设备进行物品的入库、储存、出库的活动。

4．23

储存 storing

贮藏、保护、管理物品。

4．24

保管 stock keeping

对物品进行储存，并对其进行保护和管理的活动。

4．25

物资储备 goods reserving

为应对突发公共事件和国家宏观调控的需要，对备用物资进行较长时间的储存和保管的活动。

4．26

堆码 stacking

将物品整齐、规则地摆放成货垛的作业。

4．27

码盘作业 palletizing

以托盘为承载物，将物品向托盘上堆放的作业。

4．28

货垛 goods stack

按一定要求将货物堆码所形成的货物单元。

4．29

盘点 stock checking

对储存物品进行清点和账物核对的活动。

4．30

分拣 sorting and picking

将物品按一定目的进行分类、拣选的相关作业。

4．31

换装 transshipment

将货物由一运输工具上卸下，再装到另一运输工具上的物流衔接作业。

4．32

越库作业 cross docking

直拨 direct distribution

物品在物流节点内不经过出入库等储存活动，直接从一个运输工具换载至其他运输工具的作业方式。

4．33

库存 inventory

储存作为今后按预定的目的使用而处于备用或非生产状态的物品。

注：广义的库存还包括处于制造加工状态和运输状态的物品。

4.34

库存周期 inventory cycle time

库存物品从入库到出库的平均时间。

4.35

存储单元 stock keeping unit；SKU

依据物品特点确定，便于对物品进行存放、保护、管理的相对独立的规格化单位。

4.36

仓单 warehouse receipt

仓储保管人在与存货人签订仓储保管合同的基础上，按照行业惯例，以表面审查、外观查验为一般原则，对存货人所交付的仓储物品进行验收之后出具的权利凭证。

4.37

存货质押融资监管 inventory financing supervision

需要融资的企业（即借方），将其拥有的存货作为质物，向资金提供企业（即贷方）出质，同时将质物委托给具有合法保管存货资格的物流企业（中介方）保管和占有，以获得贷方资金的业务活动。

4.38

共同配送 joint distribution

由多个企业或其他组织整合多个客户的货物需求后联合组织实施的配送方式。

4.39

多温共配 multi-temperature joint distribution

按照客户需求，在同一个车辆上对两种及以上不同温控需求的货物进行的共同配送方式。

4.40

即时配送 on-demand delivery

立即响应用户提出的即刻服务要求并且短时间内送达的配送方式。

4.41

准时制配送 just-in-time distribution

将所需的货物在客户所指定的时间以指定的数量送达指定地点的配送方式。

4.42

补货 replenishment

为保证物品存货数量而进行的补充相应库存的活动。

4.43

理货 tally

在货物储存、装卸过程中，对货物进行整理等相关作业的活动。

4.44

集货 goods collection

将分散的或小批量的货物集中起来，以便进行运输、配送的活动。

4.45

组配货 grouping allocation

根据客户、流向及品类，对货物进行组合、配货，以便合理安排装载的活动。

4.46

装卸 loading and unloading

在运输工具间或运输工具与存放场地（仓库）间，以人力或机械方式对物品进行载上载入或卸下卸出的作业过程。

4.47

搬运 handling

在同一场所内，以人力或机械方式对物品进行空间移动的作业过程。

4.48

加固 securing

为保证稳定性、完好性和安全性而将货物合理固定的作业。

4.49

配载 load matching planning

根据载运工具和待运物品的实际情况，确定应装运货物的品种、数量、体积及其在载运工具上的位置的活动。

4.50

包装 package; packaging

为在流通过程中保护产品、方便储运、促进销售，按一定技术方法而采用的容器、材料及辅助物等的总体名称。

注：也指为了达到上述目的而采用容器、材料和辅助物的过程中施加一定技术方法等的操作活动。

［来源：GB/T4122.1—2008,2.1，有修改］

4．51

运输包装　transport　packaging

以满足运输、仓储要求为主要目的的包装。

4．52

绿色包装　green packaging

满足包装功能要求的对人体健康和生态环境危害小、资源能源消耗少的包装。

4．53

物流包装回收　logistics　package　recycling

将物流活动过程中已使用的包装进行收集，以便处理并再次利用的过程。

4．54

流通加工　distribution　processing

根据顾客的需要，在流通过程中对产品实施的简单加工作业活动的总称。

注：简单加工作业活动包括包装、分割、计量、分拣、刷标志、挂标签、组装、组配等。

4．55

物流增值服务　logistics　value-added service

在完成物流基本功能的基础上，根据客户需求提供的各种延伸业务活动。

4．56

定制物流　customized logistics

根据用户的特定要求而为其专门设计的物流服务模式。

4．57

物流服务质量　logistics service quality

用精度、时间、费用、顾客满意度等来表示的物流服务的品质。

4．58

供应链金融　supply chain finance

以核心企业为依托，以企业信用或交易标的为担保，锁定资金用途及还款来源，对供应链各环节参与企业提供融资、结算、资金管理等服务的业务和业态。

4．59

运价　transport price

承、托运双方按运输服务的价值确定的交易价格。

4．60

订货提前期 order lead-time

客户从发出订货单到收到货物的时间间隔。

4．61

合同物流 contract logistics

物流经营者通过整合、管控资源，按照合同约定的时间、地点、价格等内容为物流需求方提供的物流服务模式。

5 物流技术与设施设备术语

5．1

物流设施 logistics facilities

用于物流活动所需的、不可移动的建筑物、构筑物及场所。

5．2

物流设备 logistics equipment

物流活动所需的装备及器具的总称。

5．3

集装运输 unitized transport

使用集器器具或利用捆扎方法，把裸状物品、散状物品、体积较小的成件物品，组合成为一定规格的集装单元进行运输的一种组织形式。

5．4

分拣输送系统 sorting and picking system

采用分拣设备、输送机等机械设备实现物品分类、输送和存取的系统。

5．5

单元装卸 unit loading and unloading

用托盘、容器或包装物将小件或散状物品集成一定质量或体积的组合件，利用机械对组合件进行装卸的作业方式。

5．6

托盘循环共用系统 pallet pooling system

在多个用户间实现托盘共享、交换、重复使用的综合性物流服务系统。

5．7

周转容器循环使用 returnable container circulating

周转容器在众多用户之间共享互换，完成预期的有限次数的重复使用。

5.8

集装化 unitization

用集装器具或采用捆扎方法，把物品组成标准规格的货物单元，以便进行装卸、搬运、储存、运输等物流活动的作业方式。

5.9

散改集 containerized transportation of bulk

将未包装的粉末、颗粒或块状的物质转为使用集装箱运输、暂存的物流作业方式。

5.10

循环取货 milk-run

同一货运车辆按照预先设定的路线和时间依次到两个及以上取货点处取货，然后直接送达到指定地点的一种物流运作模式。

5.11

冷链 cold-chain

根据物品特性，从生产到消费的过程中使物品始终处于保持其品质所需温度环境的物流技术与组织系统。

5.12

仓库 warehouse

用于储存、保管物品的建筑物和场所的总称。

5.13

库房 storehouse

在仓库中，用于储存、保管物品的封闭式建筑物。

5.14

自营仓库 private warehouse

由企业或各类组织自主经营和自行管理，为自身的物品提供储存和保管的仓库。

5.15

公共仓库 public warehouse

面向社会提供物品储存服务，并收取费用的仓库。

5.16

立体仓库 stereoscopic warehouse

采用高层货架，可借助机械化或自动化等手段立体储存物品的仓库。

5．17

交割仓库 delivery warehouse

经期货交易机构核准，并按照其规定的规则和流程，为交易双方提供期货商品储存和交付服务的场所。

5．18

货场 freight yard

用于储存和保管货物、办理货物运输，并具有货物进出通道和装卸条件的场所。

5．19

航空港 airport

位于航空运输线上，依托机场的建筑物和设施，开展货物装卸暂存、中转分拨等物流业务的基础设施（区域）。

5．20

码头 wharf

供船舶停靠，装卸货物等相关作业的水工建筑物及场所。

5．21

铁路专用线 private railway siding

与铁路运营网相衔接，为特定企业、单位或物流节点服务的铁路装卸线及其连接线。

5．22

交通枢纽 transportation hub

在一种或多种运输方式的干线交叉与衔接处，共同为办理物品中转、发送、到达所建设的多种运输设施的综合体。

5．23

内陆港 inland port

在内陆地区建设的，具有货物存储、中转与分拨集散等与港口相似的物流功能，可以提供通关、报检等港口服务的物流节点。

5．24

集装箱场站 yard- station

进行集装箱装卸、掏装箱、堆存保管、维护清洗等作业，办理集装箱运输、中转换装、货物交接及相关业务的场所。

5.25

港口　water port

位于江、河、湖、海或水库等沿岸，由一定范围的水域和陆域组成的且具有相应的设施设备和条件开展船舶进出、停靠，货物运输、物流等相关业务的区域。

5.26

集装箱船　container ship

用于载运集装箱的船舶。

5.27

厢式货车　cargo van

载货部位的结构为封闭厢体且与驾驶室各自独立的道路货运车辆。

5.28

牵引车　tractor

具有牵引装置，用于牵引挂车的商用车辆。

5.29

挂车　trailer

设计和制造上需由汽车或拖拉机牵引，才能在道路上正常使用的无动力道路车辆，包括牵引杆挂车、中置轴挂车和半挂车，用于：

——载运货物；

——特殊用途。

［来源：GB7258—2017,3.3］

5.30

货架　rack

由立柱、隔板或横梁等结构件组成的储物设施。

5.31

分拣设备　sorting and picking equipment

用于完成物品分类、拣选等相关作业的设备。

5.32

叉车　fork lift truck

具有各种叉具及属具，能够对物品进行升降和移动以及装卸作业的搬运车辆。

5.33

物流机器人　robot for logistics

具有一定程度的自主能力，能代替人执行物流作业预期任务，可重复编程的自动控制操作机。

5．34

自动导引车　automatic guided vehicle; AGV

在车体上装备有电磁学或光学等导引装置、计算机装置、安全保护装置，能够沿设定的路径自动行驶，具有物品移载功能的搬运车辆。

5．35

起重机械　hoisting machinery

一种以间歇作业方式对物品进行起升、下降和水平移动的搬运机械。

5．36

升降台　lift table; LT

能垂直升降和水平移动物品或集装单元器具的专用设备。

5．37

输送机　conveyor

按照规定路线连续地或间歇地运送散状物品或成件物品的搬运机械。

5．38

调节板　dock leveler

用于调整站台与货车底板间的高度差，以便于装卸作业的一种设备。

5．39

集装器具　unitized implement

用于承载由物品组成的标准规格、便于储运的单元器具。

5．40

集装单元　unitized unit

用专门器具盛放或捆扎处理的，便于装卸、搬运、储存、运输的标准规格的单元货件物品。

5．41

集装箱　container

具有足够的强度，可长期反复使用的适于多种运输工具而且容积在 1 m³ 以上（含 1 m³）的集装单元器具。

5．42

集装箱标准箱　twenty-foot equivalent unit for container;TEU

以一个 2 0 英尺集装箱为标准的集装箱。

注：也为集装箱的统计换算单位。

5．4 3

集装袋 flexible freightbag

用柔性材料制成的袋式集装器具。

5．4 4

周转箱 returnable container

用于存放物品，可重复、循环使用的小型集装器具。

5．4 5

自备箱 shipper's own container

由托运人提供并负责运营管理、印有相应产权人标记的集装箱。

5．4 6

托盘 pallet

在运输、搬运和存储过程中，将物品规整为货物单元时，作为承载面并包括承载面上辅助结构件的装置。

5．4 7

称量装置 load weighing device

针对起重、运输、装卸、包装、配送以及生产过程中的物品实施重量检测的设备。

6 物流信息术语

6．1

条码 bar code

由一组规则排列的条、空组成的符号，可供机器识读，用以表示一定的信息，包括一维条码和二维条码。

［来源：GB/T12905—2019,2.1］

6．2

一维条码 linear bar code; one-dimensional bar code

仅在一个维度方向上表示信息的条码符号。

［来源：GB/T12905—2019,2.2］

6．3

二维条码 two-dimensional bar code; 2D code

二维码 two-dimensional code

在二个维度方向上都表示信息的条码符号。

［来源：GB/T12905—2019,2.3, 有修改］

6. 4

物品编码 article numbering; article number

按一定规则赋予物品易于机器和人识别、处理的代码, 是给物品赋予编码的过程。

注 1: 通常, 物品编码包括物品标识编码、物品分类编码和物品属性编码三种类型。

注 2: 作名词时, 指给物品赋予的代码本身。

［来源：GB/T37056—2018,2.7］

6. 5

物品标识编码 article identification number

赋予物品的身份标识的编码, 用以唯一标识某类、某种或某个物品。

［来源：GB/T37056—2018,2.9］

6. 6

物流标签 logistics label

记录包装单元相关信息的载体。

6. 7

射频标签 radio frequency tag; RF tag

电子标签 electronic label

用于物体或物品标识、具有信息存储功能、能接收读写器的电磁场调制信号, 并返回响应信号的数据载体。

［来源：GB/T29261.3—2012,05.04.01, 有修改］

6. 8

电子运单 electronic waybill

物流过程中, 将物品原始收发等信息按一定格式存储在计算机信息系统中的单据。

6. 9

物流信息技术 logistics information technology

以计算机和现代通信技术为主要手段实现对物流各环节中信息的获取、处理、传递和利用等功能的技术总称。

6. 10

自动识别技术 automatic identification technology

对字符、影像、条码、声音等记录数据的载体进行机器自动辨识并转化为数据的技术。

6．11

射频识别 radio frequency identification；RFID

在频谱的射频部分，利用电磁耦合或感应耦合，通过各种调式和编码方案，与射频标签交互通信唯一读取射频标签身份的技术。

[来源：GB/T29261.3—2012,05.01.01]

6．12

电子数据交换 electronic data interchange; EDI

采用标准化的格式，利用计算机网络进行业务数据的传输和处理。

6．13

物流系统仿真 logistics system simulation

借助计算机仿真技术，对物流系统建模并进行实验，得到各种动态活动过程的模拟记录，进而研究物流系统性能的方法。

6．14

电子通关 electronic customs clearance

对符合特定条件的报关单证，海关采用处理电子单证数据的方法，利用计算机完成单证审核、征收税费、放行等海关作业的通关方式。

6．15

物流管理信息系统 logistics management information system

通过对物流相关信息的收集、存储、加工、处理以便实现物流的有效控制和管理，并提供决策支持的人机系统。

6．16

射频识别系统 radio frequency identification system

由射频标签、识读器、计算机网络和应用程序及数据库组成的自动识别和数据采集系统。

6．17

地理信息系统 geographical information system; GIS

在计算机技术支持下，对整个或部分地球表层（包括大气层）空间中的有关地理分布数据进行采集、储存、管理、运算、分析、显示和描述的系统。

6．18

全球定位系统 global positioning system

以人造卫星为基础、２４小时提供高精度的全球范围的定位和导航信息的系统。

６．１９

运输管理系统 transportation management system; TMS

在运输作业过程中，进行配载作业、调度分配、线路规划、行车管理等多项任务管理的系统。

６．２０

智能运输系统 intelligent transport system; ITS

在较完善的交通基础设施上，将先进的科学技术（信息技术、计算机技术、数据通信技术、传感器技术、电子控制技术、自动控制理论、运筹学、人工智能等）有效地综合运用于交通运输、服务控制和车辆制造，加强车辆、道路、使用者三者之间的联系，从而形成的一种保障安全、提高效率、改善环境、节约能源的综合运输系统。

　　［来源：GB/T37373—2019,3.1］

６．２１

货物跟踪系统 goods tracking system

利用自动识别、全球定位系统、地理信息系统、通信等技术，获取货物动态信息的应用系统。

６．２２

仓库管理系统 warehouse management system; WMS

对物品入库、出库、盘点及其他相关仓库作业，仓储设施与设备，库区库位等实施全面管理的计算机信息系统。

６．２３

销售时点系统 point of sale; POS

利用自动识别设备，按照商品最小销售单位读取实时销售信息，以及采购、配送等环节发生的信息，并对这些信息进行加工、处理和共享的系统。

６．２４

电子订货系统 electronic ordering system; EOS

不同组织间利用通信网络和终端设备进行订货作业与订货信息交换的系统。

６．２５

自动存取系统 automatic storage and retrieval system; AS/RS

借助机械设施与计算机管理控制系统实现物料存入或取出的系统。

6.26

物流公共信息平台　public logistics information platform

应用信息技术，统筹和整合物流行业相关信息资源，并向社会主体提供物流信息、技术、设备等资源共享服务的系统。

7 物流管理术语

7.1

ABC 分类法　ABC classification

将库存物品按照设定的分类标准和要求分为特别重要的库存（A类）、一般重要的库存（B类）和不重要的库存（C类）三个等级，然后针对不同等级分别进行控制的管理方法。

7.2

安全库存　safety stock

用于应对不确定性因素而准备的缓冲库存。

7.3

定量订货制　fixed-quantity system;FQS

当库存量下降到预定的库存数量（订货点）时，立即按一定的订货批量进行订货的一种方式。

7.4

定期订货制　fixed-interval system; FIS

按预先确定的订货间隔期进行订货的一种方式。

7.5

经济订货批量　economic ordering quantity; EOQ

通过平衡采购进货成本和保管仓储成本核算，以实现总库存成本最低的最佳订货量。

7.6

连续补货计划　continuous replenishment program; CRP

利用及时准确的销售信息、生产时点信息确定已销售的商品或已消耗的库存数量，根据下游客户的库存信息、预先规定的库存补充程序确定发货补充数量、配送时间的计划方法。

7. 7

物料需求计划 material requirements planning; MRP

利用一系列产品物料清单数据、库存数据和主生产计划计算物料需求的一套技术方法。

7. 8

制造资源计划 manufacturing resource planning; MRP II

在物料需求计划（MRP）的基础上，增加营销、财务和采购功能，对企业制造资源和生产经营各环节实行合理有效的计划、组织、协调与控制，达到既能连续均衡生产，又能最大限度地降低各种物品的库存量，进而提高企业经济效益的管理方法。

7. 9

配送需求计划 distribution requirements planning; DRP

依据市场需求、库存、生产计划信息来配置物流配送资源的一套技术方法。

7. 10

配送资源计划 distribution resource planning; DRP II

在配送需求计划（DRP）的基础上提高配送各环节的物流能力，达到系统优化运行目的的企业内物品配送计划管理方法。

7. 11

企业资源计划 enterprise resource planning; ERP

在制造资源计划（MRP II）的基础上，通过前馈的物流和反馈的信息流、资金流，把客户需求和企业内部的生产经营活动以及供应商的资源整合在一起，体现按用户需求进行经营管理的一种管理方法。

7. 12

物流资源计划 logistics resource planning; LRP

以物流为手段，打破生产与流通界限，集成制造资源计划、能力资源计划、配送资源计划以及功能计划而形成的资源优化配置方法。

7. 13

物流外包 logistics outsourcing

企业将其部分或全部物流的业务交由合作企业完成的物流运作模式。

7. 14

延迟策略 postponement strategy

为了降低供应链的整体风险，有效地满足客户个性化的需求，将最后的生产环节或物流环节推迟到客户提供订单以后进行的一种经营策略。

7. 15

物流流程重组 logistics process reengineering

从顾客需求出发，通过物流活动各要素的有机组合，对物流管理和作业流程进行优化设计。

7. 16

物流资源整合 logistics resources integration

将分散的物流资源进行有机集成，实现系统协调与优化的动态过程。

7. 17

共享库存 shared inventory

多方共用库存资源并统一调度的库存管理模式。

7. 18

供应链集成 supply chain integration

将供应链中的商流、物流、信息流、资金流等要素通过信息共享、计划协同和流程集成，实现系统协调与优化的动态过程。

7. 19

前置仓 preposition warehouse

在最终消费者比较集中的最近区域设置的配送仓库。

7. 20

仓配一体 integration of warehousing and distribution

为客户提供一站式仓储与配送服务的运作模式。

7. 21

有效客户反应 efficient customer response; ECR

以满足顾客要求和最大限度降低物流过程费用为原则，能及时做出准确反应，使提供的物品供应或服务流程最佳化的一种供应链管理策略。

7. 22

快速反应 quick response;QR

供应链成员企业之间建立战略合作伙伴关系，利用电子数据交换（ＥＤＩ）等信息技术进行信息交换与信息共享，用高频率小批量配送方式补货，以实现缩短交货周期，减少库存，提高顾客服务水平和企业竞争力为目的的一种供应链管理策略。

7．23

仓储管理　warehousing management

对仓储及相关作业进行的计划、组织、协调与控制。

7．24

存货控制　inventory control

使库存物品的种类、数量、时间、地点等合理化所进行的管理活动。

7．25

供应商管理库存　vendor　managed　inventory; VMI

按照双方达成的协议，由供应链的上游企业根据下游企业的需求计划、销售信息和库存量，主动对下游企业的库存进行管理和控制的库存管理方式。

7．26

联合库存管理　joint managed inventory; JMI

供应链成员企业共同制定库存计划，并实施库存控制的供应链库存管理方式。

7．27

物流成本管理　logistics cost control

对物流活动发生的相关成本进行计划、组织、协调与控制。

7．28

物流战略管理　logistics strategy management

通过物流战略设计、战略实施、战略评价与控制等环节，调节物流资源、组织结构等最终实现物流系统宗旨和战略目标的一系列动态过程的总和。

7．29

物流质量管理　logistics quality management

对物流全过程的物品质量及服务质量进行的计划、组织、协调与控制。

7．30

物流总成本分析　total cost analysis

判别物流各环节中系统变量之间的关系，在特定的客户服务水平下使物流总成本最小化的物流管理方法。

7．31

物流作业成本法　logistics activity-based costing

以特定物流活动成本为核算对象，通过成本动因来确认和计算作业量，进而以作业量为基础分配间接费用的物流成本管理方法。

7．32

物流效益背反 logistics trade off

一种物流活动的高成本，会因另一种物流活动成本的降低或效益的提高而抵消的相互作用关系。

7．33

牛鞭效应 bullwhip effect

由供应链下游需求的小变动引发的供应链上游需求变动逐级放大的现象。

［来源：GB/T26337.2—2011,2.7，有修改］

8 国际物流术语

8．1

跨境运输 cross-border transportation

一种跨越国境或边境的运输。

8．2

国际多式联运 international multimodal transportation; international intermodal transportation

按照多式联运合同，以至少两种不同的运输方式，由多式联运经营人将货物从一国境内的接管地点运至另一国境内指定交付地点的货物运输方式。

8．3

国际航空货物运输 international air cargo transport

货物的出发地、约定的经停地和目的地之一不在同一国境内的航空运输。

8．4

国际铁路联运 international through railway transport

使用一份统一的国际铁路联运票据，由跨国铁路承运人办理两国或两国以上铁路的全程运输，并承担运输责任的一种连贯运输方式。

8．5

中欧班列 China-Europe freight express

按照固定车次、线路、班期和全程运行时刻开行，运行于中国与欧洲以及"一带一路"沿线国家间的集装箱等铁路国际联运列车。

8．6

班轮运输 liner transport

在固定的航线上，以既定的港口顺序，按照事先公布的船期表航行的水上运输经营方式。

8．7

租船运输　shipping by chartering

船舶出租人把船舶租给承租人，根据租船合同的规定或承租人的安排来运输货物的运输方式。

8．8

大陆桥运输　land bridge transport

用横贯大陆的铁路或公路作为中间桥梁，将大陆两端的海洋运输连接起来的连贯运输方式。

8．9

转关运输　trans-customs transport

进出口货物在海关监管下，从一个海关运至另一个海关办理海关手续的行为。

8．10

国际中转集拼　international transit consolidation

境外货物经过国际航线运至本港，与国内转关至本港的出口货物，以及本地货源在海关特殊监管区域内根据不同目的港或不同客户，进行拆箱、分拣和包装，并重新装箱后再运送出境的物流服务。

8．11

报关　customs declaration

进出境运输工具的负责人、进出境货物的所有人、进出口货物的收发货人或其代理人向海关办理运输工具、货物、物品进出境手续的全过程。

8．12

保税货物　bonded goods

经海关批准未办理纳税手续进境，在境内储存、加工、装配后复运出境的货物。

8．13

海关监管货物　cargo under customs supervision

在海关监管区域内接受海关监管的货物。

注：包括已进境但未办结海关手续的进口货物，已向海关申报但还未出境出口货物，已进境但还未出境的过境、转运和通运货物，以及其他尚未办结海关手续的进出境货物。

8．14

通运货物 through goods

由境外启运，经船舶或航空器载运入境后，仍由原载运工具继续运往境外的货物。

8．15

转运货物 transshipment goods

由境外启运，到我国境内设关地点换装运输工具后，不通过我国境内陆路运输，再继续运往境外的货物。

8．16

过境货物 transit goods

由境外启运、通过境内的陆路运输继续运往境外的货物。

8．17

出口退税 drawback

国家实行的由国内税务机关退还出口商品国内税的措施。

8．18

启运港退税 tax refund at port of shipment

将企业由原先的离境向海关报关后由税务机关办理出口退税，提前为从启运港出发即可申请出口退税的政策。

8．19

海关估价 customs valuation

一国海关为征收关税，根据统一的价格准则，确定某一进口（出口）货物价格的过程。

8．20

等级费率 class rate

将全部货物划分为若干个等级，按照不同的航线分别为每一个等级制定一个基本运价的费率。

8．21

船务代理 shipping agency

船舶代理

接受船舶所有人（船公司）、船舶经营人、承租人的委托，在授权范围内代表委托人办理与在港船舶有关的业务、提供有关的服务或进行与在港船舶有关的其他法律行为的经济组织。

8.22

国际货运代理 international forwarder

接受进出口货物收货人或发货人的委托，以委托人或自己的名义，为委托人办理国际货物运输及相关业务的服务方式或经济组织。

8.23

航空货运代理 airfreight forwarder

以货主的委托代理人身份办理有关货物的航空运输手续的服务方式或经济组织。

8.24

提单 bill of lading；B/L

用以证明海上货物运输合同和货物已经由承运人接收或者装船，以及承运人保证据以交付货物的单证。

8.25

原产地证明 certificate of origin

出口国（地区）根据原产地规则和有关要求签发的，明确指出该证中所列货物原产于某一特定国家（地区）的书面文件。

8.26

进出口商品检验 import and exportt commodity inspection

商检机构和经国家商检部门许可的检验机构，对列入目录的进出口商品的质量、规格、卫生、安全、数量等进行检验、鉴定和监督管理的工作。

8.27

清关 customs clearance

结关

报关单位在海关办理完毕进出口货物通关所必需的所有手续，完全履行法律规定的与进出口有关的义务，包括海关申报、查验、征税、放行等手续，货物结束海关监管的过程。

8.28

滞报金 fee for delayed declaration

进口货物的收货人或其他代理人超过海关规定的申报期限，未向海关申报，由海关依法征收的一定数额的款项。

8.29

装运港船上交货 free on board；FOB

卖方在合同规定的装运期内，在指定装运港将货物交至买方指定的船上，并负担在装船前货物灭失或损坏造成的所有风险的交货方式和价格模式。

8.30

成本加运费　cost and freight；CFR

卖方负责租船订舱，在合同规定的装运期内将货物交至运往指定目的港的船上，货物灭失或损坏的风险在货物交到船上时转移的交货方式和价格模式。

8.31

成本加保险费加运费　cost，insurance and freight；CIF

卖方负责租船订舱，办理货运保险，在合同规定的装运期内在装运港将货物交至运往指定目的港的船上，货物灭失或损坏的风险在货物交到船上时转移的交货方式和价格模式。

8.32

进料加工　processing with imported materials

境内企业进口物料加工后再销往国外的一种贸易方式。

8.33

来料加工　processing with supplied materials

由境外单位提供原料，委托境内加工单位在保税状态下进行加工装配，成品由境外单位销往国外的一种贸易方式。

8.34

口岸　port

经政府批准设置的供人员、货物和交通工具直接出入国（关、边）境的港口、机场、车站、跨境通道等。

8.35

保税物流　bonded logistics

在海关特殊监管区域或者场所，企业从事仓储、配送、运输、流通加工、装卸搬运、物流信息、方案设计等业务时享受海关实行的"境内关外"管理制度的一种物流服务模式。

8.36

保税维修　bonded reparation

企业以保税方式将存在部件损坏、功能失效、质量缺陷等问题的货物或运输工具从境外运入境内进行检测、维修后复运出境。

8．37

保税仓库 bonded warehouse

经海关批准设立的专门存放保税货物及其他未办结海关手续货物的仓库。

8．38

海外仓 overseas warehouse

国内企业在境外设立，面向所在国家或地区市场客户，就近提供进出口货物集并、仓储、分拣、包装和配送等服务的仓储设施。

8．39

保税工厂 bonded factory

经海关批准专门生产出口产品的保税加工装配企业。

8．40

A 型保税物流中心 bonded logistics center（A）

经海关批准，由中国境内企业法人经营、专门从事保税仓储物流业务的海关监管场所。

8．41

B 型保税物流中心 bonded logistics center（B）

经海关批准，由中国境内企业法人经营，多家企业进入并从事保税仓储物流业务的海关集中监管场所。

8．42

保税物流园区 bonded logistics park

经政府批准，在保税区规划面积或者毗邻保税区的特定港区内设立的、专门发展现代国际物流业的海关特殊监管区域。

8．43

保税港区 bonded port zone

经政府批准，设立在国家对外开放的口岸港区和与之相连的特定区域内，具有口岸、物流、加工等功能的海关特殊监管区域。

注：具备仓储物流、对外贸易、国际采购、分销和配送、国际中转、检测和售后服务维修、商品展示、研发、加工、制造、港口作业等功能。享受保税区、出口加工区、保税物流园区相关的税收和外汇管理政策。

8．44

综合保税区 comprehensive free trade zone

经海关批准设立的具有保税港区功能的海关特殊监管区域。

注：该区域由海关参照有关规定进行管理，执行保税港区的税收和外汇政策，可以发展国际中转、配送、采购、转口贸易和出口加工等业务。

8.45

自由贸易试验区　pilot free trade zone

在主权国家或地区的关境内，设立的以贸易投资便利化和货物自由进出为主要目的特定区域。

后　记

　　现代物流在构建现代流通体系、促进形成强大国内市场、维护产业链供应链稳定、建设现代化经济体系中发挥着先导性、基础性、战略性作用。根据中共安徽省委党校（安徽行政学院）在职研究生教育项目制管理实施办法，针对党校在职研究生学员培养方案、学员构成、学员需求，我们组织编写了《现代物流管理》一书。

　　本书的编写立足现代物流管理发展的最新理论与实践成果，对照最新行业标准，重点介绍现代物流的基本概念和内涵，现代物流管理的形成与发展，物流组织与管理的要点，现代物流管理的基本职能，第三方物流、企业物流、供应链物流和国际物流的运作方式，以及精益物流、绿色物流、智慧物流等物流发展新理念。力求理论与实践相结合，按照理论够用、能力为重、启迪思考、激发兴趣的原则，使学员了解发展现代物流的重要意义，掌握物流活动的内容和物流管理的要点，开拓智慧物流介入经济活动的管理新思路和更高水平对外开放背景下物流发展的国际视野。

　　本书的编写得到了现代物流管理项目组各位老师的大力支持，他们在本职工作非常繁忙的情况下，花费大量的时间和精力投入本书的编写中。具体的分工是：中共马鞍山市委党校沈洁副教授负责撰写第四章、第六章、第八章；池州职业技术学院徐艳红讲师负责撰写第五章、第七章；安庆师范大学黄先军教授负责撰写第九章、第十章、第十三章；中共六安市委党校孙邦国副教授负责撰写第十一章、第十二章、第十四章；其他章节的撰写和全书的统定稿由本人承担。

本书在编写过程中，借鉴和引用了大量国内外有关论著的资料和观点，书中未能一一列出，在此一并向有关作者表示真诚的感谢。由于水平有限，书中不足之处在所难免，恳请广大读者不吝赐教。

安徽人民出版社对本书的出版给予了大力的支持。在他们的专业指导下，我校已经适时出版了一批具有时代特征、安徽特色、党校特点的领导干部管理丛书，在此表示衷心的感谢。

过去三年的新冠肺炎疫情，大家深切地感受到，保物流畅通就是保国计民生。本书编写完成之时，抗疫最困难的时期已经走过。愿山河无恙，国泰民安！

吴 琼

2022 年 12 月 10 日于合肥